肯於倉頡東智其綠

受保品粹生研究

辛文三D陳嶸湮

丛书名题签：陈炜湛

作者简介

许韶明

中山大学人类学博士，广州体育学院基础教育学院讲师。长期从事语言学、人类学研究，有五次进入藏区从事田野工作的经历。先后参加国家社会科学基金、教育部人文社会科学基金重大项目等多项，主持广东省哲学社会科学"十四五"规划课题和广州市哲学社会科学发展"十四五"规划课题各 1 项。出版专著 3 部，公开发表 CSSCI 源、人大复印资料和科研论文 30 余篇。

本书为

广东省哲学社会科学"十四五"规划后期资助项目（GD21HSH01）

最终成果

国家出版基金项目
NATIONAL PUBLICATION FOUNDATION

青藏高原东部边缘民族多样性研究

何国强 总主编

神山内外

གནས་རིའི་ཕྱི་ནང་།

卡瓦格博社区
与家庭生计研究

许韶明 著

暨南大学出版社
JINAN UNIVERSITY PRESS

中国·广州

图书在版编目（CIP）数据

神山内外：卡瓦格博社区与家庭生计研究/许韶明著. —广州：暨南大学
出版社，2022.8
（青藏高原东部边缘民族多样性研究 / 何国强总主编）
ISBN 978 - 7 - 5668 - 3226 - 9

Ⅰ.①神…　Ⅱ.①许…　Ⅲ.①藏族—家庭生活—研究—西藏　Ⅳ.①K281.4

中国版本图书馆 CIP 数据核字（2021）第 178252 号

神山内外：卡瓦格博社区与家庭生计研究
SHENSHAN NEIWAI：KAWAGEBO SHEQU YU JIATING SHENGJI YANJIU
著　者：许韶明

出 版 人：张晋升
责任编辑：黄圣英　冯　琳　雷晓琪
责任校对：孙劭贤　王燕丽　黄晓佳
责任印制：周一丹　郑玉婷

出版发行：暨南大学出版社（511443）
电　　话：总编室（8620）37332601
　　　　　营销部（8620）37332680　37332681　37332682　37332683
传　　真：(8620)37332660（办公室）　37332684（营销部）
网　　址：http：//www.jnupress.com
排　　版：广州市天河星辰文化发展部照排中心
印　　刷：深圳市新联美术印刷有限公司
开　　本：787mm×1092mm　1/16
印　　张：25.125
字　　数：437 千
版　　次：2022 年 8 月第 1 版
印　　次：2022 年 8 月第 1 次
定　　价：116.00 元

（暨大版图书如有印装质量问题，请与出版社总编室联系调换）

总　序

　　文化是人类适应环境的基本方式。藏族与睦邻的纳西、门巴、珞巴、独龙等民族共同适应青藏高原的大环境和各自区域的小环境，创造了特定的文化。自 1996 年始，本人在川、滇、藏交界区调研民族文化，起初独自一人，后来带学生奔波，前后指导了 20 多篇学位论文。我把学生带到边陲，避免在东部扎堆，完成学术接力，为他们夯实发展的基础，不少人毕业后申请课题、发表论著，我自己也在积累经验，不断追求新目标，把研究范围扩大到川、青、藏交界区。

　　最近数年间，我组织调研、汇集书稿。2013 年，推出"芜野东南的民族"丛书第一系列 7 册①，分简体字和繁体字两个版本；2016 年，推出第二系列 4 册，为简体字版本。两个系列约 400 万字，展示了喜马拉雅与横断山区的绚丽文化。然而，一套丛书的容量有限。专家诚恳地建议我们做下去。我们也想做下去，就继续调研、总结经验②、坚持写作。在国家出版基金管理委员会的支持、主管部门的关怀以及暨南大学出版社的组织安排下，"青藏高原东部边缘民族多样性研究"丛书终于落地生根。可以说以上成果为"守正创新"③劲风所赐，使我们得以回报社会各界的支持。

　　多年的栉风沐雨带来满目的春华秋实，因此不能不提到作者们付出的心血。静态地看，有三套丛书的储量。动态地看，知识向四面八方传递不可计量。犹如向湖心抛入巨石，起初引起水波，继而泛起涟漪，很长时间，水面不平静，每位作者的故事还在演绎：调查中的实在品质，如耐心记录、细致观察，获得原始资料的喜悦，以及发现问题、精巧构思、层层铺垫，形成厚实的民族志，里面有对社会结构的描绘，有对动力因素的探索，力

---

① 简体版获第四届中国大学出版社图书奖优秀学术著作一等奖，并引出 3 篇论文评价，即黄淑娉《论青藏高原东部和东南部民族研究的推陈出新》［《青海民族大学学报（社会科学版）》2014 年第 2 期］、徐诗荣和嵇春霞《原生态画卷：青藏高原东南部的民族文化——评"芜野东南的民族"丛书》（《出版发行研究》2014 年第 8 期）、胡鸿保《"芜野东南的民族"丛书赞》（《共识》2014 秋刊）。对此网络媒介也有报道。

② 参见何国强：《我们是怎么申请到这个项目的》，载《书里书外》，中山大学出版社，2014 年。

③ 朱侠：《坚持守正创新，勇担使命任务》，国家出版基金网站，2020 年 1 月 15 日，https：//www. npf. org. cn/detail. html？id =1962&categoryId =26。

图使民族映像清晰化，谋求历史逻辑统一。这就是研究西藏所需要的不怕吃苦、执着干练的科学精神，不仅要有勤奋坚韧的品格，还需要友情与互助。除了作者自身的因素和亲友的鼓励，其他因素，包括编辑的专业素养、调查地友好人士的支持，也值得珍惜、怀念。

本套丛书当中，有的是在博士学位论文基础上的再研究，有的是专题写作。坎坷的研究经历使我们深切地感到，一本书要能接地气，讲真话，不经过艰辛的精神劳动就不可能诞生，学术水平的高低不仅是社会环境的造就——与政治经济、理论方法及时代需求有关，也是作者本人的造诣——与研究者的主观努力分不开。整套丛书至少有三个令人鼓舞的闪光点：

1. 坚持实证研究，奉献一手资料和田野感悟

19 世纪中叶，国际学界开始涉足青藏高原东部地区。中华人民共和国成立后，分别于 20 世纪 50 年代、80 年代和 90 年代组队到该地区进行民族识别和社会历史调查，丰富了《民族问题五种丛书》的内容。新资料、新方法打开了人们的眼界，但是带着旧思维看问题的境外人士仍不在少数。改革开放以后，至今川、滇、藏与川、青、藏两个交界区某些地方依然谢绝外籍人士，收集资料的重任落到国内学者身上，我就是在这种情形下进藏的。环顾四周，当年的同道已不知所向，幸好凝聚了一批新生力量，绳锯木断、水滴石穿，不言放弃。通过田野调查获得的原始资料和珍稀感受为写作提供了优质素材，这使本套丛书能够以真实性塑造科学性，以学术性深化思想性，达到材料翔实、学理坚固、观点新颖、描述全面。

2. 体现人类学知识的应用与普及

最近 20 年来，国家加大了对人文与社会科学的投入，各门学科取得长足的发展，这是毫无疑问的。然而伴随着专利、论文数量的增长，一些不尽如人意的事情也出现了：文章浅尝辄止，漫然下笔的多，周密论证的少，还有重复研究等浪费资源的现象。人类学倾向微观考察，对充实中观、引导宏观有所作为，中山大学自从复办人类学系以来，格勒率先走上青藏高原，紧跟着就是我们的团队。

本套丛书是西藏研究的新产品。作者们博采众长，引入相关概念，借助人类学理论方法的指导凝视问题，通盘考虑，揭示内涵。虽然各册研究目标不一，但是在弄清事实、逻辑排比、分析综合、评判断义，以及疏密叙述等项上一起用力，展示自己的德、才、学、识。有些问题提出来亟待深化，如应该如何凸显民族志对于区域文化研究的重要作用，应该如何发

挥民族志的特长，等等。

目前，理论与实际脱节的现象正在转变，自发的、自觉的研究队伍扩大了，这是对我们已经做出努力的积极回应，也是"青藏高原东部边缘民族多样性研究"丛书充满生命力的证据。这项研究继续向纵深发展，必然要求研究者保持多读书、尚调查、勤思考、免空谈的学风。

3. 突出出版界和人文与社会科学界的精诚合作

本套丛书凸显了一个浅显的道理：多年积累的田野资料不会自动转化为社会公认的产品，需要紧扣"民族特色"提炼选题，科学搭配，形成整体效应。所以丛书各册保持自身特色，如文化源流、田野实践、社会分工与异化劳动、传统生计、地方与国家、不同资源的合理利用、小民族大跨越等，同时贯穿了再造区域民族志的主旋律。一句话，把各册放在青藏高原东部民族多样性的大题目下合成整体色彩，依靠国家出版基金的扶持，实现"好纱织好布""好料做好菜"的目标，达到"雪中送炭""锦上添花"的双重效果，对出版人与研究者都是双赢。

总之，本套丛书具有继往开来、别开生面的寓意，弥补了同类作品的某些不足，激励着新人奔向祖国最需要的地方，关注各民族在历史上与现实中与自然、社会发生关系的过程，推动顶层设计，产出有效政策，建设西南边陲。当然，我们也应清醒地看到本套丛书的不足，保持虚心接受意见、不断追求高品质的诚恳态度。

古文字学家陈炜湛教授乃治学、书艺两全的专家，一向支持我的田野研究，多次题写书名给予奖掖。为了表达对本套丛书作者实地研究西藏的钦佩，肯定编辑人员的辛勤劳动，陈教授特用甲骨文和金文写成书名。看到丛书名十五字，字体淳厚中正、古意盎然，我由衷感激。

何国强

2022 年 2 月

于中山大学康乐园榕树头

前　言

正如本书书名所显示的，这是一部关注我国青藏高原地区社区研究的人类学著作。人类学正日益成为一门研究各种社会矛盾的显学，不仅集诸家理论于一身，对各种社会现象鞭辟入里，而且关注文化多样性，尤其注重理论建构的工作。令人略感意外但又颇为欣慰的一个事实是：当前世界上各种琳琅满目、令人为之目眩的文化多样性所组成的丰硕成果，几乎无一例外均是从事社区研究所取得的。

"社区"一词其实是伴随着工业化进程才出现的学术用语，最早见于英国学者亨利·梅因于1871年出版的《东西方村落社区》一书中。1876年，德国社会学家裴迪南·滕尼斯撰写《共同体与社会：纯粹社会学的基本概念》一书，不仅把社区冠名为"共同体"，并且对其展开了更为系统的描述，将其分为血缘、地缘和精神等三种层面①，由此拉开了一场社会学社区研究热潮的序幕。

与社会学家青睐于社会的工业化、城市化和现代化等进程不同，人类学似乎更关注于传统社会和族群边界的社区研究。从人类学功能学派鼻祖——马凌诺斯基和拉德克里夫—布朗肇始，采用人类学特有的田野调查和参与观察法以维持社区研究的严谨性与科学性，人类学作品从此在全球遍地开花，中国自然难以置身事外。

在中国从事社区研究的早期人类学作品中，不乏来自国外的专家，也有来自本土的学者。例如，在美国人类学家中，有葛学博对广东潮州凤凰村汉族社区开展的社会学调查②，有科尼利尔斯·奥斯古德对云南高峣社区从事的社会人类学考察③，还有许烺光对云南大理喜洲白族社区所进行的传

---

① ［德］裴迪南·滕尼斯著，林荣远译：《共同体与社会：纯粹社会学的基本概念》，北京：商务印书馆，1999年，第65页。

② KULP D H. Country life in south China: the sociology of familism, volume I. Phenix Village, Kwantung, China. New York: Bureau of Publications, Teacher's college, Columbia University, 1925.

③ ［美］科尼利尔斯·奥斯古德著，何国强译：《20世纪30—40年代中国的农村生活：对云南高峣的社区研究》，上海：复旦大学出版社，2017年.

统人类学研究①；在本土学者中，先有吴文藻的《云南三村》，后有费孝通的《江村经济》，同一时期甚至还有杨懋春、林耀华等人对汉族农村社区研究的人类学作品②，一度呈现出多点开花的良好开局。这些人类学著作，无论在研究方法上还是在理论建构上，业已成为中国乡土社区文化研究的典范，恰巧为托马斯·库恩所极力提倡的"范式"理论的到来③奠定了坚实的生存土壤。

简单来说，人类学是门研究人群特定文化与行为的学问，从基因学、考古学、体质人类学、民族学、宗教学，到社会学和政治学乃至全球化和后现代，统统纳入其研究的理论视野。人类学与其他学科的一个根本性区别，在于它采用文化相对主义（即从研究特定文化自身的术语来理解该文化本身）的方法，并关注研究社区的社会文化背景（有时也被称为整体观）。人类学调查社区内人群以及他们的生活方式，这样社区内所有社会成员的活动，诸如亲属关系、性别、政治、经济、宗教仪式甚至战争与暴力，均可成为其研究的重心。

"身无彩凤双飞翼，心有灵犀一点通。"幸运的是，笔者一边从事田野调查，一边汲取人类学各种学派的前沿知识理论，逐渐完成了从语言学向人类学的转向，犹如一位蹒跚学步的婴孩到最后的蝶变，先后经历了三重境界。

第一重境界来自前期语言学的训练。兴趣是最好的老师。命运似乎早已做好安排，我自小便对语言文字有着浓厚的兴趣，特别是英语。当时喜欢英语的理由颇为牵强：一是希望挑战自己记忆单词的能力，二是痴迷于探究英语的语法结构。回想起来，我的人生轨迹与英语这门语言建立起密切的关联，却是始料未及的事情。

尽管现在说起略有"事后诸葛亮"的嫌疑，但我与英语的零距离接触，确实给自己的人生带来了几次重大的转变。因为爱好英语，我不出意外地顺利考取了华南师范大学外语系攻读英语专业，因而我的英语读写能力也获得了极大的提升，但很多时候感觉自己对语言学的知识仍停留在一种囫囵吞枣的状态，"知其然而不知其所以然"，这种情况一直持续到大学毕业。第一次转变发生在我来到中山大学外国语学院攻读硕士学位期间，这时有

---

① ［美］许烺光著，徐隆德、王芃译：《祖荫下：中国乡村的亲属、人格与社会流动》，台北：南天书局，2001年。

② 杨懋春著，张雄、沈炜、秦美珠译：《一个中国村庄：山东台头》，南京：江苏人民出版社，2012年；林耀华：《金翼：中国家族制度的社会学研究》，北京：生活·读书·新知三联书店，2008年。

③ ［美］托马斯·库恩著，金吾伦译：《科学革命的结构》，北京：北京大学出版社，2003年。

机会接触到"功能语言学"这门课程，了解到除了用传统的语法结构来学习英语以外，还可从功能学的角度分析语言的实际运用，突然之间便有一种耳目一新的感觉，大概类似那种"见山是山，见水是水"的境界。

读研期间我参加勤工俭学，有机会聆听到中山大学何国强教授的亲切教诲，获知竟然还有一门比语言学更为"高级"的学问叫作"人类学"，因为人类学学科体系里不仅包括了文化人类学（民族学）、体质人类学，还囊括了考古学和语言学。不出意料，我日后又考取了中山大学人类学系，这回攻读的是文化人类学（民族学）的博士学位，并且成了何国强教授的首席弟子。因为在职读博，我在中山大学又度过了四年的惬意时光。正是在这一时期，我的第二次转变也悄悄来临，这回是一种"见山不是山，见水不是水"的境界。

简略而言，自从接触到人类学这门"高级"的学问，我便开始建立起两个基本的认识：一是掌握了整体观的方法论，二是培养出一种批判性精神。

先来说说整体观。正如成语"盲人摸象"所比喻的，大象庞大的身躯是由不同的身体部分组成的，人们对各部分的理解也存在差异，因此需从更宏大的视角来把握材料才能获得一个更准确的认知。整体观把文化看成一个完整的系统，认为其中各种文化要素不能孤立地存在，相互间必然交互作用，各种文化现象都存在各种关联性，因此，文化中有关物质的、精神的与社会的要素都要做通盘的考虑。整体观有一整套规范的操作方法，除了需统筹各种理论、整合多门学科协同作战以外，还需以充分的个人体验和扎实的田野工作作为理论依据，这就需要去完成两个根本的工作：一是从解释的层面去认知和理解每种生活体验，进入人类学所谓的主客位视角；二是以田野工作为基础，通过用翔实细腻的文笔撰写民族志来描绘某种生活方式。

再来说说批判性精神。批判性精神是人类学的一把利器。人类学一贯被认为是研究奇风异俗的学问，鲜有人知道它其实是一门极具批判性精神的前沿学科。批判性精神不仅要求我们摘掉有色眼镜来看待社会文化事件，而且应当秉持一种科学、开放与前瞻的态度，既要去伪存真，又要抽丝剥茧，最终条分缕析地还原事物的本真面貌。而整体观和田野工作赋予了人类学开展批判性精神的底气。以自己的读博经历为例，我还未入读，就被导师要求先去从事一趟"田野之旅"。2005年8月，我与导师两人结伴同行，前往滇藏交界地带玉曲河谷的碧土乡从事为期一个多月的入户调查，就当地藏民婚姻与家庭的情况获得了很多一手资料。田野工作回来以后，先前与导师合作的一篇论文也如期在《中山大学学报》上发表了。这篇论文比较了青藏高原地区与南亚一妻多夫制的异同，首次提出青藏高原地区的一妻多夫制可能起源于南亚，然而这种婚制并非大多数人臆想的那样——是一种愚昧落后的婚姻形式；正相反，它是一种"高级"的文化传播，是藏民适应特殊生态环境的文化适应机制。可以说，第一次尝试田野工作的喜悦，连同第一篇人类学作品的发表，让自己深刻体会到批判性精神在学术论辩过程中所扮演的重要角色。

"咬定青山不放松"，自己博士论文的选题开始着重于藏族的婚姻与家庭的研究。后来本人又有四次入藏从事田野工作的经历，总计时间一年有余，地点集中在青藏高原东部横断山区三江并流地区，前后获取了五个藏族社区的田野资料。2009 年，由于急于毕业，所完成的博士论文仅覆盖其中三个藏族社区，对其余两个社区的调查只留下笔记，尚未形成民族志材料文字，理论模型也略显单薄，博士论文也一直未能独自出版，可以说留下了许多遗憾。

白驹过隙。在博士毕业将满十年之际，机缘巧合下我参加了由暨南大学出版社牵头申报的"青藏高原东部边缘民族多样性研究"项目，该项目获得2019 年度国家出版基金的资助，终于有机会重新执笔来完成之前未竟的心愿：一是完成对五个藏区调查社区的整体的民族志描述，二是让自己的博士论文最终得以出版。更为重要的是，经过十年的知识沉淀，我逐渐领悟到：采用整体观视角，五个藏区调查社区其实都可统一在一种信仰文化即卡瓦格博转山圈之内，并且有三种社会体系在发挥核心的功用。这三种社会体系分别是宗教、家庭与经济，分别对应了卡瓦格博转山信仰圈、一妻多夫制和家庭生计三种文化特质。尤其重要的是，根据系统论的观点，三种社会体系彼此之间还在相互作用，由此形成一个更大的社会系统，而它们所对应的三种文化特质同样在交互作用，构成当地特质文化的底色。三种底色之间相互组合，所构造的色彩足以描绘出一个多姿多彩的文化世界，最终提炼出共享、多元与和谐三种最为根本的社会文化价值观念。

"不识庐山真面目，只缘身在此山中"，幸运的是，有了人类学整体观和批判性精神两种独特的视角，以及十年理论与知识的沉淀，本人的视野才有机会抵达第三重境界——"看山还是山，看水还是水"。

许韶明

2022 年 2 月于广州芳村花园

目 录
Contents

神山内外
卡瓦格博社区与家庭生计研究

第 一 章
卡 瓦 格 博 的 信 仰 、 家 庭 与 生 计

第一节　一则神话的人类学分析

一、朝觐神山的传说

很久以前，有一户藏族人家，丈夫早年去世，仅剩下老阿妈一人，好不容易才把三个儿子拉扯成人。兄弟三人自小一起长大，手足情深。后来，老阿妈让老大在附近的寺庙出家，让老二去高山上放牧，让老三在家中务农，又让兄弟三人合娶一个妻子，共同生育了一对儿女。有一次，老阿妈患上了重症，在命悬一线之际，三兄弟聚会商量，全家人应当去一趟卡瓦格博朝觐神山。

于是，除了家里的老阿妈请人帮忙照顾之外，全家人立刻动身，去千里以外的梅里雪山转经。在转经路上，一位凶神恶煞的山神截住他们的去路。山神提出了严苛的要求：只有献出一位家庭成员做人牲才能放行。兄弟三人经过商量，决定把女儿交出去，毕竟，儿子要比女儿重要。

继续往前走时，又冒出了一位凶神恶煞的山神，提出同样的无理要求。兄弟三人经过商量，决定把儿子交出去，毕竟，孩子还可以再生育。

在即将抵达终点的时候，又冒出了一位凶神恶煞的山神，还是提出了同样的要求。兄弟三人再次商量，最后决定把妻子交出去，毕竟，血浓于水，兄弟间的感情是最深的。至于妻子，还可以再娶。

历经种种的艰辛与苦难，三兄弟终于完成了转山的任务。等他们回到家中时，老阿妈的病已经痊愈了。①

---

① 此神话存有不同的亚型，广泛流传于青藏高原东南部的三江并流地区（怒江、澜沧江、金沙江），横跨滇、川、青、藏四省区，此处所记载文本仅为该神话传说的其中一个版本。

这是一则负载强烈藏族情感色彩的神话，流传于青藏高原东部三江并流地区的康巴藏族文化带，给人造成巨大文化冲击的同时，亦带来了有益的文化启迪。神话不仅是涉及人类自身强烈情感的表达，更是诉说社会结构和集体意识的绝佳工具，[①] 此则传说所具备的许多文化要素，值得开展进一步的探讨和研究。

人类学家列维 – 斯特劳斯在语言学方面造诣颇深，他首先想到了利用语言学的二元结构来分析神话传说。在他看来，很多情况下社会的一些基本和原始性的结构，往往会以二元对立的形式呈现出来。例如，列维 – 斯特劳斯曾用二元对立结构来分析北美的"狡黠的胡狼"。在具体的分析中，列维 – 斯特劳斯确立了两组二元对立结构：农业—战争、生—死。他认为狩猎在其中起到调节的作用，因为狩猎在保证人类生存的同时却导致了动物的死亡。像胡狼这样的食腐肉动物，它也在调节另外一组二元对立结构——食肉动物与食草动物，这就和生与死的二元对立结构形成了一种类比的关系。因此，在土著的传统认知思维中，胡狼一定是"狡黠的"。[②] 像这些在文化系统中具有重大文化意义的二元结构，列维 – 斯特劳斯还利用语言学中关于词素（morpheme）的构词法，特意创造出一个新词，将其称为"神话素"（mytheme）。

国内学者同样利用二元性来分析中国的神话与传说。例如，在《寒食与介之推》一文中，李亦园分析出两组对应的结构：①寒食节的仪式结构是：干季—湿季，稀少—丰盛，禁火—用火，生产—熟食，自然—文化；②介之推的神话结构是：点火—禁火，煮熟—生冷，高估的人际关系—低估的人际关系，文化—自然。由于两组结构基本相同，因此介之推的神话传说被用来支持寒食节仪式。[③] 同理，分析屈原传说与端午节的关联性，再次出现了二元结构的身影。[④]

---

① FRANZ M. Archetypal patterns in fairy tales. Toronto：Inner City Books，1997：21.

② ERICKSON P A，MURPHY L D. A history of anthropological theory. Peterborough：Broadview Press，1998：98.

③ 李亦园：《宗教与神话》，桂林：广西师范大学出版社，2004 年，第 207 – 219 页。

④ 李亦园：《宗教与神话》，桂林：广西师范大学出版社，2004 年，第 220 – 235 页。

二、三组神话素结构

站在二元对立结构的视角，此则神话同样隐藏几组重要的二元结构，例如：人与自然，信仰与实践，多元与单一，男人与女人，和谐与破坏，完整与残缺，高估的人际关系与低估的人际关系，等等。其中有三组特别值得探讨，它们共同构成了藏族核心文化的神话素结构。

1. 信仰与实践

传说中的老阿妈患有重症，经打卦后需去神山转经，这种做法在藏传佛教学说中是信仰文化的直接体现。简单地说，藏传佛教可以归结为一整套自律的体系，民众或佛教信徒只需按部就班依照这种体系行事，就可豁免一切的过错。"轮回说"是其中一个重要的信仰系统，最初源自早期佛教的创始人——佛陀（乔达摩·悉达多）所遗留下来的理论。佛陀认为，人死之后，其过去的所思所想、所说所讲、所作所为聚集的结果，即因果报应，会投入另一躯体中，再次在生命轮回的不断循环中起作用。佛教在西藏地区的传播过程中，融入了涅槃和转世等观念，最终形成了"六道轮回"① 的学说。在此学说中，"六道"指的是：天道、非天道、人道、畜生道、地狱道和饿鬼道。众生会根据自己生前的善恶行为，在六道轮回不断地转生，这便是生命的"轮回"（见图1-1）。六道轮回中前三道为善道，后三道为恶道。在藏族的认知世界里，这种评价标准可从《西藏度亡经》管中窥豹：如有可能，往生到天道是最为理想的选择；退居其次的是人道，属于中等选择；更次一些的是畜生道，应当尽量避免；最差的是饿鬼道和地狱道，只有佛性最差、品德最恶劣的人才会"投胎"到那里。②

笔者在卡瓦格博转山信仰圈从事田野工作期间，当地寺庙的一位活佛曾解释过"生命轮回"的真谛："（藏传）佛教传统中有一些核心的精神观念，例如，从基本的层面而言，尊重所有的生物，苦难是生活的一部分，克服苦难、谋求幸福不仅是每个人的本性，也是他们天生的权利；如果从更深层的一面考虑，一切事物都是相互联系的，所有的事件并非偶然发生，它们是因果关系链的一环。"

---

① "六道轮回"比"五道轮回"，多了"非天道"。
② 莲华生著，徐进夫译：《西藏度亡经》，北京：宗教文化出版社，1995年，第52-87页。

图 1－1　藏传佛教六道轮回图

　　为了在来世获得一个更好的归宿，有必要在今生尊奉佛法，潜心修炼，克服磨难，转山似乎是条能让信徒实现"轮回转世"的捷径。无论是在寺庙中精修佛法的喇嘛，还是在高原河谷上过着世俗生活的民众，他们都秉持一种根深蒂固的理念：去藏区一些神山圣湖朝拜是件神圣的事情，不仅可为今生消灾祛难，也能为来世积下功德，从而获得一个更好的业报。正因如此，在滇、藏、川、青等地藏族的传统观念中，普遍存在"一生不朝梅里雪山，死后就没有好归宿"的说法。如果在一生当中沿着卡瓦格博神山转山一圈，足以消弭今生所犯下的所有罪孽；转山十圈可在五百轮回中免受地狱之苦；转山百圈，便可进入一种无欲无求的"涅槃"境界，这可是任何一位虔诚的佛教徒一生都希望达成的宏愿。① 此外，这些名山圣湖又各有属相和自己的本命年，如冈仁波齐神山的本命年是藏历马年，玛旁雍错圣湖和卡瓦格博神山的本命年均是藏历羊年。如果信众能在这些神山圣湖的本命年去朝拜，则转山一圈又可增加一轮十二倍的功德，相当于常年的十三圈，而且最为灵验和积长功德。

然而，在现代文明的剧烈冲击下，世俗化的生活已发展到极致，世界上很少有其他的民族像藏族人一样，把对信仰的忠诚落实到生活实践当中，甚至不惜付出生命的代价。例如，故事中的儿子十分孝顺，获知打卦的结果后便立即付诸行动。决策一经做出便即刻实施，这种高度的执行力直接反映在后来为满足一众山神所提出的各种无理要求之上，甚至不惜付出儿女和妻子的生命。"欲先取之，必先予之"，这是藏传佛教"轮回说"一再灌输的思想，也是其理论传播的内在逻辑。这种源自社会生活的实践活动，采用人类学一个更为通俗的说法——行动（action）或进程（process），才是改变个人生活命运的最终途径。马克斯·韦伯认为，社会与结构功能主义的视角一样是自我调节的系统，但也有所差别，其差别点就在于系统的转型来自革命性的行动。② 马克斯·韦伯认为基督教的新教赋予信徒的行动以实际的含义，因此资本主义在西方取得了成功。③ 人类学家埃德蒙·利奇通过对缅甸克钦山地的三种政治组织进行研究，将其重点放在个人如何通过运作以获取权利，又如何通过行动来改变社会之上，生动地呈现出个人在文化转型过程中所发挥的能动性和创造性。④ 在笔者看来，正是这种带有革命色彩的行动能力，才是缔造当前藏传佛教宗教特色文化圈的核心力量。有鉴于此，关注宗教信仰与世俗生活的交叉融合，彰显个人在不同背景下所做出的种种决策以及为了贯彻这些决策所采取的行动，是件意义重大的文化事件。

2. 男人与女人

两性关系一贯是社会结构分析的重要内容。该神话似乎在强化一种男尊女卑的思想，甚至达到一种无以复加的地步。例如，当兄弟们面临儿女二选

---

① 同样的说法也普遍见于位于冈底斯山的冈仁波齐神山、山南的扎日神山，以及位于亚丁的三神山和青海果洛州玛沁县西北部的阿尼玛卿山等转经文化圈中。

② BARNARD A. History and theory in anthropology. Cambridge：Cambridge University Press，2000：80.

③ ［德］马克斯·韦伯著，于晓、陈维纲等译：《新教伦理与资本主义精神》，北京：生活·读书·新知三联书店，1987年。

④ LEACH E R. Political systems of highland Burma：a study of Kachin social structure. London：The Athlone Press，1954.

一的时候，女孩被优先考虑放弃；当夫妻双方面临二选一的时候，又是作为女人的妻子被弃之如敝屣。由于一妻多夫制的存在，一个传统的藏族家庭可能会出现男多女少的局面。然而，让人倍感困惑的是：尽管藏族愿意采纳一妻多夫制，但家庭中的妻子并非人们所臆想的那样在家庭中居于核心的地位；相反，即使作为一夫多妻婚姻的对立面，在一妻多夫婚姻中，丈夫也永远在家庭生活中处于焦点的位置。尽管存在一定的弹性，或者在表现程度上略有差别，但男尊女卑的思想确实在青藏高原的藏族生活区中普遍存在，至少在笔者所研究的卡瓦格博神山转山圈内外，情况莫不如此。

例如，三岩社区位于卡瓦格博神山转山信仰圈的边缘地带，当地存在一种强烈的父系血缘认同，帕措的男性成员名为"措巴"，藏语中为"群员"之意，可以平等地参加本帕措的内部成员会议，并拥有发言权、选举权和投票权。帕措成员在举行"熏烟节"（礼拜山神）仪式时，妇女严禁参加，也不能让她们乱碰熏烟用的祭品。此种做法主要有两个原因：一是表示对山神的虔诚，二是让周围游荡的神灵与鬼怪能得到应有的尊敬和食物。与三岩"大男人主义"形成鲜明反差的是三岩女人表现出的是一种"小妇人"的形象。女性成员名为"纳加"，藏语之意为"手中之物"，指附属物。传统中，妇女地位低下，甚至算不上帕措的正式成员，不能参与帕措内部的政治活动，也没有家产的继承权。"男本位"的思想在世俗化的生活中更展露无遗：当地存在一种"男织女耕"的分工，即男人必须懂得织布的技术活，不能让女人染指；相反，女人只能参加农事劳作，但在春耕仪式中必须由男人来播种，也必须由男人来牵引耕牛，女人只能在后头协助松土。这是因为男人身强力壮，只有这样才能保证所播种的种子获得丰收。此外，女人不能随便触摸男人的头部，这被认为是大不敬；更不能向男人吐口水，这一行为被认为是莫大侮辱。如果男女共同进入房子，女人要礼让男人先爬楼梯。旧中国时，三岩还存在这样一条奇特的习俗：女人在路上遇见男人，要谦恭地弯腰低首避在一旁，否则将受到帕措头人的严厉斥责。

与三岩相隔不到百里之遥的高原牧区——索日村，当地人也认为男孩要比女孩重要得多。与汉族地区流行的聘礼制婚俗不同，当地流行一种嫁妆制婚俗，生育女孩无疑加大了一个家庭的生活成本，由此导致父母对子女的态度存在差异。相对于女婴而言，男婴的哺乳期更长；另外，父亲在给子女送礼物时态度也存在差异，女孩所获得的礼物远比男孩所获得的要少。

在茶马古道设置于藏区的一个重要驿站——军拥村中，许多村民自愿加入马帮和商队的行业，而从事这些生计活动的无一例外均为家庭的男性成员，女性只能在家里操持家务。由生计方式扩展至生活层面，男女分工的内容依然清晰可辨。例如，与马帮文化相关的尼木棋，棋手只能是男性，女性是不能参与的；采摘家庭果树并在县城销售的，只能是家庭的女性成员，但酿造葡萄酒必须由男性成员来完成；村里以出精雕细刻的木匠远近闻名，但木匠只能是男性，家里立有"传子不传女的规矩"，即使招收学徒，也只能是男性成员。

即便身处卡瓦格博转山信仰圈的中心地带，一些藏族村子中男尊女卑的观念普遍存在。例如，位于内转圈上雨崩神瀑处的雨崩村，世代保留有"神箭节"射箭比赛，参加比赛的选手无一例外是男性，选手在参赛前还禁止与女性同房，唯恐触怒神灵、玷污神性；在明永冰川脚下的明永村里，有资格进入太子庙朝觐山神的也必须为男性，妇女只能在山下守候。

实际上，生活中存在这样那样的生活禁忌，不外乎强调一种来自性别的社会分工，它建立在男尊女卑的价值观念之上，其合理性已受到神灵的认可与庇佑，必须严格加以遵守与维护。

3. 多元与单一

"多与少"是该传说传递出的另一个重要的信息，处在家庭生活核心地位的兄弟往往有好几个，分别从事着多样化的生计活动，如老大出家、老二放牧、老三务农，这也与青藏高原多样化的生态条件颇为吻合。然而，能够将几兄弟紧密团结起来组织家庭生活的，却是采纳一种单一的婚姻形式——兄弟共妻制，兄弟可以有多个，但妻子只能有一个，这有别于汉族传统大家庭和联合家庭的形式。这种婚姻形式也被称为一妻多夫制，是青藏高原东部三江并流地区一种甚为常见也最为重要的家庭组织形式。千百年以来，一妻多夫制婚姻得以在喜马拉雅山和青藏高原地区成功实施并持续发展，取决于丈夫之间存在着密切的血缘关系。虽然兄弟共妻制占据一妻多夫制度的绝大多数，但也不能忽略该婚制本身所包含的多样性结构。事实上，一妻多夫制婚姻自身也存在好几种亚型，如（堂、表）兄弟、叔（伯）侄共妻等，甚至还有另外一种极其特殊的情况——多夫多妻制，即几个兄弟合伙迎娶两个姊妹。当然，此种情况极其罕见，一般其产生的条件是几兄弟先迎娶一妻，然而该妻未能生育儿女，几兄弟有权再娶一妻，形成了多夫多妻制的婚姻事实。① 在一个家庭里，不同的妻子容易产生各自的

---

① LEVINE N E. The dynamics of polyandry：kinship, domesticity, and population on the Tibetan border. Chicago and London：The University of Chicago Press，1988：6 - 7.

利益中心，为了减少两个妻子之间所产生的矛盾，一般又以迎娶该妻子的姊妹（或堂、表妹）为上佳的选择。有学者指出四川俄亚的纳西族、藏族存有两三兄弟共娶两姊妹的现象。① 更为极端的情形是，一妻多夫制还有一种朋友共妻的形式，即实行共妻的丈夫并非一定要具有血缘的联系。西藏和平前有报道记录康区存在朋友共妻的情况，在笔者参与的军拥村田野调查中也存在一例朋友共妻的个案。

由于一妻多夫制婚姻的存在，喜马拉雅山和青藏高原地区的婚姻形态呈现出"人类学所知的、受社会认可的最大化多样性"②，操藏语的民族更被认为是当前世界实行该婚俗的"最大和最为昌盛的社区"。

三、结构功能主义的视角——宗教、亲属制度和经济

分析神话的另一种有效途径是借鉴人类学结构功能主义的相关理论与方法。一方面，结构功能主义采用结构主义方法研究人类亲属制度、婚姻制度、社会组织、宗教神话和文化符号等现象。它借用结构语言学原理，研究和理解人类文化和思维。另一方面，它所强调的是结构，不是具体事物和现象的组合，而是潜伏其下的系统，或者毋宁说是人类普遍的心理法则。结构主义人类学自马塞尔·莫斯与列维－斯特劳斯等人创建肇始，长期以来怀有一种偏好：将社会事实还原为基本与原始的结构。例如，马塞尔·莫斯在对礼物交换的研究中指出，礼物的赠予是一种互惠性的交换行为，是基于个人"给予、接受与赔偿"思维原则下的操控行为；因此互惠性是人类共有的思维结构，它的存在根深蒂固。③ 列维－斯特劳斯则从亲属关系入手，指出妇女的交换同样是种互惠行为，是实现部落联盟的基本形式。④

进化论学者如孔德、斯宾塞之流最先将社会结构的研究类比为人体器官，结构功能主义者则在批判的基础上发展了此种观点，并用来研究现代社会。例如，社会学家涂尔干认为，社会是由各个部分组成的，每个部分都有自己的功能。⑤ 功能主义创始人马凌诺斯基认为，人类基本的需要和衍生的需要，是被有机体的作用和影响生理历程的文化所创造的。另一位功

---

① 宋兆麟：《伙婚与走婚：金沙江奇俗》，昆明：云南人民出版社，2003 年，第 139 页。

② DURHAM W H. Coevolution：genes，culture，and human diversity. Stanford：Stanford University Press，1991：21.

③ ［法］马塞尔·莫斯著，卢汇译：《论馈赠——传统社会的交换形式及其功能》，北京：中央民族大学出版社，2002 年。

④ LÉVI – STRAUSS C. The elementary structures of kinship. Boston：Beacon Press，1969.

⑤ BARNARD A. History and theory in anthropology. Cambridge：Cambridge University Press，2000：62.

能派的鼻祖拉德克利夫－布朗则提出，社会的正常运作就像是一个健全的躯体，由许多部分组建成为一些更大的系统，每个系统都肩负着特殊的功能，而这些系统又需相互间协同运作。社会结构类似于人体器官（见图1－2）。正如各种生物系统一起构成了器官，一些诸如宗教、经济、亲属制度、政治等社会制度则共同构成了社会，这些社会制度也被称为"社会组织"（social institutions）。[①] 在这些基本的社会制度中，有三组特别值得讨论：

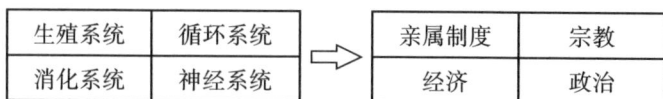

生殖系统	循环系统	⇒	亲属制度	宗教
消化系统	神经系统		经济	政治

图1－2　身体机制与社会结构类比

首先，宗教是社会结构中最为稳定的内核。神话中的老大本身就是一名喇嘛，朝觐卡瓦格博神山也是当地宗教信仰文化的直接表现。由此可见，任何民族与文化，可以没有文字，没有先进的生产工具，没有发达的商品经济，甚至没有丰富多彩的娱乐活动，但一定会有宗教信仰。宗教仪式一贯是人类学进行社会考察的重点对象，因为社区研究的"社区"，最初的来源就是受到宗教活动的影响。例如，"社"的字面意思是在土地上进行宗教祭祀活动，古代把土地神和祭祀土地神的地方都叫"社"，《说文解字》就把"社"视作周礼中二十五家共祭一个社神的祭祀群体。[②] 有鉴于此，对宗教或宗教仪式进行学术思辨，不仅成为众多文人学者的偏好，更是他们取得丰硕成果的主战场。在此列举两个大家耳熟能详的例子就足以说明。第一个例子是法国社会学家涂尔干与他对宗教的研究心得。在《宗教生活的基本形式》一书中，涂尔干将社会而非个体视作一个基本的事实，认为群体远比个体来得更重要。该书以宗教作为研究的对象，试图通过分析宗教的本质进而探讨揭示所有社会现象的本质。进入涂尔干研究视野的，首先就是图腾制度。此外，涂尔干不遗余力地试图给宗教做出一个精准的定义，而他所定义的宗教不仅包括信仰还必须包含仪式，并且仪式的目的在于不断地重新加强个人属于集体的观念，使人们保持信仰和信心，使得社会这

① BARNARD A. History and theory in anthropology. Cambridge：Cambridge University Press，2000：62 - 63.
② 李恩江、贾玉民主编：《文白对照〈说文解字〉译述》，郑州：中原农民出版社，2000年，第13页。

一共同体得以维系下去。① 第二个例子是社会学家马克斯·韦伯和他的理性观点。在《新教伦理与资本主义精神》一书中，韦伯认为，基督教新教的教义从禁欲逐步向救世转变，而救世的一个必要手段是实现经济利益，因为个体成员所实现的经济利益愈大，就愈能说明自己会被上帝"选中"从而获得拯救，这种宗教观赋予了工作以神圣的意义，正是受这种理性教义的扶持，资本主义获得快速的发展并茁壮成长；② 与此相反的是，在中国，由于受到儒教和道教力量的影响，资本主义的观念虽然最先在中国萌芽，最终却在欧洲取得了成功。③

其次，亲属制度不仅是构建社会结构的基础，还是从事生计活动的根基。亲属制度又称亲属称谓，原指因婚姻、血缘或收养而产生的人际关系的用语，是现实亲属关系的反映。④ 当然，亲属制度绝不限于对亲属称谓的研究，还涉及婚姻、家庭和继嗣等方方面面的内容。亲属制度是婚姻家庭研究的起点与基石。在人类学的研究里，婚姻家庭最先来自对父系或母系血缘的认同，并且按照此种血缘的亲疏远近原则来组织社会化的生活。作为一种社会制度，婚姻家庭的重要性不言而喻，往往居于社会的中心位置，主要体现在五个方面。第一，对于个人而言，他们首先来自家庭，又通过婚姻来维系，家庭是他们首先归属的团体，也是个人与社会发生作用的坚强后盾。第二，家庭是个人社会化过程的必要中介。传统文化的传递，首先是在家庭内部实现的；个人的生活何以发生转变，家庭是其持续发展的动力源泉。第三，只有通过婚姻与家庭这种受社会认可的形式，个人才能满足诸如性生活、人口再生产以及其他各种情感方面的需求。第四，孩子的抚育问题同样离不开家庭，家庭是维持人类与文化持续发展的一个不可或缺的环节。第五，个人的社会身份、宗教信仰、政治角色以及经济地位等内容的获得，首先来自家庭；只有通过家庭，社会才能决定个人日常生活的交际模式，满足社会自身正常运作的需要。从跨文化比较的视野上看，亲属制度的社会建构方式原本就呈现出非常可观的文化多样性。在这则神话传说里，三兄弟共同实行了一种特殊的婚姻制度——一妻多夫制，这就

① ［法］爱弥尔·涂尔干著，渠东、汲喆译：《宗教生活的基本形式》，北京：商务印书馆，2011 年。

② ［德］马克斯·韦伯著，于晓、陈维纲等译：《新教伦理与资本主义精神》，北京：生活·读书·新知三联书店，1987 年。

③ ［德］马克斯·韦伯著，康乐、简惠美译：《中国的宗教：儒教与道教》，桂林：广西师范大学出版社，2010 年。

④ 麻国庆：《走进他者的世界：文化人类学》，北京：学苑出版社，2001 年，第 122 页。

给原来的文化多样性增添了新的内容，值得开展有针对性的研究。

最后，经济是社会生活中最富活力的成分。神话中的三兄弟在家庭中存在经济上的分工：老大当喇嘛，老二放牧，老三务农。家庭经济生计活动中出现了多样化的分工，① 这与当地的生态环境呈现出高度的适应性。经济活动的一个基本原则是通过有效生产以实现经济利益的最大化，这是资本主义工具理性下的一个核心理念。经济因素也反映在社会生活的其他方面，比如在婚姻家庭中。经济学家贝克尔曾给婚姻下过一个定义：婚姻是夫妻寻求效用最大化的约定。② 由此可见，婚姻家庭不能忽视来自经济方面的因素。英国人类学家莫里斯·弗里德曼通过对中国东南地区村落和宗族组织进行研究，指出中国家庭结构中实际存在穷人与富人两种不同的家庭周期循环的方式，这是经济因素作用的结果。在弗里德曼看来，穷人的家庭循环方式是从妇女家庭发展为主干家庭，然后再由主干家庭回归到夫妇家庭；相比之下，富人的家庭循环方式是从妇女家庭发展为主干家庭，然后再由主干家庭发展至大家庭或联合家庭，等到大家庭或联合家庭再次分家后，再回归到夫妇家庭。③ 与中国农村传统的家庭组织形式完全不同，藏族实现富人家庭的方式是采纳一妻多夫制婚姻，相同点都是基于对经济因素的考虑。受限于生态环境的影响，藏区传统村落里的耕地十分有限，一个家庭如果有两个以上的孩子，如果各自组建夫妇家庭（一夫一妻制），原本捉襟见肘的耕地和家产就会遭到分割，这是原来家庭难以承受的结果。分家以后，新成立的小家庭也往往由于耕地减少而难以为继，结果导致家庭生活陷入严峻的困境。当地主流文化中存在"一家分开，乞丐一堆"的说法，就是社会舆论对此种做法所持有的一种否定的态度。相比之下，采纳一妻多夫制婚姻的兄弟，既能规避耕地和家产出现进一步的分割，又能保证家庭中有充足的男性劳动力兼顾农耕、畜牧、采集等多种经济形式，甚至还能从事出家、贸易、外出务工等为家庭增添额外收益或带来社会声望的行业，这样家庭很快就能发家致富，过上让外人钦羡的生活。

通过以上对宗教、亲属制度和经济等社会制度的讨论，有必要建立一种整体观的视角，考察各种社会制度的相互关系。正如人体的器官，一种社会制度绝非孤立单一地运作，不同社会制度彼此之间还需相互作用。例

① 在西藏地区当在编的喇嘛会有一份稳定的收入，而且也能给自己的家庭带来较高的社会威望，笔者将其纳入一种"非常态"的生计方式中。

② BECKER G S. A treatise on the family. Cambridge：Harvard University Press，1981：30 - 31.

③ 李亦园：《人类的视野》，上海：上海文艺出版社，1996 年，第 230 页。

如，婚姻制度可放入亲属制度这种社会制度之内，但婚姻同样还与宗教、经济、政治等社会制度相联系，发挥着相应的功能。以下列举三种理论视角，力图说明这种整体观分析的重要性。

1. 钟摆理论

人类学家埃德蒙·利奇曾对克钦社会进行开拓性的研究并完成其成名之作——《缅甸高原的政治制度》。该书描写了在克钦社会的氏族集团间的亲属制度和政治活动中，存在着三种制度模式，其中有两种互相对立：一种是讲究人人平等均权、无政府主义的贡劳制；另一种则是贡萨制，与前者的内容虽然大抵相同，却是一种存在等级差异的社会制度。第三种是能对贡劳制和贡萨制施加压力的掸人政府制度，是种类似于封建专制的等级制。在掸人政府制度的作用力下，克钦社会制度呈现出一种动态的状况，时刻在贡劳制和贡萨制之间钟摆。[1] 后来，美国学者乔纳森·弗雷德对克钦社会进行重访研究，他在理论分析中加入了宗教的视角，使得利奇的钟摆模型变得更加完美。弗雷德采用新马克思主义视角来分析利奇的民族志资料，构建出自己的理论模型。在此模型中，弗雷德描述的社会存在着四种复杂的层次：①生态系统；②生产力；③生产关系；④上层建筑。四种层次的从属关系如下：生态系统限制生产力的发展，而生产力又限制了生产关系，生产关系反过来主导生态系统与上层建筑。弗雷德强调经济、亲属制度和宗教三者的联系。一个富有的世系头人有义务为整个村子举办节日盛宴，他也因此被认为与神灵世界有着更为密切的联系。通过举办节日盛宴这种类似于宗教的仪式，头人的世系与其他的世系群被区分开来，因为他通过追溯自己的祖先，进一步密切了自己与神灵之间的联系。因此，具有均权主义性质的贡劳制演化成了具有等级差别的贡萨制，从而使得原本层次分明的来自经济、亲属制度和宗教等的因素被有机地融合起来并且相互作用。[2]

2. 群格理论

人类学家玛丽·道格拉斯从个人与群体的角度出发，探讨社会形态与仪式行为的关系，并在此基础上提出群格理论。道格拉斯认为，社会形态通过"群"和"格"两个向度来加以阐释："群"一般是带有明显界限的社会群体，指如何明确定义个人的社会地位是否处于一个有界线的社会群

[1] LEACH E R. Political systems of highland Burma: a study of Kachin social structure. London: The Athlone Press, 1954.

[2] FRIEDMAN J. Tribes, states, and transformation//BLOCH M (ed.). Marxist analyses and social anthropology. London: Malaby Press, 1975: 161-202.

体之内或之外；"格"指社会中个人与他们交往的准则，包括角色、类别、范畴等。群与格还在不同的向度发生交互作用，由此形成一个类似于数学中关于象限概念的社会境遇图，社会也被分割为四种类型：比如中国传统汉族社会，群与格都很强；比如现代社会，群与格都很弱；比如古希腊社会，群强而格弱；又比如一些其他类型的社会（像商业和政治团体），群弱而格强。在确定这样一种理想的社会模型后，道格拉斯展示了经验和文化怎样与每种类型相互关联：群与格都很强的社会能够巩固信仰和凝聚社会仪式，与此相反，群与格都很弱的社会无法做到这点；群强格弱的社会注重巫术和魔术的实践活动，在客体身上展现出一种很强的社会界限；群弱格强的社会往往有发展宗教运动的倾向。①

3. 生活圈

人类学家维克多·特纳独辟蹊径，一反社会学泰斗涂尔干所强调的群体生活中已经建立的结构，认为"反结构"才是社会的本质。在特纳的眼中，反结构在线性的状态中可以被找到。例如，在许多传统社会的人生仪式中，未成年的孩子只有通过成人礼才有资格成为正式的社会成员；然而，进行成人礼的孩子需要经历一个过渡阶段，在此阶段他既非孩子也非成人，而是位于这两个确立状态"之间"，特纳还就此提炼出"阈限"（liminality）和"共态"（communitas）两个概念。只有经历完这种"之间"的状态，这个孩子才能实现从家庭走向社会的转变。特纳坚信，繁荣的生活圈就存在于各种确定的结构之间。②

以上三种理论模型，无论是从宗教、政治、经济，还是从婚姻、家庭和社会等视角出发，无一例外强调宗教仪式的作用，肯定亲属关系的力量，突出各种社会关系的紧密连接，彰显小群体通过严密的组织、厚实的交织以维系一个强大的社会整体。在这些人类学家一贯青睐有加、致力研究的传统社区和地方社会里，不仅和谐统一、组织严密，还存在着文化，而且这些文化都可以通过仪式来加以表达。因为仪式维持着信仰，而信仰体现在经济、家庭等社会体系中且彼此交互作用，由此构建出一个更大的社会文化系统。不难料想研究社区文化从宗教、经济和婚姻家庭等方面入手，将会取得怎样宏伟的理论前景？

---

① DOUGLAS M . Natural symbols. New York：Vintage，1973.

② ［英］维克多·特纳著，黄剑波、柳博赟译：《仪式过程：结构与反结构》，北京：中国人民大学出版社，2006 年。

第二节　卡瓦格博转山信仰圈

一、神山崇拜

以上神话还反映出宗教信仰中一个最为核心的内容，即当地普遍存在一种神山崇拜的习俗。关于神山崇拜，一种最容易被人接受的解释是：那里是最贴近天空的地方，或者是宗教的发源地。这种流传于世界各地且广泛存在的神山崇拜，往往与世界宗教的起源、一些神话传说或重大的历史事件有着密切的关联。因为它们本身所具有的高度象征意义，这些神山往往处在文化中心的地位。例如，在希腊神话中，奥林匹斯山被认为是座神山，那里是众神居住的地方；在犹太人眼里，西奈山是座神圣不可侵犯的神山，因为那里是犹太教的发源地，《旧约》中描写摩西就是在西奈山与上帝缔结了《十诫》；以色列的泰伯山也是一座神山，据说耶稣就是在这座山上显示自己是上天的儿子。在西藏地区，第一位藏王涅赤赞普就是响应了民众的祷告后才从天而降，其降落地就位于一座高山的山顶；当一位赞普结束自己的统治任期，就会通过攀登一条连接天地的通天绳回到天空中。

在中国，冈底斯山横贯中国西藏地区的西南部，它与喜马拉雅山脉平行，其第二高峰冈仁波齐峰同样被藏族人认为是座无比神圣的雪山。冈底斯在藏语中为"众山之王"，这里也被称为"世界之轴"。"冈仁波齐"在藏语中是"无比珍贵的白色雪山"之意，就连西藏当地的本土宗教——苯教也将其尊为圣地，认为这里是宇宙的中心，是座"九重万字山"，这种思想后来被藏传佛教吸收。佛教把冈仁波齐峰称为"须弥山"，是一小千世界的中心。据佛经记载，冈仁波齐峰腹内是佛祖释迦牟尼讲经的地方，里面有金碧辉煌和法轮常转的经堂。耆那教称冈底斯山为"阿什塔婆达"，即"最高之山"，其创始人大雄筏陀就是在冈仁波齐峰上获得解脱的。位于喜马拉雅山南麓的尼泊尔人、印度人也将冈底斯山尊奉为神山，因为这里是印度教的起源地，作为印度教三尊神之一的湿婆，其居住和修炼的地方就在此山上，这里也被他们称为"乐园"。①

西藏地区关于神山的提法存在多种版本，既有藏传佛教四大神山的封号②，也有"身口意"三大神山的称谓③，还有藏区八大神山、十大神山、十三座神山和一百零八座神山等不同的说法。这众多的分类法或许与那些遍布于青藏高原地区的数不胜数的山峰有关，在很大程度上混淆了人们的认知。如果要一一细数那些名列世界前茅的崇山峻岭、巍峨大山，在中国境内就有178座，占世界同类高山总数的12%，高居世界第一。卡瓦格博峰（北纬28°26′18″，东经98°41′00″）就属于其中一座，地处藏滇交界处云南省迪庆州德钦县梅里雪山区，海拔6 740米，为云南省第一高峰（见图1-3）。④

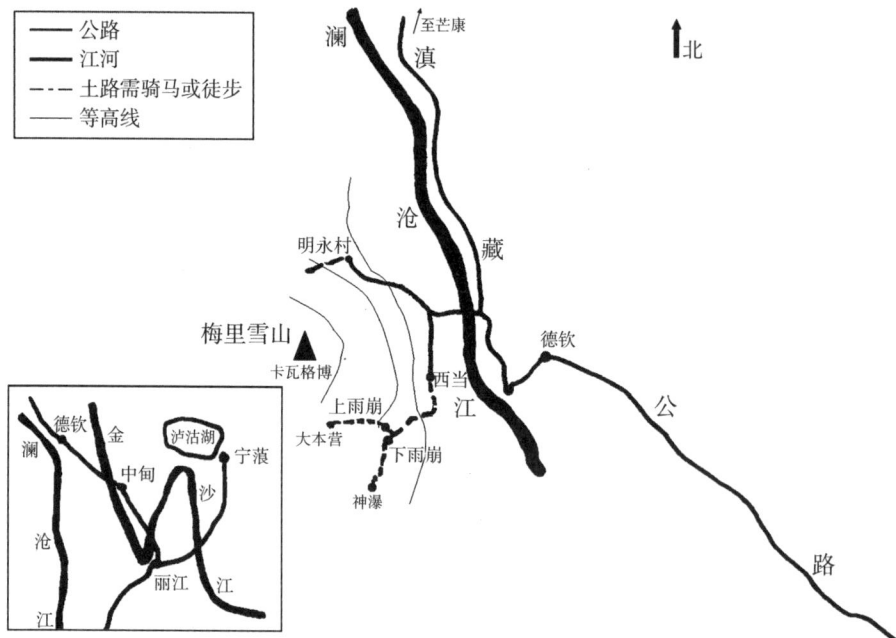

图1-3　卡瓦格博神山位置示意图

---

① JOHNSON R，MORAN K. Kailas：on pilgrimage to the sacred mountain of Tibet. London：Thames and Hudson，1989：9-10.

② 冈仁波齐、梅里雪山（卡瓦格博）、阿尼玛卿山脉、青海玉树的尕朵觉沃并称为藏传佛教"四大神山"。

③ "身口意"分别指冈仁波齐、扎日和卡瓦格博三座神山。

④ 陈永森：《云南第一峰——梅里雪山简介》，《昆明师范学院学报》（哲学社会科学版）1980年第12卷第2期，第76页。

卡瓦格博既是主峰名称，也是数座雪峰的统称，名为"太子十三峰"。事实上，太子十三峰所包括的山峰远远超出13座，其中包括缅茨姆峰、吉娃仁安峰、布迴松阶吾学峰等6座海拔6 000米以及27座海拔5 000米以上的高峰。取"十三"之数是因为在藏语中，十三是个吉祥的数字。在大多数场合下，卡瓦格博峰与梅里雪山的地理内涵一致，两者几乎可以画上等号。藏语中卡瓦格博是"白色雪山"之意，由于白色在藏传佛教信徒中是吉祥圣洁的象征，它又发展为藏区最为著名的神山之一，既是迪庆州及周边藏区（以甘肃、青海、四川等省为主）佛教信徒前来朝觐的圣地，同时也是青藏高原东部地区举世闻名的藏传佛教转经圈；主峰卡瓦格博峰更被列为藏区八大神山之首，是其中唯一的一座雄性神山。

在西藏地区为数众多的神山中，卡瓦格博并非最高峰，但在藏族人的精神世界里，卡瓦格博却是藏区（特别是康区）首屈一指的神山，其思想正来自西藏本土宗教苯教的信仰体系——山神崇拜[1]。苯教的宇宙观中有三界的说法，用来解释自然、人与神的相互关系。在三界说中，苯教界限分明地把世界分为三层：天、地和地下；[2] 三层并行排列，上层为天，中层为地，下层为地下。苯教又把世界分为神、鬼、人和精灵几类，他们在不同的世界里居住。例如，赞神在上层（天）居住，人在中层（地）居住，鲁神在下层（地下）居住（见图1-4）。

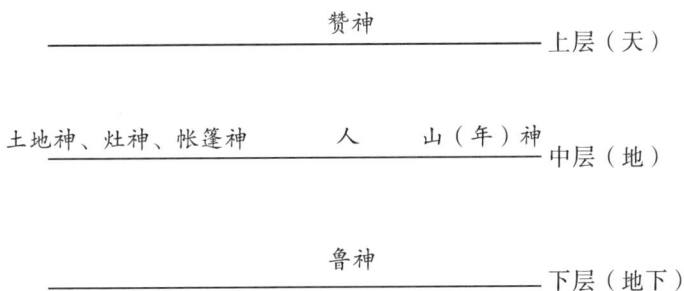

赞神	—— 上层（天）
土地神、灶神、帐篷神　　　人　　山（年）神	中层（地）
鲁神	—— 下层（地下）

图1-4　苯教的三界说

天空是赞神的国度。据苯教文献记载，在"赞"的国度中，有赞神生活在那里，有一群超自然的精灵围绕着它，有些是神，有些是鬼。苯教还

---

[1] 藏族文化中山神有时也称为"年神"。年神还有白年神和黑年神的区分：白年神在上天居住，黑年神在山、崖、湖、水中居住。

[2] 有时也被称为天、地和气。

把天分为九重。列于正中央的是"俄木隆仁"①，这里是文明的中心，以一座大山为标志，山下有四条大江向四个方向外流，周围分别列有北洲、东洲、南洲和西洲等四大洲（或四宫殿）。地层上除了各种动物以外，人也在这里居住，但他们并不是唯一的主宰，因为地上还有山（年）神、土地神、灶神、帐篷神等，人们必须把它们供奉起来，援请巫师或喇嘛来实施仪轨和念诵咒语，以求禳祸消灾。地下住的是鲁神，它们近似于汉族龙的形象，可以自由变成蛇形。它们常年住在水中，其中有些在河与湖里，甚至在井里。这种观念扩展开来，所有居住在水里的动物，如虫子、青蛙、蛇和鱼儿等，均被认为是龙族的一种。但逢庄稼干旱，需向鲁神念诵祷文、祭拜祈雨。招惹鲁神，同样给人带来各类疾病，因此平日安抚鲁神的工作相当重要，绝不可敷衍了事。

由三界说可知，山神与人一样位于中层，它们不仅是具有人格的神，还是连接天地的神灵，对人所施加的影响自然最为直接，也最为深远。与当地信仰体系中的许多其他鬼怪神灵有点不同，山神与人一样具有肉身，不仅可娶妻生子，拥有自己的喜怒偏好，在待人处世上也有善恶的区分。例如，一位脾气暴躁的山神最需要获得人们的安抚，为此人们必须定期造访，给它带去用于祭祀的食物，如果稍有懈怠，山神就会惩罚人们，其表现是带来一场严重的暴风雪，让草场或田地变为废墟，让牲畜死亡，甚至还可让人患上疾病。当然，也有一些山神类似于佛教系统内的神祇，它们心地善良，即使人们犯错误，它们不仅不责备，甚至还会祝福人们，每年都希望人们有个好的收成。无论是对待凶神恶煞的山神还是菩萨心肠的山神，人们总会挑选一个特定的日子（一般是藏历每个月的5号或15号）去朝拜它们，同时带去丰富的祭祀品。这些虔诚的人们，一边竖起风马旗，点起熊熊的篝火，点燃散发出阵阵清香的松柏枝，一边念念有词，倾倒奶水，遍撒青稞等食物，进行虔诚的煨桑仪式。如有需要，还可搭起帐篷，在山脚下安营扎寨，度过一段愉快惬意的余暇时光。如果是当地神山上的山神，更需打起精神，绝不能有丝毫的懈怠。例如，经过神山时严禁大声喧哗，不可动神山上的一草一木，不可随意玷污神山上的水源，唯恐山神迁怒于人，降祸人间。

由此可见，这种对山神的顶礼膜拜，在藏族人眼里是件不能有丝毫马

---

① 这里被认为是苯教的起源之地，又名"坛城"，与佛教所宣讲的"极乐世界"相似，认为它是不朽不灭的，一般人无法进入。

虎的事情。淳朴的藏族人还认为：青藏高原每座山的山顶都居住着一位山神，它们其实早在远古的时代就已经存在，至于它们来自何方，为何居住山上，则无须去刨根究底。因此，从民族志和人类学的理论视角出发探讨山神崇拜的起源，不仅饶有情趣，而且意义重大。

二、三次封神——从山神、战神到格萨尔

在《西藏的神灵与鬼怪》一书中，沃杰科维茨对藏区山神体系有过精彩的阐述，但他在最后部分罗列出一些名单，表示对这些神灵的具体情况所知不详，其中就包括藏区东部的聂咯瓦嘎保（阿尼卡瓦格博）。[①] 因此，有必要引入当地的传说与历史资料做些考证工作。

相传卡瓦格博原来是一位长有九头十八臂的煞神，是众多山神中的一位中性神，为恶也为善。[②] 由此可见，卡瓦格博尽管披上浓厚的藏传佛教的面纱，并且成为当地人历年来无比崇拜的神山，但它首先是作为一位山神的形象而存在的。

图1-5 以山神和战神形象出现的卡瓦格博

---

① 在当地藏语中"阿尼"是尊称，指"爷爷"之意。［奥地利］勒内·德·内贝斯基·沃杰科维茨著，谢继胜译：《西藏的神灵和鬼怪》，拉萨：西藏人民出版社，1993年，第233－269页。

② 刘扬武：《梵天净土——梅里雪山》，《中国宗教》2005年第10期，第50页。

这种山神信仰，可以追溯到万物有灵的原始宗教——苯教，目前依然遗存在梅里雪山周边的一些村子里面。例如，明永村是当地一个典型的藏族村庄，村民年复一年、日复一日地重复着祖先的生活和劳作方式。一年之中，村中最隆重的节日是春节和藏历年。过节时村里还要组织全村人去太子庙烧香。末了，全村人聚集一起，向卡瓦格博和村寨的神山祈祷，祈求新的一年全村吉祥如意、人丁兴旺。按照村民淳朴的自然观，一切山、石头、木、水无不充满灵性，其形态有三种：一种是代表善性的神灵，能给人带来风调雨顺、吉祥平安、人丁兴旺；一种是代表恶性的神灵，若不敬它，不好好伺候它，就会降灾人类；一种是代表中性的神，喜怒无常，时恶时善，也必须恭敬对待。一到吉日，村民都要给卡瓦格博煨桑。这种庄严的祭山仪式，既是一种宗教活动，也是一种文化活动，充分表达了藏人天人合一的观念。[①]

关于万物有灵的提法，最早见于人类学家泰勒的著作《原始文化》，他站在进化论的角度来看待问题。在泰勒的眼里，"泛灵论"即万物有灵是人类宗教信仰的最早形式。人类从做梦的现象中得出灵魂的观念，进而把这种灵魂观扩展至自然界，进而相信一切自然的物质（无论是生物或非生物）都有灵魂的存在。此外，他还认为，随着人类社会的进步，人类的宗教信仰也从最初的泛灵论逐渐复杂化，出现了诸如鬼神信仰、多神教，最后才出现文明社会才有的一神论。[②] 相当程度上，罗伯特·马雷特继承了泰勒的思想，不过也有分野，即他认为泰勒所提出的万物有灵观并非人类最早的宗教信仰形式，而是在其之前就有的一种以非人格化的超自然为主的阶段，并将其称为"泛生论"，在泛生论之后才进一步出现具有人格化的泛灵论思想。[③]

必须指出，卡瓦格博作为一名人格化的山神，最早可能是作为一名大神的形象出现的。随着山神理念的深入人心，早在远古的部落时期，人们就已经把宇宙的起源和人的创造归功于一位主宰部落命运的大神。这种大神的形象，很容易从山神中找到共同点，再经过文化的筛选与加工，某位山神便可摇身一变，成为主宰一切的地域性大神，这就是"一神论"的原型。实际上，这位充当起一神论的大神，在社会整合的过程中发挥出举足轻重的作用。这便是卡瓦格博的第一次"造神"运动。

---

① 黄光成：《澜沧江怒江传》，保定：河北大学出版社，2004年，第91-92页。
② ［英］爱德华·泰勒著，连树声译：《原始文化》，上海：上海文艺出版社，1992年。
③ MARRET R R. The threshold of religion. London：Methuen and Co. Ltd. ，1914.

　　这种对山神的崇拜与整合地方社会力量的造神运动，具体还体现在为特定山神所举行的隆重祭祀仪式之中。在《山海经》的五藏山经中，对山神的祭祀活动有详细的描写，不同的山神需要用到不同的祭品，有专门的祭祀方法，有些甚至需要进行专业的巫舞表演。《山海经》中有三次对巫舞的细致描写，如"干舞，置鼓"；"干舞，用兵以禳；祈，璆冕舞"；"合巫祝二人舞"。依据《周礼·地宫·舞师》中记载的"掌教兵舞，帅而舞山川之祭祀"，后世考证此处"干舞"指的就是"盾舞"，属于"万舞"中的兵舞或武舞；至于"合巫祝二人舞"，指由一位女巫师配合一位男祝师跳舞。由此可见，山神祭祀活动中的舞蹈是由"职业人士"来表演的，"舞"法有干舞、璆冕舞、巫祝二人舞等多种方式，使用的道具各不相同（有鼓、盾、璆冕等），表演形态亦多种多样。[①]

　　在漫长的宗教发展历程中，原始的万物有灵观念和图腾崇拜逐步转向较晚时期的一神教和多神教，山神崇拜是中间的一个发展阶段。考察《山海经》出现的山神祭法，不仅发展到一定的复杂程度，而且呈现出明显的地域性差异，这是社会结构复杂性的直接反映。这种社会结构，可能已经出现了氏族、部落、部落联盟乃至国家等不同的主权单位。

　　社会学家斯旺生继承了涂尔干认为宗教是社会集团生活的影像的观点，注重说明社会群体与宗教信仰形式之间的交互关系。在他看来，出现一个最后主宰以决定力量的大神的存在，有助于整合较多自主社群单位分别存在的社会；反之，如果一个社会存在多种不同层次的自主权单位，则这一社会的整合就会比较不顺畅，最终需要出现或借助一位具有最后主宰权的神和其力量来作为实现社会整合与统一。这里所说的政治主权单位，包括了家庭、氏族、部落、邦国四个层次。[②]

　　人类学家华莱士也认为，宗教是一种文化的普遍现象，但它也是特定文化的一部分，而文化差异也会系统地呈现于宗教信仰与行为中。在此基础上，他思考了许多文化现象，从中区分出四种宗教类型：萨满、社群、奥林匹亚宗教和一神教。[③] 当社会复杂程度越高，社会越有可能从多神教转向一神教。必须指出的一点是：一神论并非专指当前已经系统化的先进

---

　　① 阳清：《〈五藏山经〉山神祭法摭论》，《宗教学研究》2014 年第 2 期。

　　② SWANSON G E. The birth of the gods：the origin of primitive beliefs. Ann Arbor：University of Michigan Press，1960：55 - 81.

　　③ ［美］康拉德·菲利普·科塔克著，周云水译：《文化人类学：欣赏文化差异》，北京：中国人民大学出版社，2012 年，第 326 - 327 页。

性宗教（如印度教、佛教、基督教、伊斯兰教等），也可指在社会早期阶段整合地方社会氏族和部落社会的某位大神。所谓一神论，指的是人们相信在宇宙存在一位主宰自己命运的大神，它是一切事物的起源，一切行动的指南，也是一切存在的最终原因。这种大神的形象，并不仅仅是文明宗教或高级宗教所特有的现象，它也同时存在于许多原始民族之中。例如，在青藏高原西部的象雄地区，早在远古时代便出现了许多部落社会，而作为原始宗教的苯教，最早也是诞生于此地。根据苯教的教义和仪轨，当地的神山——冈仁波齐横亘于三界之中，是位无比灵验的大神（一神），苯教创始人辛饶就在此地修炼，而冈仁波齐既被尊称为"九重万字山"，也是苯教中最为尊贵的神祇。当象雄地区的各个部落最终实现了统一，第一位象雄王就尊奉冈仁波齐神山为至高神灵，并将苯教列为"国教"。

同样，就当时长期生活在卡瓦格博转山信仰圈内的人们而言，生产力水平与原始社会相比有了一定的提高，社会政治结构趋于稳定，氏族社会获得很大的发展，可能出现了较大的部落和部落联盟。为了整合来自不同图腾信仰的氏族和部落成员，有必要建立更高一级的山神崇拜体系，并由职业的教职人员——巫觋来主持。由此可见，山神崇拜的实质是整合社会成员的一种有效的社会控制。在山神祭法中，巫觋作为山神的代言人，不仅利用舞蹈来娱神，而且舞蹈还是实现巫术（降神）的重要手段。正是在此背景下，卡瓦格博神山崇拜体系便应运而生了。

公元7世纪，吐蕃王朝的兴起和国家政权的出现对其边缘地区的部落社会产生了挤压，急需寻找一位能够代替或超越作为大神而存在的山神形象，以使社会完成一次全新的整合，这就为佛教的传播提供了契机。可以说，正是在吐蕃政权不断向东部施加政治影响的时候，一位伟大的历史人物——莲花生大师应运而生了。

莲花生大师，藏语称"白玛洛本"，梵名为"白玛桑巴瓦"，祖籍西印度乌仗那。传说此地有一处名叫达那郭夏的海，海中有一棵莲花树，繁花似锦，其中生有一男孩，初名"莲花光明"。后被因陀罗菩提王收为义子，并登上了王位，但自认不能广益人法，遂于大众部受具足戒。后来他云游孟加，从巴尔巴哈蒂论师出家，遍参善知识，博学显密经教，云游四方，化缘众生。公元8世纪，赞普赤松德赞抑苯扬佛，力邀莲花生入藏，并在其倡议下修建桑耶寺，向君臣二十五人讲授密宗灌顶等经法，培养弟子翻译经典，打下学习显密经论的坚实基础。莲花生在藏居住达五十余年之久，其足迹遍布整个青藏高原地区，留下许多圣迹与传说。

藏传佛教的许多寺庙里随处可见讲述莲花生大师一路降魔除妖、弘扬佛法的壁画。例如，2006年，笔者在三岩克日乡地区从事田野工作，有幸进入当地一所具有百年历史传承的红教寺庙——日朗寺，寺里就有莲花生大师讲经图和弘扬他一路降魔除妖事迹的战场图（见图1-5）。留守寺庙的喇嘛向笔者解释，日朗寺属宁玛派红教寺庙，莲花生大师一贯是红教供奉的主神，因此该寺不仅保留有莲花生大师的壁画，还保留了一尊历史久远的塑像，描绘了莲花生大师正襟危坐、宣讲佛法的情景。这位喇嘛还绘声绘色地讲述了这尊塑像的珍贵之处，据称是在建寺的初期由拉萨的寺庙带入，成为镇寺之宝，"文革"期间若非有人甘愿冒着生命危险将其运到山上偷偷掩埋，"文革"后又重新发掘出来，它早就损坏殆尽了。

笔者在三岩地区从事调查期间，还另外获知两处与莲花生大师的传说有关的圣迹。一处在三岩雄松乡岗托村对面的山峦上。那里有一个神秘的山洞，此洞位于悬崖峭壁之处，一般人根本无法爬入。据说莲花生大师曾在该洞闭关修行长达十年之久，然后云游四方，弘扬佛法。另外一处遗迹留在三岩罗麦乡罗麦村的达松寺内。传说莲花生大师来到该寺后，沉迷当地的美丽风景，认为此地适合建立一所寺庙，一时兴起便在一块大石头上留下了自己的脚印，希望以后此地有所依托。后来，人们在此基础上修建了达松寺。在该寺门口处，依然保留着这块印有"脚印"的石块，石块受到当地人的顶礼膜拜。

图1-6　莲花生大师讲经图和战场图

在佛教西风东渐的过程中，莲花生大师一路降魔除妖，卡瓦格博也被他收服，获得了护法神的身份，成为藏传佛教庞大的神灵系统中的一员。在当前德钦朝拜卡瓦格博的圣地之一——飞来寺中，卡瓦格博一改以往传说中的神灵鬼怪形象，变身成为一名身骑白马、身披盔甲、手持长剑的英俊武将。每年藏历三月十五日，德钦县城及附近的藏民都要在山对面的贡卡湖边举行煨桑，祭祀战神卡瓦格博。传说他会在燃烧尽的香灰里留下马蹄印，藏民能依此预测一年的吉凶。这种战神观念的诞生，可从藏传佛教的世间护法神之一——白哈尔信仰体系，得到很好的印证。[①] 以下三种说法见证了一段历史的演变：

相传卡瓦格博原来是一个长着九头十八臂的煞神，密宗祖师莲花生大师为建西藏第一座藏传佛教寺庙桑耶寺，历经八大劫难，驱除各般苦痛，最终收服了卡瓦格博山神。从此，卡瓦格博山神成为藏传佛教的一位护法大神，成为八大神山之首。[②]

另一种传说认为，卡瓦格博是大梵天王派遣到人间的雪山尊者，让其坐镇在德钦境内，收服卡瓦格博圣山周围八座由金木水火土五行成就的山峰，藏语称为"宗"，合称"八宗山妖"，并让他们发誓甘当谷祇圣地的护法神，保佑巡礼圣山的信众平安如意。[③]

笔者在田野工作中，获知当地还流传有第三种说法：藏区历史上出现一位名为卡瓦格博的活佛，他勤奋好学、博学多才，为解除藏民疾苦不辞辛劳，深受藏民的爱戴；圆寂后他转世成为卡瓦格博雪山，守护着他的信徒，并为众生五谷丰登与生活幸福美满不断地祈祷祝福。

由此可见，卡瓦格博从山神崇拜逐步变为佛教系统的战神形象，恰巧印证了藏传佛教在上弘法期西风东渐的过程。当然，这种文化传播并非一帆风顺，它总与当地原始宗教——苯教发生激烈的碰撞，因此争斗的主题总在不断地重复。正是通过这样的争斗，卡瓦格博才逐渐被佛教塑造成一名战无不胜的战神形象。这是卡瓦格博的第二次"封神"。

饶有情趣的是，除了宗教因素以外，卡瓦格博还与格萨尔王发生了联系。格萨尔是藏族史诗中的英雄人物。千百年来，无数的说唱艺人世代相传，把格萨尔的事迹唱遍藏区。一如藏区其他地方，德钦境内也广为流传《格萨尔王》，不但在藏族中家喻户晓，在与藏族共同生活、互通语言的傈僳族、纳西族当中也有流传。例如，德钦县荣中村的村民认为他们是格萨尔大臣向宛的后代，村中还有格萨尔的大将丹玛射箭送信、被劈为两半的

---

① ［奥地利］勒内·德·内贝斯基·沃杰科维茨著，谢继胜译：《西藏的神灵和鬼怪》，拉萨：西藏人民出版社，1993 年，第 111 – 152 页。

② 刘扬武：《梵天净土——梅里雪山》，《中国宗教》2005 年第 10 期，第 50 页。

③ 黄光成：《澜沧江怒江传》，保定：河北大学出版社，2004 年，第 80 – 81 页。

巨石以及格萨尔的帽子被风吹掉变为石头等神话传说。

《格萨尔王传·加岭》着重描述岭王格萨尔应加地公主的邀请，到加地焚毁皇帝妃子的妖尸，为加地众生消灭妖患，与加地君臣百姓结下深厚的情谊的故事。① 当地藏语中"加"是"加那"的简称，泛指汉族或汉族居住的地方。书中还有一段惊心动魄的战斗描写：凶神卡瓦格博占据着莲花生大师的藏经地，格萨尔王为了收服卡瓦格博，在藏区的东南部与他展开了激战。卡瓦格博有九头十八臂，异常凶猛，格萨尔王与他搏斗了几天几夜，最后依靠神箭降服了卡瓦格博。后来格萨尔给卡瓦格博授予居士戒，使他成为护法神，统领藏区东南部的土地。此外，该书还详细描写戎地境内的卡瓦格博神峰、通查茂大草原和甲梅居河口等秀丽景色与独特的风土人情。

关于卡瓦格博和格萨尔两者的关系，当地的传说中还存在另外一种版本：卡瓦格博是格萨尔麾下一名大将，他随格萨尔出征恶罗海国，出于缓兵之计，恶罗海国王假装把女儿许配给卡瓦格博，谁知二人一见钟情，难舍难分，遂结成生死与共的伴侣。他们双双依偎在雪国的宫殿之上，直到海枯石烂、地老天荒。恶罗海国王的女儿就是现在的缅茨姆峰。

由此可见，卡瓦格博信仰的形成，并非藏传佛教西风东渐的单一结果，同时还应考虑当地民族化的历史进程。远在春秋时代，德钦境内的金沙江、澜沧江两岸就有土著先民在活动，他们属于南迁的羌人中的分支（牦牛羌）；德钦县周边所发掘的石棺墓与墓中发现的青铜器和陶器等文物，一定程度上支持了这种说法。② 唐时德钦属于吐蕃神川都督府；元时为巴宗（巴塘）的辖区；明初为招讨司磨儿勘与万户府刺宗管辖；正德四年（1509）始，称"阿得酋"，被丽江纳西族木氏土司所占；清代称"阿墩子"，先后受蒙古和硕特部和西藏达赖喇嘛、四川省巴塘土司和维西通判所管辖。③

与此同时，上古时期的西藏地区形成了许多原始部落群，经过漫长的发展时期，各个部落逐步进入父权社会；不久，部落之间经过激烈的兼并，一些部落逐渐强盛起来，其中就有发源于雅鲁藏布江河岸的恰族部落。经过"天赤七王"的统治，从聂赤赞普开始，恰族改称"鹘提悉勃野"，迅速扩展势力，直到松赞干布于7世纪左右统一西藏，建立吐蕃

---

① 德钦县志编纂委员会编：《德钦县志》，昆明：云南民族出版社，1997年，第284页。

② 德钦县志编纂委员会编：《德钦县志》，昆明：云南民族出版社，1997年，第294–295页。

③ 德钦县志编纂委员会编：《德钦县志》，昆明：云南民族出版社，1997年，第2页。

王朝。

从这时候开始，吐蕃王朝极力东扩，藏民族共同体逐步形成。经过近两百年的时间，吐蕃王朝在东北部先后征服了吐谷浑、党项、白兰等鲜卑族、羌族、氐族部落；东部臣服了附国、东女，直抵大渡河上、中游和岷江西岸；南部跨越喜马拉雅山，占据了喜马拉雅山南麓的边沿地带；东南部抵达今迪庆一带与南诏结盟。①

9世纪末，吐蕃政权趋于瓦解之后，迪庆先后经历了吐蕃神川都督府、剑川节度使和大理政权的善巨郡，以及丽江木氏土司等政权的管辖。② 但总体而言，德钦由于地理位置特殊，地处中央政权与敌对势力的夹缝之中；这些对立的政权此消彼长，德钦内的民族与族群大部分时间处于摇摆不定的游离状态。

正是在这一时期，格萨尔王的传说突然流传起来。关于格萨尔，其存在与否目前有两种说法：一种是此人是虚构出来的英雄史诗人物；另一种则认为他是真实生活在11世纪的历史人物，他或是出生于岭国王系的幼系、董氏的分支，或是唃厮啰（997—1065）。③ 不管哪种说法成立，均可反映出当地各民族、族群渴望统一以及获得稳定生活的心理要求。格萨尔王传说直接借用佛教体系中卡瓦格博作为当地战神的概念，以扩大自身的传播和影响，从而实现民族的融合与统一，这是卡瓦格博的第三次"封神"。

综上所述，卡瓦格博转山信仰圈的形成，既有藏传佛教的西风东渐，又有当地各民族、族群的融合的民族心理过程，两者是同步进行、并行不悖的历史进程。如果说在上弘法期藏传佛教作为一神教的社会整合仅仅取得了部分的成功，具体的表现是佛教将本土山神卡瓦格博吸入佛教的体系并将其转变为战神，那么来自下弘法期实现民族自我认同的格萨尔王，则是一场实现民族觉醒的"文艺复兴"，为地方社会和民族整合与族群认同画上了一个完整的休止符。

---

① 季羡林总主编，冯天瑜等副总主编，王尧、黄维忠著：《藏族与长江文化》，武汉：湖北教育出版社，2005年，第123－131页。

② 季羡林总主编，冯天瑜等副总主编，王尧、黄维忠著：《藏族与长江文化》，武汉：湖北教育出版社，2005年，第142－143页。

③ ［法］石泰安著，耿昇译：《西藏的文明》（第二版），北京：中国藏学出版社，2005年，第147－157页。

三、卡瓦格博内外转山圈

藏传佛教中有"身口意"的说法，且与藏区的一些神山对号入座。例如，位于卫藏地区的冈仁波齐神山为佛祖的身部，位于山南地区的扎日神山为其口部，位于藏东地区的卡瓦格博神山则为其意部。[①] 按照佛教的说法，"意业"可分为贪、嗔和邪三种，盖指"世上一切皆有因果，人生今世将决定其来世的命运"。对虔诚的佛教信徒而言，与"身部"和"口部"两地相比，来"意部"之地转经具有意义非凡的功效，外转一圈等于念上 1 亿遍的玛尼经文，[②] 不仅可为今生消灾祛难，也为来世积下功德。一生中能外转三圈，则能免除屠杀八条人马的罪恶，或者保佑在今后五百年的轮回里远离地狱之苦。若能一生之中外转十三圈，则能脱离生死轮回，进入无欲无求的"涅槃"状态，因此当地有"一生不朝梅里雪山，死后就没有好归宿"的说法。

卡瓦格博成为转山圣地，与藏传佛教的噶玛噶举派有莫大的干系。据悉，卡瓦格博转经圈是由噶举派二世活佛嘎玛·拔西（1204—1283）开创的。他于 13 世纪中叶的藏历火羊年游历康南时路过卡瓦格博，著有《绒赞卡瓦格博颂》及朝山《指南经》。"绒赞卡瓦格博"，藏文中是"河谷地带险峻雄伟的白雪山峰"之意。在该祷文中，嘎玛·拔西对卡瓦格博作了形象的描述："虹光交射的地界，南部擦瓦岗'厄旺'法台之上雄踞绒赞山神卡瓦格博，其形如众戟林立，其顶似雪，祭品陈列，其色像飘逸的洁白哈达。……从远处眺望卡瓦格博山神，烟雾弥漫。"[③] 不久，三世活佛让琼多吉专程来到卡瓦格博山脚下，为雪山开光，卡瓦格博从此成为该教派一大修行圣地。1407 年，噶玛噶举五世活佛的银协巴被明成祖封为大宝法王，明永太子庙现仍存有明朝时刻于石碑上的篆刻文——《大宝法王圣旨》，其中提到"为建立'绒赞卡瓦格博'之上乐圣地，供奉寺院庄园、宫室之简短誓词"[④]，足见噶举派与卡瓦格博之间的渊源关系。

卡瓦格博朝山《指南经》中，规定了内外转山的路线，并依佛法对沿途景物皆作出指引与解说（见图 1 – 6）。《指南经》可分为两部：一部为

---

① 卡瓦格博在藏语中还有意念之意。

② 每逢 60 年一轮回的"阳水羊年"，外转一圈等于念上 13 亿遍的玛尼经文，即六字真言"唵、嘛、呢、叭、咪、吽"。

③ 引自藏族木刻经文《绒赞卡瓦格博颂》。

④ 德钦县志编纂委员会编：《德钦县志》，昆明：云南民族出版社，1997 年，第 295 – 296 页。

《外圣地广志》，指明了外转路线的种种殊胜；按此线路朝山，需顺时针绕整座梅里雪山一圈，路途总长约250千米，需8至15天。此线路藏语中称为"叫古"，即外转或大转，路经云南德钦、西藏左贡与察隅三县；若由德钦出发，顺时针依次经过查里桶（南大门）、多克拉（西藏）、察瓦龙（西藏）、说拉（西藏）、龙西、梅里水（北大门）、溜筒江、明永和西当等地。另一部为《内圣地广志》，指明内转路线上的各种圣迹，路途总长约100千米，需4至6天。此路线藏语中称为"农古"，即内转或小转。内转有固定的路线，还需遵循一定的次序：必须先由白转经堂开始，请求卡瓦格博的庇佑与赐福；然后从飞来寺一直下到澜沧江边的永宗村，叩拜那里的石锁，获得朝觐神山的钥匙；接着翻越海拔4 000米的南争拉山来到雨崩神瀑，沐浴神瀑的圣水；再从神瀑回到西当，前往明永朝觐分别供奉卡瓦格博和莲花生的太子庙与莲花寺；最后才由明永回到德钦。

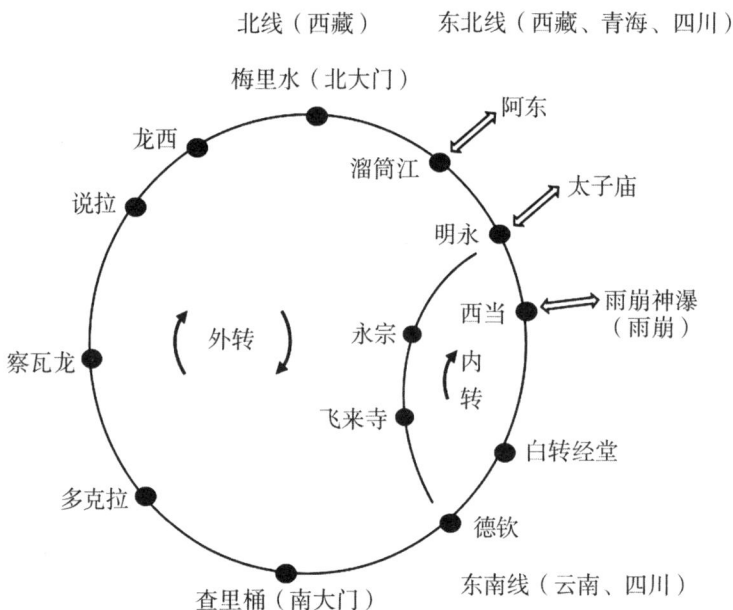

图1-7　卡瓦格博山内外转山路线图

当然，卡瓦格博转山信仰体系并不局限于转山圈之内，相反，它的影响力向周边地区辐射开来。与之相关的神话传说随处可见，例如：传说卡瓦格博的妻子缅茨姆峰是云南丽江玉龙雪山的女儿；左贡县碧土乡境内的玉曲河连续出现了三个"U"形大拐弯，传说是受了卡瓦格博鞭刑的结果；传说卡瓦格博原本有意将东坝的仲嘎神山作为自己的道场，但看到一位身穿黑色衣服的老妇人提着一个空水桶走过来（不祥之兆），遂感叹自己与此地无缘；西藏左贡县旺达镇沙瓦村的夏查巴山，传说是梅里雪山前往拉萨朝圣的儿女。

藏区的佛教信徒还认为：卡瓦格博是藏历羊年羊月羊日羊时升出海面的，也是在水羊年被帝释天派往人间统领群山的，因此卡瓦格博被认为生肖属羊。他们深信：每逢藏历羊年（尤其是阳水羊年，每 60 年一回），藏区各路大小山神都要来到卡瓦格博欢聚一年，以庆祝卡瓦格博的生辰，这时来卡瓦格博朝觐的人功德最为圆满，因为外转一圈便能获取十三倍的功德。例如，2003 年（水羊年），藏区各地前来朝觐的人累计 10 万人次以上，最热闹时一天的人数超过万人；他们摩肩接踵，行长叩头，向神圣的雪山致以无比的敬意。相比之下，平常每年前来转山的人平均为 2 万余人次。

其实，围绕转山圈朝拜卡瓦格博神山的行为似乎亘古已有，早在西藏原始宗教苯教流行时就已经成型，在阿墩子①称为"阿觉哇"，藏传佛教不过是对其加以利用和修改，以扩大自身的影响而已。史料留有关于"阿觉哇"的记载，现全文摘录如下：②

阿敦商业之盛，每岁以秋冬两季为最。因藏俗男女老幼皆以朝本地有名之白约雪山，③ 或云南大理之鸡足山为莫大之因缘。苟能朝山三次以上，则罪愆全赎。阿敦为朝山必经之道，远如拉萨、察木多，近如江卡、乍丫④一带人民，邀群结伴，不惮千里之劳长途跋涉。其中有黄发之幼童，有妙龄之少女，亦有强健男妇，苍颜翁妪，熙熙攘攘，络绎不绝。每至日暮，则张幕以居，汲水采薪，自起炊爨，至夜相与依卧，杂沓纷呈，阿敦人称之为"阿觉哇"。彼等一至，则敦市妇女全体动员，阿觉哇照例野居于街后地坝，是地妇女即向商店借贷货物，亟待转易。若商店稍有迟疑，则将所佩首饰临时抵押之，立与阿觉哇多方结纳，或以布匹、铜锅，换其麝香药材，或以针线杂货，换其兽皮羊毛，均无不利市

① "阿墩子"是德钦的旧称。
② 马大正主编：《国民政府女密使赴藏纪实》，北京：民族出版社，1998 年，第 149－150 页。
③ 白约雪山，即梅里雪山或卡瓦格博神山，当地也称之为"太子雪山"，是藏区著名的八大神山之一。
④ 乍丫，即今西藏自治区察雅县。

什倍。晚来，除将商店货价偿还外，以所得之利中抽一部分与同伴者沽酒欢饮，无不酩酊大醉，高兴异常。阿敦本地妇女不农不牧，专靠与阿觉哇交易为生。最可奇者，阿敦妇女每年春间，观诸天象征兆，常评断本岁阿觉哇来敦之多寡，犹似农人之望秋收，此亦怪事也。阿觉哇之行路，无论贫富老幼，皆以步行，背负食用等物。至多以山羊数头驮口粮，绝无一乘马者。在彼等固为宗教心所驱使，一切艰阻困顿，不足移其信心，然亦见康、藏人之能耐劳苦也。

四、神圣与禁忌

从山神、战神到格萨尔王麾下的保护神，最后纳入藏传佛教的关于转山的规范性仪轨，卡瓦格博转山信仰圈呈现出明显的宗教性特征。在当地藏民的心目中，神山上的一切事物都有神性。例如，神山中的飞禽走兽，都是卡瓦格博的家畜；神山上的所有树木，都是卡瓦格博的宝伞；神山周围的蓝天、碧水、森林、草甸，都是当地藏民的生命之源与生存根基。触犯了神仙，就是触犯了自己安身立命之所。千百年来，寺庙高僧与土司头人都遵照"神示"，规定了"日卦"（封山）线，线内绝对禁止打猎、捕鱼、摘花、割草；该禁律世代为村里人恪守相传。

尽管格萨尔王传说在当地的众多地区内广为流传，但在云岭乡的雨崩村内，却世代严禁说唱格萨尔史诗。雨崩村内甚少提及格萨尔的名字，多数村里人一生中甚至对"格萨尔"一词闻所未闻。该禁忌仅在雨崩村存在，到了邻近的西当村、布村就可自行解除。雨崩村有著名的雨崩神瀑，这里被认为是卡瓦格博从上天为人间偷来的圣水，可以医治百病、预测生死，因此它也是内转经的必经之地。这种禁唱格萨尔史诗的现象，同样出现在乃穷寺和哲蚌寺，一个解释是与格萨尔杀死了白哈尔的传说有关;[1] 表现在当地，明显与格萨尔曾战胜卡瓦格博的传说有关。

由于卡瓦格博峰是保护神的居住地，因此是一个无比神圣的场所。当地严厉禁止在神山附近高声呼喊，就连在神山下路过的人都要敛声屏息、心怀敬意，攀登卡瓦格博峰更是件无法想象的事情。

---

[1] ［法］石泰安著，耿昇译：《西藏的文明》（第二版），北京：中国藏学出版社，2005年，第122 - 123页。

尽管如此，攀登卡瓦格博顶峰，对于国内外的一些登山探险队具有无法抗拒的诱惑力。一个世纪以来，英、日、美等国的登山队曾对包括卡瓦格博在内的梅里雪山诸峰发起了冲击。例如1902年，英国探险队试图首登卡瓦格博峰，结果以失败告终；1947年，另一支英国探险队来到梅里雪山，结果遭遇挫折；1987年，日本上越山岳会组织攀登卡瓦格博峰，同样无功而返。1991年1月，东京大学学术登山俱乐部联合中国登山队员，再次向主峰发起冲击，结果中日17名队员在海拔5 000多米处遭遇了雪崩并全部遇难，酿成世界攀山史上的第二大血案。1996年初，东京大学学术登山俱乐部再次到卡瓦格博峰，由于天气问题不得不取消登山计划。1988年至1993年，美国登山队在尼古拉斯·克伦奇的带领下先后四次尝试攀登梅里雪山除卡瓦格博峰外的其他主峰，结果均以失败告终。1996年，中国政府明令禁止在梅里雪山举行任何形式的官方登山活动，卡瓦格博所在的梅里雪山正式成为人类迄今尚未征服未来也无法征服的"处女峰"。2003年，梅里雪山作为三江并流的标志性景区，被联合国教科文组织正式列为"世界自然遗产"。

事实上，从自然地理条件上看，攀登卡瓦格博峰困难重重。卡瓦格博最高峰处海拔6 740米，最低处澜沧江面海拔仅1 800米，相对高度为4 900多米，从江面到顶峰的坡距为12 000米，平均每千米上升397米。除了悬崖陡、坡度大以外，梅里雪山上冰川广布，受印度洋暖气流影响，这些冰川有运动急、变化快的特点，极易发生雪崩。此外，变化无常的气候条件，如浓雾、密云与骤然而至的冰雹、暴风雨、降水，都增添了登山活动的难度。

各种登山活动都以失败告终，在当地人看来却是一件理所当然的事情。长期以来，他们一直坚信：攀登神山会让神灵动怒，引发灾难；人类一旦登上峰顶，神灵便会离他们而去；缺少了神灵的佑护，灾难就会降临。据说，当许多登山队来到梅里雪山的大本营准备登山活动时，许多村民都自发来到现场举行抗议活动，一些人甚至激动得流下了眼泪，不愿相信会有人能够登上顶峰。

这种神圣不可侵犯性还直接体现在某些象征符号当中，例如箭。首先，箭是男性成员的一种标志。特别是用于占卜应验仪式的箭，更被人们认为是神箭，在藏传佛教传入之前是当地众神的标志。① 神箭的使用，具有镇魔除

---

① ［奥地利］勒内·德·内贝斯基·沃杰科维茨著，谢继胜译：《西藏的神灵和鬼怪》，拉萨：西藏人民出版社，1993年，第438页。

妖、祛病禳灾与吉祥如意等无可比拟的象征作用。

位于雨崩神瀑处的雨崩村，世代保留有神箭节：这是一个神圣的节日，以纪念山神卡瓦格博用神箭战胜八宗山妖。据称，该村附近的神山上，保留有卡瓦格博的神箭射出后没入山体的痕迹。神箭节一年举行两次，分别为藏历新年（初十至十五）与藏历五月五日。藏历新年中各种文体和娱乐活动持续 8～9 天，其中神箭活动持续 2～3 天；藏历五月五日要隆重得多，持续 5 天时间。举办神箭节前后要举行庄严的煨桑仪式，祈求获得山神的眷顾，保佑自己在比赛中获胜，同时还要选派一位德高望重、身体健康的长者给神山敬献哈达。该活动只允许成年男性参加，一般比赛前要洁身与禁房事，比赛时要穿上节日盛装；比赛时妇女可在一旁观看。射箭比赛虽然要分出胜负，但更多停留在象征性的层面，即获胜的一方相信自己一年内将吉祥如意、人丁兴旺。

卡瓦格博信仰体系还与当地的价值观念密切关联。卡瓦格博峰作为藏区的八大神山之首，是其中唯一的雄性山神，表现在当地存在着种种界限森严的性别差异。例如，明永村有资格进入太子庙朝觐山神的，无一例外均为男性，女性只能在山下守候。雨崩村举行神箭节，参赛选手严格限于男性，女性虽可旁观，却严禁参加。比赛选手在参赛之前，还禁止与女性同房，否则会玷污神性、触怒神灵。

涂尔干曾认为："宗教是一种与既与众不同、又不可冒犯的神圣事物有关的信仰与仪轨所组成的统一体系，这些信仰与仪轨将所信奉它们的人结合在一个被称之为'教会'的道德共同体之内。"[①] 宗教现象的真实特征，是将宇宙分为两个无所不包、互相排斥的世界：世俗与神圣。实际上，生活中存在这样那样的生活禁忌，不外乎强调的是：当前男女性别的社会分工天经地义，其合理性已受到神灵的认可与庇佑，必须严格加以遵守与维护。因此，有必要建立一种历史学与文化人类学的视角，考察卡瓦格博转山信仰圈的形成与发展。这是一个历史化的进程，其中既有藏传佛教的西风东渐，又有当地各民族、族群融合的民族心理过程。当然，卡瓦格博转山信仰圈的存在，还体现在它的宗教性上，具体表现在神圣与世俗两个世界。神圣世界代表着一整套的信仰体系、象征符号与价值观念，世俗世界则代表着人类生活中与神圣体系休戚相关的种种生活禁忌。它们实际上是

---

① ［法］爱弥尔·涂尔干著，渠东、汲喆译：《宗教生活的基本形式》，北京：商务印书馆，2011 年，第 54 页。

一个硬币的两面；两者紧密相连，相互作用，共同营造出自然、人与神三者的和谐统一。

由此可见，卡瓦格博转山信仰圈（见图1-8）一经形成，便成为位于青藏高原东部地区、横断山区的一个独特的文化现象。其除了具备藏传佛教下典型的宗教性特征以外，实质还是一个充满着活力而又无限开放的贸易圈、婚姻圈和生计活动圈。

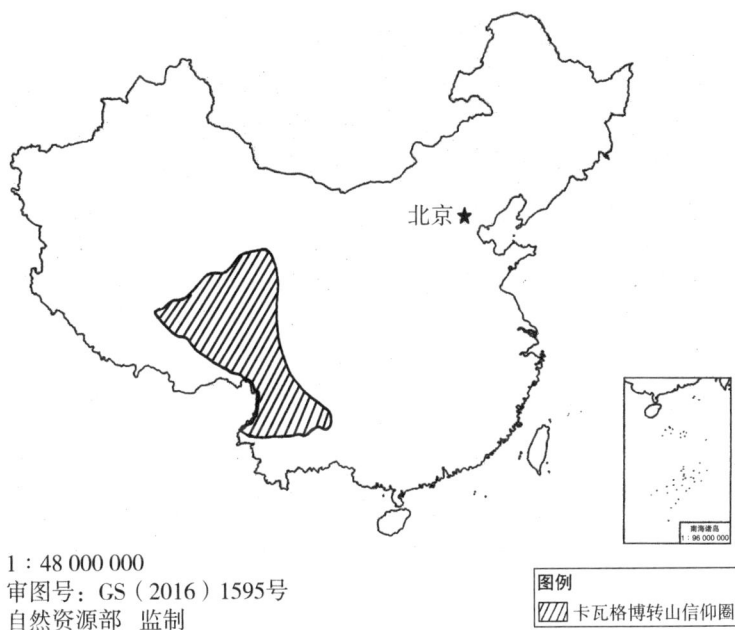

1：48 000 000
审图号：GS（2016）1595号
自然资源部　监制

图1-8　卡瓦格博转山信仰圈地理分布示意图

注：本图在由自然资源部监制的地图的基础上制作而成。地图来源：http：//bzdt. ch. mnr. gov. cn/index. html。

为最大限度呈现卡瓦格博转山信仰圈的地域特色，在此特选五个藏族社区作为调查点（见图1-9），考察来自宗教、经济和家庭等社会体系之间的交互联系。这些社区分别是：①西藏昌都市江达县青尼洞乡索日村，属金沙江流域的高山牧区，有住户67户，490人，男241人，女249人；②金沙江中上游河谷两岸三（山）岩地区7乡，共计2 266户，13 697人，平均每户6.04人；③西藏昌都市左贡县东坝乡军拥村，位于怒江流域的河谷地带，有50户，398人，全部为农业人口，总劳动力203人，其中男119人，女84人；④西藏昌都市左贡县碧土乡龙西村，属怒江流域的半农半牧区，有 25 户，193 人，男 102 人，女 91 人；⑤云南迪庆德钦县云岭乡雨崩村，位于卡瓦格博神山腹地，有 35 户，174 人，男 94 人，女 80 人。①

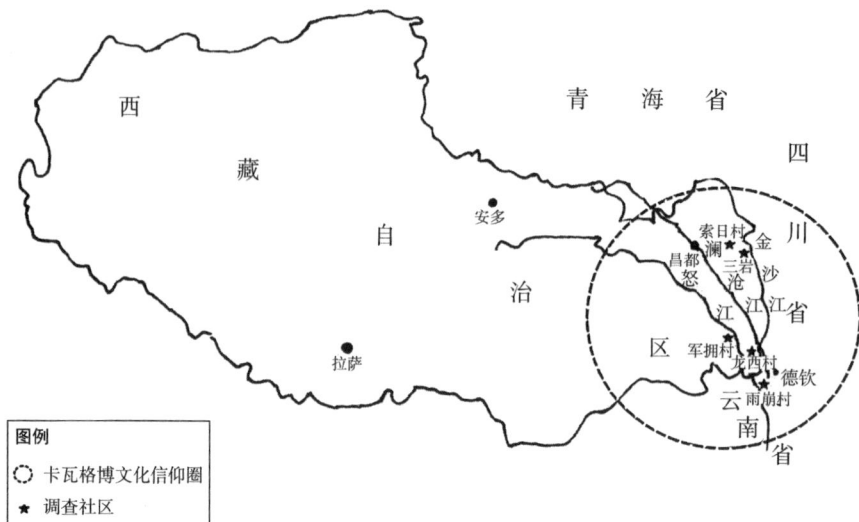

图 1-9　五个社区调查点地理位置示意图

　　总体看来，五个社区调查点的主体成员均为藏族，文化特质大抵相同，家庭组织基本一致，生计方式多种多样又能互相补充，具有高度可比性，因此成为理想的研究社区。这些社区的共同点主要有三处：首先，它们共享一种宗教信仰文化，即位于藏东地区著名的卡瓦格博转山信仰圈，其中两个社区分别位于内外转山圈上，一个社区紧贴于外转圈，另有两个社区位于信仰圈的北部辐射地带；其次，在五个社区的家庭结构中，一妻多夫制婚姻盛行，其比例均由 30%～40% 上升至 80%～90%，属于流行性一妻多夫制的形式②；最后，五个社区全部位于横断山区，横跨青藏高原东部三江并流地区三条自北朝南流向的河流，由西至东分别为怒江、澜沧江和金沙江，涉及高原、山地、半山地、河谷等多样性地质地貌，正是这些形态多样的生态条件，为多样化的生计方式提供了坚实的物质基础。

---

　　①　以上数字均为 2006—2008 年作者从事田野工作时获得。

　　②　1959 年，美国人类学家默多克（G. P. Murdock）提出一个有趣的观点。他说：如果一种文化中所有（100%）婚姻单位流行一妻多夫制，该文化就按一妻多夫制归类；如果一妻多夫家庭的百分比为 1%～19%，该文化就属于限制性一妻多夫制婚姻形态；如果百分比为 20%～100%，该文化就属于流行性一妻多夫制婚姻形态。参见 MURDOCK G P. Ethnographic atlas. Pittsburgh：University of Pittsburgh Press，1967：47.

第三节 一妻多夫制文化带

一、一妻多夫制文化带

一妻多夫制婚姻，就其简单的定义而言，指两个或多个丈夫在性生活上共享一妻，并共同抚育其家庭子女，以便子女获得更好的生存条件。[①] 此定义下，接续型一夫一妻（serial monogamy）、典妻、通奸以及婚外情均不在此列。

如果按照血缘关系来划分，实行共妻制的丈夫可分为两类：具备血缘关系与不具备血缘关系。前者包括了诸如（堂、表）兄弟、叔（伯）侄、父子等多种亚型，其中又以兄弟型一妻多夫制（fraternal polyandry）为主；后者可笼统地称为朋友型一妻多夫制（nonadelphic polyandry）。如果从继嗣方面考虑，共妻制又分为两类：母系继嗣与父系继嗣。前者又可分为丈夫行走婚、孩子从舅居与丈夫从妻居两种；后者分为丈夫从妻居与妻子从夫居两种。

从世界范围内看，一妻多夫制家庭的发生率极其低下。一项对 1 231 种社会文化的研究结果表明：全世界的婚姻形态，84.6% 为一夫多妻制，15.1% 为一夫一妻制，只有 0.3% 为一妻多夫制。[②] 有鉴于此，恩格斯认为一妻多夫制"是个例外"，"是历史的奢侈品"；[③] 默多克则认为一妻多夫制"会引起民族学的好奇之心"[④]。

---

① 有关一夫多妻制是否属于婚姻形式曾存有争议。本文采纳埃德蒙·利奇（Edmund Leach）的定义，认为它是人类常态婚姻形式中的一种。参见 LEACH E R. Polyandry，inheritance and the definition of marriage：with particular reference to Sinhalese Customary Law. Man，1955（4）：182 – 186.

② GRAY J P. Ethnographic atlas codebook. World cultures，1998，10（1）：4 – 5. 另据一项最新的研究，喜马拉雅山区至少有 28 个文化社区实行一妻多夫制，但如果算入实行非典型性一妻多夫制的社会，则社区总数达到 50。这说明一妻多夫制的社区比例实际要高一些。参见：STARKWEATH-ER K E，HAMES R. A survey of non-classical polyandry. Human nature，2012，23（2）：149 – 150.

③ ［德］恩格斯：《家庭、私有制和国家的起源》，马克思、恩格斯著，中共中央马克思恩格斯列宁斯大林著作编译局编译：《马克思恩格斯选集》（第 4 卷），北京：人民出版社，1995 年，第 56 页。

④ MURDOCK G P. Social structure. New York：The Free Press，1957：25.

1. 一妻多夫文化区

实行一妻多夫制婚姻的文化社区在世界范围内均有零星的分布，但就其地理分布而言，大体集中在三大区域，它们各自构成一个相对封闭的一妻多夫文化区：

第一区域为"北美与爱斯基摩区"，大体位于北极圈内（北纬60°以北）的亚、欧和美洲大陆濒海的广袤土地上，以及北美中部、东南部少部分地区，主要是一些零星分布的爱斯基摩人和北美的一些印第安族群，如肖肖尼人、特林吉特人、阿留申人和派尤特人，以及分布于阿拉斯加沿岸的卡尼亚格缪人等。

第二区域为"喜马拉雅与青藏高原区"，大体位于北纬27°～43°和东经75°～95°之间，地形以喜马拉雅山区与青藏高原为主，这里的婚姻形态呈现出"人类学所知的、受社会认可的最大化的多样性"①。有众多的民族与族群行共妻制，其中有喜马拉雅山系南坡广阔地区的多个民族与族群，如在印度、不丹、锡金、尼泊尔和拉达克国家与地区分布的菩提亚人、雷布查人和拉达克人等，尼泊尔的宁巴人、夏尔巴人，北印度的巴哈里族群等；以及喜马拉雅山系南坡、青藏高原的藏族、门巴族、珞巴族以及少部分纳西族等。

第三区域为"南亚次大陆区"，大体位于北纬7°～21°和东经78°～82°（南亚次大陆东南部）之间，行共妻的民族与族群主要有托达人、纳尔亚人、斯里兰卡人和僧伽罗人等。

2. 一妻多夫文化带和文化丛

从实施一妻多夫制文化区的社会文化群体和人口总数而言，第二区域处于显赫的位置。此点恰好印证了国外一些学者的观点，如认为喜马拉雅山和青藏高原地区的婚姻形态呈现出"人类学所知的、受社会认可的最大化的多样性"②；一妻多夫制虽然在世界其他地区相当罕见，但操藏语的民族被认为是当前世界实行该婚俗的"最大和最为昌盛的社区"③；"最典型的婚姻形式似乎还是一妻多夫制。无论在农业人口中，还是在牧民中，几乎

---

① DURHAM W H. Coevolution: genes, culture, and human diversity. Stanford: Stanford University Press, 1991: 21.

② DURHAM W H. Coevolution: genes, culture, and human diversity. Stanford: Stanford University Press, 1991: 21.

③ PRINCE PETER of GREECEE and DENMARK. The polyandry of Tibet. Actes du IV congrès international des sciences anthropologiques, Vienne, 1952 (2): 176.

到处通行这一制度，仅仅是在安多未曾出现过"①。

若从传播论的视角出发，当地流行的一妻多夫制很可能来自第三区域的南亚次大陆的印度地区。一妻多夫制不是原始社会的产物，而是文明时代的婚制，是文化传播和文化选择的最终结果。② 传播论是人类学早期理论中颇为重要的一环，宣扬该理论的学者有穆勒、拉泽尔、斯密斯、威斯勒等人。③ 传播论关注事物（物质或其他形态）如何从一个地方传入另一个地方，从一个民族传入另一个民族，或从一个文化区传入另一个文化区。根据传播论中关于形、量、连续、文化区、文化丛、文化特质等观点，④ 笔者在此特别提出"一妻多夫文化带"和"一妻多夫文化丛"的术语，来进一步细分"一妻多夫文化区"的概念。如果把一妻多夫制看作一个文化有机体，"一妻多夫文化区"指地域相连的空间单元，里面该婚制的基本性质相似，类型与密度不同。"一妻多夫文化带"指在文化区中，类型与密度各异的一妻多夫现象互相排斥，自成一体，各自流行于不同的地区，因边界重叠，便粘合成文化带，它是一妻多夫文化有机体的中级子系统。"一妻多夫文化丛"指流行这一婚制的某个地域或社区，它是一妻多夫文化有机体的低级子系统。"一妻多夫文化特质"指这一婚制的基本要素，不能单独存在，只能以某种方式结合成"丛"才能显示意义。以上四级，下一级是上一级的要素，上一级又以下一级为基本单位。每级的相同要素越多，文化同质性越大，同根关系越明显。

就以上的分析而言，地处我国喜马拉雅山和青藏高原的各民族（藏族、门巴族、珞巴族、纳西族等）所实行的兄弟共妻制婚姻当属一妻多夫制文化区，有别于南亚次大陆等地区。卡瓦格博神山内外信仰圈内的民族应属一妻多夫文化带，此处的同妻婚姻作为组织社会生活的基本形式，与其他的文化要素如宗教和生计方式等紧密地结合起来，构建一种多元性特征，形成青藏高原东部和东南部地区独具特色的社会文化现象。至于本书所关注的五个调查社区，无一例外均属一妻多夫文化丛，而这些社区又分布在

① ［法］石泰安著，耿昇译：《西藏的文明》（第二版），北京：中国藏学出版社，2005 年，第 93 页。

② 坚赞才旦、许韶明：《论青藏高原和南亚一妻多夫制的起源》，《中山大学学报》（社会科学版）2006 年第 46 卷第 1 期，第 54 - 61 页。

③ BARNARD A. History and theory in anthropology. Cambridge：Cambridge University Press，2000：47 - 60.

④ ［美］克拉克·威斯勒著，钱岗南、傅志强译：《人与文化》，北京：商务印书馆，2004 年，第 47 - 67 页。

怒江、澜沧江、金沙江等流域，代表了河谷、半山地、山地和高原等不同的地形，拥有着多样化的生计活动，其中既有相同点也存在差异性，由此奠定了文化比较的根基。在一妻多夫文化丛内，一个典型的社区往往允许存在多种婚姻形态——既有一夫一妻制，也有多偶制（一夫多妻和一妻多夫）。一妻多夫制又以兄弟型为主，其他两种婚制（一夫一妻和一夫多妻）相互作用，构成了一个自我封闭的生态系统。从这层意义而言，采用兄弟共妻制来组织家庭生活已经成为当地社会运作的一个基本原则。

3. 历史现状

西藏的一妻多夫制并非近年来才出现的，正相反，它具有久远的历史传承。汉文典籍中不乏藏区行一妻多夫制的记载。例如，《周书·异域传》："嚈哒国，……在于阗之西。……兄弟共娶一妻，夫无兄弟者，其妻戴一角帽，若有兄弟者，依其多少之数，各加帽角焉。"《隋书·西域传》："挹怛国，……兄弟同妻，妇人有一夫者冠一角帽，兄弟多者依其数为角。"《新唐书》卷二百二十二下："名蔑，……其人短小，兄弟共娶一妻，妇总发为角，辨夫之多少。"《西川通志·西域志》也有记载："以一女嫁一男者鄙，合昆季三四而联床焉，如称和气于不衰。惟理塘数处，子妇必冠艮髻，一夫者一枚，有戴三四者，即知为手足相同也。"《西藏志·卫藏通志》中有载："一家兄弟三四人，只娶一妻共之。"

从藏族自身的传说与文献中，多次出现过行共妻制婚姻的记载。例如，青藏高原有个《俄曲河边的传说》[①]；苯教起源的文献中也记载道：天神九姊妹的大姐姐南期贡杰分别娶来苯教护法神"堡塞五尊"的前三位——瓦尔塞安巴、拉管托巴和早乔咯巴作为自己的丈夫。[②]

《西藏王臣记》曾记载两则兄弟共妻现象："俄喀哲城地方长官扎巴让波有两子，其二子赞圹贡扎和贡协，共娶雅陇纳廓的女公子名扎喜季谟为妻，生有三子"，"（仲·仁青伯）从炯杰地方娶得桑杰玛夫人，生子有仁青伦波、伦珠巴、扎西降称、恩珠、贡珠巴等五人。……他们诸兄弟共娶得仁绷的女公子拉谟却炯为妻，生子两人"。[③]扎巴让波大约与元文宗（图帖睦尔，1304—1332）同属一个年代，大约在 14 世纪的早期。《续藏史鉴》

---

① 《俄曲河边的传说》，廖东凡等收集、整理：《西藏民间故事》（第 1 集），拉萨：西藏人民出版社，1983 年。

② 王尧：《藏学概论》，太原：山西教育出版社，2004 年，第 162 页。

③ 第五世达赖喇嘛著，郭和卿译：《西藏王臣记》，北京：民族出版社，1983 年，第 158 - 159 页。

也记载了 15 世纪和 16 世纪的两则兄弟共妻现象。[①]

到了近代，相关的文献记载仍较为常见，但大多数是由国外一些怀着各种目的进藏的游客遗留下来的。例如，1775 年，波格尔在自己前往西藏的旅途中记录一则兄弟共妻的案例。[②] 19 世纪末到 20 世纪初（1897—1903），河口慧海记载西藏行兄弟共妻的情况，同时指出这是一种古老的习俗。[③] 20 世纪上半叶，孔贝记述兄弟共妻现象在康区亦相当普遍。[④]

自 1951 年西藏和平解放以来，国内外就青藏高原地区的一妻多夫制研究出版了一批调查报告与论著，其影响持续至今。例如，20 世纪 50 年代末到 60 年代初，国内曾组织人力到藏区进行大量的社会历史调查，出版了一批调查报告和民族志资料，如实地叙述藏区有兄弟共妻、朋友共妻、表兄弟共妻与父子共妻的案例。[⑤]

1962 年，法国学者石泰安记叙了西藏的婚姻。[⑥] 1969—1975 年，美国人类学家阿吉兹数次在尼泊尔做调查研究，发表专著并对居住在西藏与尼泊尔边境的定日人的一妻多夫家庭做了比较全面的报道。[⑦] 1981 年，日本人类学者中根千枝从西藏回国后，写下"一妻多夫的例子是常见的"。[⑧] 随后，美国人类学家戈尔斯坦及其团队，开始将其研究社区从喜马拉雅地区的利米转移到我国西藏的中部和西部地区，并陆续发表有关一妻多夫制研究的

---

① 语自在妙善著，刘立千译：《续藏史鉴》，成都：华西大学华西边疆研究所，1946 年，第59 页。

② ［瑞士］米歇尔·泰勒著，耿昇译：《发现西藏》（第二版），北京：中国藏学出版社，2005 年，第 67 页。

③ ［日］河口慧海著，孙沈清译：《西藏秘行》，乌鲁木齐：新疆人民出版社，1998 年，第73、231 - 236 页。

④ ［英］孔贝著，邓小咏译：《藏人言藏：孔贝康藏闻见录》，成都：四川民族出版社，2002年，第 65 页。

⑤ 主要调查报告有：蒙藏委员会调查室：《青海玉树囊谦称多三县调查报告书》（1941 年）；中国科学院民族研究所西藏少数民族社会历史调查组：《黑河县桑雄地区阿巴部落调查报告》（1964年）；四川省编辑组：《四川省阿坝州藏族社会历史调查》（成都：四川省社会科学院出版社，1985年）；青海省编辑组：《青海省藏族蒙古族社会历史调查》（西宁：青海人民出版社，1985 年）。

⑥ ［法］石泰安著，耿昇译：《西藏的文明》（第二版），北京：中国藏学出版社，2005 年，第93 页。

⑦ ［美］巴伯若·尼姆里·阿吉兹著，翟胜德译：《藏边人家：关于三代定日人的真实记述》，拉萨：西藏人民出版社，1987 年。

⑧ ［日］中根千枝著，周炜译：《西藏的贵族》，［法］布隆多等著，耿昇等译：《国外藏学研究译文集》（第九辑），拉萨：西藏人民出版社，1992 年，第 343 页。

新成果。①

一妻多夫制和西藏的土地制度一直存在着某种密切的关联。1959年，西藏实行民主改革，农奴获得了解放，土地被收归国有，由于藏民不需要维护土地这一珍贵的私有财产，很多兄弟开始分家析产，脱离了原本行共妻制的家庭。1979年，西藏实行改革开放，家庭联产责任制开始在藏区大力推行，土地又被允许私人占有，正是此时一妻多夫制又迎来了复苏的迹象。②

国内的学术界关注一妻多夫制就是自20世纪80年代开始的，先后出版了一系列藏区民改前后的婚姻与家庭的文章，其中一妻多夫制一直是个无法回避的话题。到了90年代乃至当前，一妻多夫制也并没有退出学术舞台，反而在学科视野上不断扩大，在学术深度方面也获得不同程度的发掘。2013年，《青藏高原的婚姻和土地——引入兄弟共妻制的分析》③ 一书出版面世，标志着国内学者从事该话题的理论研究进入一个崭新的高度。

二、优势亲属关系——兄弟

考察五个调查社区行兄弟型一妻多夫制的历史，笔者发现其均可追溯到一个相对久远的年代。例如：三岩社区以父系血缘认同为基础，以帕措组织进行社会与政治生活，过分强调兄弟之间的情感联系，时刻灌输男尊女卑的思想，因此兄弟共妻是条毋庸置疑的社会法则；索日村的族源传说显示了当地采取兄弟共妻制明显受到文化传播的作用；军拥、龙西两村行兄弟共妻制的年代，早已在当地多位老人的记忆中淡出，但以往兄弟共妻制曾流行于差巴阶层是不争的事实，这点也许与农奴制度下的土地观念有密切的关联。④ 一定程度上，雨崩村的情况与军拥村、龙西村相似，兄弟型一妻多夫制是种有历史传承的传统习俗，不仅能有效地应对多样化的生计方式，还可让家庭迅速发家致富进而享受崇高的社会威望，故而有必要加以维护。

---

① 参见系列文献：GOLDSTEIN M C. Stratification, polyandry, and family structure in central Tibet. Southwestern journal of anthropology, 1971, 27 (1): 64－74; GOLDSTEIN M C, JIAO B, BEALL C M, et al. Fertility and family planning in rural Tibet. The China journal, 2002 (1): 19－39; JIAO B. Socio－economic and cultural factors underlying the contemporary revival of fraternal polyandry in Tibet. Cleveland: Case Western Reserve University, 2001.

② JIAO B. Socio－economic and cultural factors underlying the contemporary revival of fraternal polyandry in Tibet. Cleveland: Case Western Reserve University, 2001.

③ 坚赞才旦、许韶明：《青藏高原的婚姻和土地——引入兄弟共妻制的分析》，广州：中山大学出版社，2013年。

④ GOLDSTEIN M C. Stratification, polyandry, and family structure in central Tibet. Southwestern journal of anthropology, 1971, 27 (1): 64－74.

若把五个调查点当作一个文化有机体，即视作青藏高原东部三江并流地区的"一妻多夫文化带"来看，① 五者同居一个文化带（卡瓦格博转经文化圈）内，形貌相同，主要特质亦相同，地理位置又相近，因而具有同根关系，不可能是各自独立发展而来的。青藏高原的一妻多夫制婚姻，很有可能来自印度。② 一个支持的例子是：白雷曼曾对喜马拉雅的山系民族巴哈里的一妻多夫制进行细致的田野工作，他发现邻近尼泊尔地区的藏系民族同样行该婚制，为此他曾猜测巴哈里的一妻多夫制传播到了藏区。③ 如果这种说法成立，那青藏高原的一妻多夫制首先应从印度传入，然后再在藏区传播开来。五个调查点的田野个案，各自表明当地行一妻多夫制应当在历史发展进展中的一个较晚时期，均能在相当程度上支持以上提出的假设。然而，即便如此，外来文化的引进归根到底离不开引进者的选择，一个社会需要什么，排斥什么，是受自身（特别是它的生产方式和观念形态）和外部条件共同决定的。

五个社区属于同一"一妻多夫文化带"，审视它们之间的共同点，即可发现这里存在着一个普遍性的问题：它们无一例外均流行兄弟型一妻多夫制婚姻，未见其他亚型（如朋友共妻、甥舅共妻、叔侄共妻和父子共妻等），这背后的运作原理究竟是什么呢？

由于这一问题涉及文化的深层结构的动态运作，需要做进一步的理论分析。事实上，关于这一问题的理解，文化人类心理学提供了一条有效的途径。人类学家许烺光就是其中一位主将。许烺光的许多理论建树基于以下一种认识：亲属集团（家庭、宗族）是社会最基本、最重要的社会集团，所以了解一个社会的亲属集团是了解这个社会的基础。为此许烺光就各种亲属关系提出了一个著名的"许氏假设"，其特点是从亲属关系的角度来解释社会和文化现象。

想要理解"许氏假设"，有必要先定义几个关键术语：①关系。核心家庭中有八种最基本的关系：父子、母子、父女、母女、夫妻、兄弟、姊妹、兄妹（姊弟）。②优势关系。没有一个家庭能给予八种基本关系同等优先。在不同类型的核心家庭中，某一种关系（或多一些）会比其余的关系更占

---

① 这里借用威斯勒提出的"文化丛"的概念。参见［美］克拉克·威斯勒著，钱岗南、傅志强译：《人与文化》，北京：商务印书馆，2004 年，第 47 - 67 页。

② 坚赞才旦、许韶明：《论青藏高原和南亚一妻多夫制的起源》，《中山大学学报》（社会科学版）2006 年第 46 卷第 1 期，第 59 页。

③ BERREMAN G D. Pahari polyandry：a comparison. American anthropologist，1962，64（1）：60 - 75.

优势地位。③属性。这里指内含于每一个基本关系的逻辑或典型的行为模式和态度。④优势属性。将优势亲属关系的内涵属性称为"优势属性"。①关于四种主要的亲属关系：夫妻、父子、母子、兄弟，许烺光认为有以下属性：①夫妻关系：不连续性、独占性、性欲取向、自愿性。②父子关系：连续性、包容性、权威性、非性性。③母子关系：不连续性、包容性、依赖性、扩散性、原欲性。④兄弟关系：不连续性、包容性、平等性、竞争性。许烺光又认为："在一个亲属关系中，优势关系的优势属性倾向于决定在此体系中，个人对体系内与体系外其他关系所发展出来的属性和行动模式。"例如，中国传统家庭的特点是以父子关系为优先亲属关系，强调的是父系世代相传的"连续性"、多子多孙兼容并蓄的"包容性"、长幼尊卑的"权威性"以及传宗接代而非男性性爱的"非性性"。②许氏的理论可以概括为以下五点：①亲属关系中必有一优势关系；②优势关系必有优势属性；③优势关系的优势属性决定个体的态度、行为模式；④从优势关系发展出非优势关系；⑤优势关系的优势属性影响亲属以外的关系。③

"许氏理论"曾被用来解释中国、印度、美国三种社会文化之间的差异。例如，中国社会（汉族）、印度教社会、美国社会的优势亲属关系分别是父子、母子、夫妻，而这三种优势亲属关系的优势属性分别决定了中、印、美三种社会文化各自的特色。④与父子、母子、夫妻类似，兄弟同样可以成为一种优势的亲属关系。彼得王子曾在印度、西藏地区从事一妻多夫制研究，他曾专门指出实施共妻的家庭里面兄弟之间特殊的感情联系，并将兄弟共妻制描述为"一种潜在的男性同性恋和近似于乱伦的婚制形态"⑤。

在此基础上，国内学者提出了一种理论预设：恶劣的自然环境促使藏族社会中兄弟关系比较亲密，是所谓的"优势亲属关系"，因而兄弟倾向于不分家甚至共妻，由此发展出藏族的一妻多夫婚俗。另外，藏族以超自然为中心的"文化传统总取向"使得人们淡化血缘关系，也促成了一妻多夫婚俗的存在。该假设采取了一种逆向的论证方法：藏族的一妻多夫大多是

① ［美］许烺光：《亲属、社会与文化》，［美］许烺光著，许木柱译：《彻底个人主义的省思：心理人类学论文集》，台北：南天书局有限公司，2002年，第269-270页。
② ［美］许烺光：《亲属、社会与文化》，［美］许烺光著，许木柱译：《彻底个人主义的省思：心理人类学论文集》，台北：南天书局有限公司，2002年，第271-272页。
③ 原文采用了亲属轴的说法，这里为了统一措辞的需要改为关系。参见朱明忠、尚会鹏：《印度教：宗教与社会》，北京：世界知识出版社，2003年，第212页。
④ ［美］许烺光：《亲属、社会与文化》，［美］许烺光著，许木柱译：《彻底个人主义的省思：心理人类学论文集》，台北：南天书局有限公司，2002年，第292页。
⑤ PRINCE PETER of GREECE and DENMARK. A study of polyandry. The Hague：Mouton，1963：572.

兄弟共妻，而兄弟共妻的前提是兄弟不分家，由此说明了兄弟的关系密切，因此兄弟相比较而言是种"优势亲属关系"。这种独特的"兄弟关系是优势亲属关系"，结合了环境、宗教因素的影响，便能克服对血缘关系的认同和弱化夫妻关系的"性独占性"属性，从而促成一妻多夫制的产生。①

可以认为，藏族的一妻多夫制可以是一种以兄弟关系为优势亲属关系而组织起来的婚姻制度与家庭策略，是在藏区恶劣的生态或社会条件下和文化复合体的共同作用下，在过分强调兄弟之间血缘认同进而淡化其他血缘关系的同时，有效地压制夫妻之间的性独占性。而其实施目的，与其说是对恶劣的生态或社会条件的机械反应，毋宁是对藏区传统的生产方式的有效适应。

三、一妻多夫制的成因

一妻多夫制既是人类婚姻家庭历史变迁的一部分，也是众多文化要素拼图中的一部分。一妻多夫制的成因对人类学家提出了严峻的挑战，从早期的进化论者、中期的结构功能主义者，到后期的多元文化论主义者，无不受其吸引。一个多世纪以来，国内外诸多学者陆续加入论战。

进化论学者最早猜测共妻制的成因。早在 19 世纪下半叶，英国法学家麦克伦南就从古典进化论的视角出发，猜测一妻多夫制的起源。他提出了一个公式：生存压力→杀婴→性别比例失调→抢婚→共妻制。简要地说，远古时代溺杀女婴的习俗导致了妇女的缺乏，由此导致了一妻多夫制的产生；该婚制反过来用抢婚来弥补或取代，抢婚本身又是由婚制的规定得以加强的。②

受进化论关于家庭起源与发展的观点的影响，马克思和恩格斯马上注意到：不同社会的结构性差异，通过社会在人类文明不同发展历程中处于不同的阶段可以得到很好的阐释。恩格斯在自己撰写的著作中，特别指出不同的技术形式与不同的家庭形式相联系。在他看来，在蒙昧阶段，不存在私有财产观念，因此不存在经济不平等现象，这时的婚姻形态是建立在母系继嗣上的群婚。在野蛮阶段，男性取得了生产方式的支配权。在文明阶段，妇女依附于日益以男性为主导的经济体系，一妻一夫制出现了，宣告私有财产对公有财产与群婚取得了胜利。至于"印度和西藏的多夫制"，

---

① 徐扬、尚会鹏：《藏族一妻多夫婚俗：一项文化人类学分析》，《青海民族研究》2009 年第 1 期。

② MCLENNAN J F. Primitive marriage：an inquiry into the origin of the form of capture in marriage ceremonies. Chicago and London：The University of Chicago Press，1970.

在一夫一妻制下，与一夫多妻一样"是个例外"，"是历史的奢侈品"。①

不久，韦斯特马克又从生态论的角度，指出一妻多夫制的五个起因：第一，男性的过剩；第二，经济的贫困，例如可耕作的土地有限，必须节制人口，财产有限，两人或多人合娶一妻，避免分家析产；第三，丈夫由于各种原因必须常年外出，不能应付妻子留守家中的困难生活；第四，生子的欲望，由于主夫的原因未能导致妻子生育，不惜与别人分享妻子，以期得到后嗣；第五，道德松懈。韦斯特马克还特别从心理学的角度对兄弟型的一妻多夫制加以分析，认为从"动机—手段—目的"的贯彻来看，兄弟共妻是最好的选择。②

史蒂芬赞同进化论观点，但他更倾向从社会生物论与生育成功理论的角度，认为共妻对妻子具有明显的生育优势：两位或多位丈夫的存在能够带来更为丰富的劳力和资源，使得养育后代更有保证。与此相反，丈夫所面临的生育优势虽然不利，但史蒂芬又以文化接触理论来解释。他认为在不同文化重叠的地域，由于社会分层等原因，一方面，社会必然有一群处于"游离地带"的多余男性，他们或是从军、做劳工、落草为寇甚至甘愿当流浪汉，对于这些处于社会底层的人员而言，他们所面临的生育选择其实所剩无多。这些人前往土著地区开垦殖民地，选择对象自然多以土著女性为主。另一方面，对于土著男性而言，他们所面临的女性选择当然较多，但当地有限的资源也限制了他们，使之难以独自养家糊口。因此，来自两种不同社会背景的男性很容易找到共同点：共享一妻，聊胜于无，确保自家的后裔获得更佳的生存资源。③

从结构功能的视野出发，共妻制的成因必然涉及社会与文化内部中的诸多因素。例如，共妻制曾在爱斯基摩人中存在，因为当地溺杀女婴的习俗造成可婚妇女数量不足。④ 另一种说法则是：处于社会高层的人盛行一夫多妻制，由此导致可婚妇女数量的减少，一些处于社会底层的人被迫实行共妻。⑤

诚然，在当地人眼中，以上两种说法均不被认为是种恰当或正确的婚

① ［德］恩格斯：《家庭、私有制和国家的起源》，马克思、恩格斯著，中共中央马克思恩格斯列宁斯大林著作编译局编译：《马克思恩格斯选集》（第4卷），北京：人民出版社，1995年，第56页。

② ［芬兰］韦斯特马克著，刘小幸、李彬译：《人类婚姻简史》，北京：商务印书馆，1992年，第176–180页。

③ STEPHENS M E. Half of a wife is better than none: a practical approach to nonadelphic polyandry. Current anthropology, 1988, 29（2）：354–356.

④ GARBER C M. Eskimo infanticide. The scientific monthly, 1947, 64（2）：101.

⑤ VAN DEN BERGHE P L, BARASH P D. Inclusive fitness and human family structure. American anthropology, 1977, 79（4）：811.

姻形态，因此不具普遍性与可比性。但是，后来发生了一个可喜的转变：人类学家开始注重田野工作，并把对共妻制起因的研究建立在坚实的田野工作基础之上，由此取得了丰硕的成果。

来自结构功能学派的学者拉德克利夫－布朗曾提出一个重要的观点，"兄弟姐妹组中的内在团结，以及与它相联的个人的联合，在不同的社会中以不同的形式呈现出众多的数量……正是考虑到这种结构性原则，我们必须用来解释娶小姨（娶妻子的妹妹），兄弟共妻制（一个女人与两个或以上的兄弟婚姻结合，目前是一妻多夫制中最为常见的形式），以及过继婚（娶兄弟的寡妇）"[1]。诚然，来自宗教方面的因素也应考虑在内。例如，河口慧海认为一妻多夫起源于苯教。[2] 道格拉斯（William O. Douglas）曾于1951年前往西藏的拉达克地区，那里的藏传佛教有着深厚的社会文化基础。他发现，一妻多夫制虽然受到政府蔑视，却流行于平民阶层并得到喇嘛的支持。为此他提出一个十分有趣的观点：一妻多夫制为喇嘛和喇嘛教提供后援。其中涉及两种说法：一种是喇嘛需要从农民中征税，因此愿意看到一种能够抑制人口增长的体系以避免民众不至于过度贫困而反抗他们的统治；另一种则是喇嘛寺院也需要一种体系使得有人对于家庭生活不满而出家。[3]

埃德蒙·利奇也参与进讨论，他的研究成果表明，在双系继承财产的制度下，"如两个兄弟分享一个妻子，则兄弟唯一的子嗣由该妻子所生，从经济视角而言，该婚姻倾向于加强兄弟间的团结而非分离；相反，若两兄弟有各自的妻子，他们的孩子则有各自的经济利益，这样将无法维持祖传的家产完整如一"。

白雷曼前往喜马拉雅山区的巴哈里地区做田野调查，他对比研究两个同源文化社区的不同婚制形式——一个行严格的一夫一妻制，另一个则行比较普遍的兄弟共妻制，他最后得出结论："本研究表明，在喜马拉雅山区，兄弟共妻与一夫一妻婚姻相比，目前除了与两性比例有相关联系外，再没其他简单性的功能性相关因素了。"[4]

希腊和丹麦的彼得王子同样专注于该婚制研究，他不仅是率先将文化比

[1]　RADLIFFE-BROWN A R. The study of kinship systems. Journal of royal anthropological institute of Great Britain and Ireland，1941（1－2）：7.
[2]　［日］河口慧海著，孙沈清译：《西藏秘行》，乌鲁木齐：新疆人民出版社，1998年，第236页。
[3]　STEWART E W. Evolving life styles：an introduction to cultural anthropology. New York：McGraw Hill Inc.，1973：268.
[4]　BERREMAN G D. Pahari polyandry：a comparison. American anthropologist，1962，64（1）：71－72.

较和实地考察结合起来研究一妻多夫制的人类学家，还是首位对一妻多夫制作出完整定义的人类学家。彼得王子于二十世纪三四十年代在印度、斯里兰卡和西藏西部等地做田野工作，比较那里的一妻多夫制，并系统地把一妻多夫制的起因归为五类：①历史原因（他认为不尽人意）；②人口统计学（糟糕蹩脚）；③社会学原因（漠不相关）；④经济原因（最让人满意）；⑤个人欲望（不予评论）。然而，彼得王子并不是平行地看待这五个因素的，他认为经济因素在其中扮演着最为重要的角色。一方面他赞成拉德克利夫－布朗的观点，但又认为此种观点有待深入发掘。他认为，严峻的经济压力导致兄弟组间的团结不断加强，反过来压抑了兄弟之间的进取心；在这种场合下导致了一种被压制的乱伦式的渴望，通过共妻可以得到部分实现。在分析西藏出现多种共妻制亚类型的基础上（如父子共妻等），他最后得出结论："一妻多夫制可认为是一种潜在的男性同性恋和近似于乱伦的婚姻制度，与居住在恶劣的自然或社会环境下的核心家庭所受到的过度的经济和社会压力有关联性，前提是没有受到特别的文化模式的反对；它要么在历史传统下持续下来，要么是在'民族性'防御体系反作用下的结果。"①二十世纪七八十年代，美国学者戈尔斯坦前往尼泊尔西北部的利米峡谷与西藏西北部地区做田野工作。他首先驳斥以往两种认为共妻制起因的观点——当地有溺杀女婴的习俗与贫穷，反而认为共妻制之所以能够持续存在，一个原因是控制人口的增长；而对于藏区的兄弟而言，"问题的实质在于，兄弟是否愿意牺牲一夫一妻制下的个人更大的自由度，以换取家庭规模更大、劳力更丰富的共妻制家庭下所提供的实际的经济保障、富裕以及与生活相关的社会威望"②。

比较巴哈里与西藏两地的一妻多夫制，戈尔斯坦认为：西藏的一妻多夫制等同于日本主干家庭或欧洲社会的长子继承制家庭，不过是一种通过聚集家族财产来适应环境的策略。在他看来，西藏的一妻多夫制明显与经济因素有关，它本质上不是对生存的适应，而是对生产力和经济水平导致的社会结果的适应。③

除了维持财产完整以外，一妻多夫制紧密围绕社会分层体系，伴随着生产方式和社会地位的分布而存在。在藏族社会的阶级与分层贵族、差巴和堆穷中，

① PRINCE PETER of GREECE and DENMARK. A study of polyandry. The Hague：Mouton，1963：552－569.

② GOLDSTEIN M C. When brothers share a wife. Natural history，1987，96（3）：109.

③ GOLDSTEIN M C. Pahari and Tibetan polyandry revisited. Ethnology，1978（3）：325－337.

一妻多夫更多见于差巴阶层，是该阶层世代维护家庭和财富的主要手段。①

在戈尔斯坦的指导下，他的弟子班觉回到自己的家乡——做关于兄弟共妻制的田野工作，并据此撰写出博士论文。他认为，"本研究证实了西藏一妻多夫制中的社会—经济方面的解释。显然，藏民并不因根深蒂固的规定实行该婚制的文化价值而让儿子们采用一妻多夫制。相反，采用一妻多夫制的原因，是因为他们认为的物质因素与方式目的因素，使得一妻多夫制无论在维系家庭生活上，还是在维系由此产生的在当地的社会地位上，都能带来更多的好处"②。另一位美国人类学家南希·列维尼在冯·富勒－海门道夫的建议下，孤身前往尼泊尔北部地区的藏系移民——宁巴人的数个社区做田野工作。关于共妻制的起源与成因，她首先提出一种无因论，即认为"擅自猜测其起源与成因是毫无用处的"。此外，她明确反对以往关于一妻多夫制所提出的"物质决定论之逻辑"，并由此提出文化价值决定论。其中特别指出，西藏特殊的亲属结构（如骨系与血系的概念，相对封闭并排外的社区和普遍实行的内婚原则等），才是导致一妻多夫制盛行的根本原因。一妻多夫制实行之逻辑，可看作相对封闭、资源匮乏的社区用来控制人口增长的生育策略。③

国内学者同样对该婚制的起源产生浓厚兴趣，但总体研究没有超过国外水平。如有人提出社会层面上的"双因论"（男多女少和聘礼昂贵），④有人认为它起源于原始社会时期，是处于母系家庭和父系家庭的一种中介或过渡状态，⑤ 是原始群婚或对偶婚制的残余；⑥ 还有人认为它是西藏农奴制社会作用直接的产物。⑦

概而言之，以上国内外学者探讨一妻多夫制起因的理论成果大体可以

---

① GOLDSTEIN M C. Stratification, polyandry, and family structure in central Tibet. Southwestern journal of anthropology, 1971, 27 (1): 64 – 74.

② JIAO B. Socio – economic and cultural factors underlying the contemporary revival of fraternal polyandry in Tibet. Cleveland: Case Western Reserve University, 2001: xii.

③ LEVINE N E. The dynamics of polyandry: kinship, domesticity, and population on the Tibetan border. Chicago and London: The University of Chicago Press, 1988.

④ 陈顾远：《中国婚姻史》，上海：上海文艺出版社，1987 年，第 71 页。

⑤ 仁真洛色：《试论康区藏族中的一妻多夫制》，中国民族学研究会编：《民族学研究》（第 7 辑），北京：民族出版社，1984 年，第 149 页；宋兆麟：《伙婚与走婚：金沙江奇俗》，昆明：云南人民出版社，2003 年，第 143 页。

⑥ 吴从众：《民主改革前西藏藏族的婚姻与家庭——兼论农奴制度下存在群婚残余的原因》，《民族研究》1981 年第 4 期，第 33 页；欧潮泉：《论藏族的一妻多夫》，《西藏研究》1985 年第 2 期，第 83 页。

⑦ 张权武：《近代西藏特殊家庭婚姻种种试析》，《西藏研究》1988 年第 1 期，第 95 页。

归结为两派：进化论与结构功能论。两派学说的理论争锋，大体反映出人类学一个世纪以来的历史发展进程，它们各有不足，在很大程度上都受到了各自时代特征的限制。

第四节 生计方式生态区

一、三江并流生态区

在很大程度上，卡瓦格博信仰圈与三江并流生态区实现了高度的重叠。三江并流生态区是个地质学的概念，它位于西藏的昌都市与云南省北部迪庆藏族自治州境内，三江分别指怒江、澜沧江和金沙江。三江并流区位于东经 98°~100°30′和北纬 25°30′~29°之间，是地球上挤压最紧、最窄的巨型复合造山带，包括西藏自治区东部、青海省南部、四川省东部和云南省东北部分地区。在横向 150 千米、纵向 200 千米范围内，自西向东并列着几组巨型山群和深谷，面积 17.6 万平方千米，其中，西藏 11 万平方千米，涉及芒康、左贡、贡觉、察隅等八县；青海省主要集中在玉树藏族自治州中南部，面积为 8.3 万平方千米；四川 3.9 万平方千米，涉及白玉、理塘、乡城、稻城、得荣五县；云南 2.7 万平方千米，涉及德钦、维西、贡山、福贡等五县。三条大江自北向南并行，切割出三条深邃狭长的峡谷地带。

就地理条件而言，三江并流地区南北长，东西宽，其生态和文化均具有多样性。三江并流地区囊括北部高原地理环境区与山原、高山峡谷地理亚区两种类型。高原上草场辽阔、牧场众多；河谷内气候炎热、四季常青，农业耕作技术普遍；众多的藏族村庄星罗棋布般地分布其中，主要的生产方式既有采集业，也有园艺；既有纯牧业，也有纯农业型与半农半牧型生计方式。同时，这里拥有得天独厚的自然资源，不仅是世界生物多样性最丰富的地区之一，中国三大生态物种中心之一，更有丰富多彩的人文资源。2003 年 7 月，联合国教科文组织将三江并流生态保护区作为"世界自然遗产"列入世界遗产名录。

以卡瓦格博峰为例，最高海拔 6 740 米，处于山脚下东侧澜沧江江面的海拔却仅有 1 800 米，绝对高度相差 4 900 多米。随着海拔高度的不断攀升，山地里的气候和植被先后经历了多种类型，这正是横断山区垂直气候的一个缩影。随着山地高度的陡然增加，高山地区的自然景观也在依次替换，形成明显的垂直自然带（见图1-10）。正因为如此，当地很多村子中流行"一山有四季，十里不同天"的谚语，其描述十分地贴切。

（米）

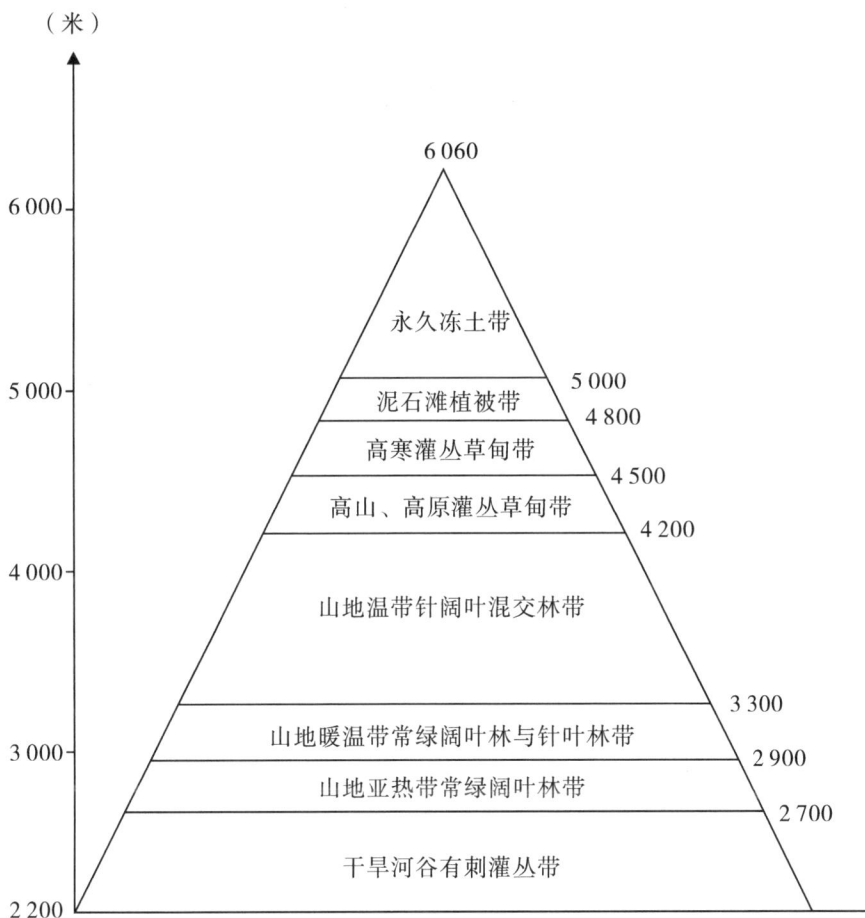

图1-10 横断山区垂直自然带分布示意图

在青藏高原东部的横断山区，高山多、海拔高、气候复杂多样，拥有地球上最为丰富的资源，如水、森林和牧场等。如果围绕着卡瓦格博神山转山，随便攀登上一处连接两山之间的垭口，展现在眼前的不仅有稠密的树林、宽广的草原，还有山脚下逶迤连绵、奔腾不休的河水，构成一幅气势雄伟又生意盎然的画卷（见图1-11）。

图 1 - 11　澜沧江高山峡谷的地貌

　　然而上天往往是公平的，它在慷慨赠予的同时又无比吝啬，因为这里也是生态条件最为脆弱的地带，主要表现在耕地稀少，土地贫乏，气候与人类的生存条件均极为恶劣。据地质考察证实，早在 20 亿年前，现在喜马拉雅山脉的广大地区曾是一片汪洋大海，经历整个漫长的地质时期，一直持续到距今 3 000 万年前的新生代早第三纪末期，那时这个地区的地壳运动总体呈连续下降的趋势。在这一下降的过程中，海盆里堆积了厚达 3 万余米的海相沉积岩层。这一时期，地壳又发生了一次强烈的造山运动，地质学称其为"喜马拉雅运动"，使这一地区逐渐隆起，最终形成世界上最为雄伟的山脉群。

　　喜马拉雅山脉自南向北大致分为三带：南带为山麓低山丘陵带，海拔 700 ~ 1 000 米；中带为小喜马拉雅山带，海拔 3 500 ~ 4 000 米；北带是大喜马拉雅山带，是喜马拉雅山系的主脉，由许多高山带组成，宽 50 ~ 60 千米，平均海拔在 6 000 米以上，数十个山峰的海拔在 7 000 米以上，其中包括世界第一高峰珠穆朗玛峰。各山峰终年为冰雪覆盖。

　　在地势结构上，喜马拉雅山脉并不对称，北坡平缓，南坡陡峻。北坡山麓地带为我国青藏高原湖盆带，湖滨牧草丰美，是优质的牧场。流向印度洋的大河，几乎都发源于北坡，切穿大喜马拉雅山脉，形成 3 000 ~ 4 000 米深的大峡谷，河水奔流，势如飞瀑，蕴藏着巨大的水利资源。喜马拉雅山连绵成群的高峰挡住了从印度洋上吹来的湿润气流。因此，喜马拉雅山的南坡雨量充沛，植被茂盛，而北坡的雨量较少，植被稀疏，形成了鲜明的对比。

南坡从海拔仅 2 000 多米的河谷上升到 8 000 多米的山峰，河谷的水平距离不过几十千米，自然景象却在迅速更替：低处温暖湿润，常绿阔叶林生长得郁郁葱葱，形成常绿阔叶林带；海拔升高，气温递减，喜温的常绿阔叶树逐渐减少以至消失，而耐寒的针叶树则逐渐增加；在 2 000 米以上为针叶林带；再往高处，热量不足，树木生长困难，由灌丛代替森林，出现灌丛带；在 4 500 米以上为高山草甸带；5 300 米以上为高山寒漠带；更高处为高山永久积雪带。北坡气候干寒，降水量少，自然景观垂直分布的层次也比南坡要少。

无论是地质条件还是生态条件，我国青藏高原的东部地形与喜马拉雅山区相似，尤其在横断山区。该地区的主体地貌以丘状高原为主，基本呈现丘状高原面和山顶面可连接的统一"基面"的特点，基面上有山岭，下面为河谷和盆地。其中又可划分为两大地理环境亚区：①北部高原地理环境区；②山原、高山峡谷地理亚区。

高原地理环境区为丘状高原地貌，高原面十分广阔，其上为丘陵和低山，在丘陵和低山之间为宽谷，相对高差 50～400 米，使地表呈波状起伏。由于地势高亢开阔，气候严寒，属高原亚寒带半湿润气候，冬长无夏，年均气温 0℃～3℃，年降水量 600～750 毫米，年相对湿度 75% 左右。在这样高寒的气候条件下，广大的高原面均能发育出高山灌丛草甸或高寒灌丛草甸，成为天然的牧场。

山原、高山峡谷地理亚区的显著地理特点是这里的山脉近似南北走向且平行排列，河流众多，水量充沛，经河水的多年冲击成为深切河谷，谷岭高差大。山岭海拔一般在 3 500～4 000 米，个别山峰在 5 000 米以上。河谷一般在 1 500～2 500 米，谷岭高差平均 2 000 米以上。由于高山峡谷地貌的控制作用，使该地区的气候、植被、土壤等自然要素随海拔的增加而变化，形成结构复杂、气候多样的自然垂直带谱结构，自下往上依次为：干旱河谷有刺灌丛带，山地亚热带常绿阔叶林带，山地暖温带常绿阔叶林与针叶林带，山地温带针阔叶混交林带，以及高山灌丛草甸带等。

自然气候带种类繁多，人文景观又如何？关于自然与文化的联系，克罗伯曾作出评论："文化根源于自然，因此，只有联系文化植根于其上的自然环境才能完全理解文化。"首先，千百年来，多达 16 个少数民族在三江并流地区和睦相处、休戚与共，共同发展出一种兼容并蓄、美美与共的多元文化模式。其次，这里是中国著名的国际古商道——茶马古道的发祥地，不仅实现了国内中心与边疆地区的商品流动和文化交流，而且打开了一面对外的窗口，连接起国内外的商贸往来，是中国"一带一路"倡议的历史实验室。最后，在20世纪20年代，奥籍美国人洛克就是在位于云南省境内的三江并流地区先后活动了二十余年，陆续为美国《国家地理》杂志摄影、撰稿和收集物种样本，留下了宝贵的文化遗产；后来，英国作家希尔顿以洛克为原型，创作《消失的地平线》一书，首次将中国"香格里拉"的概念介绍到全世界，由此带来了深远的文化与思想影响。

有鉴于此，无论是站在民族学还是文化人类学的视角，研究三江并流生态区的生态文化都具有重大的社会文化研究价值，原因有三：首先，它位于青藏高原东部与东南部，这里是我国少数民族世代混居的地区，文化的碰撞与融合甚为频繁；在三江并流地区的中部和东部地区，自古就是民族走廊。该地东西最大跨距是500千米，最小跨距是200千米。南北流经四个省区（青海、西藏、四川和云南），目前居住着藏、羌、回、彝、门巴、珞巴、怒、傈僳、纳西、白、普米、独龙、哈尼、佤、拉祜等16个民族和族群。其次，该地区内的绝大多数村庄基本属于传统的农业村落，当前所受到的现代化冲击还不算大，原始文化保留得最多也最为完整，是民族学研究的宝库。最后，随着西部开发的逐步深入和旅游经济的稳步繁荣，传统文化正面临着迅猛变迁的未来，如不加强研究，势必错失良机。

二、生计方式生态区

在三江并流地区，从陡峭寒冷的高山，到湿润温暖的河谷，巨大的垂直落差为人类提供了丰富的动植物资源。除了身处热带、亚热带、温带、寒温带等不同气候中的各种树木、植物以外，动物的种类同样多种多样，而这些资源往往是当地村民最为珍贵的生计来源。他们将卡瓦格博信仰圈内的群山奉为衣食父母，在海拔2 300～2 600米处砍伐栎树烧柴取暖，在海拔2 800～3 600米处采集松茸、羊肚菌等菌类作为食物，在海拔3 800～4 200米处砍伐冷杉盖屋搭桥，不同的海拔不同的季节还有新鲜丰美的牧草可供放牧，甚至还可挖掘到虫草、贝母、天麻、红景天、灵芝等名贵的中药材。由于山上树木丛生，野兽众多，狩猎活动在"土改"前还十分盛行。直到20世纪末国家大力推行"封山造林"和"退耕还林"的政策，狩猎活动才被严令禁止。

简单地说，生计方式指人类采用何种方式获取维持自身生存需求的食物。生计方式难以脱离生态环境的影响。由于自然生态区与文化区存在普遍的一致性，在地貌条件相同的地区，同质文化随处可见，因此认为由环境因素导致产生独特文化的学者不乏其人。物质文化与技术被认为受环境的影响最大，采用环境的因素来解释非物质的文化显得十分便利。例如，《墨西哥北部美洲印第安人手册》一书的编者霍奇，在谈到美国西南部时曾指出："环境的作用（在此地的生存斗争中，寻找泉水是最紧迫的任务）会影响社会的结构和功能、生活方式和习俗、艺术作品和题材、知识和符号的使用，而最为重要的，则是无休无止、每时每刻对水的渴望所规定的教义和祭礼。"①

生计方式与经济的联系最为密切，生计方式本身就是一种经济性活动。经济学探讨人类社会的经济行为有一整套科学系统的方法，用来描绘工业化产品如何通过货币实现生产、分配、消费等领域的循环。经济学家喜欢采用数理逻辑的分析方法，其中既有统计学数据，也有理论模型。然而经济学自身也存在短板，它过度关注现代社会，基本就经济现象来研究经济，很少涉及传统社会，忽视了经济与宗教、家庭、艺术、习俗、政治组织等其他社会文化因素的密切关联性，更毋论与由这些因素所组成的一个更大体系的互动关系。形成鲜明反差的是，人类学站在文化比较的广阔视野，从历时与共时的角度，关注世界人类社会生计方式之间的相似性，试图将其分门别类，由此形成了一套独特的研究方法。

与之前所探讨的一妻多夫制成因的理论轨迹大体相同，关于生计方式的理论探讨同样走过了一条从进化论、结构功能论到系统论的发展道路。自19世纪中期人类学诞生以来，西方学者开始思索如何采用一种有意义的方法来区分世界文化并解释人类社会所出现的多样性行为模式，他们开始进行一些有益的尝试，但结果往往难得其法。例如，他们简单地采用二分法，将世界文化分为两种——原始的或是文明的。另外，当时还普遍认为——如果不属于西方社会，一般都较为原始。这种分类法明显带有殖民主义的色彩，忽视非西方社会同样拥有一些复杂的社会结构和宗教体系。从19世纪晚期到20世纪早期，一些学者从进化论的视角将世界文化分为三类——蒙昧、野蛮、文明。例如，在蒙昧时代，使用火是其中的一个重要

———————

① ［美］唐纳德·L.哈德斯蒂著，郭凡译：《生态人类学的理论源流——〈生态人类学〉导论》，《世界民族》1991年第5期，第18—26页。

的技术指标；在野蛮时代，开始使用弓箭和铁器；在文明时代，出现了农业和文字。① 诚然，这三大标签下的社会文化还可进一步细分，以求获得更为准确的表达。此种区分虽然比以往有了长足的进步，但同样不无问题。例如，它将欧洲社会置于文明的顶端，而将其他非西方的社会搁置次席，带有严重的民族中心主义的倾向。直到 20 世纪 30 年代，世界民族志材料的广泛积累，使得一些人类学家具有足够宽广的视野，将重点放在某一社会文化究竟利用了何种资源和采用何种方式，以获得维持自身需要的食物和生活必需品，这就与以往"三分法"这一带有民族中心主义倾向的分类法分道扬镳了。弥足珍贵的是，通过对生计方式的探讨，还可很好地预测同一社会其他基本的生活模式和群体行为的其他模式，如人口规模与密度、劳动分工、社会结构、冲突和战争的范围、科技的复杂程度等。

以生计方式为研究对象，人类学家科恩运用"适应策略"一词，用来描述一个群体的经济生产体系。如果有两个或两个以上的社会彼此毫无关系，却出现了高度的相似性，就可认为它们采用了相似的适应策略。例如，以食物（狩猎）采集为经济策略的一些社会，就有非常明显的相似性。采用相似的分类法，科恩根据各个社会的经济体系与社会特质之间的相关性，发展了一套社会类型，并据此提出了五种适应策略：食物采集、园艺、农耕、畜牧业和工业化。② 不同的适应策略，具有各自鲜明的特征，例如：食物采集需要充分利用自然资源，强调环境承载量和流动性；园艺注重休耕期，经常需要从事其他的生计方式以作为补充；农耕需对土地进行精细化耕作，而这是以劳动力集约化为前提的；畜牧业需要进行季节性的迁徙放牧，存在鲜明的性别分工，注重父系血缘的认同，流行主干家庭的结构；工业化则关注工业生产（包括工厂生产、资本主义、社会主义生产）以及产品在生产、分配、交换和消费等领域实现流动。

从以上五分法可知，藏族的传统社区更多与前四种生计方式有关。诚然，受全球化的影响，来自工业化的因素已经不可避免地渗透在藏族的传统社区中。例如，现在藏族许多家庭都在组织劳力积极参加采集虫草、松茸、贝母等经济活动，但这些食物并不是首先满足自身生存的基本需要；相反，他们更愿意将其出售到生活区之外（国内其他省份和海外），以换取

---

① 参见［英］爱德华·泰勒著，连树声译：《原始文化》，上海：上海文艺出版社，1992 年，第 25 – 73 页。

② ［美］康拉德·菲利普·科塔克著，周云水译：《文化人类学：欣赏文化差异》，北京：中国人民大学出版社，2012 年，第 174 页。

货币用来购买其他的日用品，这是全球化商品交换的缩影。另一个例子是旅游业的发展会给一些传统村落带来商机，一些家庭通过经营旅店、餐馆和杂货店等商业活动，逐步向服务业转型，减少甚至放弃了以往传统的生计方式。有鉴于此，人类学所覆盖的五种生计方式都将成为本书重点讨论的内容。

鉴于生计方式的现实基础在于一个能够支撑起社会成员生活基本需求的生态环境，因此可以认为，不同环境下的生计方式截然不同，这些形式多样的生计方式以一种平面的方式传遍全球，呈现出带状或碎块状的分布模式。然而，在三江并流地区，由于垂直气候带的直接作用，各种地理条件被紧密地压缩在一个异常狭窄的空间之内，以垂直分布的形式呈现出来，这样人类社会所有的生计方式在此区域就有了全部都实现的可能性。

如前文所述，多元性是藏族思维一个基本的认知模式。宗教信仰允许有多种的形式，同一信仰下也会有名目繁多的神灵鬼怪；家庭组织方式同样呈现出多样性特征，就连实行共妻的家庭，兄弟之间也存在不同的生计分工。由此可见，采用多样化的生计方式以实现多样化生态环境下的最大经济利益化，是个无须自证的基本论断。

由于多种生计方式并存，它们共同构成了一个相互关联的网络系统，这给当地的生态环境带来巨大而深远的影响。1859 年，达尔文在《物种起源》一书中曾提出一种"生命网络"[①] 的观点，并且给出了让人信服的例证。[②] 黄蜂在英国乡村具有为草原传授花粉的功能。但是，黄蜂的数量受到田鼠的制约，因为田鼠毁坏蜂巢。由于黄蜂越少，得以授粉的草也越少，因而草原就不会尽其所能地繁盛。然而，达尔文观察到，靠近村庄和市镇的草原更加丰饶。这是为什么呢？原来在这些居住区有大量家猫捕食田鼠，由此大大减少了田鼠的数量。田鼠一旦减少，黄蜂就开始兴旺，草地也就茂盛起来了。从类比的角度考虑，不同生计方式的加入，同样会构成一种"生命网络"的结构，这些生计方式相互作用，进而对生态环境造成了不同程度的影响。

一百年后，生态人类学在 20 世纪中期取得了蓬勃的发展。"生态学"一词由德国生物学家 E. 黑克尔首创，是用来指动物谋生的方式，"首先是指其他动物和植物对某种动物的生存有利和不利的关系"，也包括动植物与

---

① "生命网络"认为在自然分类上相距甚远的动植物，可由一张错综复杂的关系网联系在一起。
② ［英］达尔文著，舒德干等译：《物种起源》，北京：北京大学出版社，2005 年，第 50 页。

无机环境之间的关系。生态人类学分析文化与环境的关系，更通俗的说法是：关注气候、植被和动物等自然环境究竟是如何影响到文化的？

1963年，生态人类学的发展出现了一个里程碑事件：格尔茨从生态人类学的视角写出了《农业的内卷化》一书。通过实地研究，格尔茨发现：在爪哇岛和外岛之间的经济模式存在着一种二元结构，外岛的一些地区借助技术，生产越来越向资本密集型方向发展；而爪哇岛的一些地方则不断地向劳动密集型方向发展。爪哇岛聚集了印度尼西亚2/3的人口，主要从事粮食生产和小型手工业；而外岛散布在爪哇岛以外的广阔区域内，殖民者的进入使那里产生了高效率、大规模、主要用于出口的工业。爪哇人由于缺乏资本，土地数量有限，加之行政效率低下，无法将农业向外延扩展，致使劳动力不断填充到有限的水稻生产中。在概括这一进程的时候，格尔茨首次使用了"农业内卷化"概念。① 尽管"内卷化"一词让人望文生义，但其概念其实一点都不陌生，因为这一观点是以"系统"这一核心概念为基础的。这里的"系统"，是指一组事物以及该组各个事物之间及其属性之间的相互关系的总和。系统更看重一个互为因果关系的复杂网络，而非着重于两个事物或过程之间的相互因果关系。

美国人类学家朱利安·斯图尔德是文化生态学的创始人，他最先使用"文化生态"来解释人对环境的适应问题。他将说明不同地域特殊文化特征和文化类型的研究领域确定为文化生态学。他认为，在一个文化系统内，有一组较其他文化特征具有更大功能的文化特征是文化系统的决定因素。为此他用"文化核心"和"次级特质"的概念进行区别。文化核心是指那些和生计活动与经济安排有密切关联的特质的集合。此核心包括了与经济安排有决定性关系的社会、政治和宗教等文化模式。文化生态学的主要研究任务是找出哪些特质与环境的利用关系最为密切直接。他还认为，文化类型就是由适应环境而产生的核心特征丛，它们体现了社会文化的整合水平。②

有鉴于此，结合以上"生命网络""系统""文化生态"等诸多观点，笔者在此大胆提出"生计方式生态区"一词，用来统称调查社区中所涉及的各种生计方式，从而更为有效地区分当地不同社区之间共同存在的核心文化和文化模式。

---

① GEERTZ C. Agricultural involution：the processes of ecological change in Indonesia. Berkeley and Los Angeles：University of California Press，1963.

② STEWARD J H. Theory of culture change：the methodology of multilinear evolution. Champaign：University of Illinois Press，1955.

三、生计方式——"常态型"对"非常态型"

通过以上对生计方式的理论分析，在此引入"常态型"和"非常态型"两个概念，将人类学区分传统社会的主要生计方式（如食物采集、园艺、农耕、畜牧业和工业化等）统称为"常态型生计方式"，将游离于此区分之外但又在社区实际存在的其他类型的生计方式统称为"非常态型生计方式"。下面就以这两种区分，结合调查社区的实际情况，一一加以说明。

（一）"常态型"生计方式

1. 狩猎

狩猎活动是当地村民获取蛋白质来源的一种重要生计方式。如果在山上捕捉到一头野兽，其肉类不仅营养价值高，而且将极大地改善原来平淡无味的饮食结构，还能让一个家庭的伙食维持一段较长的时间。在经济困难时期，狩猎活动的次数比较频繁。在雨崩村的创村传说中，最先是由一位来自西当村的猎人发现了闭塞的雨崩村。改革开放以前，雨崩村村民阿那祖就是一位远近闻名的猎手，他在一次狩猎活动中用火枪误伤了另外一名正在采菌子的村民，结果被判刑入狱。

在金沙江河谷的三岩地区，狩猎活动很早以前就已存在。狩猎活动还是当地成年礼的一个重要内容，甚至在历史上扮演过极为重要的角色。一些帕措甚至规定内部成员必须捕捉到某些特定的猛兽才算完成成年礼。根据三岩报道人的讲述，以往三岩人尤其善于狩猎活动，经常外出组织集体性的围猎活动，可捕捉的猎物有鸟类、獐子、野兔、野鸡，以及一种当地称为"白屁股"的麋鹿等，为三岩人的食谱增添了多种肉类食物。至于狩猎所得，无论多寡，必须在帕措内部平均分配，这多少带有原始公社时期互惠型经济活动的成分。随着野生动物资源的日益减少，宗教提倡不杀生的观念渐入民心，加上政府三令五申禁止村民参加狩猎活动等因素的影响，狩猎已经基本退出了当地的农事活动范畴。麝香作为一种具有采集性质的副业，也成为三岩人的一种生产副业。采集麝香的时间集中在5—7月，主要是提取麋鹿香腺的分泌物，因麝香具有较高药用价值，可通过与外界交换，为家庭经济增加额外的收入。

2. 采集和林业

采集和林业是村民获得现金来源和改善生活条件的主要途径。近年来采集业在家庭收入中所占的比重逐年攀高，采集活动主要集中在虫草、贝母和各种食用菌类（尤其是松茸）上，采集时间集中在春夏季。近二三十年来，随着虫草和松茸的价格不断呈现出翻倍增长的趋势，采集虫草与松茸成为当地人获得现金收入的稳定来源。采集虫草集中在藏历月的6月，采集松茸则集中在藏历月的七至八月，在这大约4个月的时间里，要求一个家庭全员出动，上山从事采集活动，当地的一些学校甚至有"虫草假"，允许学龄儿童回家帮忙。至于其他经济价值较低的菌类，如有可能也会采集回家，成为村民日常生活的辅食；如果村子靠近县城，也有村民将其运送到县城的市场销售，以换取为数不多的现金。在高原牧区的索日村，当地人在春、夏季热衷采集一种名为"人参果"的植物，采集回来后清洗干净，将其放入酥油中煮熟，便成为一日三餐中的一道美食；此外，牛肝菌也有一定的产量，当地还出产一种独特的菌子，颜色米黄，体积较小，味道鲜美，当地人称其为"左郭"，即"美味的菌子"。据笔者的观察，高原牧民是将采集到的菌子和"人参果"作为一种"蔬菜"类型来食用的，有时候采集的食物比例能占据日常摄取食物总量的四分之一。

当地的森林资源极其丰富，果树种类繁多，林业经济价值甚高。采食水果既能满足村民摄取纤维食物和维生素的日常需求，也在一定程度上丰富了当地人的饮食结构。水果用于交换和出售，果树可绿化环境，正可谓一举三得。在笔者选取的调查社区中，除了高原地区的索日村外，其他的村子无一例外均有果树经济。以三岩社区的克日乡、罗麦乡和木协乡为例，由于海拔较低，气候温暖湿润，这里特别适合种植果树。蜜桃和核桃是三岩地区特有的野生品种，前人对此做过描述："本县所有花草与巴安、白玉大略相同，惟七所地方产蜜桃，大有数两者，诚为佳品，遍生产核桃，去其壳合青稞磨粉作为食料，食之美味，一特产也。"

说起"瓜果之乡"，则非左贡县东坝乡军拥村莫属。军拥村位于怒江中上游热带河谷地带，这里夏季炎热干旱，冬季温暖湿润，雨水充沛，水利资源丰富，十分适合种植各种果树，盛产藏梨、藏橘、苹果、桃子、核桃、石榴等，成熟的水果无不糖分多、果汁足。种植果树在军拥村有着久远的传统，军拥村户以往大多是帕巴拉庄园的差巴户，水果税是其中一种重要的差税，主要是每年向昌都强巴林寺交纳一定数量的核桃、苹果、葡萄干、梨干等食品。时至今日，军拥村村民在自家果园的水果成熟以后，都会集中采摘下来运送到县城零售。

3. 园艺

园艺原本指刀耕火种的农业技术，属于粗放型农业，它注重休耕期，往往需要从事其他的生计方式作为补充。当地的一些社区也存在园艺型的生计方式，不过是将这种生计方式当作农业或畜牧业的一种有益的补充来实施的。例如，青泥洞乡的索日村属于高原纯牧区，当地虽然没有农业，但从 20 世纪 80 年代开始，牧民在政府的补助下修建房屋，聚居成村，牧民便开始在定居点附近种植元根作为牲畜的饲料。元根在藏语中称为“纽玛”，是青藏高原独有的一种药食两用植物，主要生长在海拔 3 500 米以上的高海拔地区，据悉已经有 1 000 多年的种植历史。然而，索日村种植元根的做法却是西藏和平解放后才从江达邻近的农区传播进来的，也是在 1986—2006 年间才逐渐形成气候。由于当地夏季气候炎热干燥，适合植物生长，在乡政府的政策鼓励与县政府林业部门的技术扶持下，索日村元根种植已经形成一定的规模。一般藏历七月初耕地、播种（当地无耕牛，多用公牦牛代替），八月底就有收获。种植元根无须投入太多的劳力，况且索日村又有较多的空置土地，因此夏季时每家每户都能种上一些元根，多种多收，少种少收，一季每户平均可收元根 150～200 公斤；元根主要用作牲畜饲料，一般不当作食物。从以上说明可知，种植元根在牧区其实属于一种粗放式园艺型的农业经济形式。

相比之下，园艺型农业的另外一种形式则更为常见。这里以左贡县碧土乡的龙西村为例，说明园艺型农业的实际运作情况。由于当地水田资源十分有限，村民不得不去离村很远的地方开垦荒地，这些荒地大多属于半山坡地，不仅碎石多，而且肥力低，还不能深入土地中，一般只能种植诸如玉米、马铃薯、荞麦等耐旱性强又无须太多田间管理的经济作物，一般做到一年一熟，理想一点的能做到两年三熟，然后焚烧秸秆以增加土地的肥力，隔大约一年时间可再次种植。

4. 农业

农业的一个主要特征是实现精细化耕作。在河谷和山地、半山地地区，农业是当地家庭投入劳动力最多、集约化最强的行业，很大程度上决定了一个家庭能否做到自给自足，因此需要认真对待。这种农业性特征，主要体现在以下三个方面：

首先，河谷与山地并存的地质条件决定了以农业耕作为主，以畜牧业、采集为辅的生产模式。农田开垦多在水源和村落附近，可分为水田和旱地两种。水田经济价值高，旱地则次之。水田可一年两熟，旱地一般一年一熟。河谷地段气候较暖和，农作物一年两熟；半山地区气候较寒冷，农作物一年一熟或两年三熟。一个传统农业村子的农事活动基本固定，其年度作息表（藏历月）大致如下：一、二月砍柴、割草和田间管理；三、四月耕地、施肥、拔草、播种（玉米、荞麦和马铃薯等）；五、六月采集虫草；七、八、九月采集松茸和贝母等，同时收割荞麦（八月底，为期一周左右）、田间管理、耕地、施肥、拔草和播种（青稞）和种植蔬菜等；十、十一、十二月田间管理、耕地、砍柴和割草等。

其次，农耕生产是人们的基本生产方式和生活来源。传统农业耕作方式为二牛抬杠。耕地分春耕和秋耕；实行农作、休田施肥、田间管理和修水渠等。比较重视施肥，肥料主要来自牛、羊等粪便。一年除草三到四次，秋收后立刻将田里的青草翻入土内，使其腐化为肥料；现在也流行把油菜籽做成菜饼后放入农田里充当肥料的做法。传统的农具有除草农具、木耙、木铲、犁、石磨、打场工具和收割刀具等；近年来一些现代社会的新型农具——如电动脱粒机和电动收割机等也进入传统的社区，极大提高了村民的劳动生产力。

最后，当地拥有比较深厚的农耕文化。由于土地稀少，人们特别重视土地、建筑和丧葬用地，每每用地都要举行特别的敬地、择地和动土仪式。在日常生活中也存在各种与农耕文化休戚相关的禁忌、宗教心理和观念等。典型的例子有：播种的工作必须由男人承担；一牛或二牛抬杠时领牛的人必须是男人；修葺水渠的工作也一定要由男人来完成，否则会触怒龙神。藏历下半年不宜结婚。出丧时中途不能休息，尸体也不能沾染活人的土地；选择入土时间要适宜，如不宜在下半年入土，否则触犯神灵，影响牲畜的繁殖和庄稼的收成等。神山不能随意亵渎，否则会引发冰雹，影响庄稼的生长。

5. 畜牧业

在高原地区，畜牧业是传统社区的主要生计方式，牧民逐草迁移的生活方式保留至今。优质的牧场里一般水源充足，牧草丰盛，生长着30多种不同种类的牧草。饲养的牲畜主要有牦牛、山羊、藏系绵羊和马等。以索日村为例，由于当地草场面积十分有限，牧民主要采取定居、半定居式的小范围放牧，年度经济生产活动基本上围绕寒暑来交接，不断重复循环。干季始于3月，止于10月，为外出放牧的黄金时期。就季节与轮牧而言，这段时期又可分为春季草场、夏季草场和秋季草场三种：3—5月为春季草场，一般在河谷与聚集地周边地区放牧，是牲畜保膘、配种和幼畜出生的时期，以恢复过冬后牲畜的体型和活力为主；6—8月为夏季草场，主要在山丘的两边放牧，是牲畜发膘和幼畜发育的时期；9—10月为秋季牧场，要跑到山丘的深处和边远地方放牧，是牲畜上膘的时期；10月底需储备大量的干草为牲畜在家过冬做好准备。近年来，索日村的牲畜量上升较快，对草场形成了巨大的压力，同时促使放牧的频率加快，现在几乎每月就要换一次草场。即使在青草茂盛的季节，牧民也不得不经常性迁徙，因为一个地方的草总是有限的，草的循环生长也需要一定的时间。只有在牛羊只能吃干草的秋冬季节，牧民才会住在自己固定的房屋里。

畜牧业在高原十分普遍，不仅为人们的生活提供了大量的肉类食品，利用牲畜来运输物品也是一种节省劳力的做法，有别于传统的农业生计方式。即使是位居山地、半山地和河谷的村庄，也需要从事一定量的畜牧业以增加家庭的收入和提高抗风险能力。当然，农村里一个家庭从事畜牧业需要考虑多种因素，如家里是否有充足的劳动力、山上的牧场是否理想、放牧何种牲畜最容易成功等。

就地理位置而言，龙西村地处梅里雪山北坡的半山地带，周边山地环绕。这里多为荒山旷野、森林地带，因此林业资源丰富。春、夏季在海拔3 500~4 000米垭口处生长着丰盛的草场，尤其适合放牧。龙西村的牧业规模很小，主要分为夏、冬两季。夏季在半山和高山放牧，冬季在山谷或家里放牧。龙西村现有草场总面积4 976亩，占碧土乡草场总面积的16.6%。2005年，龙西村年实际利用草场达5 405亩，首次超过了往年的水平，表明村子放养牲畜的数量呈现上升的迹象。2005年，龙西村总共宰杀了12头牦牛、24只绵羊和24只山羊，总计为村里人提供了3 540公斤的肉类食品；使得龙西村每天人均消费的肉类食品超过了0.27公斤。总体看来，龙西村的食谱已经由糌粑和肉类向糌粑、猪肉、大米、蔬菜、面条相结合的方向发展。由此可见，畜牧业无论是在纯牧区、半农牧区，还是在纯农业区，都是当前一种不可或缺的重要生计方式。由于畜牧业能带来种种好处，一个家庭只要条件许可，总会想方设法增加家里的牲畜数量。

6. 贸易与商品交换

虽然现代商品的观念是近几十年才从内地传入的，但是当地的许多村子由于地处茶马互市的古道之上，很早就加入到贸易和商品交换的商业活动中。例如，龙西村不仅位于卡瓦格博外转山圈上，而且地处古老的滇藏茶马古道的交通要道，因此很早就衍生出"以物易物"的商品观念。村里上了年纪的老人，都能回忆起茶马古道盛行时的繁荣光景。从田野访谈中获知，早年曾亲自走过茶马古道并充当过脚夫的老人现存还有好几位。他们加入商队中，通过自身的工作换取相应的薪酬。富裕一点的家庭会饲养几匹上等的骡马,合伙加入马帮,这样所获得的利益就更为可观了。商业和多种经营是龙西村人获得纯现金收入的另外一大来源,而获得这一收入的基本保障,是家里既要维持一定数量的畜力牲畜,又要有人负责骡马外出驮运的活计,该工作无一例外均由家里的男性成员来承担。

军拥村是茶马古道设置在藏区的一个重要驿站,西藏和平解放前村里就有很多人参与马帮或从事商贸活动,一些人成了远近闻名的富商,"东坝首富"就是出自该村。军拥村的马帮规模庞大、实力雄厚,被誉为"百骡之帮",路线是从昆明或丽江出发,将云南省内的茶叶、糖、布匹等货品先运送到芒康的盐井地区,然后用部分茶叶、糖换取盐井的卤盐,接着再将剩余的茶叶、糖、布匹连同新近换来的盐包,一起运送到昌都或拉萨地区进行交换或销售,再从当地市场带回兽皮、牦牛皮、羊皮,以及各种珍贵的药材(麝香、鹿茸、贝母、红景天、松茸等),之后又开始新一轮的旅程。军拥村村民浓厚的经商传统延续至今,村里人在外地从事零售行业的人亦不在少数。

7. 旅游业

旅游业的蓬勃发展,给卡瓦格博转山圈内外的村子造成了强烈冲击。例如,在左贡县龙西村,由于该村恰巧位于卡瓦格博外转经圈上,是连接西藏与云南的一个交通要道,当地人在转山季节或旅游旺季都会在自家楼房里腾出额外的房间或者在山上搭建帐篷,用于招待转经途中路过的香客或游客,同时收取一定的房费用于帮补家用。此外,租借骡马帮助这些游客或香客托运行李抵达目的地也是一项获利颇丰的服务。与龙西村十分类似,军拥村利用自身作为古道驿站的地理优势及拥有的温泉、东坝民居和瓜果等优势资源,大力开发自驾游和农家乐等旅游资源,发展前景一片光明。

至于位于卡瓦格博神山腹部中心的雨崩村,原本是个传统、封闭、自给自足型的农业型小村,截至 2007 年 8 月,只有农户 35 户,人口 174 人。雨崩村地处卡瓦格博内转经圈的必经之地,拥有内转经时必须朝拜的圣地——"雨崩神瀑"。自西藏民主改革以来,雨崩村在云岭乡的经济指标连续多年倒数第一。然而,自从 2005 年以来,雨崩村的经济指标却一直高居乡里的首位。雨崩村由倒数到第一实现凤凰涅槃般巨变的原因是现代旅游业的介入与开发。

2002 年以来，美国大自然保护协会①引导村民发展旅游业，变资源优势为经济优势。随着当地旅游业的蓬勃发展和旅游条件的逐步改善，村子的名字逐渐为国内外旅游者所知，前来徒步旅游的人更是日益增长。这是一种良性循环。在现代旅游业的剧烈冲击下，过去只会种田、放牧的村民纷纷加入了旅游服务行业。雨崩村不通公路，村民便纷纷牵出自家的骡马给游客代步。许多家庭都开办了自家的客栈；2006 年的雨崩村在家家都有住宿的基础上，还开发出能接待 40～50 人甚至以上的大客栈 20 余家。2006 年，雨崩村每户、每人的年均收入分别达到了 26 063 元和 5 343 元，两个数字均已超过同年云南省农村人均年收入水平，创造了云南省新农村建设的一大经济奇迹。

（二）"非常态型"生计方式

1. 出家

由于藏传佛教强大的影响力，藏传佛教的寺庙在藏区星罗棋布。以往西藏的噶厦政府有一项喇嘛税，如果家里有人出家，就能减少这份支出；具有声望的喇嘛能够获得许多布施，财富一般也会传递给自己原来的家庭；此外，家里有人出家，就会提高这个家庭的社会威望，无形中增添了该家庭的文化资本。从这层意义考虑，出家也属于家庭生计方式的一种。在乡政府"常住人口登记表""职业"一栏中，出家人员会填写"喇嘛"或"尼姑"，有别于"粮农"或"牧民"等内容。

以三岩社区为例，三岩地处金沙江峡谷两岸，地方不大，寺庙的分布却相当广泛。当前在西藏贡觉县的三岩片区共有 23 所寺庙，除了噶举寺属白教噶举派外，其余 22 所均属红教宁玛派；在四川的山岩乡共有 5 所寺院，同样全属红教宁玛派。这些寺庙还有一个特色：除了少数几座为大寺庙外，多数的寺庙规模都很小，远远看去与一般民房无异，甚至还不如村里民居的碉楼气派；一些寺庙甚至就夹杂在村子里面，不经人指认根本无从辨认。历史上这些寺庙一般由势力较为强大的帕措所掌控，内部的教派斗争异常复杂。诚然，寺庙也需从当地吸收宗教教职人员以维持寺庙的基本运作，他（她）们则从寺庙或家人处获得维持生活的基本食物。据笔者在贡觉县民宗局的访谈，三岩的寺庙一般都有固定的人员编制，政府会根据这些编

① 美国大自然保护协会（The Nature Conservancy）成立于 1951 年，总部设在美国弗吉尼亚州阿灵顿市，是当前国际最大的非政府、非营利性的自然环境保护组织之一。

制发放一定金额的生活补助。实际上许多寺庙（尤其是一些历史久远、远近闻名的寺庙）里面的教职人员远远超出了政府的定岗编制，这就需要寺庙寻求特殊的渠道来供奉这些多出来的僧侣了。一些规模较大的寺庙会从事一些商业性活动（如卖虫草），积极利用自身的影响力获得其他地方的募捐和资助。例如，三岩台西寺①的白洛活佛的信徒遍布全国以及东南亚，他也积极利用自身的影响力募集到很多善款，不仅用来扩建寺庙，而且养活了一大群教职人员。另一方面，由于当地盛行一妻多夫制婚姻，造成了大量的未婚妇女，她们中绝大多数被邻近的寺院吸收，成为基层教职人员中的一种——尼姑。

2. 务工

随着城市化进程在西藏地区的推进、矿山的开发和旅游业的冲击，外出务工也成了一种次要的生计方式。长期外出务工意味着原来家庭成员的减少和家庭的分裂。例如，现在去昌都、拉萨和成都打工的三岩人不在少数。笔者曾在金沙江两岸各村落从事一个多月的入户访谈，对一个现象印象深刻：当地外出务工以年轻的男人居多，妇女仅占很少比例。当地盛行一妻多夫婚俗，如果家庭中兄弟众多（三个以上），往往会有一个丈夫外出经商或打工，最远的甚至去到拉萨或成都。这些外出务工的丈夫，经常会给家里汇款以帮补家用；或者他们在过藏历年时适时地回来"省亲"，并从外面带来许多新鲜的货品（如缝纫机、收音机、VCD 机和电视机等），着实让同村人羡慕不已。许多未婚的年轻人也会抱着勇闯天下的干劲到外地打工。凭借刻苦耐劳的精神和坚忍不拔的毅力，一些人做得相当成功。例如，平措是一名来自三岩罗麦乡罗麦村的年轻人，家中有兄妹 7 人，平措小学毕业以后就辍学了，原因十分简单：家里的牛羊和田地均需要人手帮忙。1997年，年仅 16 岁的平措和同村伙伴阿登瞒着家人，带着卖虫草赚来的几百块钱跑去拉萨打工。后来伙伴阿登无法适应大城市的生活返回家乡，但平措坚持了下来，从经营一些小买卖做起，一步一个脚印，最后成为 TCL 公司拉萨分公司的销售人员，并在拉萨购买了一间 60 多平方米的房子。他算是三岩地区较早实现了"富裕梦"的一位。

由于高原地区存在夏季和冬季的季节性分工，冬季对劳动力的需求较大，夏季比较空闲，家里就有了剩余的劳动力。如果条件和机会合适，索日村村民总是希望外出打份短工来弥补家用，他们或是参加当地的公路建

---

① 又名热克更庆桑灯林寺或达拉寺，位于西藏三岩敏都乡。

设或是投身地方乡镇的基础设施建设，或者帮助邻村的人修建房屋，时间一般以 2 ~ 5 个月为宜。2005 年，青泥洞乡管辖的玉龙铜矿股份公司成立，需要大量的矿工，索日村有不少人去那里打短工，也有人谋到一份稳定的工作，身份从此得到改变：由世代放牧的牧民转变成吃国家口粮的工人。

东坝民居远近闻名，其特点是内部装饰雕梁画栋、精雕细刻，能够完成此道工序离不开木工的技术活，而 2007 年军拥村中就有 9 户木匠家庭。他们除了承包村里修建楼房的各种木工活外，还经常被邻近的村庄邀请过去打工帮忙，每人每年都能获得好几万元的收入。

由于旅游资源开发后，雨崩村的人口无法支撑其旅游业对劳动力的巨大需求，大量的劳动力从周边的村子涌入，务工由此发生了一种逆流的现象。笔者发现，这些进入雨崩村打工的人群，最近的来自邻近的西当村，最远的来自维西县属下的各个农村，但是他们总能与雇主发生某种血缘上的联系，如果他们不是亲戚关系，肯定也是亲戚的亲戚，正应了一句古话——"穷居闹市无人问，富在深山有远亲"。

3. 偷盗

与藏区其他社区的传统观念或许有所不同，偷盗也是帕措组织一种惯常的生计方式。偷盗行为成了帕措内部的一种价值观念，受到了三岩帕措成员的一致认同，这是因为偷盗可以不劳而获就能为帕措内部的家庭带来直接的经济收益。偷盗对象只限于外地、外村或其他的帕措，本帕措内部严禁偷盗行为，一经发现，严惩不贷。

首先，偷窃行为会在三岩的邻近地区频繁地发生。2007 年，笔者在毗邻西藏贡觉县的江达县索日村从事田野工作时，有位报道人津津有味地讲述了这样一个故事：民主改革以前，三岩有一个人来到索日村一户人家偷牦牛，被人发现后抓了起来。群情激愤之下，村民把这个偷牛贼拉到觉拥村附近吊打，活活折磨致死。这个偷牛贼属于雄松芒果帕措，家里除了有两兄弟之外，还有一些亲戚，人多势众。芒果帕措的首领得知消息后，率领众人前来论理，要求赔偿命价。死者的两兄弟表示要复仇，尽管偷牛为习惯法所禁止，但三岩帕措一贯以偷盗抢劫为荣，远近闻名，出了人命，如不赔偿，还会不断来纠缠，得罪不起。双方各自请人协商，最后决定由索日村这户人家赔偿 5 头牦牛了结此事，芒果帕措表示从此放弃追究"血仇"的权利。

其次，即使同属一乡甚至本村之内，偷盗行为还有可能发生在帕措①与帕措之间。例如，1932年，门哥戈巴色克家族联合本戈巴内的壮年男子共同偷窃日噶戈巴热邦家的牛，被日噶戈巴的人发现了，双方随即发生械斗，日噶戈巴的头领热呷杜下被打死。双方后来暂时和解。经过一年多的准备，日噶戈巴突袭门哥戈巴，抢劫走全部贵重物资，并将其赶到义敦一带。②

4. 夹坝

夹坝也就是抢劫。在一些民族学工作者的笔下，夹坝成为一种足以谋生的职业："西康民族在佛教未传入以前，原以劫杀为英雄事业。虽在今日，此风犹有存者。如三岩、乡城、瞻对、俄洛等处之壮男，皆常外出行劫，且常将所劫杀快意事，夸耀邻里。邻里不以为恶，反颂其勇。他日遇劫杀事，则拥为首领，以奖励之。番语中称劫匪为'夹坝'。"③

在三岩帕措的内部，夹坝次数成为考察内部成员社会地位的重要依据，参加夹坝的次数越多，这个人则被认为越有能力，往往也越受帕措内部其他成员的尊重。当地有"男子不抢劫，不如守灶门"的说法，④ 意指不参加抢劫的人还不如像女人一样在家里烧火煮饭，可以说是这种现象的最有力的诠释。当地民歌中甚至还有这样一首《强盗歌》："天际亮起一颗星斗，外出抢劫正是好时候；渴望占领那个地方，再平平安安返回家。"⑤ 帕措实施抢劫所获得的财物，一般会在帕措内部实行平均分配。从这个意义上讲，抢劫可以看作以往狩猎活动的延续和替换。由于地处南北两条川藏大道即茶马古道之间，三岩人时常作案于路途，杀人越货，过往马帮商队无不胆战心惊、如履薄冰。

在近两三百年间，三岩人因夹坝频发而臭名昭著，时常惊动地方政府乃至中央王朝。例如：乾隆五年（1740），三岩人与云南怒族发生大规模械斗，朝廷派员调查；乾隆四十四年（1779），三岩人抢劫乾隆赏赐给达赖喇嘛的茶包，翌年清兵和藏兵联合进剿；乾隆五十八年（1793），峨眉知县王赞武率丁押运饷银从昌都返四川途中，在阿足山石板沟被三岩人劫走骡马驮只和印信；道光三年（1823），三岩与芒康之间发生纠纷，西藏政府派噶伦谢扎瓦前来调

---

① 帕措在金沙江东岸山岩地区称为戈巴。
② 范河川：《父系原始文化的活化石：山岩戈巴》，成都：四川大学出版社，2000年，第36页。
③ 任乃强著，西藏社会科学院整理：《西康图经》，拉萨：西藏藏文古籍出版社，2000年，第247－248页。
④ 范河川：《父系原始文化的活化石：山岩戈巴》，成都：四川大学出版社，2000年，第34页。
⑤ 马丽华：《金沙江畔有三岩》，《作家》2003年第2期。

解；道光二十四年（1844），夏哥帕措与拉学帕措火拼，参加者百余人，械斗持续数月，双方死伤 18 人，烧毁 28 座土楼，后"拉学"获胜，将俘虏绑在树上活剐，把"夏哥"逐到盖玉；光绪五年（1879）十一月，驻藏帮办大臣维庆在三岩大石包（今芒康县宗西乡）被抢；光绪七年（1881），巴塘法国教父梅玉林一行在核桃园蛮塘被三岩人劫杀，物品全部被抢走；光绪二十三年（1897），驻藏大臣讷钦在喜竹桥遭三岩人突袭，被抢走奏折。

即使在西藏地区即将实现和平解放之际，三岩人的夹坝行径仍然不绝于耳。在昌都市的档案馆中，至今依然保存着大量关于三岩的文献，其中一篇为当年解放军军代表戴宗贤所写的《工作总结》，足以说明三岩人频繁夹坝的严重程度："1953 年一年下三岩到察雅、江卡、巴塘等地去抢劫行为愈来愈疯狂了，根据现在我们所了解的就有下面的严重事实：在今年春天就抢去江卡宗牛马共 82 头，拉去老百姓共 15 人；在今年 6 月份又把江卡支巴本地区的运输牦牛抢去 38 头，打死两个老百姓，将一个村 13 家的东西全部抢光……"①

---

① 资料来源：白玉县档案馆。

第二章
金沙江峡谷的父系社会——三岩

第一节 《格萨尔王传》认同圈

一、从族源、蝙蝠人到格萨尔王

三岩虽然地处高山峡谷，但当地有关民间和宗教的神话传说不胜枚举。例如：三岩人认为他们的奈步神山是祖先灵魂居住的地方；前往克日乡的路途奇石林立、峭壁突兀，其中一峭壁高处有小泉如小便状涌出，据说是文成公主入藏时在此小解后形成此泉；在罗麦乡的达松寺前有一块大石头，上面赫然印有一个足印，据说是莲花生在此修行时所留；在雄松乡的山上牧场悬崖壁上，有许多大小不一的洞穴，传说以往有一群蝙蝠人在此居住；白玉县盖玉乡盖玉河上躺有一块大石头，相传为格萨尔在迎娶珠姆时遗留下的印章；在山岩乡的火龙神山上，传说住有 21 个度母。

一种来自人类学的观点认为：神话是原始人的仪典和法典，是他们的圣经，是他们对历史的记述，是先人智慧的百宝箱，是古人的心理学。[①] 诚然，神话同时也是民族精神的表现。马克思在谈到古代民族的思想历程时也指出，古代民族是在幻想中、神话中经历了自己的史前年代。[②] 此话足以反映历史与神话是相互渗透的，神话是一个民族的思想宝库；民族的各种"神话幻想"，其实质是他们关于自己生活的种种描述，其中也包括了各种心理表现和精神倾向。

三岩的神话体裁大多为记叙文，即以讲故事的形式流传开来。三岩方言虽有口语和书面语言的区别，但大多数三岩人并不识字，能读会写的人集中在寺院里，主要出于阅读与朗诵经文的需要。然而，此点并不妨碍这些神话在三岩地区以讲故事的形式口耳相授、世代相传。

每当帕措召开成员大会，或举行各种庆典仪式，又或者过藏历年时欢聚一堂，再没有什么比聆听部落长者绘声绘色地讲述那些带有神话色彩的

---

① ［德］利普斯著，李敏译：《事物的起源》，西安：陕西师范大学出版社，2008 年，第 275 页。

② ［德］马克思：《〈黑格尔法哲学批判〉导言》，马克思、恩格斯著，中共中央马克思恩格斯列宁斯大林著作编译局编译：《马克思恩格斯全集》（第 3 卷），北京：人民出版社，2002 年，第 205 页。

故事更振奋人心的了。无论是在帕措头人召开成员大会的碉楼内，还是在点燃篝火的神山上，抑或在孩子准备就寝的枕头旁，三岩帕措的传统与知识就是这样以故事的形式世代传承。以下是在金沙江两岸三（山）岩地区广为流传的几则神话传说：

故事一　三岩帕族的起源①

在遥远的年代，三岩有一个男人，他从太阳落下的西方赶来一群大山，围在金沙江边，建立自己的家园。他的三个儿子叫他帕罗扎，帕就是父亲。大儿子吉觉玛，学会了父亲的巫术占卦，他后来成了三岩罗麦人的祖先；憨厚的二儿子加盖邦丹只会种地喂牛，他后来就是雄松人的祖先；三儿子阿盖卡学神勇好斗，他住在木协，以后就是三岩木协人的祖先。

不知过了多少年，帕罗扎死了，儿子们相信帕罗扎的灵魂还在乃布神山上，在阿拉曲神泉或者是马希曲果神泉、扎通曲果神泉，儿子们都可以从那清亮的泉水中看到父亲沉思的眼睛。他们的儿子们、孙子们代代繁衍下去，就叫作帕族了。

故事二　蝙蝠人的传说②

几百年前，在西藏三岩雄松乡岗托村附近的一处悬崖上，有若干天然的山洞，里面住着一群蝙蝠人，有数百只之多，体型与人相仿，身上长有翅膀，能在天空自由飞翔。它们拥有相当程度的智力，远远地观察人们干活，喜欢模仿人的动作。但人们若稍有疏忽，它们就袭击小孩和幼畜。人们长期为其所困，但又无可奈何。

一天，村里有一位长者终于想出一个办法，他们带上美酒佳肴，到蝙蝠人经常出入的地方，围坐一圈开始大快朵颐，喝酒唱歌，然后人们各自操起刀枪相互厮杀，但他们其实使用的是木制的刀枪。到了晚上，他们故意留下食物，拿走木制刀枪，却留下了真刀枪。

当夜深人静时，蝙蝠人也模仿人的样子喝酒吃肉，然后拿起真刀枪相互厮杀起来，结果死伤惨重，最后仅剩下一只飞往南方。

---

① 子文：《苍茫西藏》，北京：中国工人出版社，2009年，第11页。
② 此传说为笔者在三岩地区从事田野工作期间收集而来。

故事三　格萨尔迎娶珠姆的传说①

白玉南区盖玉乡，以前称为"盖吉"，部落众多，统称为"山岩"，有一个嘎部落的首领有三个女儿，大女儿名叫珠姆，非常美丽动人。父亲和部落将她许配给人，但她坚决不答应，非要自己选不可，于是受到众人嘲讽，但她仍坚持自己的做法。

由于山岩盖吉地处巴塘和德格两条进入西藏昌都道路的中间，战略地理位置非常重要。格萨尔赛马称王后，为了拉拢山岩人，听从了部下的建议亲自来到盖吉找部落首领议和。然而，当时山岩所有的部落都不愿和他结盟，这让他非常生气，于是他跑到沙马乡山上一脚把欧帕拉山上的一尊佛像踢倒了。这一举动让沙马人对他刮目相看，非常热情地款待他，请他喝酒唱歌。

三碗酒刚下肚，格萨尔便拿出背在身上的长弓，射出了三支箭：一箭射穿大石头，一箭射穿对门山，一箭射进章都岩石中。这让在场所有人都深感佩服，大家欢呼并尽情舞蹈饮酒。酒醉之后，格萨尔趴到一块石头上呼呼地睡着了，自己随身携带的书在翻身时掉了下来。该书后来被沙马人捡到，沙马人非常能说会道且会用典故传说据说就是这个原因。在从沙马回来的路上，格萨尔看到一个非常美丽的女孩（珠姆）在盖玉河的温泉上洗头，他被她的美丽吸引住了，一不小心把自己的印章掉进了河中，声响惊动了正在洗头的珠姆（该印章据说化成了石头，迄今依然静静地躺在盖玉河上），她抬头看去，在众多的将领中，格萨尔最勇猛、最出众，便一眼看上了他。

她回去告诉父亲，父亲便让格萨尔娶珠姆为妻。这正合格萨尔意，格萨尔非常高兴，但珠姆父亲提出了两个议亲的条件：一是嘎部落不送嫁妆；二是必须把一个从金沙江上游来的魔王"也康"杀死。格萨尔十分爽快地答应这两个条件，他亲手杀死了荼毒三岩人民的魔王"也康"，然后把珠姆迎娶回家。后来，山岩地区众多部落也都归顺了格萨尔王的统治。

从以上三则神话的内容可知，三岩的神话拥有一个共同的特点：人类

---

① 此传说由山岩本地学者范河川收集而来。

完全融于自然之中，表现出一种物我同类的思想。在三岩人看来，无论是
人、天、地、自然现象，还是动物、植物、神山、龙王、英雄等，它们均
处于同一基础之上，并可依据以帕措为主导的生活方式活动。

图2-1　三岩传说中的蝙蝠人洞穴（左）和格萨尔王印章化成之石（右）

二、三个矛盾的人类学解读

哲学家罗素曾认为，人的成长历程无法避免三个矛盾：一是人与自然
环境的矛盾；二是人与社会，也就是人与人的矛盾；三是人与自己的矛盾。
如果说神话传说是社会事实的影射，以上三则传说从不同的角度述说了自
然、人和社会之间可能发生的种种矛盾。

故事一涉及帕措的族源问题，表明三岩历史可以追溯到久远的年代，
是藏系先民的一支。该传说反映的是人与自我的矛盾。众所周知，解答
"我是谁""我来自何方""为什么我们会英勇好斗""为什么要有神山崇
拜"等一系列问题属于心理学范畴。这些故事与宗教信仰的作用十分相似，
实际上起到一种良好的社会建构作用，把人们的思想从那些让他们既难以
理解、又无法解释的自然现象中解脱开来，从而安心地把全部的精力投入
日常的生产、生活当中。此外，这些神话故事还赋予神山和圣泉以某种神
圣性，既可让其充当仲裁者的角色，又能以惩罚的形式树立其权威性，[①] 这
点在法律缺失但又亟须维护秩序的地方，具有积极的舆论建设作用。

从二元结构的视角出发，故事二反映出三组基本的神话素结构：人与
自然、生与死、愚昧与智慧。从文化的视角来看，三岩位于青藏高原东部
昌都市，这里是藏族文明的发祥地之一，很久以前就出现原始部落群。从

---

① 当地有一种说法，如果污染神山的泉水，会让人身患麻风病。

西藏卡若区卡若村出土了石斧、石铲、石钺和陶器、粟米等材料。考古调查表明该遗址属于新石器时代，其早期的年代距今 4 300 ~ 5 500 年。在这个时期里，人类物质文化的主要特征是学会了磨制石器，发明了陶器，开始了各种植物的种植和动物饲养。另外，卡若遗址还出土了大量粟粒和谷灰，说明这里较早出现了以农耕为主，以狩猎和采集为辅的原始民族。

从三岩人在河谷地区普遍实施精细化农业耕作技术可看出此地较早进入了以农耕为主，以狩猎、采集为辅的社会形态，然而在文化与自然之间依然存在着紧张且对立的关系。一方面，文化依然是初级的、原始的和脆弱的，生产力的低下，使得人在自然面前表现出无能为力的窘况。另一方面，自然又是危险的、陌生的和非人性的，这是因为两地均拥有藏东高原地区共同的自然景象：高山峡谷，原野荒芜，耕地陡峻，地块零碎，土地珍贵，水源缺乏，土壤贫瘠，气候差异大，人口压力大。在这样的自然条件下，任何旨在增加生活资料的企图都难以实现，仅有的生活资料便显得弥足珍贵。人与自然固有的矛盾在三岩的高山峡谷地区表现得尤其明显。

随着人口的繁衍与增长，另一组社会矛盾——"自我与他者"开始提上日程。蝙蝠人的传说，很好地体现出民族融合过程中区分自我与他者的心理。由此可见，无论是"文化与自然"，还是"自我与他者"，反映出的正是"人与自然"以及"社会与自然"这两组表面看来似乎不可调和的矛盾。能否克服这些矛盾，对于人而言，便具有"不是你生，就是我死"的重大意义。因此生与死是另外一组重要的神话素结构。

在当地人看来，能够调节"文化与自然"和"自我与他者"的，是"理智与愚昧"这一组二元对立结构。无论是对于自然还是他者而言，文化与自我一定是理智的，而自然与他者必然是非理智的；因此，表现在"生与死"的矛盾中，就是文化、自我的生与自然、他者的死。由此看出，运用"理智"（文化），是人类战胜自然与他者并获得自我生存的必然手段。因此对它的肯定，被强化到了无以复加的地步。口述的神话传说反复强调的，不外乎这样一个主题。

三岩人对藏族主体文化的强烈认同感是人与社会矛盾的反映。虽然三岩人长期以来作为"化外野番"而存在，但三岩人一直希望通过与藏族的中心文化建立起某种实质性的联系，力图共构一种文化"同质性"，从而把自身的区域文化融入一个体系更为庞大的文化体系当中。如果说故事一可视作这一文化心理的尝试，故事二讲述人们运用智慧战胜自然的过程，故事三则较好地把三岩的帕措部落文化与邻近地区的格萨尔文化有机地结合起来，有效地起到传承历史与传统的中介作用。

这种强烈的藏民族认同感，还可从当地许多民间和宗教传说中可见一斑。例如，在金沙江东岸的三岩地区，由贡觉莫洛镇前往克日乡的路途中，有一段山体奇石林立、峭壁突兀，其中一处峭壁高处更有一股小泉如小便状涌出。相传唐代赞普松赞干布迎娶汉地的文成公主，由于旅途遥远，文成公主入藏耗时三年之久，沿途历经了各种艰辛险阻，终于来到了三岩乡的克日乡一带。她看到当地风景秀丽，不禁心中一动，便在此处小解一番。自文成公主走后，山体上便自动涌现出一股清澈透亮的山泉水，源源不断地流下，滋润了山下的花草万物。此外，在三岩敏都乡阿尼村，有报道人表示历史上当地曾存有108座佛塔，后来毁于战乱。据说赞普松赞干布立下心愿弘扬佛法，除了要在藏区24处地方修建24座镇妖寺，另外还要在48处地方修建108座佛塔，敏都乡阿尼村就是其中的一处。还有一种说法是，敏都乡西面是马头金刚圣山，东面是金刚亥母圣山，是莲花生大师、益西措嘉佛母、马头金刚及金刚亥母等圣众的密修清净地，两山之间诞生出很多大活佛，尤其殊胜。在金沙江东岸，由盖玉乡进入山岩乡，需要翻越一座海拔5 000多米的火龙山，沿路群山连绵，树木叠翠，泉水淙淙，风景奇秀。火龙山是山岩乡的神山，传说这里住有21个度母，是个神圣之地，三岩人遇事必来此地赌咒发誓。在火龙山上，有一片红石山，里面有一道天然的石门，当地人曾信誓旦旦地说，当年布达拉宫原本打算要在这里修建的，只是后来发生了变故才被迫取消了计划，否则也没有现在拉萨城的说法了。

三、《格萨尔王传》认同圈

故事三是在康巴藏区各地传颂的格萨尔王的传奇故事。在藏区，有这样一句无人不晓的谚语："每个岭国人嘴里都有一部《格萨尔王传》。"《格萨尔王传》是一部反映古代藏族氏族部落社会形成的英雄史诗。它描述的不仅是一个人，更是一个神，它还是当今世界上篇幅最长的史诗，长100多万诗行。史诗以宏伟磅礴的气势，对几十个邦国部落之间的战争进行了绘声绘色的描述，大致反映了9世纪以及11世纪发生在藏区的一些重大的历史事件，并在高原地区广泛地流传开来。

史诗的主要内容如下：生活在雪域之邦的黑发藏民，遭受深重的苦难；天神发了慈悲心，决定派格萨尔到人间，降妖伏魔，造福百姓；于是格萨尔在岭国诞生，之后是赛马称王，救护生灵，除暴安良，安定三界。其间进行了大小战争不下百场，岭国上下，战旗飞舞，刀枪并举，马嘶人喊，慷慨激昂……最后英雄完成了统一大业，功德圆满，回归天界，百姓生活从此幸福美满。

图 2-2　格萨尔王壁画（局部）

一般认为，岭国指的是西藏的康巴地区，甚至有学者认为格萨尔的故乡就在四川甘孜州德格的阿须草原一带。民间传说中关于格萨尔、珠姆乃至其麾下大将的事迹，遍布康区和藏北牧区。三岩位于康区的中心地带，《格萨尔王传》能在当地流传开来，原因不难解释。三岩当地与格萨尔有关的事迹不胜枚举。例如，三岩过去有 18 个大型聚落（部落），上为克日乡马扎村，下为戈波乡。当地藏语中，"戈"为门户之意，"马扎"为战袍，相传为格萨尔所穿。在《格萨尔王传》说唱者的口中，这可是一件非同寻常的战袍，用世界上最优质的丝和棉纺制而成，冬暖夏凉，具有抗饿、抗渴、抗疲劳和抗疾病的神力，除了能破除咒语的影响以外，还能不畏惧武器的攻击以及能抵御火、水、风、昆虫和尘土等。后来这件战袍遗留在马扎村，该村亦因此得名。此外，三岩当地还存在一种说法，认为"帕措"是史诗中总管王绒察根的后裔。《格萨尔王传》中，王绒察根是一位家喻户晓的人物，他总是以"智者"的形象出现，成为格萨尔不可或缺的得力帮手。每逢岭国内部与其他邦国进行征战，王绒察根的智慧常常能使岭国消除矛盾、化险为夷。另外一种说法则存在于雄松和敏都当地人的集体回忆之中，他们提到三岩的另外一个别称：热克。该词与格萨尔的叔父晁东有关。据说，三岩原是晁东的属地，其下属贺廓被晁东委派管理三岩；当时三岩有三个著名的人物，他们是亲兄弟，即加嘎邦登、杰久玛和卡协。加嘎邦登居住在雄松一带，杰久玛居住在木协一带，卡协居住在罗麦一带，他们的后人在三岩最初发展形成的十八个村落，又称为"热克十八"。在四川白玉县山岩乡与盖玉乡交界地带的盖玉河上，有一块形如印章的大石头，相传是格萨尔的私人印章。一天，格萨尔征战来到了三岩，被当地秀丽的景色吸引，[①] 在不经意之间他随身携带的印章掉下马来，后来化为一块石头静静地躺在盖玉河上。

在三岩敏都乡的台西寺，每年藏历六月初一至初十举行为期 10 天的法会，三岩各乡各村男女老少均过来参加，人山人海、蔚为盛况。当寺院的僧侣集体表演跳神时，法会便进入了高潮阶段，届时台西寺大活佛白洛将亲自批挂上场，演绎格萨尔王征战四方的情景。三岩民众无不被吸引，争先恐后地上前接受白洛活佛的灌顶，据说这可保一年身体安康，诸事吉祥。然而，白洛活佛表示他所演绎的其实并非格萨尔王，而是莲花生大师一路上降魔伏怪、弘扬佛法的事迹。同一种文化现象，何以百姓看到的是格萨尔王，寺院方面的说法却是莲花生大师呢？其实很好解释，藏传佛教一贯主张利用一切有用的资源寓教于民，即"事事无碍"的思想。在这里，藏传佛教（尤其是宁玛派）很好地利用了转世理论，认为格萨尔王其实就是莲花生大师的化身，或者让后者成为前者的保护神，并给他授密法灌顶。这样做之后，就把格萨尔王的传说与佛教的教义和仪轨有机地结合在一起了。

在笔者看来，《格萨尔王传》是三岩地区极具地方特色的文化现象，它对三岩人的精神世界所施加的影响也是极其深远的。首先，《格萨尔王传》是作为一部古老的史诗而存在于藏（康）区的。马克思曾经提出，史诗是人类童年时代的产物，是"同一定社会发展形式结合在一起"的，对人类社会的发展进步起着里程碑般的作用。史诗就像是一面社会的广角镜，不仅反映出史实，更折射出各种社会文化生活。史诗是民族精神的歌者。一个伟大的民族，一定有支撑本民族生存的物质力量，但也不能没有精神力量。不难想象，在一些物质资源特别匮乏的社会当中，这种民族精神的支撑作用将会表现得更为突出与明显。其次，更为重要的是，格萨尔是作为

---

① 另一说法是为当地美女珠姆所迷恋。

一名战无不胜的战神存在于三岩人心目中的。在三岩人的精神世界里，战争一直是个无法避免的主题。例如，在他们信仰的原始宗教——苯教中，人是一种非常弱小的生灵，生活中随时要被卷入人（神）鬼大战，每天都要战战兢兢，安抚好各种鬼怪神灵，才能保证自己幸存下来。在佛教的"五道轮回"学说中，即使是投身于五道中列居首位的天道也远非理想，因为天神与非天界之间进行着一场永不休止的战争。对于战争的恐惧，因为敌对帕措的存在而变得更加真实和紧迫。概而言之，无论是精神上还是实际生活中，危险无时不在，战争如影随形。在此情况下，格萨尔作为一位征战四方、无往不胜的英雄形象，满足了三岩人内心的精神需求，因此《格萨尔王传》能够在三岩地区流传开来也就不难理解了。

从历史的角度看，《格萨尔王传》形成的时间是个漫长的历史进程，在此期间，当地许多民族和族群发生了一波接一波的融合浪潮。自唐朝末年直到五代十国乃至宋朝，中国内地同样经历着一个民族融合和文化觉醒的历史进程。宋代文人开始热衷于精研山水画和赋词咏志，通过描写自然引发对稳定社会秩序的强烈渴望，由此发起一场巨型的社会"文艺复兴"活动。以宋代山水画为例，各种技法空前发展、日趋完善，完全脱离了隋唐以来"先勾后填"之法，出现了讲究笔墨韵味的皴、擦、点、染等技艺，山水画造景重造化、重理性，审美特色亦由政教、宗教精神逐渐转向人文精神。同一时期藏区民族融合的历史进程是以说唱《格萨尔王传》的形式来实现的。自松赞干布伊始，统治阶级极力提倡宗教改革以实现藏民族的统一，如果说这一历史进程尚未完成，《格萨尔王传》则从"文艺复兴"的视角接下了历史的接力棒，圆满地完成了此项伟大的历史任务。

若从文化交流的视角看，说唱《格萨尔王传》明显是受了文化相互传播的影响。然而，传说的接受、传播和改编，必须有相近的思维结构和社会制度才能吸收流传，进而成为社会性的传说。由此看来，在说唱《格萨尔王传》的地方，无形中形成了一个规模庞大的民族文化认同圈，三岩地区乃至周边的广阔地区，均位于同一文化圈之内，大体属于同一种文化特质现象，只不过在不同的地方显示出一些地域差异性而已，三岩社区可视为其中的特例。

第二节　三岩帕措族群圈

一、三岩与帕措

三岩位于北纬 29°33′14.36″ ~ 30°24′5.16″，东经 95°51′59.38″ ~ 96°32′18″，是金沙江中上游一段狭窄的峡谷，此地山高水深，地势险峻，群山连绵，后人留有"崇山叠嶂，汹溪环绕，深林绝峪，出入鸟道，形势危险"[①] 的形象描述。

图 2 - 3　金沙江三岩峡谷的地理面貌

关于"三岩"名字的由来，当前有三种说法。其一是按照"三岩"藏语读音和字面意思，即地势险要的意思，这与此地险峻的地形相符，因此被叫作"三岩"；其二"三岩"在藏语中也有"穷山恶水出刁民"之意，

---

① 刘赞廷：《武城县志》，《中国地方志集成·西藏府县志辑》编辑委员会编：《中国地方志集成·西藏府县志辑》，成都：巴蜀书社，1995年，第133页。

而此处人民以彪悍、好斗著称，外地人遂以"三岩"蔑称此地人民；其三是刘赞廷认为"三岩"是上岩、中岩、下岩等三地的总称，"以吉池为上岩，雄松为中岩，察拉寺为下岩，总其名曰三岩"。[①]

然而，使三岩名声在外的，更主要的原因是当地的社会—文化因素，如存在基于父系血缘认同的宗族组织——帕措、刀耕火种的原始生产方式、骁勇彪悍的民风、掠夺与偷盗的"夹坝"行径、骇人听闻的血仇制、多偶制婚姻形态，以及多元化的宗教信仰等。由于许多原汁原味的传统文化和民俗民风得以保存下来，三岩被冠以"父系原始社会的活化石"[②] 之名。这里所谓的"父系原始社会"，其实是三岩人作为一个族群而存在的物质基础。

三岩地区由于帕措的存在，当地藏族形成了一种特殊的族群，并在三岩地区构建出一种特质文化圈，进而对周边的地区施加了辐射和影响力。与前文所论述的《格萨尔王传》文化认同圈不同，三岩地区的族群认同圈无疑要比前者的适用范围狭窄许多。

三岩帕措的族群区划，参照当前的行政区域，包括沿江一带今属川藏二省区的5县14乡，其中："上三岩"有4乡，即金沙江西岸江达县的2个乡（娘西、波罗），贡觉县的2个乡（克日、罗麦）；"中三岩"也是4乡，即贡觉县的3个乡（沙东、敏都和雄松），金沙江东岸白玉县的山岩乡；"下三岩"有6乡，即金沙江西岸贡觉县的木协乡和芒康县的4个乡（戈波、尼增、宗西和朱巴龙）以及东岸巴塘县的甲英乡。三岩帕措的族群社区坐落在高山峡谷地带，基本沿着金沙江两岸自北朝南分布下去，空间分布上紧密相连，生态环境上大同小异，族群文化认同上同质性强，这是帕措制度得以形成和维持的物质基础。

该地历代处于中央政府与西藏地方政府的缓冲地带之间，历史上"尚不属藏，亦未服汉管"。由于地势险恶、土地贫瘠，恶劣的自然条件迫使三岩人以血缘为根基，组织起来一致对外，屡放夹坝，明火执仗，商旅不畅，深为中央政府与西藏地方政府所患。历史上的三岩虽有文化传承，却无文字的记载。关于三岩文化的来龙去脉，早已淹没在历史的烟尘当中。诚然，通过其他民族（如汉族、藏族等）所保存的浩如烟海的典籍，自可蠡测一番。

---

① 刘赞廷：《武城县志》，《中国地方志集成·西藏府县志辑》编辑委员会编：《中国地方志集成·西藏府县志辑》，成都：巴蜀书社，1995年，第133页。
② 范河川：《父系原始文化的活化石：山岩戈巴》，成都：四川大学出版社，2000年。

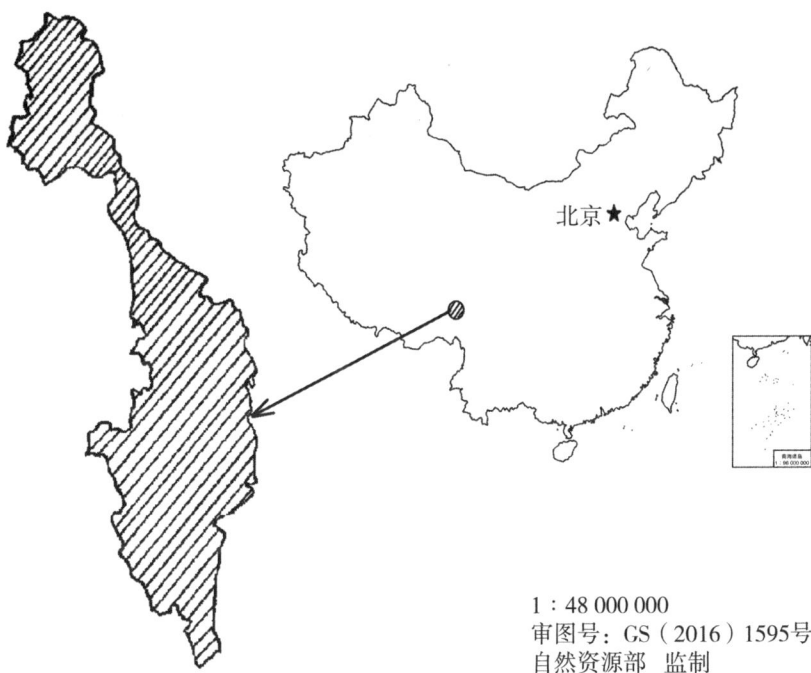

1∶48 000 000
审图号：GS（2016）1595号
自然资源部　监制

图2-4　三岩族群分布示意图
注：本图在由自然资源部监制的地图的基础上制作而成。地图来源：http：//bzdt.
ch. mnr. gov. cn/index. html。

首先，关于位于青藏高原边缘地带金沙江河岸的民族，汉族中与此相
关的历史文献记载大多语焉不详，但认为那里是荒凉之地大概总没有错。
在《诗经·小雅》中，有"我征徂西，至于艽野"的诗句。"艽野"一词
后来用来指代青藏高原地区。关于金沙江，古籍有"弱水""绳水"和"淹
水"的说法。古代关于弱水的指称其实有很多，例如，《山海经·大荒西
经》云："西海之南，流沙之滨，赤水之后，黑水之前，有大山。名曰昆仑
之丘。……其下有弱水之渊环之。"《十洲记》曰："风麟洲在西海之中央，
地方一千五百里，洲四面有弱水绕之。鸿毛不浮，不可越也。"这些记录均
表明弱水乃水名。《山海经》的成书年代跨越了几个朝代，分别为东周、春
秋、战国，但至晚不会在秦统一（公元前221年）以后。[1] 东汉许慎的《说
文解字》及稍后的《汉书·地理志》中，却将今雅砻江以上部分称为"淹
水"。由此可见，至少在东汉以前，古人对西域河流尚存在错误的认识。

---

① 茅盾：《中国神话的保存与修改》，苑利主编：《二十世纪中国民俗学经典·神话卷》，北
京：社会科学文献出版社，2002年，第34页。

在更为久远的年代，金沙江沿岸就有不同的族群在迁徙中定居下来。就历史沿革而言，当地一直处于中央王朝或地方势力的管辖区内，不是受其政治势力的辐射作用，就是受其排斥和挤压。例如，三岩在西汉属旄、羌之地，西晋时期受马尔敢管辖，隋代为附国，唐代由吐蕃、吐谷浑等地方政权接管，元代设宣政院辖地，明代替换为朵甘思宣慰司，清代中期在三岩设置流官宗本，清末成立武城县，民国初期设川边特别区、西康省等。①

一如其他多数的边疆民族地区，与三岩相关的国家管理机构和地方政权不乏历史连贯性。然而，在更多的情况下，三岩被称为"扎西热克西巴"；藏语中"热克"是"胜者为王"的意思，明确指出三岩是作为"化外野番"而存在的，具有相当的主权自治性。此外，当地还有"热克奔没，秤没龙巴"的说法，即三岩是个"既没有头领，也没有王法的地方"。当地民歌中有这样的歌词，其意与此相同："这一带是没有官员的村庄呵，百姓不受法律的约束。"史料也留下了佐证："（三岩野番）自东至西仅二百余里，自南至北计四百余里，无土司头目管束，各不相下，或数十户为一村，或百余户为一村，不相往来，各村亦常互斗。"② 由此可见，独特的地理位置和条件在一定程度上隔绝了三岩与外界的联系。

有文献指出，三岩宗的社会组织以帕措头人来维系，历代王朝和西藏政府都未能真正设治管理。③ 事实上，相对"三岩"而言，"帕措"一词出现的历史更为久远。关于"帕措"的来源与历史，现已无任何资料可考，但存在以下五种说法，指明"帕措"存在的下限长达600多年：第一，"帕措"产生于人类早期的"英雄年代"，即原始社会初期的父系氏族社会；第二，"帕措"是阿里古格王朝流亡的后裔；第三，"帕措"是从四川省的白玉、巴塘和德格等地迁徙过来的，有六七百年的历史；第四，"帕措"是史诗中总管王绒察根的后裔；第五，在贡觉县人民政府组织的一次调查中，发现13世纪时萨迦派高僧八思巴前往萨迦时曾路经贡觉，他除了为贡觉望族达鲁家的经堂开光以外，还组织康区缮写人员抄写《甘珠尔》经，当时有一本《藏经》在后记中谈到抄写的施主时，涉及了"乃达帕措"的名字，这部经书原来珍藏在贡觉县罗麦乡的达松寺内。④

---

① 顾颉刚、章巽编：《中国历史地图集·古代史部分》，北京：地图出版社，1995年。
② 《三岩投诚记》，傅嵩炑：《西康建省记》，台北：成文出版社，1912年，第81页。
③ 西藏昌都地区地方志编纂委员会编：《昌都地区志》，北京：方志出版社，2005年，第29页。
④ 西藏昌都地区地方志编纂委员会编：《昌都地区志》，北京：方志出版社，2005年，第1098页。

　　历史上的三岩，不仅作为具体的地域概念，更是作为族群概念为外界所知的，但史书对三岩这样的化外之地却无从记载，唯有"野番"① （见图2-5）一词，多少道出了古风的积累和嬗变。②

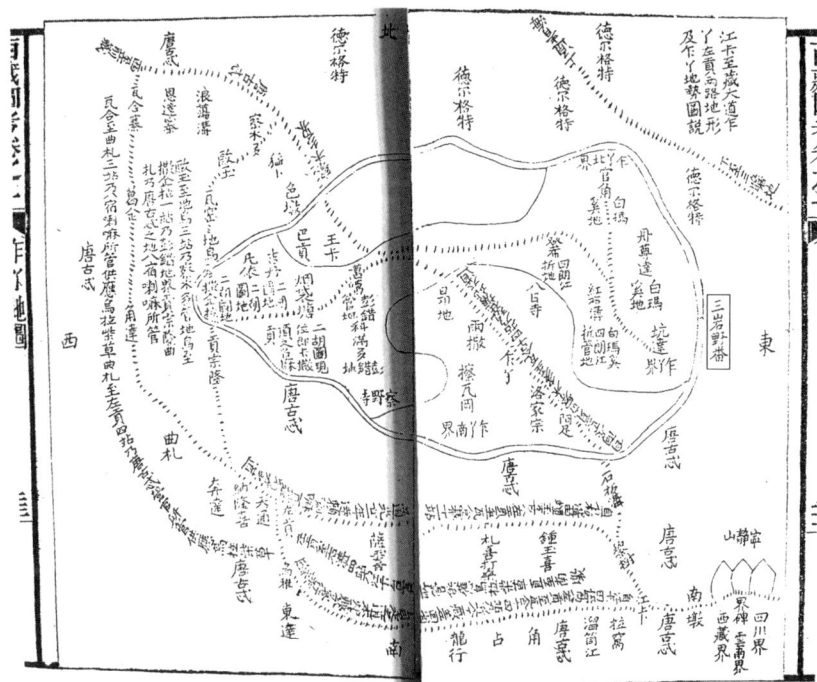

图2-5　史料中关于"三岩野番"的记载

　　可以断言，三岩具有浓厚的民族学色彩，与当地位于古代民族迁徙路线的活跃地带及其辐射区有关。北纬25°～33°以及东经97°～104°自古以来是北方古代民族的交汇地带，从战国延至元代，许多民族在这里融合。史载"秦献公初立，欲复穆公之迹，兵临渭首，灭狄獂戎。忍季父昂畏秦之威，将其种人附落而南，出赐支河曲西数千里，与众羌绝远，不复交通"③。

---

　　① "野番"是清代对边疆地区未服王化的少数民族的蔑称。"三岩野番"指在巴塘与贡觉之间所居住的民族，又名"三崖"。参见任乃强著，西藏社会科学院整理：《西康图经》，拉萨：西藏藏文古籍出版社，2000年，第12页；徐丽华主编：《中国少数民族古籍集成（汉文版）》（第95册），成都：四川民族出版社，2002年，第208页。

　　② 任乃强著，西藏社会科学院整理：《西康图经》，拉萨：西藏藏文古籍出版社，2000年，第12页。

　　③ （南朝宋）范晔：《后汉书·卷八十七·西羌传第七十七》（第10册），北京：中华书局，1965年，第287页。

公元前475年，以"昂"为首的一支羌人迫于族际竞争的压力，向西南徙迁至玉树地区。古羌人是游牧民族，逐水草而居的习性与族群互动的"多米诺"效应同时发生作用，横断山脉所包夹的数条河谷则给予他们由北而南的便利。时间是悠久的，变化是复杂的，不仅是三岩藏族，而且纳西、普米、白等民族的先民都可追溯到氐羌系部落。

金沙江之上为通天河，两岸有7处负山临水的遗址。玉树县仲达乡切定郎巴沟遗址的器物研究表明，"某些因素与卡约文化晚期比较接近"①。卡约文化晚期发生在战国至东汉，一般认为是羌人的遗存，② 推测切定郎巴沟遗址的居民可能受到"羌"文化的浸染。该遗址南面160公里另有一个名叫卡则的遗址，出土双大耳罐陶器、石板墓葬、装有儿童尸骨的瓮棺，含古羌文化特质，金沙江沿岸的石渠、巴塘、理塘、德荣、贡觉、德钦、中甸等县也有类似发现。可能"昂"羌与玉树土著融合，其后人顺金沙江南下，沿途繁衍生息。

五胡十六国时期（304—439），鲜卑族的一支从大兴安岭西迁，抵达青海湖与羌人杂处，建平元年（330）建立了吐谷浑政权，国势南扩至通天河一带。隋朝（581—618），附国、党项、多弥、苏毗和白兰等部族在通天河流域活动。正史载："俗尚武力，无法令，各为生业，在战阵则相屯聚……牧养牦牛、羊、猪以供食……三年一聚会，杀牛羊以祭天。人年八十以上死者，以为令终，亲戚不哭。"③ 该情形迄今仍在三岩有所遗存。

在吐谷浑逐渐衰落之际，吐蕃却在青藏高原悄悄兴起，其势力渗入青海南部。唐贞观七年（633），吐蕃降服苏毗。唐麟德二年（665），吐蕃灭吐谷浑。不排除几次战争造成小股民众沿通天河南下金沙江的可能。

在吐蕃东南部早期还有附国和东女国两个政权，其地在今昌都以东及今甘孜藏族自治州，是汉代位于蜀地的牦牛羌、白马羌与藏族先民联合的部落。"附国者，蜀地西北二千里，即汉之西南夷也。"附国的国王字宜缯，"其国南北八百里，东西千五百里"。附国有居民两万多户，主事农业，兼营畜牧业，住石块垒砌的碉房，用牛皮筏渡河。608—609年，附国两次遣使入贡隋朝。东女国在附国的西边，北接党项，风俗和附国相同。7世纪

① 青海省地方志编纂委员会编：《青海省志·六十九·文物志》，西宁：青海人民出版社，2001年，第59页。
② 俞伟超：《关于卡约文化的新认识》，《青海考古学会会刊》1981年第3期。
③ 魏徵等：《隋书·卷八十三·列传第四十八·西域·党项》（第6册），北京：中华书局，1973年，第1845页。

初，附国、东女国均为吐蕃所灭。三岩原为附国部落的一部分，内附于唐朝。唐龙朔三年（663）后，唐与吐蕃在这些地区对峙长达一个多世纪，三岩在两个强大的政权面前摇摆不定，时而纳入唐王朝的版图，时而归顺吐蕃政权的统治。

在吐蕃王朝建立以前，象雄才是青藏高原上最为古老的帝国，不仅拥有自己的文字——象雄文，更是西藏传统的原始宗教——苯教的发源地，对后来的吐蕃乃至整个西藏文化均产生深远的影响。吐蕃王朝建立以后，赞普松赞干布起兵攻打象雄，收编了所属的各大部落。8世纪中叶，赞普赤松德赞时期，吐蕃军队再次与象雄军队会战，取得了决定性的胜利。吐蕃王朝衰败后，象雄故地又建立了古格、兰普等小王国。其中古格王国一度雄霸藏西600余年之久。在距今约300年前，古格王国突然由盛入衰，当前仅留下那些曾经辉煌一时的城市和寺院的遗址。一种说法认为，古格王国遭受灭顶之灾后，它的一支民众曾一路东迁，最终选择在金沙江峡谷的三岩地区定居下来。在三岩当地一些帕措的族源传说中，一直存有类似的说法。

吐蕃王室分裂后（842—862），原住于康定一带的一支古羌部落在首领直路阿哇的率领下翻越大雪山进入玉树，随之开始了一轮新的民族融合。此后四百年间，原吐蕃王朝东部疆域内的众多移民部落和大量吐蕃守军及随军奴隶都无法返回吐蕃本土，他们逐渐扩散和定居于甘、青、川、滇一带，与当地部落杂处。[1]

崇祯十二年（1639），青海蒙古和硕特部南征康区，军民南出通天河，直下金沙江，于明万历年间（1573—1619）在今巴塘、理塘地方与北扩于此的纳西人开战，逼其退却，之后转向西藏。木氏土司的纳西属民与和硕特部的蒙古人，都有可能给三岩带来文化碰撞。明末清初，来自中央王朝的地方军队应当地营官的请求，征伐了今沙鲁里山地区的唆啰人政权，迫其族人向理塘、巴塘、白玉、贡觉和芒康等地迁徙，其中的一支可能来到三岩并定居下来。

7—9世纪，吐蕃王朝扩张，向东占领了今青海、甘南、川西、滇西北等地，三岩也就落入其囊中。13世纪，蒙古部落联盟入主中原，统治西藏百余年，三岩归属元朝。雍正三年（1725），清政府将三岩布施给达赖，噶厦在此设宗，驻宗本一名，负责纳税、催粮、派款以及支派乌拉等事宜，

---

① 《西藏文明的东向发展——13世纪西藏与中原政治关系形成的必然性》，石硕：《青藏高原的历史与文明》，北京：中国藏学出版社，2007年，第276页。

由比本若干协助他与欧巴（村长）和寺庙打交道。三岩大小寺庙分属金沙江东岸的亚青寺和西岸察雅的主寺管辖，后二者分别是拉萨色拉寺和哲蚌寺的分寺。三岩税收入不敷出，皆用于本地喇嘛的生活。[①] 光绪二十二年（1896）十二月，清廷在西扩的趋势下，会同川、滇、藏三方官员勘界，明确辖区，防止滋生边界纠纷。三岩被划为三段："以吉池为上岩，雄松为中岩，察拉寺为下岩。""上三岩""下三岩"和"中三岩"，设"土千户"（土官名，相当于噶厦的宗本），由巴安府统辖。民国二十一年（1932）十一月，国民政府与噶厦在江达签署《岗托条约》，确定以金沙江为界，将西岸昌洛等 5 个原属于白玉县的村落划给西藏，同时将东岸原属于三岩的色巴（八学）、巴巴、劣巴 3 个村落划给白玉县，自此，"中三岩"一分为二，金沙江以西为"大三岩"，以东为"小三岩"。

这些地区的居民均为藏族。三岩藏族带有蒙古人种北亚类型的体质特征，主要表现是高身材、中头型、中鼻等。其特征不仅与中国南方、北方的其他民族有明显的差别，而且跟藏族其他支系也有很大的差别。[②] 就其族源而言，三岩人极其可能是古代氏羌系部落与当地土著（或吐蕃佚名）融合的后代，与蒙古人种东北亚型（如鲜卑）也有关联。这一现象不乏史料的佐证。例如，据《贡县志》记载，贡觉在"唐初被藏番征服，元世祖西征，以蒙古人游牧至此占领，与土人混合，变为蒙古种族，分为百户制。"[③] 鉴于三岩临近贡觉，因此三岩人是蒙古人后裔的说法，存在一定的可信成分。

上述民族，有些与三岩匆匆擦肩而过；有些暂时居住，过几代又走；有些在金沙江两岸扎根。民族迁徙是混血和播种文明的过程，峡谷的封闭性使外来的生物基因和文化种子（生计模式、血缘组织、婚丧礼仪等）留存下来。三岩地区山势巍峨，一年中寒冷期长，因此结成了血缘为根、地缘为本的亲属式社会，提倡尚武好斗与温顺服从共存的民风，并在不同场合有不同表现。

在一定条件下，这种游牧民族的风气难免演变为极端事件。在此期间，三岩人开始以帕措为族群单位，对外大肆掠夺，夹坝事件由此频频发生。在赵尔丰任川滇边务大臣期间，接到控告三岩抢杀之诉状就不下千余起，[④]

---

① ［美］皮德罗·卡拉斯科著，陈永国译：《西藏的土地与政体》（内部资料），拉萨：西藏社会科学院西藏学汉文文献编辑室，1985 年，第 146 页。

② 何国强等：《三岩藏族体质特征研究》，《人类学学报》2009 年第 4 期。

③ 刘赞廷：《贡县志》，《中国地方志集成·西藏府县志辑》编辑委员会编：《中国地方志集成·西藏府县志辑》，成都：巴蜀书社，1995 年，第 107 页。

④ 刘赞廷：《贡县志》，《中国地方志集成·西藏府县志辑》编辑委员会编：《中国地方志集成·西藏府县志辑》，成都：巴蜀书社，1995 年，第 136 页。

正所谓"人民犷悍，夹坝抢劫，多出其中"[1]。1910年9月，赵尔丰亲自率军赴贡觉，征讨三岩、江卡、桑昂、杂瑜等地，设贡觉、三岩、江卡、桑昂、杂瑜委员。在决意清剿三岩之后，赵尔丰以宗西为据点，招募行军向导，原计划招募40名，结果征到44名青壮年，各带枪支弹药，骑马一匹组成马队。[2] 1910年10月，傅嵩炑在赵尔丰的授意下五路进击三岩；德格土司多吉僧格备粮械，亲带80名士兵充当向导；新军统领程凤翔刚从云南归辖，也立即请行。"合众之力，经苦战一旬"，终于攻克三岩，将其收服。三岩攻克后，欲行改土归流之事，按汉制设县，先设"三岩勘定蛮民投诚委员"承管过渡事项，委员范润，后为武成县令。三岩跨金沙江，南北狭长，分上中下三段。治所设在雄松，土筑县署、监狱、仓敖及小学堂各一处。兵营所设村寨，有营房数十间，驻新军一营，由管带顾占文统领。由此，三岩地区正式进入了国家行政管理的版图。

辛亥革命（1911）后新军撤离，但藏兵并未立即复入，噶厦设"日喀宗"，派驻宗本管辖三岩。1918年，西藏噶厦政府全面进占贡觉、三岩，设三岩宗和贡觉宗，属昌都市（时称朵麦基巧总管府）辖地。1932年11月，《岗托条约》规定以金沙江为川藏省界，三岩从北至南分属两地：涉江达、贡觉和芒康的地域属藏，涉德格、白玉和理塘的地域属川。在1951年西藏实现和平解放之前，噶厦地方政府先后委派九任宗本进行管理，他们的姓名依次为：索布该根、折玉色、锡色代本、木夏代本、打然色、德山色、德山色、墨必色、得墨色。宗本任期一般为三年，其下设管家、仲译（文书）、扛巴（管事房账目）和佣人若干名，领藏军一百至五百余名驻扎在三岩地区。贡觉宗在清末民初时，共划为十二个头人区，后因邻区和本区头人相互间争夺而被外区逐步侵占，加之本区头人亦有扩张自己辖区的企图，强者将弱者强行合并归自己所辖。自若干年前该区行政区就减少到九个头人地区，又称上、中、下九区，设九个定本，直到1959年建县。上三区为邦达区、孔莎区、巴拉区；中三区为林穷区、阿卡区、麦博区；下三区为阿拉区、由美区、子荣区。

1951年10月，三岩宗解放委员会成立，隶属昌都市解放委员会。1959年7月23日，自治区筹委会第二次全体会议通过《关于西藏地区行政区划

---

① 任乃强著，西藏社会科学院整理：《西康图经》，拉萨：西藏藏文古籍出版社，2000年，第207页。

② 刘赞廷：《宁静县志》，《中国地方志集成·西藏府县志辑》编辑委员会编：《中国地方志集成·西藏府县志辑》，成都：巴蜀书社，1995年，第623－624页。

的调整方案》，将三岩、贡觉两宗合并为贡觉县。同年 10 月 1 日，贡觉县人民政府宣告成立，把三岩宗和贡觉宗合并为现在的贡觉县。最初三岩划为雄松、罗麦两区；1962 年又分为罗麦、雄松和木协三区；1988 年三岩撤区建乡时分为 1 区 6 乡，保留罗麦区，1997 年更名为"三岩办事处"，下辖克日、罗麦、沙东、敏都、雄松、木协六乡，统称"三岩片"。

概而言之，三岩进入国家的肇始是个相当漫长的历史化进程，其中既有中原农业文化和边疆草原文化之间的抗争与交流，又有边疆地区地方政权内部的分裂与整合，由此拉动一拨又一拨的族群迁徙、融合，并最终选择在青藏高原东南部边缘的金沙江峡谷定居下来。多族群的融合与互动，带来了各自独特鲜明的文化。这些族群中一些特质文化慢慢地沉淀并堆积起来，经过长年累月的"发酵"作用，最终培育出三岩独具特色的族群文化。

二、帕措的静态结构

帕措作为一种政治制度，内部不仅具备一定的组织结构，而且在社会、政治和经济等层面发挥出重要的功能。马凌诺斯基曾提出"文化迫力"的概念，认为它是一种集体的需要，是以牺牲个人兴趣及倾向为代价，从而使个人服从于集体的共同目的和利益——"需要"，为此马氏还特别提出"文化迫力"的三种外在表现形式：经济组织、法律组织和风俗教育。①

在三岩这样一个资源极度稀缺的地方，这种"文化迫力"表现得尤其明显，它的一个直接结果是促使当地群体增强自身的凝聚力，最终形成帕措来面对困境。可以看出，这是单一与多元的二元性对立统一的结局。资源的极度稀缺导致社会资源出现了高度稀缺，在文化迫力和社会凝聚力的共同作用下就会强化原本就不多的文化制度，使其发挥出最大化的社会功能。在三岩地区，帕措既是一种家庭组织，又是一种政治组织，它以父系血缘的认同为核心，呈现出多样性的特征。

简单来说，帕措的政治和社会结构可分为两种：静态与动态。静态的结构具有相当程度的稳定性，因此相对容易把握；动态的结构需考虑生态环境、人口统计、婚姻与家庭组织形式、经济因素、宗教文化以及内外部的政治势力等诸多变量的相互作用，情况要复杂许多。

首先，从帕措的规模、帕措的组织结构、帕措的头领及议事规程、帕措的械斗与协商等四大方面来描述帕措的静态结构。

---

① ［英］马凌诺斯基著，费孝通译：《文化论》，北京：华夏出版社，2001 年，第 26－50 页。

第一，帕措的规模。先说金沙江东岸山岩乡的大体情况。1940 年，时任四川白玉县县长羊泽记载了山岩乡三个村庄的大致情况："约在百年以前，由河西迁移来此，开田荒地，聚族则居，号为戈巴，亲戚连为一气，客民亦可依附，分耕土地，为之上粮当差，受其保护。每一戈巴，管辖数户或数十户不等，党派复杂，有似内地之哥老会，互为雄长，各不相能，所在时械斗时生，到处滋扰。"① 山岩乡过去没有出现过三大领主，只有大小戈巴② 22 个，囊括了 90% 以上的农户。每个戈巴由一至数名有威信的人任首领，对内管理事务，对外代表本戈巴利益。由于全乡没有一个统一的政治组织，只是在各个大的自然村中有两个大村长（相当于甲长），十个小村长（相当于保长），大村长三年一换，小村长三月一换，一般是采取轮值的形式，而这十二个大小村长，分别管理本村的党建事务。③ 民间争斗不断，戈巴之间的械斗连年发生。到 20 世纪 50 年代头几年，全乡依然沿袭传统，发生纠纷以后，按照习惯法处理。

山岩乡现下辖八学、色德、色麦、然翁、劣巴、当托、西巴 7 个行政村和巴巴 1 个自然村。乡政府驻地在八学村，海拔 3 600 米。山岩乡与白玉县的其他地区一样，位于横断山脉以内，这里为多山地区，山高坡陡，河流众多，地形复杂。1974 年，四川白玉县曾对盖玉区做过一次人口统计调查，获知"盖玉全区有大小帕措 89 个，分布在 22 个核算单位，平均每个生产队有 4 个帕措组织，多的达 8 至 9 个。全区参加帕措的有 841 户，占总户数的 75.08%，3 370 余人，占总人数的 70% 强"。在沙玛乡，"帕措户数占到了总户数的 98.8%，人口占到 98%"，而在山岩乡，"帕措户数占总户数的 94.8%，人口占 90% 左右"。④ 2006 年，有文献显示山岩乡 7 村共有大戈巴（帕措）17 个，290 多户。⑤

至于金沙江西岸，这里帕措的分布主要集中在贡觉县的三岩片的六个乡，由北向南依次为克日乡、罗麦乡、沙东乡、敏都乡、雄松乡、木协乡，共有 49 个行政村，95 个自然村。每个大小不同的村庄，少则一两个帕措，

① 羊泽：《三岩概况》，赵心愚、秦和平编：《康区藏族社会历史调查资料辑要》，成都：四川民族出版社，2004 年，第 403 – 405 页。
② 帕措是金沙江西岸一带的称呼，在金沙江东岸的山岩乡则称为"戈巴"。
③ 《山岩乡今后改革意见》（1959 年），资料来源：白玉县档案馆。原文语病用词错误较多，这里有所改动。
④ 当时的山岩乡隶属盖玉区（乡）。资料来源：四川白玉县政府相关统计报告。
⑤ 钱钧华：《男人国：川藏边境原始部落漫记》，上海：上海人民出版社，2006 年，第 227 – 230 页。

多则五六个帕措。小帕措仅有几户人家 20 口人左右，大帕措有五六十户，数百人。例如，雄松乡的巴洛村有三个大帕措：卡帕措、可可帕措和马洛帕措。三大帕措本来属于三兄弟，三大帕措下又衍生出 8～9 个小帕措，分别在另外几个村子里。沙东乡的雄巴村有 5 个帕措，分别为：安得、田果、交戈、来诺和阿森，组织规模都差不多，有 20～30 户；阿香村有 4 个帕措，分别为：玛德果，9 户；则果，4 户；阿久果，14 户；阿卡果，9 户。有的帕措还跨村、跨县，分布在不同的村落和地区。如下三岩的拉哥帕措，在木协、也左拉巴等村都有人户；云朱帕措成员不但分布在三岩的宗巴、曲新、当孝等地，而且散布在芒康的朱巴和巴塘县境内；朱嘎东布帕措已传有九代人，在木协有 68 户，芒康县戈波 17 户，支巴 13 户。

根据西藏和平解放后的一份对三岩帕措基本情况调查统计，三岩地区有 87 个帕措，其中：上三岩有 20 个帕措，24 个头人，403 户，1 799 人；半区有 8 个帕措，14 个头人，176 户，700 人；中三岩有 24 个帕措，25 个头人，418 户，1 700 人；下三岩有 35 个帕措，42 个头人，406 户，1 830人。[①] 1991 年 4 月，据贡觉县的调查：三岩六乡共有 61 个帕措，其中 51 个属原来的三岩宗，康泊、郭莫两村的 4 个归属芒康县，克日乡 6 个隶属德格土司。[②] 2006 年 8 月，贡觉政府再次对三岩帕措做了一次摸底调查，查清三岩六乡共有 55 个帕措，1 196 户，8 600 人。[③]

第二，帕措的组织结构。三岩帕措基本以村落为势力范围的核心，其组织结构大体呈三级"金字塔"形。其一，处于顶端的是帕措首领，也叫作帕措头人，人数可以是一人，也可以是二至三人。如果帕措规模庞大，又有大头人与小头人之分。帕措头人主要靠公平竞选产生，所有帕措成员均有资格参加选举。帕措头人并不是终身任命的，一旦上了一定的年纪，就要让位给更有活力的接班人。在让位的过程中，上一任的头人可推荐或指定一位接班人，但需经全体帕措成员的讨论后决定。由于帕措成员具有平等参政的性质，帕措头人并无太多的特权，既无法积累财富也不会增加自己的政治权力。确定了本帕措头人的新人选后，要举行一个简便的仪式，把象征本帕措权力的"圣物"（如飞镖、经书、家谱、佛像等）交接到新头

---

① 西藏昌都地区地方志编纂委员会编：《昌都地区志》，北京：方志出版社，2005 年，第1099－1101 页。
② 《中国县情大全·贡觉县》（1991 年 4 月），资料来源：贡觉县档案馆。
③ 1997—2006 年，贡觉县政府多次在三岩组织搬迁，三岩总人口减少至万人以下。资料来源：西藏贡觉县政府相关统计报告。

人的手中，从此由他来保管，直到下一任头人产生。其二，位于中间的是勇士团和长老团成员。勇士团由青壮年男性组成，负责抢劫、盗窃、械斗、防御、保卫等事务；长老团一般由曾担任过帕措头人的年长者和部分威望较高、口碑较佳的老人组成，主要为内部的重大决策提供咨询与参考意见，并对帕措头人和勇士团的行为进行监督。勇士团和长老团是帕措的中坚力量，他们成员人数的多寡，最终决定该帕措的规模与势力的大小。本帕措男子年满 15 岁就可加入勇士团，并根据其个人的能力在勇士团内进行排名，排名越靠前个人的威望值越高，甚至可被选为帕措头人；另外，当有威望的勇士团成员达到了一定的年限（一般 40 岁以上），自然就转为长老团成员。其三，位于下层的是一般平民。这部分人不能参加帕措的抢劫、盗窃和械斗等活动，包括家里行动不便的老人，由于流行一妻多夫制婚姻而无法嫁出的女儿、残疾人，以及妇女和未成年人（15 岁以下）等。

第三，帕措的头领及议事规程。首先，帕措不分大小，都有自己的头人，这些头人是在长期的社会活动中自然形成的，他们一般要反戴羊皮帽，这是区分头人与一般成员的主要标志，通过服饰来加以表达。头人是帕措的"执政官"和对外发言人，其职权主要包括：①对内根据情况决定每户应承担的各种摊派；②对内根据血亲远近和财产多少分配每户应承担的"赔命金"；③在天灾人祸时，对内动员捐钱捐物，扶贫济穷；④对外组织策划血亲复仇械斗；⑤对外代表本帕措协商"赔命金"。

头人与本帕措成员之间是一种相互尊重的平等关系，没有统治与被统治的关系；成员之间一律不分贵贱、尊卑。成员不向头人承担任何义务，头人没有特殊的个人权利，不占有任何财产，同样承担"赔命金"，血亲复仇时必须冲锋在前。如果有多数帕措成员持有异议，头人也可以随时更换。

此外，帕措内部还有一套不成文的行为规则，世代相传。其主要内容有：①逢年过节必须在有山神的地方集会，熏烟祀神，头人讲经，喝酒盟誓；②不准偷盗和抢劫本帕措内的财产；③帕措内建房要聚集在一起，不允许私自脱离本帕措；④成员必须忠于帕措的利益，不得对外泄露帕措内部研究的事情，否则视情节轻重，处以驱逐出帕措，或挖眼、割鼻、割唇、割肉、断手、砍足等酷刑；⑤以能抢劫、凶悍、善斗为荣，常以抢劫数量的多少来确定本人在帕措中的地位，故有"男人不抢劫，只能守灶门"的说法；⑥同帕措男女不能通婚，否则被驱逐出帕措或撵往他地；⑦女人无权继承家业，若夫死则由帕措派人接管此女与其家业；⑧本帕措内不准吵嘴斗殴，男子不得支持和参与妇女间的口舌之争；⑨不做有损本帕措尊严和声誉的事情，如不允许乞讨，但可以抢劫；⑩在对外复仇的械斗中要冲锋陷阵，必要时男女都要出动，但一般不杀害妇女，否则会被耻笑；⑪本帕措全体成员共同承担杀人"赔偿金"的费用。

第四，帕措的械斗与协商。首先，不同帕措之间经常发生械斗，这也成为三岩人日常生活的一个组成部分。引发械斗与复仇，一般有三个方面的原因：一是历史上延续下来的旧恩怨；二是发生有损本帕措声誉的两性关系等事情；三是日常生活中偶发的琐事，如酒后失言、斗殴逞强。械斗有三种形式：第一种称为"普卡"，即由于男性原因所产生的争斗，也称血仇；第二种称为"姆卡"，即由于女性原因所产生的争斗；第三种统称为"则莫果"，即除了男女关系之外的各种原因引发的争斗。

帕措虽有大小之分，但互不隶属，各自独立。本帕措中很有威望的头人，对其他帕措没有任何约束力。帕措之间只有势力大小、经济贫富之不同，不存在依附和从属关系。在特殊的情况下，一个帕措内部可以分为两个帕措，但对外为了显示自己的势力则统称是一个帕措。有些情况下，几个帕措可联合起来向另一个帕措或另一个帕措联盟复仇。例如，西藏和平解放初期，山岩乡劣巴村梅哥帕措与着戈下桑帕措因为争夺女人引发械斗，双方僵持不下，各有伤亡；后来梅哥帕措投靠松果帕措，着戈下桑帕措投靠拉确帕措，双方再次发生械斗。经过月余的鏖战，双方互有伤亡，最后松果帕措获得了胜利，着戈下桑帕措全体成员被迫逃往江西避难，拉确则与松果讲和，松果烧毁了着戈下桑帕措的7所房子。

帕措间既有纷争和斗争，又有联盟和团结。联盟的目的是互相声援支持，壮大对外械斗的力量。有时两个帕措之间虽有矛盾，但如果存在共同的利益也可以合为一体一致对外。如泽达的桑米尼帕措和主东尼朗帕措，对外是一个帕措联盟，他们有时还联合上、下朗年的祥萨帕措和得若帕措一致对外。联合的方式是由双方头人喝血酒盟誓，或者共同寻根问源，找出原来都是同一祖先后代，以此强化相互的关系。极个别小的帕措因户少人寡，势力单薄而被大帕措兼并，称为"差罗"。有的村庄也有不是帕措的家户，这些家户因怕被当地帕措和外来帕措凌侮，必须依附其所在村庄的帕措，并尽帕措的义务。这样当他们受到侵害时，所依附的帕措才肯出力帮助。

每次实施复仇前都要商量具体的行动方案，并具体分工，明确责任，到时各尽其责。由于械斗复仇的预谋和准备是秘密进行的，复仇的行动是在对方毫无防备的情况下，出其不意攻其不备，因而出击一方往往必胜。若首次复仇没有达到目的，还有再次复仇的可能。但这时就由主动变为被动，因害怕对方来报复，只能集体居住在一起，不敢单个行动，以防不测。在这种情况下，还可请人在中间调解，实现缓兵之计，待对方毫无戒备时，再次突击。

械斗往往具有社会危害性，如果持续时间长、械斗规模大，将严重影响到人们正常的生活秩序。有鉴于此，处理好帕措之间的矛盾与械斗的协调工作，对于当地人而言是一个意义重大的政治事件。解决械斗的途径，一是邀请其他帕措头人或宗教领袖（寺院活佛）出面调解，二是发生冲突的双方中有一方主动求和，由理亏或战败方赔偿给获胜方一定数量的财物。如果获胜方愿意接受这些物品，则意味着械斗暂时得到了解决。然而，失败的一方总是重新积蓄着力量，并将战死者的血衣等物收藏起来教育后代，提醒他们长大以后早日复仇。因此，短暂和平中往往潜藏着新的危机，新一轮的械斗又即将上演。

至于协调赔偿金问题，也是一件十分烦琐的事情。多年的械斗使当地对于受伤和死亡都有一个大致的赔偿价格。但赔偿金要由双方协商，并共同邀请一个彼此都能信任的中间人（有威望的喇嘛有时也充当调解人）出面斡旋。协调时双方共选一地方举行会议，在中间人的监督下双方帕措头人就赔偿金问题采取用石头投票的方式（一块石头代表一定数量的物品），以决定一个能让双方都感到满意的数额。如果其中一方就金额的问题迟迟未能表态，中间人有权前往或派人到这一方做思想工作。在此期间，中间人甚至要与其同吃同住，对方也有义务负担中间人的伙食，直到这家人妥协同意为止。

三、帕措的动态结构

以上描写仅涉及帕措的内部结构。这是一种静态的结构，部分反映出帕措作为一种政治组织的理想状态，但无力说明帕措时刻处于一种动态的调解过程当中。帕措的械斗与协商，实质就是一种动态的结构，是对整体稀缺的生态环境的有效适应，且一直居于变动轮换的状态之中。若无法对这种动态的结构加以把握，则无法说明帕措的实际运作情况，更不能对社会变迁进行有效的解释。

关于帕措之间的械斗与调解，采用埃德蒙·利奇所提出的"钟摆理论"可以较好阐释。利奇主要对缅甸的克钦人[1]进行研究，他的理论主要为了解

---

① 国内称克钦人为景颇族。

决社会发展的动力究竟是什么的问题。利奇发现，在克钦社会的氏族集团间的亲属制度和政治活动中，存在着三种制度模式，其中有两种互相对立：一种是贡劳制，是种讲究人人平等的均权、无政府主义制度；另一种则是贡萨制，与贡劳制的内容相同，但是一种有等级差异的制度。第三种则是能对贡劳制和贡萨制施加压力的掸人政府制度，是种类似于封建专制的等级制。在掸人政府制度的作用力下，克钦社会制度呈现出一种动态的状况，时刻在贡萨制和贡劳制之间钟摆。①

必须指出，婚姻制度和亲属制度在其中发挥着重大的作用。例如，贡萨制采取的是与下层阶级或地位较低的人通婚的体系（高层妇女外嫁到下层），名为"墨尤—达玛"婚；与此相反，掸人政府制度则采取与上层阶级或地位较高的人通婚（低层妇女外嫁到上层）。贡劳制中，婚姻是一个封闭的圆圈，每个人都应该遵循对姻亲所持有的义务，妻子之间的交换是平等的，任何一个氏族都不能享有优先于他者的绝对权利。贡萨制中，由于位于高层的男人把自己的姊妹外嫁到下层的成员中，姻亲之间的关系转换为一种主导与从属关系。随着聘礼从新郎家流入新娘家，位于高层的男人潜在的妻子数虽然逐渐减少，但所积累的财富在不断增加。由此可见，就参与交换的人而言，财富与地位相比显得更为重要。这样，亲属制度、阶级分层、历史和意识形态便组成一种复杂的社会结构，它们共同构造出一种动态的关系。在此基础上，利奇进一步提出了"社会转变的理论"，构想出转变的三种动力：一是物质环境或生态学上的动力，二是政治环境或政治历史的动力，三是英雄人物的动力。②

龚佩华曾对国内的景颇族进行过长期的研究，她认为利奇所提出的三种动力的理论有一定的道理，但作为完整的社会制度的变化理论则有明显的缺陷。在她看来，利奇忽视了克钦人社会本身不断生产的活力，这种力量来自广大克钦人强烈的生存意识、开拓意识，以及对生活的追求。社会生产力的发展使得他们从原始社会演变为贡萨制社会，贡萨制社会的政治制度与农村公社的两重性相适应，当私有制完全确立时，贡萨制必然被贡劳制替代。"墨尤—达玛"婚的实质主要是借联姻在血缘上建立一种长久的舅甥关系，以便相互间在个体力量不足时得到对方的帮助。当生产力得到

---

① LEACH E R. Political systems of highland Burma：a study of Kachin social structure. London：The Athlone Press，1954.

② LEACH E R. Political systems of highland Burma：a study of Kachin social structure. London：The Athlone Press，1954：228 – 229.

较大的发展时，舅甥血缘纽带的作用完全被纯经济利益关系代替。所谓贡
劳制回到贡萨制，是因为新兴的贡劳头人在与旧贵族的斗争中失败，或因
新兴的财富贵族发展成独裁者，即使回到贡萨制，也只是存在一个旧的躯
壳，其实质已经发生改变。① "由于利奇没有从古姆萨社会的内部去寻找演
变的根本动力，没有从历史上去了解古姆萨制度②之产生、形成和演变的全
过程，当然也就不能分清古姆萨制度的原生态和演变形态，因而也不可能
了解演变的真正的动力。"③ 由此可见，对克钦人进行研究，利奇和龚佩华
均强调人的主观能动性作用，无论是作为英雄人物还是人们群体自身，他
们都是推动社会进步的动力来源。

从三岩的实际情形出发，由于受生态环境与社会环境的双重作用（整
体稀缺），三岩社会也处于某种钟摆状态之中，此钟摆状态更多地与帕措作
为一种政治制度居于生产关系的层面有关。一般而言，三岩社会的钟摆可
分为内部与外部两种。首先，三岩社会内部的钟摆，主要是在帕措之间不
断地发生械斗与协调的转换（见图2-6）。

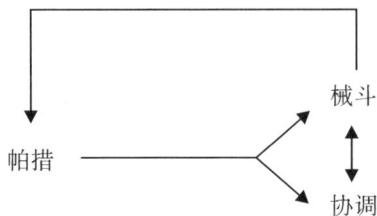

图2-6　三岩社会内部钟摆结构

长期以来，帕措这种组织形式是在无政府的状态下自行发展的，直到20
世纪50年代民主改革以前依然发挥着重要的社会功能，其影响保留至今。可
以说，帕措的形成，归根到底离不开特定的生态环境、历史、经济、亲属制
度和宗教等因素的作用。由于恶劣的生态环境所施加的文化迫力，三岩内部
的人际关系不断地强化，进而上升至仅以父系血缘来认同的程度，最终形成
了帕措制度。同时，当地又由于资源紧张、生活资料匮乏，因此不可避免地
引发各种形式的政治冲突（如草场冲突、盗抢、血仇等），而解决冲突的动力
来自帕措的实力大小。那么，帕措之间的械斗与协调究竟如何有效地运作呢?

① 龚佩华：《景颇族山官制社会研究》，广州：中山大学出版社，1988年。
② 古姆萨制度指贡萨制，两者译名不同，内容相同。
③ 龚佩华：《景颇族山官制社会研究》，广州：中山大学出版社，1988年，第152页。

根据血缘的亲疏关系，帕措的内部可分为若干个等级，如"学""仓（冲）""布"等，当处于"学"级别的子帕措之间存在矛盾，如果彼此不能解决问题，它们可联合各自所属的上一级的"仓（冲）"帕措来加强自身的力量；如果在这一层面上问题依然未能解决，还可以再上溯到更高一级——"布"级别的帕措。通过这种方式，械斗的规模不断扩大。如果涉及全体帕措的根本利益时，所有的帕措又以欧恩①帕措的名义团结起来一致对外，这也是当地所宣讲的"天下帕措（戈巴）是一家"的说法得以成立的理论基础。由于帕措之间存在既联合又分离的关系，大小帕措之间的械斗，其规模与频率总能够控制在一个适当的范围内，一方面帕措之间实力的悬殊使问题很快得到暂时的解决，另一方面又能保证械斗不至于过于频繁从而使得日常的生产劳作无法持续下去。这是因为，三岩帕措之间的械斗，归根到底并非决定性的争斗。究其原因，在于争斗不外乎是其生存本身的一种契机而已。生物学的一种观点认为，"同种间争斗的同样模式的抗争，是没有彻底地完成否定其存在本身的必然的理由，更何况它是产生在必须不顾一切强行做出决定性牺牲的厉害的条件之前呢。因此，多数斗争是零星地、不充分地进行着，未及分出彻底的胜败就一定彼此分离或中立了"。②

其次，三岩社会外部的钟摆，主要发生在帕措与生态环境、社会文化（整体稀缺）之间的相互转换。与内部的钟摆相比，外部钟摆的情形要复杂许多，涉及四个层次的相互作用关系，这四个层次分别为：①生态系统；②生产力；③生产关系；④上层建筑（见图2-7）。

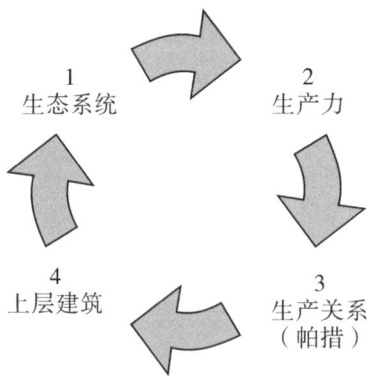

图2-7 三岩社会外部钟摆结构

---

① 欧恩被认为是三岩人共同的祖先，也是三岩地区第一个帕措的名字。

② ［日］丰增秀俊著，叶渭渠、唐月梅译：《原始社会》，北京：中国文联出版公司，1991年，第52页。

　　四种层次的从属关系如下：生态系统限制生产力的发展，生产力又限制生产关系，生产关系反过来主导生态系统与上层建筑。就三岩社会的具体情形而言：首先，相对恶劣的生态环境限制了三岩社会生产力的发展；其次，与生产力相适应的，是三岩人发展出帕措这种社会与政治的组织形式，并使其成为一种生产关系；最后，帕措作为一种生产关系一经形成，必然对作为上层建筑的家庭、政治、宗教等要素施加反作用力，进而能动地适应与改造生态环境。在涉及四种层次的循环式的钟摆过程中，帕措无疑居于核心地位。从这个意义上讲，促进三岩社会演变的根本动力，实质来源于生产方式对生产力的能动性适应与反作用力。

　　事实上，对三岩社会外部的钟摆所做的描述，已经涉及帕措所承担起的社会功能。在笔者看来，帕措最为重要的一个社会功能，是对生态环境与社会文化发挥出一种制约性的作用，是对生态环境的有效适应。

　　这种制约性功能，首先体现在调节三岩社会的人口总数。关于三岩的自然生态资源，可以用"稀缺"一词来概括，具体表现在气候干燥、降水量少、自然灾害多、可开垦利用的耕地稀少、精细化程度不高、草场资源紧张等。可以预想，三岩仍然处于原始社会"刀耕火种"的生产阶段，有限的自然环境所能承载的人数必然有限。然而，三岩社会中经常性发生的械斗，实质承担起一个调节人口基数的社会功能：一方面，不断有帕措成员在械斗中死亡；另一方面，一些帕措惧怕血仇，不得不集体搬迁到外地，从而减少了潜在的家户数。例如，和平解放前夕，金沙江东岸山岩乡的赖莫戈巴与另外一个戈巴发生了械斗，赖莫戈巴死亡 12 人，从此元气大伤，目前仅剩下两户。又如，木协乡跌尔帕措和达穷帕措之间的恩怨长达百年之久，一直持续到 1954 年才结束，双方在多次械斗和仇杀中一共死了 250 多人。由此可见，从人口统计的意义上考虑，以上两方面的因素均能有效地减少三岩当地的人口总数，使得当地的自然环境与人口承载数维持在一种动态的平衡状态当中。

　　其次，这种制约性功能还体现在三岩社会的血缘认同上。从社会层面考虑，帕措绝非随意地由一些人或家庭拼凑而成，而是完全以父系血缘认同为原则组织起来的。换言之，帕措的每位成员，都与其他人存在血缘关系或姻亲关系，但父系血缘关系尤其重要。同一帕措内部可能由于血缘过近而严禁通婚，因此他们必须与其他帕措通婚，但帕措与帕措之间的社会关系，并不完全是建立在血缘基础之上的。由于帕措只认父系血缘，帕措之间并不因为互相通婚而巩固相互之间的关系，因此帕措之间的械斗始终无法终止。而且外部械斗时刻存在于人们的意识当中，反而强化了帕措内部的群体凝聚力，最终确定以父系血缘为认同依据的社会组织。如果说帕措械斗调节三岩人口的总数，使其与生态环境建立一种动态的平衡，那这种调节可能源自一种社会性的无意识结构；相比之下，帕措内部的血缘认同原则明显是一种主动性的社会意识存在。

再次，这种制约性功能在三岩社会的经济生活中同样发挥着深远的影响。由于三岩当地盗抢成风，械斗随时爆发，"血仇制"的阴影又时刻压抑在人们的内心，再加上宗教观念的影响，周转流动的世界在三岩人的眼里不外乎是人生的一次短暂的轮回而已。这种主观性的思想认识，不自觉地促使三岩社会财富的快速转移和消耗。如果把人们的经济生产活动分为正常与非正常两种，则非正常的经济项目已在总体经济收入中占据一个相当大的比重。三岩人尤其看重的财富主要是土地、牲畜、刀枪、马匹等。获得财富的主要途径有三种：一是盗抢；二是作为婚礼的嫁妆；三是赔偿所得。第一，土地一般为集体占有，虽然可在内部买卖，但价格昂贵，仅在一些特殊的场合（如作为自己女儿的嫁妆），一个帕措才把原属自己的一份土地赠给另一个帕措。第二，牲畜既是牧区的生产资料，也是生活资料，发生在三岩社会的械斗大多与牛、羊等牲畜或草场的纠纷有关，就连商谈赔偿金时也要用牲畜来进行折算。然而，牲畜是容易受破坏，又难以恢复的一种生产资料，处理得不好就会造成严重的破坏和损失，给人民的生活带来伤害和不稳定。第三，刀枪数量的多寡从总体上反映出一个帕措实力的大小。反之，如果一个帕措拥有的刀枪（特别是枪）多，就会形成一种威慑，使得其他帕措不敢轻易对其实施盗抢。因此，帕措大量的财富用于购买刀枪，无论是枪支还是钢刀，均需从外部购入，甚至还有人专门跑到境外（印度、缅甸、越南等地）去购买枪支。据民间的说法，三岩基本家家户户都有枪或曾经持有过枪。一份1962年的登记表显示，三岩地区82个大小帕措681户，总计拥有钢枪196支、火枪246支、战刀943把、马200匹；[①] 据金沙江西岸敏都乡干部的描述，2005年乡政府曾突击收缴枪支，一天之间就在乡里缴获了各类军用枪支近60支。第四，在三岩这样的高山峡谷地区，马匹主要充当交通工具，一般不从事畜力劳作。如果两个帕措发生械斗，马匹数量的多寡往往决定了一个帕措是否在机动性方面占据优势；然而，饲养马匹也是一项耗资颇大的项目，不是随意一个家庭可以承担得起的。值得指出的是，本帕措成员外出抢劫，养有马的家户有义务提供马匹服务，并可按照自己"参股"的多少获得一定的盗抢回报。综上所述，三岩的主要财富体现在非正常的生产活动上，

---

① "帕措情况登记表"（1962年），资料来源：贡觉县档案馆。

既不稳定，也易于丧失、转移、消耗，无论对于个人还是社会，都是极其不稳定的因素。

大量的财富基本消耗在非生产性的项目上，这对三岩社会造成一个直接的后果，即不利于社会财富的积累。事实上，三岩社会已经出现正常的生产活动无法支撑非正常的生产活动消耗的情况，入不敷出是经常的事，三岩家庭中无口粮、缺口粮达数月之久的情况也时有发生。例如，1964 年三岩地区九乡①内部发生借贷口粮总量达 235.5 藏克,② 涉及 148 户数，解决 120 户 616 人，其中特别困难的有 46 户达 146 人;③ 1966 年，三岩雄松区经摸底社贫代会核实，当地无口粮或缺粮共有 169 户 584 人，其中无口粮 38 户 58 人，缺二个月的有 19 户 51 人，缺一个月的有 122 户 485 人。④ 1965—1966 年，三岩的一些村子发生过多起集体外出乞讨的事件，甚至还出现了饿死人的情况，引起了贡觉县人民政府的高度重视。⑤

一方面财富不是用于生产资料的再生产而是用于非正常性消费，另一方面家庭经济生活出现入不敷出的状况，一个可能的结果是促使三岩人铤而走险，外出盗抢，以解决自身"有机体"要生存下来的首要需求，由此形成恶性循环，甚至养成吃一天找一天的生活惰性。一些当地的乡干部指出三岩地区的贫困户数在贡觉县名列首位，一些家庭干脆依靠政府的救济款过日，"等、靠、要"是他们给人的初步印象。一方面社会生产落后，生活资料匮乏，另一方面盗抢又成为风气，生活没有保障，三岩长期处于贫穷落后的局面，整个社会处于极不稳定的状态之中。

由此可见，本来三岩地区生产力水平就极其低下，加上大量的资源耗费在非正常性生产上，没有建立起生产资料再生产的良性循环，生产受到了很大的影响，连解决基本生活所需的口粮都出现了短缺的情况。为此，盗抢成了非常规性的生产活动项目，明显是三岩人解决生计所需的一种权宜之计。此外，三岩人为了生活下去，势必要依靠血缘关系和亲戚之间的帮助，同时要求具有原始公社时期平均主义与互惠型的特征经济模式长期存在，落后的生产生活习俗促使三岩的社会经济在和平解放前长期处于萎缩状态，这也是帕措之所以长期存在的基础。因此，帕措因偷盗、抢劫而

---

① 三岩区九乡分别为上缺所、下缺所、阿尼、雄松、岗托、木协、拉巴、康泊、拉则。

② 藏克为西藏民间使用的容器计量单位，1 藏克约等于 13 公斤。

③ "1964 年三岩地区基本情况统计表"，资料来源：贡觉县档案馆。

④ 《雄松区关于安排群众生活情况报告》，资料来源：贡觉县档案馆。

⑤ 参见 1966 年《关于群众外出讨饭问题的检查报告》《关于罗麦、克日、从昌、沙东四乡群众外出讨饭的检查报告》《关于对木协乡饿死人情况的调查报告》等，资料来源：贡觉县档案馆。

来的财物，需要在内部平均分配，帕措与帕措之间因械斗所获得的战利品，也需在内部平均分配，这些平均主义的做法之所以在三岩社会盛行也就不难理解了。诚然，帕措族人还有相互帮助的义务，如帕措组织集体性活动所花费的物资（如粮食、酒和马匹等）均由帕措内部按人头或户数凑足，平时帕措内部发生重大事情，如红白喜事或支付因械斗而产生的赔偿金时，费用也由全体帕措成员共同分摊；此外，帕措内部成员还要承担起抚恤无父的孤儿和无儿的老人的义务。

最后，从政治层面来看，帕措内部的领导权显得非常松散，帕措成员具有前部落时期平等参政的特色。帕措头人由集体选举产生，一般不能世袭，担任帕措头人有一些特殊的要求，如在帕措内部有较高的威信，口才较好，勇武好斗等；即便如此，他们也无法使用权力来强迫其他帕措成员遵从自己的命令，人们也没有绝对听从他的安排的义务。总体而言，帕措平等参政的特色，明显受到经济因素的主导性作用。由于生产力低下，非正常性生产又占据了很大的成分，社会不稳定因素居多，社会财富无法积累，不可能出现多余的财产以供消费。例如，在克钦人社会中，一个富有的世系头人经常要为整个村子举办节日盛宴，由此说明他在社会政治生活中发挥着重要的影响力，他也因此被认为与神灵世界有着更为密切的联系。头人的世系也与其他世系群区分开来，因为他能通过追溯自己的祖先，进一步密切自己与神灵之间的联系。因此，具有均权主义性质的贡劳制渐渐演化成为具有等级差别的贡萨制。[①] 相比之下，三岩社会本身就没有多少剩余财产，帕措头人利用财富增强自己威望进而实现世袭制的途径根本无法实现，因此，三岩社会迄今还保留着前部落时期平等参政的特色。

概而言之，作为一种经济、政治和文化制度，帕措一经形成便具备一定的结构与功能。首先，就帕措的结构而言，它可分为静态和动态两种：静态的结构具有相当的稳定性；动态的结构始终处于一种钟摆的状态。钟摆又可分为两种——内部与外部。内部的钟摆涉及械斗与协商，以及帕措之间的关系，外部的钟摆的情形要复杂许多，涉及生态系统、生产力、生产关系、上层建筑四个层次的相互作用关系。由于内外部均发生钟摆的情况，三岩社会的内部获得持续发展的动力，因此一直居于一种变动轮换的状态之中。其次，就帕措的功能而言，它体现出一种制约性作用，无论是

---

① LEACH E R. Political systems of highland Burma: a study of Kachin social structure. London: The Athlone Press, 1954.

从人口统计、社会，还是经济、政治等方面，均有效地制约着三岩社会获得进一步的发展。从这层意义上讲，帕措既是一种强化群体凝聚力、促使社会发生变迁的内在动力，又是一种制约着社会获得快速发展的社会力量。

第三节　宗教文化特色圈

一、原始宗教——苯教

长期以来，三岩地区笼罩着一种浓厚的宗教氛围，较早就出现了系统化的信仰体系、寺院和僧侣，保留着许多自然崇拜、鬼神崇拜、生殖崇拜和图腾崇拜等原始信仰的成分，各种巫术、占卜术、禳祓仪式大行其道。

欲对西藏宗教作比较完整的阐述无疑是极其困难的，主要原因有：这是一个包括无数形态的极端复杂的领域；一种洞察入微和内容丰富的哲学，同时包括辩证法和形而上学；一种非常深奥的心理学，它与冥想静修和由控制心理学作用（瑜伽）的修持法有着密切联系；不计其数的诸神；不胜枚举的仪轨；民间修持；宇宙形态思辨和占卜术。[①] 诚然，追根溯源，要对藏族社区的宗教文化进行更深一层的研究，不能忽视原始宗教——苯教在当地社区的影响，苯教信仰和其原始宗教的思想已经完全渗透到人民的日常生活当中。

关于苯教，人们习惯于认为它是佛教之前的一种巫术；"苯"字一词用来归类佛教以前的西藏宗教，它与萨满教有密切的渊源联系。一如其他的初民社会，藏族先民同样存在崇尚万物有灵的原始观念。这种观念源于藏族先民对大自然的畏惧心理而赋予大自然以超能力，逐渐形成了一套崇拜系统，并将自然界中的动植物纳入人格化的神灵范畴之内，形成了一个繁复庞大的神灵体系。

如前文所述，三岩人认为自己祖先的灵魂就居住在神山上，显示出一种图腾崇拜的遗存。由于藏区山多地广，藏民的生产生活又与山息息相关，因此藏族先民会把山看作神灵栖息的处所。当自己的祖先去世以后，由于灵魂不死，他们自然会作为神灵的一员同样居住在神山之上。这种神山崇

---

① ［法］石泰安著，耿昇译：《西藏的文明》（第二版），北京：中国藏学出版社，2005年，第169页。

拜和祖先崇拜紧密结合在一起的观念广见于其他民族，因为神山一般高大雄伟，被认为是与天最为接近的地方。例如：新西兰的塔拉纳基人（taranaki）认为自己的生命就来自附近的一座神山，因此人死后会回到山上居住；在印度教的宗教思想中，冈底斯山既是湿婆的乐园，也是他们祖灵最终的栖息地；卡瓦格博神山的全名为阿尼卡瓦格博，"阿尼"不仅指爷爷，还指祖先，显示出神山崇拜与祖先崇拜的统一。

苯教的原始观认为神和人类是共同起源的，即人和神之间存在亲缘关系。苯教还将世界分为天、人和地三界：掌管天界的是拉神，掌管人界的是赞神和年神，地界则由鲁神接管。每一界又衍生出更多的神灵，这些神灵所依附的自然物也是多种多样的，但是把山作为居住地的神灵最多。

在三界观里，赞神在上层（天）居住，具有至高无上的权力，盖因苯教崇尚天，认为人间初始之王来自天，人死后又返归于天（或向天神报到）。在三岩的认知世界里，赞神在天上过着无忧无虑的生活，天上的世界与地上的世界相比并无太多的不同，或者说地上世界是天上世界的复制品。在三岩人的眼中，赞神似乎仅作为一种理想型的生活状态而存在，既没能对人们施加太多的影响，也没有建立起更为直接的联系。相比之下，中层与下层两个世界的互渗关系则更为频繁。居于中层（地）的有人、动物和年神、土地神、灶神、帐篷神等主要神灵，居于下层（地下）的则有鲁神以及其他各种妖魔鬼怪。人类与这些神灵鬼怪的沟通与交往，构成了三岩人日常生活习俗的主要内容。

首先，三岩有一条生活禁忌，即认为不能把衣服从人的头上拿过，更忌讳从男人的身上跨过。这种禁忌与苯教特有的两种神——阳神和战神有关。苯教认为，阳神和战神依附在人身上，阳神是祖先的魂灵，战神是帮助打击敌人的神。如果阳神或战神从一个人的身上离开，恶魔或者病魔就会乘虚而入，灾祸疾病就会降临，甚至丢掉性命。一般认为，阳神和战神会依附在人的两肩或头上，因此三岩人特别忌讳把衣服从男人的头上拿过或从男人的肩上跨过，因为这样会触犯阳神或战神，给人带来祸害。其次，在三岩民居中，不能在家里的火塘上直接烤熟生肉，否则会触犯灶神，受到灶神的惩罚；也不能弄脏火塘，鞋、袜子等物件更不可随意放在火塘上，否则会触犯灶神并让家人感染疾病。这种观念明显与苯教的灶神观念有关。三岩的牧区中还存在这样一条禁忌：不能随意让陌生人进入帐篷，认为会带来邪气并导致奶牛减产。此种观念又与苯教的帐篷神观念有关。再次，三岩人严禁吃鱼肉，认为鱼类属于龙神一族，吃多了会触犯龙神，严禁触动水源，带来疾病。三岩人认为麻风病（当地称为"热泡"）、天花、水肿、皮肤病、精神和肌体失调等是触犯龙神的直接惩罚。此外，鲁（龙）神也是三岩朝拜的对象，每个村子都有自己的圣湖，这里也是煨桑祈雨的场所。最后，无论是搭建帐篷还是修建新房，均须请喇嘛念经以安抚山神和土地神，否则将引发灾难。如果一个人无缘无故从山崖上摔死或摔成重伤，当地的解释往往是此人要么由于生前作恶而被恶魔缠住，要么是无意中做了错事得罪了山（年）神，因此遭受惩罚与报复。

三岩的每个村子都有自己的神山，认为神山里面居住着山神。村民每路过一个山头，都要虔诚地念其咒语。当地还把垭口神称为"壹达"，在垭口处堆起玛尼石，摆上牛头，插上风马旗，再煨以桑烟，可保身体安康、诸事顺利。每逢藏历初五和十五，是三岩人煨桑和转神山的好日子。神山里的一土一物都十分神圣，不能有丝毫的损伤，否则会触犯年神，给自己或家人带来灾害。除非有特别的需要，山神上的树木和野生植物也不能随意砍伐与采集，哪怕里面长有身价等同于黄金的虫草。如果非要砍树，则需马上用土把树桩埋上，否则将会受到山神的惩罚，砍树的人就会病倒。不能在山上焚烧垃圾，否则会惹怒神灵，雪崩、冰雹、干旱等灾害就会随之而来。每年藏历元月十五和六月十五，当地人都要去朝觐神山。六月十五更是从事盛大祭典活动的时间，届时帕措的全体成员要到固定的神山上进行煨桑仪式，又名"熏烟节"，以祈求山神保佑全体帕措成员人畜兴旺、吉祥如意。

由此看来，苯教的神灵观念已经渗透到三岩世俗化生活的方方面面，呈现出一种宗教性生活的特征。可以认为，苯教是藏民原始宗教的总源头，但把苯教作为一种系统化的宗教，却是在历史发展的较晚时期。

在佛教传入西藏地区之前，苯教在藏民的心目中占据着重要的位置。传说辛饶弥沃是苯教的创始人，苯教最早在象雄古国建立根基，然后在整个藏区流行开来，并建立起强大的政治势力，对后来西藏王室的有效统治形成实质性的威胁。后来，赞普松赞干布和赤松德赞为了实现其政治主张，先后采取了扬佛抑苯的措施。在此期间，苯教一直在与佛教分庭抗礼。到了赞普赤松德赞时期，桑耶寺的建立标志着佛教取得了决定性的胜利，大量的苯教徒遭受迫害，并从西藏中部被驱逐出去。在《贤者喜宴》《巴协》等典籍中，都曾描绘过发生在 8 世纪由官方组织的对苯教的迫害活动。[①] 三

---

① ［意］图齐著，向红笳译：《喜马拉雅的人与神》，北京：中国藏学出版社，2005 年，第 127 – 133 页。

岩地区存在一种说法，认为赞东禄长子赞悉岩为逃避政治迫害并以苯教教徒的身份逃到白玉县萨玛乡一带传演黑教，可视作这一政治事件的缩影。此外，三岩所处的康区出现大量苯教寺院，如昌都孜珠寺、德格定青寺、金川广法寺等，可能是同一历史时期的产物。

一方面，佛教最初传入西藏时，土著宗教早已深入人心，一般人对此外教自然产生猜忌。这种情况容易引起两种后果：一是佛教受到一次大抵制，这便是 9 世纪中叶朗达玛王领导的灭佛运动；另一个就是本（苯）波教的变性变质。[①] 由此可见，一方面苯教脱离了藏王的统治向康区扩散，另一方面苯教也吸收了大量佛教成分，以利于自身的保存与发展。

由此可见，苯教作为一种宗教形式，有其历史的连贯性，先后经历了道本、恰本、具本三大派系。在与藏传佛教发生融合之后，又可分为白苯与黑苯两派。白苯吸收藏传佛教的成分最多，在寺庙布局、教义、教理等方面也与藏传佛教的寺庙相类似，最容易与其相混淆。相比之下，黑苯较保持原来的面目，其人数不如白苯多，亦比较无组织；举行仪式时，往往宰杀牲畜以为牺牲。尤其讲究符咒等术，与密宗喇嘛极类似，与内地的道士更逼近。[②] 一百多年前，刘赞廷曾记录了三岩有两个苯教寺院，即萨东（沙东）的噶清寺和色巴村热热寺，分别有喇嘛 70 余人和 40 余人；此外，他还描写了当地宗教中存在着许多巫术的成分，与黑苯有密切的关联。至于在邻近的贡觉县，历史上的苯教寺庙就更多了，已知的还有哈加乡凌达村的阿桔寺，有喇嘛 40 余人；在阿木地方有章喇寺，有喇嘛 40 余人；罗麦乡有罗根寺。到了 2000 年，许多寺庙已无从查实，只有莫洛村的文左寺、阿旺乡的玛奴寺等，但现在已是残垣断壁，不见其形。[③]

时至今日，苯教经过与藏传佛教的长期对抗和同化，逐渐转化为藏传佛教中的一个派系，依然能对一些藏民社区施加重大的影响。

二、多元的佛教派系

如果说三岩人的世俗生活充满了苯教观念主导下的一系列禁忌和祭祀仪式，那么，遗留给三岩人神圣生活的空间和代表着一整套的信仰体系、象征符号与价值观念，早已被体系更为精细、等级更为森严的藏传佛教的

---

① 柳陞祺：《西藏的寺与僧（1940 年代）》，北京：中国藏学出版社，2010 年，第 2 页。
② 柳陞祺：《西藏的寺与僧（1940 年代）》，北京：中国藏学出版社，2010 年，第 6 页。
③ 西藏自治区贡觉县地方志编纂委员会编：《贡觉县志》，成都：巴蜀书社，2010 年，第 742 – 743 页。

教义填充。佛教有健全的组织、完整的教义、大小不一的寺庙以及各类僧侣等宗教教职人员。藏传佛教的确是渗透进了西藏所有的制度和居民生活中，形成了一种独特的形式。① 事实上，自从9—11世纪佛教在与苯教的斗争中取得决定性的胜利以来，佛教无孔不入地渗透到人们生活的各层面，成为藏族人民文化生活的中心。

除了前文谈论过的轮回观念以外，宇宙观也是一个极具特色的思想。早期的佛教认为，在宇宙的中心处有一座高山，名为须弥山，形如一座宝塔矗立于汪洋大海之中。须弥山四周有四块陆地，称为四大部洲，分别为东胜神洲、南瞻部洲、西牛贺洲和北拘罗（俱卢）洲。人类居住在南瞻部洲上。南瞻部洲盛产瞻部树，位于须弥山南面咸海里。南瞻部洲原为吉祥福地，但由于人类相互争斗残杀，魔怪恶业横行，十善法中仅有的一份也基本消失，人类遭受苦难的煎熬。为拯救芸芸众生于水深火热之中，香巴拉第二十五世法王——威狂轮王对南瞻部洲发动了战争，旨在消灭愚昧无知、狂妄自大的野蛮人。这场正义的战争常常出现在藏传佛教的寺庙墙壁上，称为"战场图"。

战场图常常描绘气势宏大的战争场面，几十位英姿飒爽的武将骑着高头大马，手举刀剑，盛装待发，人物性格刻画得活灵活现，各具特色。根据寺庙的喇嘛介绍，战场图所描绘的情景还常常被解释为莲花生大师入藏后弘扬佛法，一路上降魔伏妖的事迹。在三岩地区，台西寺是当前规模最庞大的一所红教寺庙，每年的藏历六月初一至初十会举行为期十天的"莲花师法会"，其间寺院的喇嘛要进行一场集体的跳神仪式，重演莲花生大师一路降魔伏妖、弘扬佛法的情景（见图2-8）。法会期间，三岩人无论男女老少均会参加，一副人山人海的盛况。当台西寺大喇嘛白洛活佛亲自上场并演绎莲花生大师征战四方的情景时，法会便进入了高潮阶段。三岩民众无不被此吸引，争先恐后地上前接受白洛活佛的灌顶，据说可保一年身体安康、诸事吉祥。

总体看来，三岩的宗教文化呈现出一种多元性特征，且从不间断地持续了一段相当长的历史时期。此种局面的形成，主要有两方面的原因：第一，地处藏彝走廊东缘，多民族（族群）在迁徙、互动的过程中不断地发生交流与融合；第二，西藏民主改革前，国家政权长期无法渗入三岩地区进行有效的统治，使得宗教的发展保留着一种"原生态"下自我发展的状况。

---

① ［法］石泰安著，耿昇译：《西藏的文明》（第二版），北京：中国藏学出版社，2005年，第169页。

图 2 - 8　台西寺"莲花师法会"期间举行的跳神仪式

　　青藏高原地区在历史早期就进入了文明社会。上古时期的西藏地区形成了许多原始部落群，经过漫长的发展，各部落逐步进入父权社会；不久，部落之间经过激烈的兼并，一些部落逐渐强盛起来，其中就有发源于雅鲁藏布江河岸的恰族部落。经过"天赤七王"的统治，从聂赤赞普开始，恰族改称鹘提悉勃野，迅速扩展势力，直到松赞干布于 7 世纪左右统一西藏，建立起吐蕃王朝下的卫藏政权。随后吐蕃王朝极力东扩，藏民族共同体逐步形成。经过近两百年的时间，吐蕃王朝在东北部先后征服了吐谷浑、党项、白兰等鲜卑族、羌族、氐族部落；东部臣服了附国、东女，直抵大渡河上、中游和岷江西岸；南部跨越喜马拉雅山，占据了喜马拉雅山南麓的边沿地带；东南部抵达今迪庆一带与南诏结盟。①

　　三岩位于青藏高原东部昌都市，这里同样被认为是藏族文明的发祥地之一，很久以前就出现了原始部落群。如前文所述，自西汉时期起，三岩属牦、羌之地，西晋时期受马尔敢管辖，隋代为附国，唐代由吐蕃、吐谷浑等地方政权接管，元代设宣政院辖地，明代替换为朵甘思宣慰司，清代中后期起在三岩设置营官、土千户，清末赵尔丰在康区和贡觉等地改土归流，在三岩设县，并设有委员一人管理当地政务，1912 年成立武城县，民国初期隶属川边特别区、西康省等。

----

　　① 季羡林总主编，冯天瑜等副总主编，王尧、黄维忠著：《藏族与长江文化》，武汉：湖北教育出版社，2005 年，第 123 - 131 页。

由是观之，历史上三岩一直处于中央王朝或地方割据势力的管辖区之内，即使没有接受直接的统治与管理，至少也受到其政治势力的辐射作用。这也意味着，西藏的历史化进程在持续不断地作用于三岩地区。此外，藏传佛教在不同时期获得了不同程度的发展，从中衍生出不同的派系，如宁玛、噶当、噶举、萨迦，以及后来在噶当派基础上改革而成的格鲁派等。这些不同派系的藏传佛教组织，极力拓展各自的实力，且不断地向周边地区渗透自身的影响，三岩自然难以置身事外。换言之，三岩宗教文化的多元性特征，不仅反映当地民族化的历史进程，更是藏传佛教各派系持续不断地在三岩地区西风东渐、蚕食鲸吞的结果。

一百多年前，刘赞廷曾描写三岩的宗教情况，表明当时已有不同派系寺院并存的情况，其中的寺庙不仅有苯教，还有宁玛派、噶举派、萨迦派和势力最为强大的格鲁派等，反映三岩的宗教文化出现了一种多元性的特色，参见图2-9：

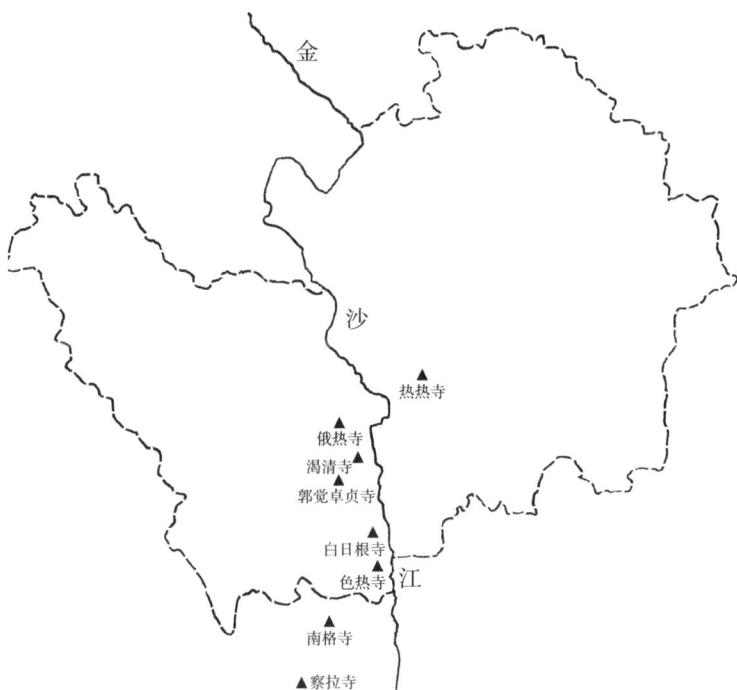

图2-9　清末民初三岩地区寺庙分布示意图

三、一家独大的红教

一方面，从宗教发展的视角出发，三岩台西寺所举办的"莲花师法会"，是为了纪念佛教在对抗原始宗教势力时所取得的伟大胜利。另一方面，将莲花生大师的思想奉为圭臬的，却是藏传佛教中最为古老的一支——红教宁玛派。台西寺本身就是一所红教寺庙，其历史前身可以追溯到西藏康区的一所古老寺庙——热克更庆寺。

8 世纪，赞普赤松德赞抑苯扬佛，力邀莲花生大师入藏，并在其倡议下修建桑耶寺。他向君臣二十五人讲授密宗灌顶等经法，培养弟子翻译经典，打下学习显密经论的坚实基础。莲花生在藏居住了五十余年之久，其足迹遍布整个青藏高原地区，留下了许多圣迹与传说，在三岩地区与其相关的就有两处。一处在三岩雄松乡岗托村对面的山峦上。那里有一个神秘的山洞，此洞位于悬崖峭壁之处，一般人根本无法爬入。据说莲花生曾在该洞闭关修行长达十年之久，然后云游四方，弘扬佛法。另外一处遗迹留在三岩罗麦乡罗麦村的达松寺内。传说莲花生来到该寺后，沉迷当地的美丽风景，认为此地适合建立一所寺庙，一时兴起便在一块大石头上留下了自己的脚印，希望以后此地有所依托。后来，人们在此基础上修建了达松寺。在该寺门口处，这块保留着"脚印"的石块，受到了当地人的膜拜。

西藏自 7 世纪中叶起，一方面从印度传入文字与佛教，另一方面又从大唐输入工艺文物，并由此促进了佛教以及一切文明制度等。[①] 根据历史文献的记载，佛教正式传入藏区是从松赞干布时期开始的，又在赤松德赞时期获得进一步的发展。这是一个循序渐进的过程，在与原始宗教——苯教的抗争过程中发生了多次的反复，特别是公元 857 年，赞普朗达玛在即位后实行了灭佛政策，一方面封闭寺院、禁止译经，另一方面勒令僧人还俗，否则即加以杀戮。为此大量僧侣被迫四处逃亡（特别是到康区），佛教也进入了所谓的"后弘期"，康区即属下路"后弘期"；在此之前，则可称为"前弘期"。也就是说，"前弘期"和"后弘期"是佛教在西藏弘扬的前后两个时期，大体划分如下：从 8 世纪的后半期寂护大师[②]入藏弘法起，至 9 世纪中叶的百年间，是前弘期；又从 10 世纪中叶上下两路弘法，直到现在为止；

---

① 柳陞祺：《西藏的寺与僧（1940 年代）》，北京：中国藏学出版社，2010 年，第 1 页。
② 印度高僧，受赞普赤松德赞的邀请入藏传教，藏文名译为喜瓦错，汉译为寂护、静护、静命等名。

其间隔着近一个世纪的黑暗时期。①

与前弘期和后弘期几乎相吻合的是新、旧两次译经运动，其划分的界限大致以仁钦禅波译师为标准。凡自与仁钦禅波译师同时期而属于前一辈的另一位名叫弥底班底达②的译师起，及以前所译的密宗经典，皆属旧派密宗；凡自仁钦禅波起，及以后所译的密宗经典，谓之新派密宗。西藏现在有少数喇嘛依然沿用旧译的密宗经典，并崇奉莲花生大师一系密宗，被称为"宁玛巴"（宁玛即旧的意思）。至于其他各派，可说都属新派。③

宁玛派（红教）成为藏传佛教重要的传承之一。相对于以后的其他三大传承（即噶举派、萨迦派、格鲁派）而言，它属于旧派，宁玛一词的意思即"古"或"旧"：所谓古，是说它的教理历史悠久，是从 8 世纪时传下来的；所谓旧，是说它的一些教义教规是以古时候吐蕃的旧密咒为主。另外，宁玛派与西藏本土所固有的原始宗教——苯教有着密切的联系。8—9世纪，即佛教的前弘期，佛教中的密宗从印度传入西藏，而苯教在西藏民间的影响很大，恰好密宗的神秘性与它非常相似，结果二者逐渐结合起来，因此宁玛派的教义中掺杂有大量的苯教仪轨，在某些方面上苯教与宁玛派几乎难以区分开来。宁玛派以密宗为主，主张"吾人心体本是远离尘垢，空明无障"。④

早期的宁玛派以师徒或父子传承的形式传播，既没有形成统一系统的教义，也没有权威性的寺院，该派别组织涣散，教徒分散各地，他们不仅参加日常生产劳作，还可以娶妻生子，甚至父子两人同时入寺诵经修法。到了 11 世纪的后弘期初期，宁玛派出现后来被称为"三素尔"⑤的祖孙三代，他们奉莲花生大师为祖师，依照他入藏所传和伏藏修行的传承，系统地整理出宁玛派经典，并建立了专门的寺院——坞巴寺，从此才形成一定的规模，开展一些集体性活动，最终形成了一个相对独立的教派。这一教派本来是没有名字的，直到后来产生了其他一些新的教派，这一教派才被称为宁玛派。

必须指出，宁玛派在三岩的建立、传播与发展，与当地的民族化进程齐头并驱。就其地理位置而言，三岩居于康区的中央地带，"康"具有边缘

---

① 柳陞祺：《西藏的寺与僧（1940 年代）》，北京：中国藏学出版社，2010 年，第 13 页。
② 又名阿底峡。
③ 柳陞祺：《西藏的寺与僧（1940 年代）》，北京：中国藏学出版社，2010 年，第 14 页。
④ 柳陞祺：《西藏的寺与僧（1940 年代）》，北京：中国藏学出版社，2010 年，第 15 页。
⑤ "三素尔"指素尔波且·释迦生（1002—1062）、素尔琼·喜饶扎巴（1014—1074）和素尔琼·卓甫巴（1074—1124）。

之意，是传统上卫藏的边缘之地，其地理范围大体上处于打箭炉以西、昌都以东，金沙江流域横贯其间。康巴的历史，可追溯到汉文史籍记载的神话时代，远远超出了藏民族及其文化形成的时间。但自 7 世纪开始，经过一轮轮的民族迁徙和融合，加之吐蕃在其最强盛时期曾从卫藏地区派遣大量的卫戍军部队驻守在康区，后由于内乱才散居于各地，他们为康区带来了居于主导地位的藏文化，此时的三岩已趋于认同此文化了。

在三岩内部和邻近地区，迄今依然保留着许多与吐蕃王室相关的传说和文物古迹。例如，在三岩克日乡有一处"公主泉"，相传松赞干布迎娶汉地的文成公主入藏时途经此地，文成公主为当地秀丽的风景所迷，情不自禁小解一番，随后形成此泉。又如，在三岩敏都乡阿尼村，以往曾保存有 108 座佛塔，据说当年松赞干布立下心愿弘扬佛法，要在藏区 48 处地方修建 108 座佛塔，敏都乡阿尼村就是其中一处。再如，在现今的贡觉县县城莫洛镇东南面，保留着一幢古式宗教建筑物——普巴拉康的遗址。据说松赞干布在迎娶了文成公主之后，除了修建大昭寺，还立愿在雪域地区修建了 24 座镇妖寺，普巴拉康便是其中一座。该寺庙在"文革"的"破四旧"期间遭受重大损坏，数座楼层殿堂被推倒和拆卸，现仅存一幢五层楼高的经堂，寺庙原有文物被转移到附近德加热寺内，重建工作仍在筹划当中。

据说赤松德赞最初迎请寂护大师入藏弘法，后者又极力推荐莲花生大师入藏传教。一种说法是：由于本土宗教——苯教的反对，寂护大师一开始的尝试可能失败了，正是出于这一原因，他才建议邀请莲花生，唯有他才能降伏仇视佛教的诸魔。[①] 根据西藏史书的记载，莲花生大师入藏时，一路降伏了许多的地鬼山神，等他来到桑鸢，就在那里修建了一座桑鸢（耶）寺，并请静命（寂护）大师一起开光。[②] 正因为如此，莲花生大师被宁玛派的信徒奉为佛陀第二，他作为巫师的形象也被过分地渲染，他在入藏后收服各种各样的妖魔鬼怪、山神的事迹和传说，在藏区俯拾即是，在康区尤其如此。

由于三岩位于康区的中央地带，当地自然不乏类似的传说，莲花生大师的影响力不仅渗透到三岩的各乡各村，更是有机地融入三岩人的宗教信仰体系之中。例如，在上文所提及的位于贡觉县城的普巴拉康，据说莲花

---

① ［意］图齐著，耿昇译：《西藏宗教之旅》（第二版），北京：中国藏学出版社，2005 年，第 8 页。

② 柳陞祺：《西藏的寺与僧（1940 年代）》，北京：中国藏学出版社，2010 年，第 9 页。

生大师在赤松德赞时期曾对其进行过修葺和扩建。又如，在木协乡日朗寺
的一幅古壁画里，描绘了莲花生大师入藏后弘扬佛法、一路上降魔伏怪的
事迹；三岩雄松乡岗托村的山峦上有一个神秘的山洞，传说莲花生曾在此
洞闭关修行了一段时间；罗麦乡罗麦村的达松寺内保留一个脚印，传说
为云游至此的莲花生大师所留；敏都乡西面有马头金刚圣山、金刚亥母圣
山，均为佛教殊胜之地，传说为莲花生大师的密修之地。

当前宁玛派的传承主要有两种类型：一类称为阿巴，专靠念经念咒在
社会上活动，不注重学习佛经，也无佛教理论；另一类为有经典，在父子
或师徒间传授。但在三岩地区，由于帕措的存在，当地尤其注重父系血缘
认同，同一帕措一般聚集在一起，形成具有村寨性质的"仓"或"冲"。
"仓""冲"里一般都有一个乃至数个属于宁玛派的"家庙"，名为"拉
康"（经堂），实际就是一幢帕措民居——"康尔"。因此，在三岩地区，
宁玛派寺院主要以"经堂"的方式存在于村子内，其传承主要以父子相
承为主；也就是说，三岩的寺院多数是民宅，其宗教教职人员多为父子身
份，他们参加生产劳动，可娶妻生子，但不能脱离帕措独立生活。笔者在
三岩雄松乡做调查期间，发现该村有一所"桑珠"经堂，距离本地红教
寺院康贡寺约 1 公里之遥，至今已有 500 多年的历史，现为斯朗多杰活佛
的家宅。斯朗多杰是雄松乡下加村人，13 岁坐床，24 岁前往白玉县的扎
噶寺（宁玛派）当活佛。根据他的讲述，其家族传到现在已有 20 多代，
几乎每一代都有人被选为活佛，为典型的父子相承的传教方式。据说，西
藏和平解放前这种以"家庙"形式存在的宁玛派民间组织曾十分流行，
父子相承的方式亦受到承认，一般为帕措头人的家族所把持，是帕措与宗
教相结合以实现控制的一种政治形态，可能是宁玛派在三岩地区传播的一
种原生态模式。

宁玛派的传承与发展，在三岩表现出两个特色：一是时间上有连贯性，
即没有出现历史的断层；二是很少与把持藏区的主要政治力量相结合。一
方面，三岩地处边陲，自朗达玛灭佛后，卫藏地区出现了近一个世纪的
"黑暗期"，三岩则没有此种情况；正相反，由于大量佛教徒为了逃避政治
迫害纷纷来到康区，反而促使宁玛派在当地迅速传播开来，甚至当时就有
一些佛教徒成功地进入三岩地区，他们积极进行修行与传教活动，其影响
持续至今。例如，1127 年，宁玛派高僧噶·当巴德西来到康区传教，并于
1159 年在白玉建立红教著名的寺院——噶托寺。1172 年，扎德间昂朗卡多
吉把教义从白玉的噶托寺传入贡觉，在则巴乡创建扎德寺，1640 年该寺毁

于蒙古军，重建后改为塔然寺。清末民初，木协乡宗巴村曾建有色热寺，有喇嘛40余人。

在木协乡一些山峦的悬崖峭壁之上，至今保留有许多摩崖石刻经文，很有可能是当时红教在三岩地区传播时所留，尽管现在它们中的大多数已磨损不堪。此外，三岩从来没有接受过中央王朝的直接统治，这种松散式的政治形式，却为宁玛派的传播和迅速发展提供了肥沃的土壤。在藏传佛教四大宗派中，也只有宁玛派没有统治过西藏地区，说明了它与政治势力强的地方结合程度最低，但在政治势力弱的地方其适应性反而更强。当前宁玛派的六大道场①中，有四个位于康区，其中三个更是坐落在三岩地区邻近的白玉县和德格县境内；这些都足以显示：红教在边疆地区拥有何等强大的影响力。

17世纪中叶至19世纪，格鲁派在和硕特蒙古和清政府的支持下，在康地大肆扩张，使其成为格鲁派的一个重要的教法区。② 据《格鲁派教法史：黄琉璃宝鉴》所载，格鲁派在卫藏东部，安多以南的势力范围西抵那曲、波密，东抵达折多（打箭炉，即康定），南达中甸。③ 在格鲁派强大势力的冲击下，其他派系的许多寺庙纷纷改旗易帜；《如意宝树史》就康区的格鲁派寺庙的发展有过一段文字记载："上述寺院中的部分旧寺，原为其他教派，后来改宗，如同用点金剂使铁石变金般，现今自然而成格鲁派。"④

三岩地处康地的地理范围之内，从清朝早期开始，格鲁派就已成功渗入三岩地区，在中晚期陆续建立起一些寺庙，其中一些寺院的规模甚为庞大，如下三岩的察拉寺，有喇嘛400余人，远多于当时其他教派寺院的僧尼人数。然而，饶有趣味的是，"不知何原因，以后许多格鲁派寺庙消失"⑤；时至今日，格鲁派寺庙不仅在三岩踪影全无，就是在贡觉片也出现了式微的迹象，目前仅剩余一所——卓珍寺⑥。可以认为，这是一种异常的状况，

---

① 六大道场为：西藏的多吉扎寺、敏珠林寺、朵康的协庆寺、竹庆寺、噶托寺、白玉寺。

② 高琳：《17世纪中叶—19世纪格鲁派史籍中的康地》，《西藏大学学报》（社会科学版）2013年第1期，第94–95页。

③ 第悉·桑结嘉措著，许德存译：《格鲁派教法史：黄琉璃宝鉴》，拉萨：西藏人民出版社，2009年，第248–292页。

④ 松巴堪布、益西班觉著，蒲文成、才让译：《如意宝树史》，兰州：甘肃民族出版社，1994年，第516–525页。

⑤ 西藏自治区贡觉县地方志编纂委员会编：《贡觉县志》，成都：巴蜀书社，2010年，第746页。

⑥ 卓珍寺位于哈加乡曲卡村，相传是清康熙二十一年（1682）时，由第悉·桑结嘉措为五世达赖洛桑嘉措圆寂时修建的13座寺庙之一，主供佛像为释迦牟尼。

有别于格鲁派在康地其他地方已取得的节节开花的局面。此外，作为当地最具历史传承性的教派——宁玛派的寺庙，却一直在三岩地区保持着强大的生命力。这是什么缘故？

1997年，据贡觉县寺庙定编统计，当前贡觉县共有62所寺庙，其中宁玛派寺庙53所，占总数比例85.48%；噶举派5所，占8.06%；萨迦派寺庙3所，占4.84%；格鲁派1所，占1.61%。若以金沙江西岸的三岩片计算，则六乡共有23所寺庙，除了噶久寺属于白教噶举派外，其余22个全属红教宁玛派，占总比例的95.65%。

金沙江东岸白玉县的情形亦大体相同。据说当年当巴德西来到白玉地区传教时，就在当地建有13所红教小寺庙，此后又由德灯多吉、龙沙尼波、米觉多吉等大师根据群众的需要，对宁玛派的教戒、教法的不足之处进行改革，故红教一直在白玉地区扎根发展。据白玉县政府1952年统计，全县34所寺庙中，红教寺庙占29所；中共十一届三中全会以后，白玉县开放寺庙33所，其中红教占26所。[①] 比较著名的红教寺庙有噶托寺、白玉寺、安章寺和康翁寺等，它们不仅能在康区施加巨大的影响，而且在周边的人民群众中享有崇高的声望。在四川白玉县山岩乡，本土学者范河川曾指出有12所寺庙，[②] 但实际上它们与西藏贡觉县三岩地区的寺庙多有重复。当前山岩乡三村实际上仅保留有一所寺院——尼根寺，在邻近的盖玉和萨玛两乡另有4所寺庙[③]，分别为盖玉乡的康翁寺、觉母寺、德青寺，以及萨玛乡的扎玛寺；5所寺庙均属红教宁玛派。由此可见，红教在三岩地区已取得了绝对的优势地位，当地的宗教文化亦由原来的多元格局转变为当前的单元模式。据贡觉三岩六乡与四川白玉县山岩乡的寺院统计情况，制作出三岩地区寺庙大体分布图（见图2-10），以便做进一步的比较与分析。

---

① 四川省甘孜藏族自治州白玉县志编纂委员会编：《白玉县志》，成都：四川大学出版社，1996年，第480页。

② 范河川：《父系原始文化的活化石：山岩戈巴》，成都：四川大学出版社，2000年，第49页。

③ 考虑到盖玉乡和萨玛乡历史上曾属三岩帕措的传统势力范围，又与三岩民众多有联系，因此两乡的寺庙数纳入金沙江西岸寺庙的统计数。

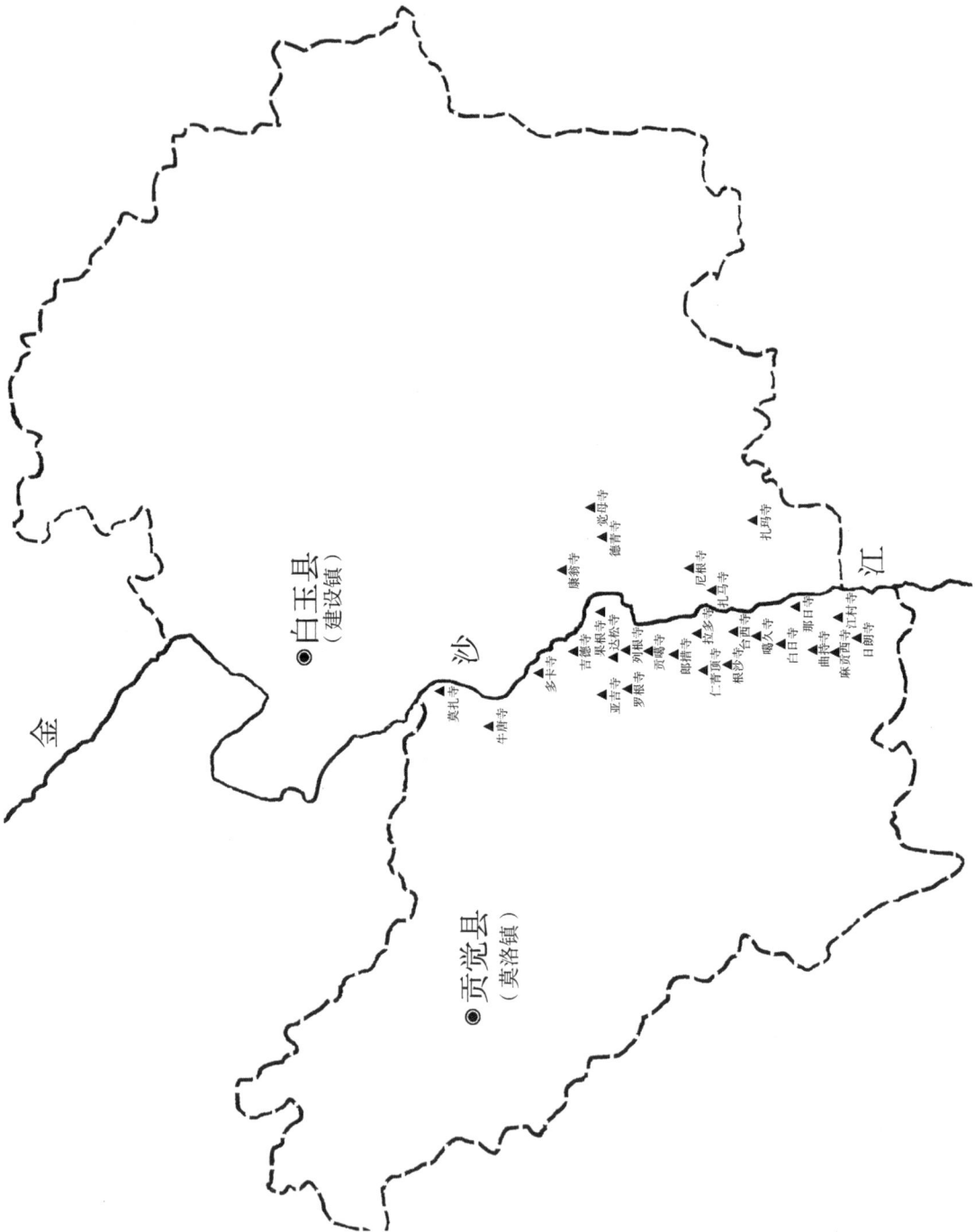

由该图可知，当前藏传佛教的发展现状有别于以往多元化的格局，三岩社会出现了由宁玛派"独尊一家"的局面。美国学者盖伊·斯旺生分析了 50 个原始人群的社会结构，认为宗教信仰的形式是配合社会群体的需要，同时是作为支持巩固社会群体的形态而存在的，其中的一些模式引人注目，例如，"转世观念"最有可能出现在与世隔绝的或小规模的社会里，其社会结构相对简单；一神论是复杂社会的特征，其中个人完全受控于等级制度下的权威；当国家政府的管控比较软弱时，黑巫术更能获得广泛性的实施。此外，关于一神论的信仰，大多出现于存有多种不同层次的自主社会群体单位的社会中，如果有一个能主宰一切并具有绝对力量的大神存在，必将有助于整合具有不同层次的自主社会群体单位的社会。[1] 斯旺生所认为的自主社群单位（sovereign group）种类的多寡，是指一个社会中所具有自主权社会的类别而言的，例如一个民族的社会组织具有家庭、村落及部落三个层次的群体，或者另一个民族具有家庭、氏族、部落、邦国四个层次的群体，而这些群体都是有相当自主性的主权单位，也就是说他们对他们自身的事务有最后处置的决定权，而由于有自主性社群的类别较多，其主权的整合与统一就较为不易，因此，这一类的民族经常要利用一个能做最后主宰的"大神"来统合这些不同层次的群体。[2]

就三岩社会的历史和实际情况而言，无疑是拥有相当自主性的主权单位，其社会结构比较复杂，出现了包括"学"、"仓"或"布"、"冲"、帕措、村落、土司、地方政府和国家（中央政府）等诸多类型。为了整合这些不同的类型，确有必要出现一种能最后决定一切的力量，只不过这里所出现的并非作为唯一的大神的形象；正相反，西藏最为传统的佛教教派——宁玛派在扮演着类似的角色。换言之，红教宁玛派在处理三岩多样化的自主性社群类别上，发挥出不遑多让的整合功能。关于三岩的自主性社群类别，大体可分为两类。一种是基于血缘的社会关系，如"学"、"仓"或"布"、"冲"、帕措等，其中："学"为基本的家庭单位；"仓"或"布"是若干个"学"的总称；"冲"是若干个"仓"或"布"的总称，其地理覆盖面更大；帕措则是所有采用以父系为认同的"学"、"仓"或"布"、"冲"的总称。另一种是跨越血缘的社会和政治关系，如村落、土司、地方政府和国家等，这些类别的其中一个基本特征是社会关系不再仅以血缘关

---

① SWANSON G E. The birth of the gods: the origin of primitive beliefs. Ann Arbor: University of Michigan Press, 1960: 55-81.

② 李亦园：《宗教与神话》，桂林：广西师范大学出版社，2004 年，第 8 页。

系为基础，而是出现了由不同帕措并存的村落，且先后渗入不同级别的政治势力，如土司、地方政府和国家等。由于历史上三岩地处中央王朝与地方势力相均衡的中间地带，一方面整体稀缺、资源匮乏，另一方面交通闭塞、人口稀少，无论是三岩周边各处的土司势力、西藏地方政府，还是唐、宋、元、明等中央王朝，均对其采取了放任自流、顺其自然的"绥靖"政策，因此三岩与外界基本能做到相安无事。然而，自清朝以降，随着土司、噶厦政府和国家等政治势力陆续介入三岩地区，表明三岩业已发展成为一种不容忽视的政治势力，在一定程度上搅动了地方政治势力与中央政府所建构的某种"动态的"平衡，而宗教成为一种有效的中介，用来调节各种政治势力进而实现政治平衡，红教宁玛派更是担任了其中的领头人。

概而言之，三岩当前出现红教宁玛派寺庙一家独大的局面，与当地特殊的历史化进程有关。长期以来，中央政府与西藏地方政府均无法成功进入三岩，使得宁玛派一直保持着雄厚的实力；到了近现代，国家和地方政府虽然曾先后进入三岩地区，但由于其行政管理形式极为松散，无法从根本上削弱红教在当地的影响力。此外，宁玛派能很好地与当地的帕措制度结合起来，即使在最为艰难的岁月里，红教也受到帕措的保护，并以父子、师徒相承等方式把一些传统的宗教文化传承下来。因此，自20世纪80年代我国实行改革开放，随着党的宗教政策全面贯彻落实，藏传佛教的宗教活动得以正常开展，红教在三岩地区又重新焕发出活力，新建、重建了多所红教寺庙，成为当前三岩地区的一种宗教文化特色。

第四节　夹坝政治生计圈

一、生态条件

相当程度而言，三岩地形是横断山区地质地貌条件的缩影。三岩地处金沙江两岸的高山峡谷地带，坐落于几条庞大山脉的纵横交错之中，西有芒康山①，东有沙鲁里山脉，东南为横断山脉，三山大体呈杯状分布，处于北边杯口处外延地带的是高原台地，为康区西部最为广阔的高原牧场。三

① 芒康山亦称为宁静山。

岩境内崇山峻岭，千沟万壑，深林绝峪，交通艰险，从海拔 2 400 多米的金沙江峡谷最低处，骤然上升到四五千米的陡峭山峰，所谓"山道崎岖悉为险要，无所谓关隘也"①。

就其土壤类型而言，三岩属红土区。红土指那些色泽泛红或偏红的土地和土壤，是青藏高原地区土地资源的一种类型，主要分布在青藏高原东部和南部地区。这种红土含有丰富的矿产资源，尤其含有大量的铁锰元素，经过长年累月的氧化作用，渐渐变成暗红色或赤红色的铁锰氧化物，故形成了所谓的"红土"。

因为海拔高度的不同，三岩当地受亚热带湿润季风气候（低海拔河谷）、温带半干旱季风气候（高海拔山地）影响，干湿季对比明显，夏季温和湿润，冬季干燥寒冷，全年无霜期 80 天左右，年降水量 400 毫米左右，雨季集中在 5—9 月；光照充足，年温差大，日温差小，日照时间长；常伴有冻霜和旱灾等自然灾害。此外，金沙江峡谷地区谷坡陡峭、林木稀少、气候干燥，河谷除了红色、淡红色的岩成土以外，主要发育着褐土。褐土属干性森林土壤，土体干燥多砾，有机物含量低，且碱性反应强烈，适合灌丛植被生存，尤以白刺花、小角柱花、甘青鼠李、麻黄、醉鱼草、苹果、李树、核桃、野桃树等最为常见；在土地更为贫瘠的海拔 3 700 米以上的地方，生长着小檗属、枸子属、蔷薇属、忍冬属、褐柳属等灌丛植物，不同的坡向长有不同的植被，如阴坡长有高山柳灌丛，阳坡长有草甸等，这些地方适宜放牧。因此，三岩的农业经济多以精细化耕作农业为主，以粗放型畜牧业为辅，所饲养的牲畜以牦牛、黄牛、绵羊、山羊、马、驴、骡等为主；两种生产方式均需要投入大量的劳力。海拔 3 400 米以下为山地针阔叶混交林，主要见于金沙江东岸的山岩乡和盖玉乡的河谷地带以及西岸西藏地区的木协、雄松、罗麦等区域的河谷地区，植被主要有铁杉、油松、云南松、槭、桦等；草本植物由早熟禾属、野青茅、刺芒野古草、须芒草、黑穗画眉草等禾本科及其他林间草被组成。海拔 3 400 ~ 4 200 米，有的海拔上限高达 4 400 米的地方，是高山针叶林带，表现为针叶林与亚高山草甸交错分布，主要树种为鳞皮冷杉、紫果云杉、高山栎等，多组成纯林与灌木林地，镶嵌分布于草甸和灌丛草甸之间，可作为冬春牧场。

三岩位于金沙江中上游、三江流域腹地，金沙江从北到南流经三岩峡

① 刘赞廷：《武城县志》，《中国地方志集成·西藏府县志辑》编辑委员会编：《中国地方志集成·西藏府县志辑》，成都：巴蜀书社，1995 年，第 146 页。

谷110多千米，东西两岸山高谷深，定居的村庄分布在沿江海拔2500～3000米之间的山坡之上。"由日藕东行，沿途均有民舍，约五里折而北下，行夹谷中，峰峦秀拔，草木清华，沿溪出谷，大河前横，即金沙江上源，自玉树流来，穿叠盖全部流入三岩野番而出巴塘，南流入滇，始有金沙江之名。"[①]

三岩境内不只金沙江一条河流，金沙江以西的三岩地区还分布着三条主要的河流，其源头全部是高山融水，它们最终汇入金沙江，同时对三岩峡谷进行了横向的分割。这些河流分别是：流经从昌、罗麦、各麦的罗麦沟，流域面积为96平方千米；流经沙东、敏都、阿尼的敏都沟，流域面积为141平方千米；流经京古、木协、拉巴、则达的斜曲沟，流域面积为284平方千米。[②] 三大流域形成了所谓的上三岩、中三岩与下三岩。传统的上三岩包括莫扎、克日、罗麦一带；中三岩包括沙东、敏都、雄松一带；下三岩则是木协一带以及今芒康县境内部分地区。沟内的河谷地带，两侧的高山海拔多在4000米以上，虽然一定程度上限制了人口的发展，但是适宜生存，而由此形成一个个小型的天然生态区域。每一个生态区域因为高山的阻挡而与外界分离，仅能依靠河谷沟通。难怪有人发出感叹："全境形势，群山叠嶂，溪水环绕，无一望之平原，虽有山水之雅，而无放马之田，山道崎岖，一奇域也。"[③]

由于海拔较低且受到金沙江水系的影响，三岩峡谷气候比较湿润，虽然每年都有枯水期，但是山间的河流终年不冻。三岩气候上的四季变化并不明显，基本上只分为寒冷、温暖两大季节，在时间长度方面相差无几，前者为10月至次年3月，气温低时可达－29℃；后者为4—9月，气温高时可达29.9℃，但昼夜温差大，白天气温变化亦大，垂直气温变化更是显著——经常是在季节交换之际，村庄里生趣盎然，山顶上却白雪皑皑，形成鲜明的反差。此外，三岩季节也可以依据降水量的多寡分为干湿两季，寒冷季节降水少，为干季；温暖季节降水多，为湿季。降水集中在湿季的6—8月。

根据史料的记载，历史上三岩各种自然灾害较多，主要有干旱、泥石

---

① 吴丰培辑：《川藏游踪汇编》，成都：四川民族出版社，1985年，第322页。

② 参见《认识特点、发挥自然优势——贡觉县自然资源调查报告》（1986年），资料来源：贡觉县县志编写办公室。

③ 刘赞廷：《武城县志》，《中国地方志集成·西藏府县志辑》编辑委员会编：《中国地方志集成·西藏府县志辑》，成都：巴蜀书社，1995年，第144页。

流、洪水和地震等。如 1954 年，"三岩宗的灾情是较为严重的，农田被水冲去不能恢复的有一百二十多亩，受冰雹灾全部损失者有五百五十亩地，坍塌房子有五十三所，未受灾农田平均减产四分之一以上，受灾户数共有四百五十二户"①。"1979 年 5 月，因为严重的干旱气候，三岩片有 5 600 亩的荞麦未能下种，仅是雄松区就有 1 500 亩（未能）下种。"② "1995 年 8 月，三岩木协、雄松、敏都三乡因干旱发生大面积荞麦虫灾，受灾面积达 1 200 多亩，因灾害减产达六七成以上。""1997 年 9 月，拉妥、金古和高山地带普降大雪，致使全县各乡牧场牲畜跌膘体弱，县至雄松、敏都、罗麦公路全部中断，至次年五月，全县各种灾情因无详细资料无法细查。"③

泥石流往往造成严重的灾害，每年季节性的集中降雨导致三岩境内的山坡河谷水流量迅速提高而引起灾害。据《贡觉县志》记载：在 1998 年的特大洪灾中，全县境内多处发生泥石流，巨石和树木裹挟而下，冲毁当地房屋三座，双季地下沉达 30 余亩，雄松乡因发生滑坡致使两处 180 余亩耕地下沉达 3 米，冲毁公路多处，使县至各乡公路中断长达两个多月。④

三岩因地形和自然条件因素，加之山高谷深，陡坡植被稀少，山洪时有发生，特别在夏秋多雨的季节。例如，2000 年贡觉地区暴发山洪，三岩片六乡亦受到影响，部分乡政府房屋和 61 户群众住房成为危房；此外，洪水还冲毁公路及骡马驿道 137 千米，大小桥梁 27 座。⑤

地震进一步加深了三岩人的痛苦记忆。据当地一位村长讲述："三岩原来是有人的，大概在七八百年以前，曾有一次大地震，山抖地崩，使原来的人都死了，或剩下来的也极少，因此现在的人是以后来的，原来三岩更多的树林也被地震埋没了。"⑥《十三世达赖喇嘛传》中有这样的记载："阴木兔年，在昌都三岩一带发生地震，人和村庄受害。"⑦ 十三世达赖喇嘛土登嘉措的生卒年为 1876—1933 年，所以其生平之阴木兔年应是 1915 年，距今已过百年。这一点虽然不足以证明地震的强度，但足以证明当地确实发

① 《三岩宗 1955 年第一、二季度工作总结》，资料来源：贡觉县档案馆。
② 西藏自治区贡觉县地方志编纂委员会编：《贡觉县志》，成都：巴蜀书社，2010 年，第110 页。
③ 《贡觉县县志编写资料卡片》（手抄本），资料来源：贡觉县县志编写办公室。
④ 西藏自治区贡觉县地方志编纂委员会编：《贡觉县志》，成都：巴蜀书社，2010 年，第115 页。
⑤ 西藏自治区贡觉县地方志编纂委员会编：《贡觉县志》，成都：巴蜀书社，2010 年，第111 页。
⑥ 白马康珠：男，58 岁，原贡觉县雄松乡夏雅行政村村长，现迁居贡觉县莫洛镇扎西村任村长，2004 年三岩搬迁户，小学文化。
⑦ 西藏自治区科学技术委员会、西藏自治区档案馆编译：《西藏地震史料汇编》（第一卷），拉萨：西藏人民出版社，1982 年，第 168 页。

生过大地震，重则可让一个村庄瞬间消失，轻则造成人口锐减，促使居民外迁。历史上这种走出去与迁进来的人口流动是不可避免的，而在三岩进入国家的过程中，这种情况屡见不鲜，"周行全岩境地，无一亩之平山，有万仞之险。民情大都苦寒，考查地质，仅居中等，况兵灾之后，村碉房因抗拒被焚者有之，畏罪潜逃流离他乡者有之"①。

气候条件对三岩的影响不容小觑。据今 3 500 ~ 7 000 年前，青藏高原气候适宜，但是年平均气温大概比现今高出 3℃，气候温暖湿润。据孢粉分析和藏北多处新旧石器遗址的考古发现，现今无人的北羌塘草原，当时已经出现了人类活动的足迹。此后，青藏高原进入新冰期。从公元元年到 2000 年，青藏高原的历史温度变化在偏冷和偏暖之间来回摇摆：公元元年初气候甚为寒冷；2—3 世纪气候有短期的回暖；3—5 世纪气候亦以偏低为主；6—12 世纪，高原处于相对温暖时期；进入 12 世纪末，气候明显下降到正常值以下；在 17 世纪中期最为寒冷，除了 18 世纪气候回归到正常水平外，青藏高原的偏冷状态一直维持到 19 世纪前期，冰川活动亦以冰进为主。在近二三百年以来，青藏高原地区的气候以偏旱为主（见图 2 - 11）②。特别是 19 世纪中期以来，气候处于较温暖的时期，降水由偏多转为偏少。

降雨量距平百分率指标

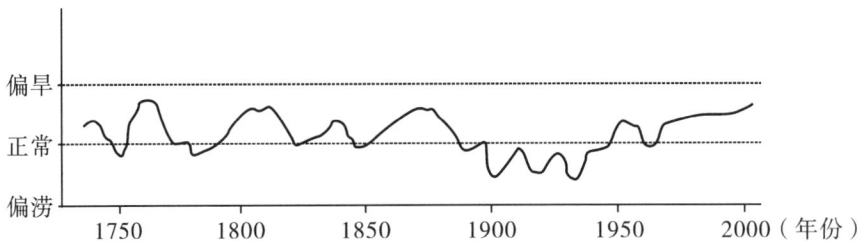

图 2 - 11　青藏高原旱涝变化

同样，在近两三个世纪，金沙江峡谷地区的气候以偏旱为主。由于气候的变化和植被的破坏，干旱河谷化现象急剧向金沙江中下游峡谷延伸，使得生态环境本来就很脆弱的河谷地貌和生存条件更为恶化，水土流失逐年加剧，生态恢复难以逆转。与此同时，有关三岩夹坝的记录却频频进入

① 刘赞廷：《武城县志》，《中国地方志集成·西藏府县志辑》编辑委员会编：《中国地方志集成·西藏府县志辑》，成都：巴蜀书社，1995 年，第 143 页。
② 此图据中国科学院社会研究所的相关调查与研究文献绘制而成。

国家的视域，显示两者之间似乎存在着某种密切的关联性。

自然地理条件对三岩地区施加了影响，这是毋庸置疑的。在芒康山、横断山和沙鲁里山等几座雄伟高大的山脉的包围与切割之下，三岩境内山坡险峻陡峭、气候干旱无常、水资源分布不均、沙石质地土地贫瘠少产，有限的耕地资源和零块状分布的森林、植被和草场，外加频频发生的自然灾害，用"穷山恶水"来形容三岩实不为过。事实上，"三岩"在藏语中就含有"恶地"之说，其意与汉语中的"穷山恶水"大体相当。

地理环境往往与社会制度存在着密切的关联性。美国人类学家罗伯特·卡内罗就文明的产生开创性地提出"限制论"（theory of circumscription）的学说，认为在形成国家之前，必须存在某种限制性因素，防止臣民逃离未来统治者的控制。[①] 在他看来，有三种限制性因素在起主要作用，分别是地理环境、资源和社会条件。其中地理环境的影响起到了主导性的作用。例如山脉、海洋和沙漠对人类的阻隔，才产生了文明。由于人口增长而没有扩张的余地，从而开始争夺稀少的资源，这样就导致内部出现了强化。随后出现了阶级，其中由统治者控制稀少的资源，对外部就有了扩张的需要，这些都需要一个中央集权政府来进行严密组织。埃及、巴比伦和印加之所以形成国家，情形莫不如此。

无独有偶，另一位美国人类学家乔治·福斯特针对墨西哥辛祖坦（Tzintzuntzan）农村的经济，提出建立在有限的自然资源条件上的"利益有限论"的模型。[②] 他以特定群体的认知指向及其与当下条件之间的关系为主旨，强调辛祖坦地区以农业为主的经济模式同样受到有限的自然资源条件的限制。他还指出，辛祖坦人的思维方式是对利益有限的某种想象。这种基于自然环境限制导致的世界观影响着辛祖坦人的行为。因此生活在农业村落中的辛祖坦农民，其周围的社会、环境、经济等因素——如土地、财富、健康、友谊、爱、男子汉气概、荣誉、尊严、影响力、权力、安全等几乎生活中需要的一切——全部处于绝对数量不足以满足村民最低需要的状态。与此同时，辛祖坦农民又没有办法扭转这种局面以直接提高有效的供给。因此，辛祖坦农民建构了一种与现实相左的封闭体系，其中，个体或家庭只有在牺牲他者利益的情况下才有可能提高自己的地位。社会的平衡即这些体系之间的平衡状态，因此，个体或某一个群体试图获得更多的

① CARNEIRO R. A theory of the origin of the state. Science，1970，169（3947）：733 – 738.

② FOSTER G M. Tzintzuntzan：Mexican peasants in a changing world. Boston：Little Brown，1967：384.

利益则必然会打破这一平衡，使社会处于分裂状态。

本质上，三岩峡谷也是一个自然资源严重限制人口需要的地域，土地资源有限，自然灾害又在不断消耗既有资源，故可推测，三岩人的行为必定是由基于群体关系平衡状态的认知模式决定的。但与辛祖坦农民有所不同，为了解决人口对土地资源的需求，在无法通过促进资源有效增长的情况下，三岩人并没有建构起与现实完全不同的封闭体系，而是在传统的血缘关系基础上发展出依据人群关系的行为模式，这种关系即三岩人的帕措。

二、人口问题

考察三岩村落的生态条件，人口问题是个值得特别关注的变量。在近百年间，三岩人口没有发生较大的波动，究其原因有二：其一，三岩人口的流动性导致人口无法集中，总有一定数量的人口处于迁徙的状态之中；其二，三岩的自然环境只能维持一定量的人口生存，一旦人口超出环境的极限，则将导致内部发生冲突，或者促使三岩与外界发生战争。在这些内部的冲突或与外界的战争中，不是有一部分人在械斗中死去，就是有一部分人被迫迁徙，总之环境与人口之间的矛盾需要时刻加以调整。

中华人民共和国成立以来，贡觉县境内的三岩片行政区划几经变动，80年代为1个"区"，设办事处（县政府的派出机构），90年代末恢复为6个乡。白玉县境内的三岩始终是1个乡，称"山岩乡"。就人口与村落而言，"大三岩"比"小三岩"强不少。据2009年田野调查期间所获得的数据，山岩乡人口有290户，1 609人，平均每户约5.55人；据2010年《贡觉县志》所提供的统计数据，三岩6乡共1 976户，12 088人，平均每户6.12人。以上7乡共2 266户，13 697人，平均每户6.04人。这里还不包括自90年代以来三（山）岩地区向外部搬迁的居民，若加上这些移民的数字，7乡总人口数恐怕将超出2万人。

可以设想，三岩历史上由于地理位置偏僻、耕地面积稀少，最初的居民数量应当不会太多。随着不同来源人口的迁入与繁衍，三岩人进入了人地关系极为紧张的局面。为了争夺有限的耕地和农场资源，他们以父方血缘为依托紧密地组织起来，对外实施抢劫，对内平等互助，男性的重要地位便日益彰显出来。据《武城县志》记载："本县所属，南以察拉寺，西以萨东及本城为之通衡，分五路保正，共管五十村计四千七百五十二户，男九千九百七十四丁，女一万二千一百二十二口，喇嘛四百余人。"① 民国十年（1921），据印川边各县调查表的记录，武城（三岩）所估算户数2 006户，人口为6 801人，但后来经任乃强考察（1930年）后修正为：户数2 100户，人口14 000人（包括僧侣在内）。② 可以预想，三岩人口突破万人，也就是近一二百年来的事情。鉴于人口的急剧增长，三岩人将何以应对日趋紧张的人地关系？

70多年前，时任白玉县县长羊泽曾介绍山岩三个村庄的情况，据他统计，山岩三个村中，"色巴（村）为夏锅、格锅、虾锅、谷巴锅、业哥锅五个锅巴，共一百零二户；烈巴（村）为阿业锅、拉曲锅、松谷锅、新巴锅、登巴锅、斑鸠锅六个锅巴，余分为三小村，共九十九户；巴巴（村）为惹呷锅、赠锅、格锅、甲锅四个锅巴，余分为二小村，共七十二户"③。此外，他还认为山岩这三个村的居民，是在约百年前（1840年左右）从河西迁徙而来的。三岩自身出现了迁徙现象，说明内部已经出现了人口压力。与此同时，王叔在白玉县边坝（盖玉、山岩和扎玛交界地带）做调查时，记录了那里的居民在十数年前（1920—1930）有一百二十余户，后经冷卡石娃和三岩娃不断抢劫烧杀和其他历史事件，仅存二十三户；他还指出："就是这二十三户，大多都与三岩人是有交涉的（即亲戚关系），不然早已被抢光和逃亡了。"④ 三岩人经常骚扰周边地区，实际上也说明三岩由于人口压力大，有限的耕地已不足以承载起人口的重荷，不得不以四处抢劫、偷窃为生。值得注意的是，《武城县志》中男女比例并不相同，女比男多出1 700余人。造成了男女比例失调的其中一个原因也许是三岩人经常参与抢劫、械斗等活动，有相当数量的男性在历次的械斗中死亡。

1974年，四川白玉县对盖玉区做过一次人口统计，获知"盖玉全区有大小帕措89个，分布在22个核算单位，平均每个生产队有4个帕措组织，多的达8至9个。全区参加帕措的有841户，占总户数的75.08%，3 370余人，占总人数的70%强。"在沙玛乡，"帕措户数占到了总户数的98.8%，

---

① 刘赞廷：《武城县志》，《中国地方志集成·西藏府县志辑》编辑委员会编：《中国地方志集成·西藏府县志辑》，成都：巴蜀书社，1995年，第141页。

② 任乃强著，西藏社会科学院整理：《西康图经》，拉萨：西藏藏文古籍出版社，2000年，第235 – 236页。

③ 羊泽：《三岩概况》，赵心愚、秦和平编：《康区藏族社会历史调查资料辑要》，成都：四川民族出版社，2004年，第403页。

④ 王叔：《边坝调查记》，赵心愚、秦和平编：《康区藏族社会历史调查资料辑要》，成都：四川民族出版社，2004年，第84页。

人口占到 98%"，而在山岩乡，"帕措户占总户数的 94.8%，人口占 90%"。

昌都解放后，当时把刚刚解放的三岩区分为上、中、下三岩区和半区，贡觉三岩就帕措的基本情况曾做过统计，据记录，当时有帕措 87 个，共 1 403 户，6 040 人，其中上三岩有 13 个村或牛场，403 户，1 810 人；半区有 4 个村，176 户，700 人；中三岩有 4 个村，418 户，1 700 人；下三岩有 14 个村或牛场，406 户，1 830 人。① 1960 年 9 月，三岩宗与贡觉合并为贡觉县，三岩划为罗麦、雄松、木协 3 个区，有 41 个自然村，3 个牛场，全部人口 11 288 人。② 1999 年 4 月，一项关于婚姻与家庭的调查研究显示，贡觉县三岩区所辖 6 乡共有居民 2 232 户、人口 13 318 人。③ 2002 年，贡觉县政府再次对三岩六乡的人口进行统计，查明三岩下辖 6 个乡，49 个村民委员会，95 个自然村，2 232 户，13 468 人。

即便只有一万多人，也给三岩地区造成了巨大的压力。一方面生产资料相当贫乏，人均耕地不足 1 亩，人均牲畜量不足 4 头（只）；另一方面生产条件极其恶劣，山高坡陡，传统土地全年产粮仅够半年的消耗。政府也意识到地少人多是造成三岩贫穷的根源，因此组织过多次搬迁行动；搬迁的地址由近及远，搬迁的规模亦逐步扩大。

例如，1977 年，政府曾组织把木协乡 50 多户集体安置在县城附近的斯塘村垦荒种地。90 年代中期政府再次组织易地扶贫搬迁工程，在距县城 8 公里处建了幸福村，搬入木协乡 12 个村民委员会中所选最贫困的 32 户共 198 人，按每户 4 万元的补助进行安置。此外，截至 1999 年，三岩还就地搬迁安置群众 60 户 473 人，新建房屋 60 幢；就地搬迁 90 户 477 人。2000—2002 年，贡觉县利用 1999 年 1 月 1 日西藏自治区人民政府实施"天然林保护工程"的机会，启动了异地开发安置户项目，计划用三年时间从三岩 31 个村中搬出 1 319 户、7 000 人。搬入地是地理条件优良的林芝地区（米林县、波密县），每户给 7 万元的搬迁费。其中从克日乡搬出 98 户共 556 人，罗麦乡 158 户共 875 人，沙东乡 202 户共 1 001 人，敏都乡 262 户共 1 363 人，雄松乡 274 户共 1 554 人，木协乡 325 户共 1 651 人。政府先后组织多次搬迁，第一次搬迁三岩就有 166 户共 892 人迁走了。所搬出的住户

---

① 西藏昌都地区地方志编纂委员会编：《昌都地区志》（下），北京：方志出版社，2005 年，第 1099 – 1101 页。

② 《贡觉县关于三岩情况调查的汇报》（1960 年 11 月），资料来源：贡觉县档案馆。

③ 吕昌林：《浅论昌都地区一夫多妻、一妻多夫婚姻陋习的现状、成因及对策》，《西藏研究》1999 年第 4 期。

绝大多数来自耕地极其贫乏的贫困村庄。例如，木协乡最先就有 67 户搬出，他们分别是曾遭过火灾的下罗娘宏达村 12 户和宗巴村整个村庄的 55 户。几年来，经政府两次大规模的组织搬迁，在三岩地区完成跨地区天保工程生态搬迁 555 户共 3 820 人和就地天保工程生态搬迁 1 000 余人，2006 年三岩总人口减少为11 892人，2009 年更是减少到 10 305 人。

与此同时，村民向外部搬迁的浪潮同样在四川省白玉县山岩乡出现。近十年来，山岩乡陆续有村民集体外迁，少数几户移居到县城，绝大多数迁往条件更为优越的盖玉乡和沙马乡定居。据笔者 2007 年获得的田野数据，在 2000—2007 年期间，山岩乡 7 村（村民委员会）总共外迁 100 户居民，外迁人口总计 496 人。几乎每村均有家庭外迁，其中当拖村迁出的户数最多，达 49 户共 243 人；其次是西巴村，迁出 17 户共 106 人；色麦村和色德村迁出的户数和人口最少。

考察三岩的人口基数，从乾隆年间的"千数百户"到当前的 1 万余人，三岩的人口与当地的生态环境始终维持着一种动态的平衡。然而，由于一定的生态环境具有一定的人口承载量，为了实现人与生态环境的平衡，就必须从文化机制上采取某些必要的措施。杰奥夫·柴尔德站在历史学的视野，探讨了近代西藏人口的增长问题，他的研究表明：近 300 多年来，西藏人口增长相当缓慢，这与一妻多夫制的流行和西藏的宗教制度有着密切的关联。[①]

三、夹坝政治生计圈

不难设想，一方面气候与生态条件均十分恶劣，另一方面人口又出现了过度增长的迹象，当传统的以采集、农业和畜牧为主的生计方式无法应对危机时，一种崭新的生计方式——夹坝便应运而生。必须指出的是，三岩人在清代入藏的官道上频频实施的夹坝活动，不仅是一种生计方式，更是一种凸显三岩人主权独立性的政治活动。有鉴于此，这里采用"政治生计方式"一词，用来描述三岩人的夹坝行径，而其活动和影响的地域也被称为"政治生计圈"。

"在未设治以前，无酋长无礼节无婚姻，嫁娶无庆悼。往来以抢劫为能，杀人为雄之野番。"在一些文人的笔下，三岩人以一种另类的形象展现

---

① CHILDS G. Polyandry and population growth in a historical Tibetan society. History of the family, 2003, 8 (3): 423 – 444.

在世人的眼前，正所谓：

> 两只刚刘手，一身黑骨头，三餐青稞酒，四季白羊裘；
> 瞪眼如山魃，耸肩似沐猴，狂歌从劫道，飘荡惯寻仇；
> 死葬凭僧记，婚姻任自由，有夫枕妇节，无父壮儿羞。①

翻开与三岩有关的"大事记"，发现自清朝以降，三岩作为一种地方性的政治隐患，频繁进入中央政府的视域，现摘录如下②：

乾隆五年（1740），三艾（今贡觉三岩）与云南怒族发生仇杀事件，引起朝廷关注，并派员调查。

乾隆四十四年（1779），三岩劫抢"大皇帝赏给怙主达赖喇嘛的茶包"，乾隆皇帝大为震怒，于乾隆四十五年（1780），派班第达与纳其善领兵抵达察木多，进剿三岩。是年，在清兵和西藏地方政府军队以及藏东土司的围攻进剿下，三岩平定。

乾隆五十八年（1793）末，四川峨眉县知县王赞武率丁役解送饷银从昌都返程途中，在阿足山石板沟被"三暗巴番人"抢劫，"驮只，遗失印信"。

道光三年（1823），三岩与芒康之间发生纠纷，西藏政府派噶伦谢扎瓦前来进行调解。

道光二十四年（1844），四川白玉县夏哥帕措为扩大势力，与上三岩拉学帕措发生武装械斗，双方集结上百人，深挖战壕，相互攻击长达数月。上三岩帕措获胜，把夏哥帕措的民众赶到白玉县盖玉地区，烧房杀人。

光绪五年十一月二十日（1879年12月13日），光绪帝"赏成都副都统维庆副都统衔，为驻藏帮办大臣"，着令由川入藏。次年，维庆由川藏线入藏，在三岩大石包地方被三岩"野番"数十人拦路劫抢，"杀毙引马人夫，乃至循地方官带领头目查拿，仍敢施放枪炮，肆行抗拒"，光绪帝谕令成都将军恒训、四川总督丁宝

---

① 刘赞廷：《武城县志》，《中国地方志集成·西藏府县志辑》编辑委员会编：《中国地方志集成·西藏府县志辑》，成都：巴蜀书社，1995年，第147页。
② 参见西藏自治区贡觉县地方志编纂委员会编：《贡觉县志》，成都：巴蜀书社，2010年，第847–849页。

桢、驻藏大臣色楞额、帮办大臣维庆"即饬该地方文武认真捕缉，从严惩办"，"以儆凶顽"，有关方面即派人着手调查处理。

光绪七年（1881）闰七月，"巴塘教堂司铎、法国人天主教父梅玉林前往盐井，并未知会地方官照料，行抵核桃园，所雇用人员被三岩人抢劫杀毙，劫去骡马、箱只、茶包"。当晚，梅玉林及所雇教民向兴顺等人在核桃园蛮塘驻营，准备过夜，闻讯赶来的"藏兵四郎洛布"反复劝诫梅玉林勿在此处留宿，但梅玉林不从。当天深夜，被几十名劫匪杀死，劫去驮骡13匹、马2匹、箱2只、茶包1只以及其他物品。

光绪二十三年（1897），三岩鸡打洼等地群众在喜竹桥地方抢劫驻藏大臣讷钦奏朝廷的折匣（装有奏折之匣），震怒朝廷，招致中央派兵征讨三岩。四川总督鹿传霖奏言："三岩鸡打洼野番"在"巴塘所属喜竹桥地方""抢去讷钦折匣"。"经巴塘文武派兵将原折追获。该野番先有劫杀教士之案，近始办结。业经饬令署提督夏毓秀察看情形，并派已革知府嵇志文、记名提督韩国秀驰往筹办。"对此，光绪帝于八月十九日（1897年9月15日）诏令："三岩野番向不归化，近复肆行抢劫，此次业经该督派员查办，果能擒献匪首，自足以昭炯戒。如其负隅抗拒，即应审度地势，剿抚兼施。"同月乙酉，光绪帝再次谕示："三岩之抢案、桑披之命案均应办理得宜，迅速了结，毋使朝廷久廑西顾之忧。"

光绪三十二年（1906），五月，赵尔丰率边军由察木多移驻乍丫（察雅），"就近收抚野番，派员侦察三岩地势，若不投诚则武力进剿"。七月，中央政府任命赵尔丰为川滇边务大臣，后兼驻藏大臣，推行"改土归流"。十月初六，三岩群众不听劝阻，采取对抗措施，赵尔丰采取军事行动，派管带程凤翔率军苦战三昼夜，夺其要隘，致使抵抗群众溃逃，后被招抚。

宣统二年（1910），贡觉改土归流，由中央派官管辖。十二月初六，三岩"米多、撒东二村拒不支差，并伤营勇"。事件发生后，三岩委员周培钧前往调查。

……………

清朝以前，与三岩或邻近地区有关的战事或动乱的记载屈指可数，有文字为凭的仅有一次："崇祯十二至十三年（1639—1640），蒙古和硕特部首领固始汗进兵康区，攻打势力日渐强大的白利土司顿月多吉，在贡觉县相皮乡桑珠荣、孜荣一带发生激战，白利土司顿月多吉被擒杀，康区包括昌都在内的地区由固始汗控制。"由田野工作的访谈获知，三岩人可能也被卷入这场激烈的战事之中，有报道人认为白利土司顿月多吉战败后曾逃到三岩地区躲藏了三年之久，当地流传许多与其相关的传说。即使到了清朝前期的1725年，中央政府还将包括三岩在内的贡觉、左贡、桑昂曲宗等地封赠给藏传佛教格鲁派六世达赖喇嘛，作为其香火地；1726年，清政府又派周瑛、郝玉麟会勘川、滇、藏边界，将贡觉划归西藏地方政府管辖。

由此可见，至少在清朝前期，三岩已被纳入西藏地方政府的管辖之内，噶厦政府派遣宗本到贡觉等地负责纳税、催粮、派款以及支派乌拉等事项。至于三岩各村是否须向噶厦政府承担类似的义务，里面的文字语焉不详。然而，至少可以推断出一点，在西藏地方政府的大力扶持下，格鲁派开始不断向三岩以及周边地区渗透其影响力，其结果是：一两百年之后，黄教成功在三岩建立起三所寺庙，最大的一所寺庙（察拉寺）喇嘛人数有400余人。

如前文所述，三岩人口突破万人，应当是近一两百年来的事情。一方面，早先定居此地的人民不断繁衍生息；另一方面，由于战争、族群迁徙，陆续有人群涌入，三岩早已进入了人地关系极为紧张的局面。与此同时，噶厦政府在三岩地区征税、催粮、派款、支派乌拉等，使得生活生产资料原本就已奇缺的三岩人雪上加霜。此种窘况可能产生了两种结果：一是当地人产生一种抗拒噶厦政府和格鲁派的族群心理；二是当地人开始铤而走险，对外实施抢劫，大肆掠夺，对内团结互助，强化对父方血缘的认同，并在此基础上发展出帕措组织来加强对自身的保护。清乾隆四十五年（1780），据春季成都将军特成额的报告，三岩地区"境壤延袤，南北五百余里，东西三百余里，群番散布，不下一千数百户，其间素行伙劫，不过十之一二，余尚安分"①。此话点出了三岩地区"素行伙劫"的风俗与比例，且夹坝行径至少是在清朝前期（康熙和乾隆年间）才有所抬头，表明它与三岩被划入西藏地方政府管辖这段历史存有一定的关联。

三岩当地至今依然流传着一个"阿妈石"的传说，里面讲述本土的一名善用符咒的白衣喇嘛（可能是一名苯教徒或宁玛派僧人）念经把自己的

---

① （清）庆桂、董诰等修：《清实录·卷1103》（影印版），北京：中华书局，1985年，第28－29页。

亲生父亲给咒死了。然而，故事并没有就此结束，这名悲痛不已的儿子后来离开了三岩，云游四方，曾与居住在拉萨的达赖喇嘛举办过一场斗法比赛并取得了胜利，最后还当上了尼泊尔的国师。[①] 在以上这则传说中，达赖喇嘛是作为三岩人的对手出现的，明显是一种族群心理的真实表露。如果神话传说仅仅是族群心理的一种宣泄途径，三岩人确确实实把对抗黄教和噶厦政府落实到了行动当中。1779 年，三岩人公然劫抢了乾隆皇帝赏赐给达赖喇嘛的茶包，引发了朝廷、西藏地方政府和藏东土司联合采取军事行动，进剿三岩。

此次军事行动取得了一定的成效，不仅有效地打击三岩地区的夹坝之风，而且保证了三岩地区及毗邻地域的安定及川藏大道的畅通。此后直到同治时期（1862—1874）的八九十年间，三岩地区的夹坝事件大为减少，夹坝之风收敛明显。[②] 此次行动还产生了另外一个结果：清政府首次在当地清查户口，征收赋税。[③] 据统计，"上三暗巴之节齿番户，一百六十户"，"宗巴、朗改两寨番户一百十四户，共男妇一千七百九十九口"；事后，乾隆帝下令"派绿营兵驻三暗巴就近要隘，将彼处番民严加约束。至伊等每岁应交达赖喇嘛备赏之项，即交在彼驻扎官员收存转送，再令德尔格忒（德格）土司派一能事头目协助弹压"，"自应如金川等处安设流官之例"。

即便如此，以后三岩夹坝之风不但没有收敛，反而呈现愈演愈烈之势。在光绪年间，三岩又先后发生了震动朝野的"三案"，即"大石包案""核桃园案"和"讷钦折匣被劫案"，时任四川总督鹿传霖受令派军进剿三岩，但此次军事行动却以失败告终。有史料为证："经川督鹿传霖委派总兵韩国秀，率兵三千往剿（三岩），行至察拉寺地方，被匪所困，遂割地议和，以巴兰格三村划归察拉寺，并请该寺喇嘛为世袭把土千总宗巴雍中土总。每年薪俸银四万两，外青稞一百四十克为保路费，以终其事。"[④]

由于有作为政治主权单位——帕措的存在，"家园"的观念在三岩人的脑海里已经根深蒂固了。任何入侵者胆敢踏上自己的家园，都要为此付出沉重的代价，甚至会因此丧命。"天下戈巴是一家"是当地一句广为传颂的习语，可以说是这种观念最好的诠释。但凡有外部势力进剿三岩的时候，

————

① 范河川：《父系原始文化的活化石：山岩戈巴》，成都：四川大学出版社，2000 年，第 124 – 126 页。

② 王川：《清代昌都三岩地区政事拾遗》，《西藏研究》2000 年第 4 期，第 56 页。

③ 王川：《清代昌都三岩地区政事拾遗》，《西藏研究》2000 年第 4 期，第 56 页。

④ 刘赞廷：《武城县志》，《中国地方志集成·西藏府县志辑》编辑委员会编：《中国地方志集成·西藏府县志辑》，成都：巴蜀书社，1995 年，第 133 页。

神山内外
卡瓦格博社区与家庭生计研究

这句话又能促使三岩人团结起来、一致对外。当三岩人跨越了血缘的认同，以地缘的方式联合起来，"三岩"便成为一个让人油然生畏的政治团体，具体表现在当地"无酋长，以抢劫杀人为雄，历不属藏，亦未附汉，官之野番，邻封患之，而无法制止"①。

正是三岩这种政治上的独立性与自治性，赋予了三岩人特殊的政治地位。历史上的三岩被称为"扎西热克西巴"，即"化外野番"之意，表明当地既没有头领，也没有王法，"热克"在当地藏语中是"胜者为王"的意思，实际说明当地存在一种"群雄割据，各自为政"的政治局面。有学者将其状况比喻为内地的春秋战国时期，"由于山岩地险人悍，又分散，大的部落很难实现统一，形成一呼百应的局面，年复一年在排外、封闭的环境中不停地混战、械斗。有些大一些的戈巴眼看就要实现统一大业，而其他稍大的戈巴便会积极展开外交斡旋，组织统一步伐，制造内乱，使得统一梦想化为泡影，前功尽弃"②。

事实上，这种分化而治的政治局面，在藏区的一些地方并非孤立的现象。19世纪末期至20世纪初期，自从英国人入侵印度以后，开始觊觎中国包括西藏在内的整个西南地区。康区地势复杂，长期以来又为大小地方土司所瓜分和控制。这种分裂而自治的政治局面，实质上对三岩的政治团体（帕措）造成了深远的影响。

美国人类学家罗伯特·卡内罗（Robert Carneiro）认为地理环境的局限性，如山脉、海洋和沙漠对人类的阻隔，将促使一个社会不得不通过强化自身的内部（制度）获得进一步的发展。③但就三岩的实际情况而言，单凭特殊的自然生态条件，如地处高山峡谷、与外界隔绝、资源有限等因素，还不足以造成三岩帕措制度的产生，这里还有政治因素所起到的催化作用，即在三岩外部有多种政治势力并存，如西边有强势的西藏噶厦政府，东边有大小不一的巴底土司、明正土司、甘孜孔萨土司、巴塘土司、瞻化土司和德格土司等多种政治势力（见图2-12)④。

① 刘赞廷：《武城县志》，《中国地方志集成·西藏府县志辑》编辑委员会编：《中国地方志集成·西藏府县志辑》，成都：巴蜀书社，1995年，第133页。
② 税晓洁、范河川、杨雅兰：《发现山岩父系部落》，北京：中国青年出版社，2007年，第152页。
③ CARNEIRO R. A theory of the origin of the state. Science，1970，169（3947）：733-738.
④ 此图在《袖珍中国新地图》（1938年商务印书馆印制）一书中西康省的地图的基础上加工而成。当时西康省还没有正式成立，刘文辉规划的西康省疆界还包括了今西藏自治区的昌都等地区，但据史料记载，到1939年西康省成立时，刘文辉实际只能控制到地图上金沙江以东的地区，金沙江以西的土地大多为西藏噶厦政府所控制。

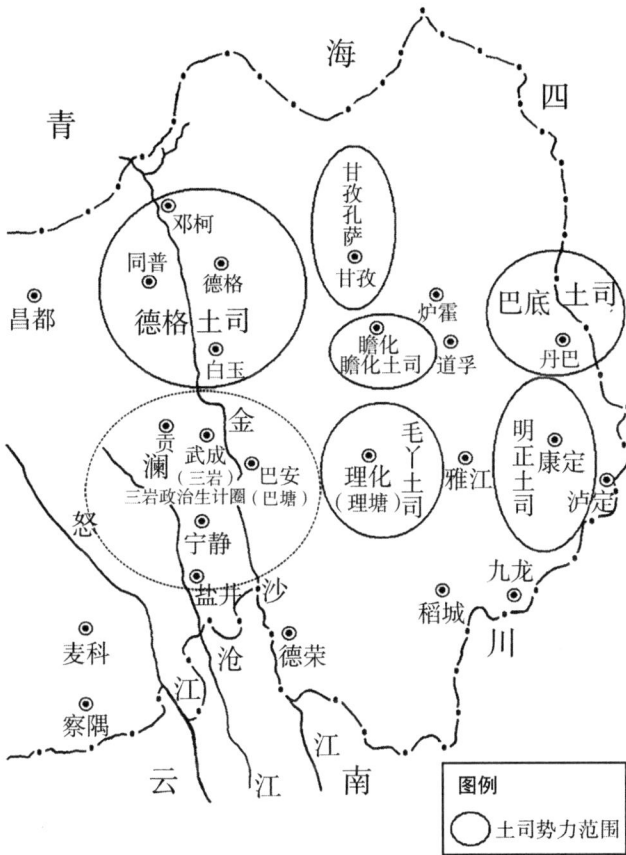

图 2-12　三岩政治势力和夹坝活动圈示意图

　　各种政治势力不仅有各自的势力范围，彼此之间又不断地相互挤压，在此种错综复杂的政治形势下，三岩向外发展的政治空间已微乎其微。外部政治环境的局限性，起到类似于卡内罗所提及的"地理环境的局限性"的作用，促使三岩人转向强化自身的血缘认同关系，最终导致帕措制度的产生，并由此增进了自身的社会凝聚力。由此看来，三岩帕措制度不仅与当地特殊的自然生态条件有关，更与并存于西藏西部（康区）的各种错综复杂的政治势力有密切的关联。由于在政治上拥有高度的自治力与自主权，三岩人敢于铤而走险，频繁在连接四川与西藏的官道上夹坝盗抢、杀人越货，一方面是对各种政治势力的"独立"宣言，另一方面也是他们的一种生计方式。

　　康区长期存在大小地方土司分化而治的政治局面，实际已经影响到清政府对西藏所进行的有效的行政管理。时任四川建昌道道员赵尔丰有感于此，上奏朝廷，提出《平康三策》，力主改康地为行省，改土归流，设置郡县，在四川、西藏各设巡抚，设立西三省总督。赵尔丰的奏折获得了批准，他也开始了在川边长达七年的戎马生涯，完成了对大部分康区的改土归流，加强了清政府对康区的统治，安定了边疆地区，有效地遏止了英人势力进一步渗透中国西南地区的企图。正是在这一大背景下，1910 年赵尔丰的部将傅嵩炑联合德格土司多吉僧格发动了征剿三岩的战役。

面对外部战争的威胁，三岩大小帕措立即抛弃前嫌，联合起来保卫家园。时任营官刘赞廷记录了此次战事的殊烈程度："此次兵分五路并进，该匪于各隘口分途迎拒，凭高下击，我军仰攻，殊未得势。傅嵩炑激励将士，猛攻直上，前者虽仆，后者继登苦战，三昼夜夺其要隘十数处，惟山峦重叠，该匪亦处处设卡，虽屡败奔而仍敢退守阻抗，不肯投诚，盖意在死拒也。"[1] 清军凭借先进的武器和人数上的优势，"转斗两月余，大小数十战"，最终取得了战事的胜利，"卒能使野番畏服输，诚纳款辟地，纵横千余里，收丁口二万余人"。后来，赵尔丰颁布了《章程十二条》，在三岩设立治所，划分区域，设置头人，规定赋税，修建学校，并建立马站制度，规定马的脚价等，[2] 标志着三岩地区正式进入国家管理的政治版图。

---

① 刘赞廷：《武城县志》，《中国地方志集成·西藏府县志辑》编辑委员会编：《中国地方志集成·西藏府县志辑》，成都：巴蜀书社，1995 年，第 133 – 134 页。
② 刘赞廷：《武城县志》，《中国地方志集成·西藏府县志辑》编辑委员会编：《中国地方志集成·西藏府县志辑》，成都：巴蜀书社，1995 年，第 133 – 134 页。

第三章
金沙江流域的高原牧村——索日

第一节　宗教信仰

一、单一的花教

从四川德格县的更庆镇沿 317 国道西行跨过金沙江，便进入西藏自治区的领地。再往西走 100 多里路，便来到"藏东第一村"——岗托镇，这里现属西藏昌都市的江达县管辖（见图 3 – 1），是川藏线连接康区通往卫藏中心的腹地，扼西藏联系内地交通与贸易的咽喉，在经济和军事上具有重要的战略地位。20 世纪初叶，赵尔丰南北夹击，五路攻打三岩，正是从此处行军。1950 年，张国华指挥的第十八军，也是在岗托、邓柯两地强渡金沙江，由此揭开中国人民解放军解放昌都的序幕。

江达县位于青藏高原东部，金沙江上游，地处横断山脉上段的高山峡谷之间，地理位置为东经 97°21′至 98°53′，北纬 30°01′至 32°，为西藏、四川、青海三省的接合部，全县东西总长 286 千米，南北总长 327 千米，总面积 13 164.09 平方千米，耕地 7.78 万亩，有草场面积 1 641.5 万亩，可利用草场面积 100 万亩，森林面积 123 万亩。人口约 6.96 万，辖 2 个镇 11 个乡 95 个行政村，居民以藏族为主体，藏族占总人口的 98% 以上。境内水资源丰富，有大小河流 30 余条，总长 2 091 千米，其中盖曲汇入澜沧江，热曲、字曲、多曲汇入金沙江。该县地处藏东横断山脉，为金沙江河谷地带，地势险峻，平均海拔 3 650 米，最低海拔 2 800 米（金沙江与藏曲汇合处），最高海拔 5 436 米（栽速提峰），相对高度约 3 100 米。气候以高原带半湿润山地气候为主，由于山高谷深，气候垂直变化明显，年日照时数 1 500～2 700 小时，年均气温 2℃～10℃，年均降水量为 520～610 毫米，雨水多集中在夏季，冰冻期为 5 个月，年均无霜期约 140 天。

县内地貌丰富多样，既有起伏的高山、茂密的树林，也有幽深的峡谷、平坦开阔的高原。全县可划为两大区域：东部河谷农业区；北部、西部以及南部的高原牧场区。东部河谷农业区平均海拔约 3 000 米。作为省际边界河的金沙江自西北—东南流向贯穿全县东部边境，在县内总长约 300 千米，北部与东部依次与青海的玉树市，以及四川省甘孜州的石渠县、德格县、白玉县相隔，西部、南部则与昌都市的卡若区、贡觉县接壤。河谷地带多分布一些农业或半农半牧型村落，而在北部、西部以及南部的高原地带，平均海拔骤然上升至 3 800 米以上，星罗棋布地分布着许多大小不一的纯牧业型村庄。县城江达镇恰好位于全县南部地区的中央地带。

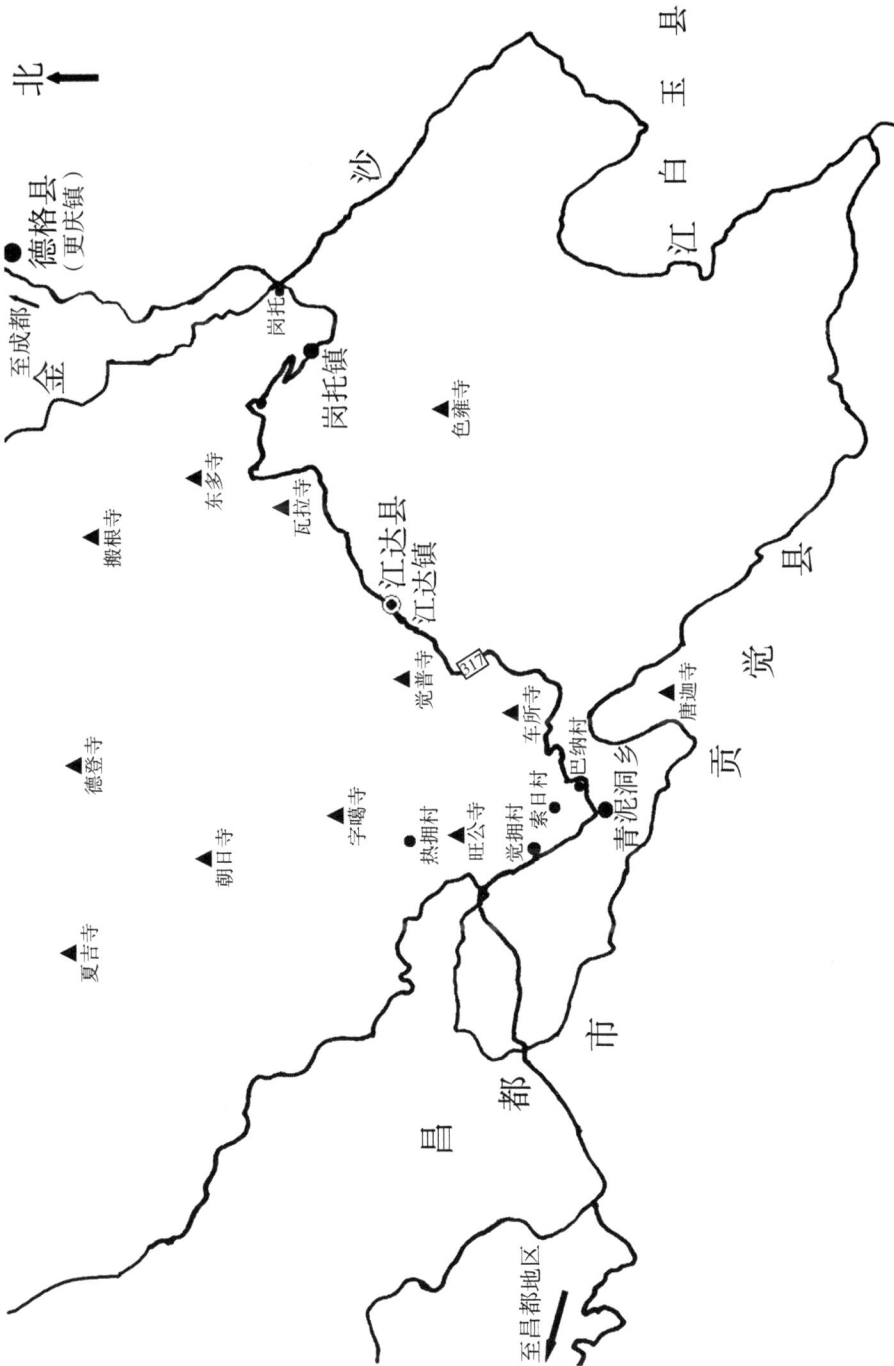

图3-1 江达县地理位置与主要寺庙分布示意图

　　江达县位于西藏昌都市的卡若区与四川省甘孜州德格县的中间位置，[①]此三者历史均源远流长。例如，卡若区卡若村发现了卡若遗址，属于新石器时代，距今约 4 000~5 000 年。[②] 德格县历史悠久，《德格甘珠尔》明确记载："总之称为大蕃地方的大部分人属于扎、智、噶、董四氏，以及一切之舅父果拉德盖波氏，共出五氏，这儿（指德格土司）属于后者。果拉德盖波氏繁衍后代有十八部，（指德格土司）属其中之分支噶儿氏。"德格土司世系具有久远的历史，始祖相传为噶尔东赞域（禄东赞）之后，至二十九代有琐南仁勤比丘，被八思巴法王誉为富有"四德十格"之大夫，始有德格之名，其世系和血统流传至今。[③]

　　据文物和史料考证，远古时期就有人类在江达居住，繁衍生息。在漫长的社会演变进程中，这里的人们很早就发展了游牧部落经济，同时兼有原始狩猎、刀耕火种与粗放式农耕的生产方式。

　　历史上江达是个民族聚集地，一度出现过中央集权的统治。就曾居此地的民族和设置的官署而言，秦以及秦以前，羌人曾在此聚居；两汉是牦牛羌和炯人（系藏语 Viang 的音译，又称"姜人""浆人"）；南北朝是东女和苏毗；隋唐为吐蕃王朝属下的孙波如；元为吐蕃等路宣慰使司、剌吗儿刚等处招讨使司、亦思马儿甘万户；明为朵甘卫行都指挥使司；清为和硕特蒙古、驻藏大臣、（德格）土司、边务大臣、改土归流；民国西藏地方政府昌都总管、藏北总管（部分）；1950 年昌都和平解放后成为独立县。[④]

　　江达在藏语中意为"江普寺沟口"，表明与藏传佛教的渊源关系。众所周知，西藏被人们称为宗教之邦，是因为喇嘛教、喇嘛寺院和喇嘛已经渗入西藏的一切事物之中。可以说在西藏任何事物都是以宗教开始，并以宗教告终，因此，喇嘛在西藏居于绝对的统治地位。[⑤] 然而，藏传佛教的体系历史久远、内容庞大、教义深奥，若要理清其中的历史发展脉络和派系传承的实际情况，却是件让众多学者倍感头疼的难事。关于藏传佛教的历史传承，可以简单陈述如下：

---

① 江达县城江达镇距德格县城更庆镇 109 千米，距离昌都市 228 千米。
② 西藏自治区文物管理委员会、四川大学历史系编：《昌都卡若》，北京：文物出版社，1985 年，第 160 - 166 页。
③ 《西康德格之历史与人口》，李安宅：《李安宅藏学文论选》，北京：中国藏学出版社，1992 年，第 152 - 160 页。
④ 季羡林总主编，冯天瑜等副总主编，王尧、黄维忠著：《藏族与长江文化》，武汉：湖北教育出版社，2005 年，第 141 - 144 页。
⑤ 柳陞祺：《西藏的寺与僧（1940 年代）》，北京：中国藏学出版社，2010 年，第 48 页。

藏传佛教归属于大乘佛教，以密宗传承为主要特色，这点有别于汉传佛教和南传佛教。正所谓万佛归宗，若从思维导图来看，[①] 藏传佛教很像个根深叶茂的树状结构，由粗大的树干分出了许多的枝杈，大枝上又分出了许多小枝，有别于其他一些宗教的平面结构。平面结构的宗教认为教义与真理只有一种，当两个教派观点相左时，就互相把对方视作异教。树状结构的宗教没"异教"的说法，例如在藏传佛教中，认为存在不同的教派是因为有不同根基的众生，需要采用不同的方法去度化。

关于藏传佛教系统内的派系情况，意大利学者图齐曾将其分成 18 个派别：噶举巴、年举、奥义派、噶玛巴、朱巴、支贡巴、达垄巴、噶当巴、秘诀巴、新噶当或格鲁巴、巴举巴、萨迦巴、当巴、俄尔巴、希解巴、玛季劳准巴、桑巴、觉囊巴。[②] 然后，按照其历史的发展和教义、教道的差异，将其分为六大流派，分别是宁玛派（红教）、噶举派（白教）、噶当派、萨迦派（花教）、格鲁派（黄教），以及改革后的本土宗教——苯教（黑教）等。红、白、花、黄、黑等不同的颜色是民间对这些复杂教派的简称。一位当地寺庙的喇嘛向笔者解释了这种分法的依据：红教宁玛派在做法事时，法师们所戴的帽子是红色的，所以叫红教宁玛派；同样，噶举派做法事的时候，法师们所穿的衣服是白色的，所以就叫白教噶举派；花教萨迦派做法事时，大师们所戴的帽子是花花绿绿的，所以就叫花教萨迦派；黄教格鲁派在做法事的时候，喇嘛们戴的帽子是一种黄色的大尖帽；至于白教是原来本土宗教苯教，后来被藏传佛教加以改造后保存了下来，成为藏传佛教中的一支，取名白教是因为藏族人自古以来就崇尚白色，不过当前白教的影响力已经日渐式微。诚然，这种教派的区分法明显过于简单，但因其比喻生动形象、通俗易懂，很快就被老百姓所接纳并流传开来。就当前藏传佛教各大教派的大体情况，以下做一些简要的介绍：

1. 宁玛派

宁玛藏语意为"古""旧'，该派以传承弘扬吐蕃时期译传的旧密咒为主，故称为"旧"。一般认为，宁玛派的创始人是莲花生大师，主要修行的法门是大圆满，其法统与吐蕃时期的佛教有直接传承关系，历史渊源早于后弘期出现的其他教派，故称为"古"。

① ［英］东尼·博赞、巴利·博赞著，叶刚译：《思维导图》，北京：中信出版社，2009 年。

② ［意］图齐著，耿昇译：《西藏宗教之旅》（第二版），北京：中国藏学出版社，2005 年。

宁玛派又通称为"旧译密咒派",是最早传入西藏的密教。该派教义吸收了原始苯教的一些内容,重视寻找和挖掘古代朗达玛灭佛时藏匿的经典是其教义传承的一个鲜明特征。

2. 噶举派

噶举派是藏传佛教支派最多的教派。"噶举"藏语意为"口授传承",谓其传承金刚持佛亲口所授密咒教义。创立者先后有两人。一是玛尔巴译师(出生不详),一是琼布朗觉巴(990—1140)。噶举派的传承主要有达波噶举和香巴噶举两大支系。达波噶举系统的创始人是达波拉结,但渊源可以追溯到玛尔巴、米拉日巴两师徒。达波拉结是米拉日巴的首席弟子之一,1121年在达布建冈布寺,收徒传法,后来其众多的门徒又发展出更多的支系,遍布藏区等地,至今未衰。香巴噶举系统的创始人是琼布朗觉巴,也称琼布噶举。因琼布朗觉巴在后藏的香巴地区广建寺庙,传法讲道,故称"香巴噶举派"。

噶举派的修炼重密宗,采取口耳相传的传授方式,教义里融合了许多来自噶当派的元素。在修习上噶举派特别注重修身,主修大手印法。大手印又有显密之分,要求修行者心住一境,不分别善恶美丑,以得禅定,进而达到一种空心自明的境界。

3. 噶当派

噶当派创建于1056年。藏语"噶"指佛语,"当"指教授,通俗说法是把释迦牟尼的一切教言都当作修行的教授。噶当派的奠基人是古格时期从印度迎请过来的著名佛教大师阿底峡,热振寺是噶当派的主寺。该教派以修习显宗为主,主张先显后密。在噶当派传承中,形成了三个主要支派:教授派、教典派、教诫派,各自形成一套典籍和教义。13世纪晚期,一位名叫泅丹惹迟的噶当教典派僧人,把噶当派的纳塘寺搜集保存的大量藏译佛经编订成《甘珠尔》《丹珠尔》。这就是在佛教历史上具有重要地位的藏文《大藏经》最早的编纂本。

噶当派由于教理系统化、修持规范化,对藏传佛教其他各派都产生了重大的影响。新教格鲁派就是直接在原来噶当派的基础上加以改革的,故有"新噶当派"之称。自15世纪开始,随着格鲁派的兴起,很多原属噶当派的寺院都逐渐成了格鲁派的寺院,噶当派从此退出了历史的舞台。

4. 格鲁派

在原来噶当派的基础上,黄教格鲁派获得了新生。格鲁派的"格鲁",

藏语为善规之意，指该派倡导僧人应当严守戒律。格鲁派既具有鲜明的特点，又有严密的管理制度，因而很快后来居上，成为藏传佛教最为重要的派系。黄教格鲁派的祖师爷是宗喀巴大师（1357—1419），他主要修行的法门就是菩提道次第广论，密宗道次第广论，正见就是中观正见。1409年元月，宗喀巴在拉萨大昭寺首次举行祈愿大法会，同年又在拉萨东北兴建甘丹寺，并自任住持，标志格鲁派正式形成。后来，该派势力逐步扩大，修建了哲蚌寺、色拉寺、扎什伦布寺三大寺院。清代以来，格鲁派寺院有了很大发展，除上述三大寺外，还有甘丹寺、昌都寺，青海塔尔寺、隆务寺、佑宁寺，甘肃拉卜楞寺、卓尼寺，四川格尔底寺、甘孜寺，云南中甸的噶丹松赞林寺，北京雍和宫等，也都是格鲁派的著名大寺院。

活佛转世制度的采用是格鲁派走向兴盛的转折点。清代格鲁派形成达赖、班禅、章嘉活佛（内蒙古）、哲布尊丹巴（外蒙古）四大活佛转世系统。格鲁派的佛教理论继承阿底峡所传的龙树的中观应成派思想，主张缘起性空；修行上采取"止观双运"的修行方法，止观兼重，即主张止往修、观察修两种轮次修习；在显密两宗的关系上，格鲁派则强调先显后密的修习次第和显密兼修的方法。

5. 萨迦派

萨迦派中的"萨迦"，藏语意为灰白色的土地，因该派的主寺——萨迦寺所在地呈灰白色而得名。由于该教派寺院围墙涂有象征文殊、观音和金刚手菩萨的红、白、黑三色花条，故又称花教。

萨迦派有血统、法统两支传承。元代以后，萨迦派内又出现俄尔、贡噶、察尔3个支派。萨迦派的重要寺院还有四川德格的贡钦寺，青海玉树的结古寺、称多的示藏寺，西藏林周的那烂陀寺，今印度锡金境内的结蔡寺等。萨迦派采用款氏家族世代相传的传承方法。13世纪中，萨迦派发展成具有强大政治势力的教派，有过著名的"萨迦五祖"：初祖贡噶宁波（1102—1158）、二祖索南孜摩（1142—1182）、三祖扎巴坚赞（1147—1216）、四祖萨迦班智达·贡噶坚赞（1182—1251）、五祖八思巴·追坚赞（1235—1280）。1244年，萨迦班智达应蒙古皇子阔端邀请赴凉州会谈，为元朝统一西藏做出了重要贡献。后来，八思巴被元世祖忽必烈封为国师、帝师，领总制院事，管理西藏地方政教事务。1267年西藏建立萨迦派政教合一地方政权，在元中央王朝的支持下，萨迦派势力大增，其寺院及势力范围扩展至康区和安多藏地，对元朝皇室亦造成重大的影响。与此同时，萨迦派内部的矛盾亦逐渐发展，1324年，萨迦寺分成细脱、仁钦岗、拉康、都却4个拉章，各领属民、土地。1351年，萨迦派在西藏的掌权地位被帕竹噶举派的大司徒绛曲坚赞取代，萨迦势力日渐衰落。明成祖时，封萨迦首领为大乘法王，萨迦派仅保有萨迦附近一小片领地，其首领称萨迦法王。明朝中期，其他3个拉章的传承都已断绝，余下的都却拉章又再分裂为彭措颇章和卓玛颇章两房，一直延续至今。

萨迦派在显教方面注重经论的翻译及辩经。显宗方面有两个传承，一个倡导唯识见，传授法相学；一个主张诸法性空，传教中观应成学说。密教方面有萨迦十三金法，道果法是最独特的教法。道果法认为，修习佛法有三个层次。第一个层次是舍去"非福"（"恶业"，即做坏事），专心于行善，来生即可投生三善趣之中。第二层次是断灭"我执"。"我执"一断灭，烦恼苦痛便无从生起，人也可从流转轮回的痛苦中得以解脱。第三层次便是除去"一切见"。"一切见"指"断见"（指片面解释"宇宙万物皆非实有"）和"常见"（指一般人的见解）。萨迦派认为，要防止"断见""常见"，就要走中道，这样才能达到智者的境界。

此外，萨迦派对藏族文化的发展有重要贡献，元代帝师达玛巴拉在北京召集藏、汉、印度、北庭名僧用梵文原本对勘藏汉文佛教大藏经典，历时3年撰成《至元法宝勘同总录》。这为《藏文大藏经》的编定和刻印打下了基础。萨迦寺至今仍是藏传佛教寺院中藏书量最为丰富的一座。

江达地区的宗教氛围极其浓厚，属于萨迦派的寺庙星罗棋布地分布于全县，当前江达县内有80多个寺庙，几乎每个牧村都拥有一个或一个以上的寺院。让人感到十分惊奇的是，这80多个寺庙九成以上属于花教萨迦派，呈现出一种压倒性的单一性特征，有别于卡瓦格博信仰圈内其他地区多元宗教（教派）并存的局面。江达县内地位比较重要、规模比较大的花教寺庙有瓦拉寺、东多寺、色雍寺、搬根寺、郎吉寺、青稞寺、德登寺、夏吉寺、朝日寺、字噶寺、觉普寺、车所寺、旺公寺（见图3-1）等。

二、喇嘛寺和尼姑庵

诚如人类学家博厄斯所言，每个社会都是其特殊历史的产物，要想了解为何这一特定的社会不同于另外一个，关键点就隐藏在特定人群的历史当中。① 早在 6 世纪以前，江达县境内便已存在藏族先民的传统宗教——苯教。相传 8 世纪末，莲花生大师前往"俄洛"② 布教时，影响并改革了康区西北部的苯教，对加速这一地区苯教与佛教的融合起到了主要的作用。9 世纪中叶，处于卫藏的朗达玛两次采取灭佛政策，寺庙遭到肆意破坏，大量僧人逃亡到西藏东部地区（康区）；康区成为藏传佛教后弘期"下路宏法"的发祥地，藏传佛教中密宗色彩最浓的宁玛、噶举等派最先兴旺于此。后来由于蒙古势力的入侵，萨迦派取代原来的宁玛、噶举等派，取得了统治地位，发展到今天更是做到了一家独大的局面。在当地许多村落认为自己的祖先就是来自青海地区的蒙古族，他们的族源传说也能印证这种说法，来自青泥洞乡的索日村就是其中的一个。笔者在索日村从事长达半年之久的田野工作，获得了该村有关的族源传说：

> 相传四五百年前，四个来自青海地区的蒙古族兄弟移居此地，他们联合起来打败了当地的小国王（部落），分别娶了国王（部落首领）的四个女儿（公主）为妻，老大夫妇在噶吉山沟附近定居下来，老二夫妇在噶宗库沟和恰贝通沟附近定居下来，老三夫妇在擦隆沟附近定居下来，老四夫妇在白龙达沟附近定居下来；他们后来共同构成索日村人的祖先。

这种先人迁移到一个地方与当地的美女结婚的传说，其实在很多地方的传说中均有出现。③ 然而，结合地理位置与历史发展两个因素来考虑，该传说存在一定的可信成分。首先，从地理位置上看，江达县毗邻青海省。从江达往北走，无论是沿东边的金沙江还是西部的澜沧江，均可抵达青海省。从青泥洞往北也可抵达毗邻江达县的青海省海西蒙古族藏族自治州和玉树藏族自治州。据当地人讲述，从索日村去青海省，一路地势相对平坦，中间只需翻越数座山峰即可，来回约需半个多月的行程。

其次，从历史记载看，蒙古势力在藏区一直有扩张的迹象。青海的蒙古族原来居住在内蒙古的呼伦贝尔大草原，在 13 世纪初叶，即 1206 年前

---

① ［美］卢克·拉斯特著，王媛、徐默译：《人类学的邀请》，北京：北京大学出版社，2008 年，第 19 页。

② 现青海果洛地区和四川西北部地区。

③ 青海省编辑组编：《青海省藏族蒙古族社会历史调查》，西宁：青海人民出版社，1985 年，第 2 页。

后，蒙古王成吉思汗统兵西进，兵攻西亚时，曾派兵到青海的柴达木盆地
一带；翌年，成吉思汗回师途中，又攻破了积石州（今循化县），占领西宁
州；接着又占领了青海湖周围及柴达木东部的广大地区，并在此地驻军屯
牧。这是蒙古族迁移青海的开端。此后，1257 年，蒙古军南进，其中一路
从西北进攻四川。一部分土默特达吾尔部从现在的甘、青南部交界处进击，
部分土默特达吾尔定居在河曲作格浪地区。这是最早进入黄河南部的蒙古
族。1636 年，原来驻扎在新疆乌鲁木齐一带的蒙古族和硕特部，在首领固
始汗的带领下，迁徙于青海境内，随后统一了青海省并将其划分为左右二
翼，分给其十子做领地。此后，蒙古部落多次移入青海地区，人口不断发
展壮大，达到二十多万。[①] 此外，据《贡县志》记载：贡觉在"唐初被藏番
征服，元世祖西征，以蒙古人游牧至此占领，与土人混合，变为蒙古种族，
分为百户制"[②]。鉴于江达接壤贡觉且位于其北面，是蒙古人迁移的必经之
路，地理和生态条件亦相似，因此，索日村的祖先是蒙古人的说法并非空
穴来风。

不难想象，花教在江达县的一元性特征是特殊的历史原因所致，它是
自 13 世纪以来入侵藏区后的蒙古政权与地方宗教势力——萨迦派相结合的
产物。同理，从江达县当地许多牧村的族源可以看出，宗教信仰与族群性
有着密切的关联性。若从传播论中关于文化中心区与传播区的视角来看，
其实亦不难理解，因为萨迦派曾于 1550 年在中心寺院之一的四川德格贡钦
寺设立了德格印经院，这是藏区最著名的印经院，专门刻印藏传佛教经书、
历法和医学等上千种典籍，对保护和弘扬佛教起了重要作用。

德格印经院与江达县虽然在当前行政区划上属于两个不同省份，但两
者仅隔一条金沙江，不仅地理面貌相同，文化上也是难分彼此，宗教信仰
莫不如此。如果说处于文化中心区的德格印经院对于保护和传承宗教文化
（尤其是花教）起到了举足轻重的作用，那么在其周边出现许多属于花教的
寺庙自然合情合理。

当然，站在索日村视角来看，德格印经院离村子的路途过于遥远，不
过他们并不会表现出过多的忧虑，因为在村子周边就有两所大型的花教寺

① 青海省编辑组编：《青海省藏族蒙古族社会历史调查》，西宁：青海人民出版社，1985 年，第 139 – 140 页。

② 刘赞廷：《贡县志》，《中国地方志集成·西藏府县志辑》编辑委员会编：《中国地方志集成·西藏府县志辑》，成都：巴蜀书社，1995 年，第 401 页。

庙——瓦拉寺和噶通寺，路程都在百里之内，一日之内就可来回，足以解决生活中需要涉及宗教信仰的各种难题。

瓦拉寺是沿着 317 国道进入"西藏东大门"——江达县境内的第一所寺庙，原属白苯教，于 1253 年由萨迦初祖贡噶宁波创立，后由元朝帝师八思巴改为萨迦寺院，成了德格土司的祖寺之一。瓦拉寺是当前萨迦派传承的主要寺院之一，当曲登巴尊者自幼在此出家修行，历代萨迦法王、四大堪布都曾在此弘法利生。瓦拉寺在修行上以道果为主，有别于其他派系所修持大圆满、大手印等。据悉，寺里不仅依然保留有祖师八思巴曾在此转法轮时留下的持刀大黑苯，还有一幅具有 700 年历史的格萨尔王壁画，至于其他的珍贵文物更是不胜枚举。瓦拉寺实际由三部分组成：瓦拉寺、瓦拉五明佛学院和附近德钦山上的瓦拉德钦寺，2007 年有喇嘛 200 余人，是江达县内最大的萨迦派寺庙，国家宗教政策开放后，藏区第一次传授道果法会就是在此处举行的。

唐迦寺（又名通夏寺）虽然位于贡觉县相皮乡内，却是离索日村最近的一所萨迦派主寺，2007 年喇嘛 600 余人。与瓦拉寺一样，唐迦寺同样拥有一所学经院，吸引了江达、贡觉甚至四川德格、理塘、巴塘和白玉的大量僧侣前来学习。唐迦寺早期培养了多位高僧大成就者，先后成就了达垅噶举派的创建人，如达垅塘巴·扎西贝、桑吉雅君、桑吉温等高僧，早年均在唐迦寺修行。据史料记载，唐迦寺是由后弘期高僧噶顿·普布瓦于 1096 年创建的。噶顿·普布瓦生于 1011 年，贡觉人。先后到卫藏和印度学经，曾拜阿底峡为师。后至阿里、卫藏传法。53 岁时返回老家，创建唐迦寺。此地原有造型独特的三层殿堂，称为玛堆殿。建筑风格第一层为藏式，第二层为印度式，第三层为汉式，屋顶为单檐歇山式，上盖琉璃瓦。民间传说认为，此即文成公主为镇压女魔四肢关节而修建的镇女魔掌心寺。另有说法认为八思巴至大都时曾路经贡觉唐迦寺，出资维修了文成公主时所建的四大镇翼寺之一的玛堆殿。如今寺内珍藏有许多珍贵文物，如国师八思巴馈赠的神像、大明永乐年间的宗教法具、用羊毛丝编织的唐卡，相传还有格萨尔王使用过的宝剑等。当前寺里还保存一份《甘珠尔》，据称此金文是用金粉在贝叶纸上誊写而成，相传由萨迦寺主寺那边传入，为康区各大寺庙同类经文的首次，可谓弥足珍贵；此外，该寺甚至存有两尊唐朝时期的铜制佛像（见图 3－2），虽然历经数次浩劫和动乱，它们仍得以保存下来，不能不说是一个奇迹。

图 3 - 2   唐迦寺所保存的贝叶金文和唐朝时期的两尊铜制佛像

虽然无法与瓦拉寺和唐迦寺两所大型寺院相提并论，但索日村村民也拥有一个属于自己的萨迦派村寺——旺公寺。作为宗教在社区的"代理人"，旺公寺目前是整个青泥洞乡规模最大的寺庙①，其影响力甚至辐射到外乡。旺公寺现有住寺喇嘛 56 人，其中有 9 人来自索日村。

旺公寺属于花教萨迦派。旺公寺除了承担起赡养附近村子部分孤寡老人的义务以外，每年需定时为索日村举行法会。法会一般在过藏历年期间举行；这是一个祈福禳灾的节日盛典，同时也是全村人集体欢腾与实现社区整合的重要时刻。尽管乡里很早以前就设有一间卫生所，但每逢村里有人生病，一般都要预先向旺公寺的活佛求药和打卦以询问吉凶。旺公寺设有 4 个活佛，分别为大丹吉曲扎、嘎宗索吉、协拉松吉和左嘎桑巴，其中以大活佛大丹吉曲扎的影响力为最大，然而他已于 2005 年在拉萨圆寂，笔者 2007 年从事田野工作时，其转世灵童仍在寻访当中。

根据索日村人回忆，大丹吉曲扎是一位和蔼可亲、事必躬亲的活佛，一直深受村里人的尊敬和爱戴。之前，他曾放出风声准备圆寂，从此进入虚无世界。在索日村村民的苦苦哀求下，大丹吉曲扎才勉强同意再延缓两年，前提是在这两年的时间里，索日村人必须摒弃酗酒和赌博的陋习。据说在获得村里人的集体同意后，大丹吉曲扎才欣然应允将自己的圆寂计划向后延迟了两年。在两年多的时间里，这两条戒规基本上得到了索日村人的集体遵守。

日出寺为一座新建的尼姑庵，寺院的选址就坐落在索日村的日出神山上。日出寺住持名为罗拥，索日村人，2007 年时 48 岁。据罗拥的个人陈

---

①   青泥洞乡还有另外一所萨迦派寺——车所寺，不过规模要比旺公寺小得多。

述，1987 年她在日出神山放牧时受到了神启——感应到"多杰帕姆"的召唤，回来后便立志在日出神山上出家修行，随后开始四处筹措资金，最终在日出神山上建立起一座日出寺。扎日神山位于索日村西部，由于当地高山险峻，地势雄伟，是一处静心修行的圣地。

可以说，正是在罗拥的精心操持下，日出寺的建设不仅初见规模，其名声也逐步响亮起来，这与罗拥与生俱来的个人魅力有很大的关系。2007年日出寺已有 36 名尼姑，对于一个刚建不久的寺庙而言已经是很不错的规模。36 名尼姑中有超过 2/3 虽然在寺庙里登记注册，但仍需要回家参加一般性的生产劳作；经常性住寺修行的尼姑有 11 人，其中 8 人来自索日村，另有 3 人是邻近其他社区慕名而来学习修炼之术的"见习"尼姑。

多杰帕姆为藏文音译，意即"金刚亥母"，也叫作卡卓玛或空行母，是藏传佛教密宗修持的母体本尊之一（见图 3-4）。在众多藏文典籍文献里，多杰帕姆被多次提及。例如，《噶丹教法史》讲述："莲花生大师之若干化身开启了丹斗、海心山、聂贡扎嘎尔等诸圣地。后者（聂贡扎嘎尔）则被八思巴喇嘛、达温循务等先贤得以明确。索南益西旺布大师在扎嘎尔体验到莲花生大师、圣救度母、观世音菩萨等住于此处。东阔永丹嘉措则见二十四处空行与空行母，如云集聚，会供曼陀罗，还有现风母子字母、如意宝牛、如意宝树、自生谷、湖海、树木，大尸林外围等。第巴曲杰大师、化身丹巴饶杰喇嘛及空行母洛桑曲仲等诸时贤，由言此地乃胜乐金刚之圣殿。"扎贡巴丹巴饶杰大师在其《安多政教史》中也记述道："达尼钦布王于《生起次第如意》云：'在婆罗门、刹帝利王（贵）族、首陀罗及边民，诸金刚残伽母，居于一城之故，在藏、汉等地区也有其驻锡地等。'"

图 3-3　日出寺主持罗拥在山洞里闭关修行

图 3 - 4 金刚亥母画像

罗拥曾给笔者讲述，她所修炼的教义属于藏区的女传觉宇派，其创始人为玛吉拉珍（又称拉珍玛）。觉宇派主张勤修苦练，有强烈的苦行僧精神，他们的门徒需要在荒山野林里或山洞岩洞中勤修苦练，以追求自我的圆满。按照觉宇派的教义，"觉"就是断，其意为这一派的教义能够断人生的一切苦恼，即能够斩断一切世俗和生死的根源；"宇"直译为地方，但这里指佛家所说的"境"，即达到舍身忘己的境界。

三、宗教的功能

按照图齐的观点，西藏民间宗教的一大任务是对人类和房宅的保护，[①]在牧区则是表现为对人类和牲畜的保护。马凌诺斯基也认为："由分析宗教的功能，亦即分析宗教如何和其他社会活动发生关系而服务于人类，我们就能指出，任何形式的宗教，都是适应个人及社会的一些深刻的——虽然是派生的——需要的。"[②] 随后，马凌诺斯基还指出："在它的伦理方面，宗

---

①　[意] 图齐著，耿昇译：《西藏宗教之旅》（第二版），北京：中国藏学出版社，2005 年。
②　[英] 马凌诺斯基著，费孝通译：《文化论》，北京：华夏出版社，2001 年，第 84 页。

教使人类的生活和行为神圣化，于是变为最强有力的一种社会控制。"① 宗教信仰无疑是各种社会控制中最为重要的一环。更为重要的是宗教生活（信仰和仪式）已经发展成为一种重要的社会控制，对索日村的日常生活发挥着实质性影响。

藏语中"青泥洞"指两河交汇处。这里两河分别指热曲和字曲；位于东部地区的集雪神山则是这两条河流的分水岭。温泉资源是该乡的特色之一，该乡拥有远近闻名的玉龙温泉；另一个特色是该地拥有极其丰盛的矿产资源。索日村处于青泥洞乡的中央位置，此处正是藏传佛教后弘期"下路宏法"的发祥地，周边的宗教氛围极其浓厚。某种程度上，宗教生活已经渗入索日村社会和文化生活的方方面面，对各种形式的社会组织与结构也发挥着功效，这些宗教生活又可具体表现在宗教信仰和仪式性行为上。

正如前文所述，旺公寺在过藏历年期间都会入村举行佛事法会，这是一场盛大的丰产仪式，跳神仪式表演是一个雷打不动的项目，不仅要跪谢去年佛祖的庇佑，还要祈求来年如意安康、牲畜成群。如果家里有人生病，牧民首先想到的不是去医院，而是拜访寺庙里的活佛或喇嘛。在笔者访谈日出寺主持罗拥期间，亲眼看见好几位牧民在其闭关修炼的山洞外安静地排队等候，依次拜访罗拥以求解答生活中所遭遇的各种难题。例如，其中有两位长者所询问的是如何治疗某种疾病的方法，当然他们得到的答复几乎相同，那就是静心修炼，多诵经文。也有一些人希望得知某件事情的吉凶，还有人只是单纯地过来聆听教诲。

当然，处理人的死亡问题也是宗教所关心的事情之一。索日村中如有人去世，一般认为天葬是他（她）们最好的归宿。当前索日村共有三处天葬台，分别是：①确固；②萨义玛；③查勒。确固和萨义玛天葬台位于日出神山上，查勒天葬台位于嘎拉神山上。除了这三处天葬台以外，日出神山上还有一葬所，名为"阿格阔"，主要用来安葬两岁以上十四岁以下夭折的小孩；某种程度上，"阿格阔"具有公共墓地的性质。如果人属于凶死（如械斗和染病），则可要求就地埋葬，以防止亡魂作祟。以往索日村也曾实施过一段时期的水葬，但该葬法现在已甚少实施。

丧葬是连接生人与死人的人生仪式。"死人归天后，遭逢此绝大损失的生人，便坠入方寸皆乱的情绪中，这种情绪对于个人或社区都是很危险的，倘若没有丧葬的仪式——这仪式也是普遍存在的——以资调剂，其危险就

---

① ［英］马凌诺斯基著，费孝通译：《文化论》，北京：华夏出版社，2001年，第86页。

难以克服。"① 无论采取何种葬法，宗教总是积极地参与进来，无论在打卦、仪轨还是选址上，均发挥着重要影响。由此可见，就死亡仪式而言，宗教信仰所发挥的重要作用是："可以使个人摆脱其精神上的冲突，而使社会避免瓦解的状态。"②

索日村中有人去世，除了采取合适的葬法与举行相关的仪式等展现对于"离魄"的帮助、生人同死人间的合作精神以外，宗教还鼓励家人前去转经，以化解死亡给家人带来的巨大悲痛，同时也能"超度"亡灵，并为死者的"转世"做好准备。在这些场合下，家人可选择去邻近的神山转经，也可选择去拉萨朝圣或去卡瓦格博神山转经；后两者被认为更具功效和神圣性。在各种转经活动中，行长叩头又是其中最为虔诚的一种。若去拉萨地区朝圣，需要提前前往四川省德格县的玛尼干戈，然后从那里出发，徒步用身体去丈量前往拉萨各大寺庙的距离，最后才去冈底斯山朝拜旁玛雍措圣湖和冈仁波齐神山；若去卡瓦格博神山转山，则可沿着317、318国道前往南部地区藏滇交界处的卡瓦格博神山（梅里雪山主峰），然后沿着指定的路线转山一圈后回来。

索日村村民认为，一生中至少要去拉萨朝圣一次或去卡瓦格博神山转山一圈，特别是家中遭遇了严重的困难或有家庭成员离世的时候。从这些地方朝圣或转山回来的人，都会受到村内其他人的尊敬，自身的社会威望也会得到提高。报道人还曾指出：如果一位女性去过这些地方朝圣或转经回来，就能提高她的社会地位，并由此增加她日后出嫁的机会。

除了这些来自世俗生活的杂事，宗教还很好地与婚姻家庭捆绑在一起，形成了一种共生的系统。就索日村的两所寺庙——旺公寺和日出寺而言，两家寺庙都吸收了不少来自本村或外村的僧侣人员，说明村子与寺庙之间存在着供养的关系。有文献显示西藏在和平解放前一直存在着一项喇嘛税，此税不仅在农区流行，也存在于牧区。一个家庭如果有某位成员出家，就可免交此税。道格拉斯曾于1951年前往西藏的拉达克地区，那里的藏传佛教有着深厚的社会文化基础。他发现一妻多夫制流行于平民阶层并受到喇嘛的支持。为此他提出了一个有趣的观点：一妻多夫制为喇嘛和喇嘛教提供后援。这里涉及两种说法：一是喇嘛需要从农民中征税，因此愿意看到一种能够抑制人口增长的体系以避免民众因过度贫困而反抗他们的统治；二是喇嘛寺院也需

---

① ［英］马凌诺斯基著，费孝通译：《文化论》，北京：华夏出版社，2001年，第84页。
② ［英］马凌诺斯基著，费孝通译：《文化论》，北京：华夏出版社，2001年，第84页。

要一种体系使得有人对于家庭生活不满而出家。①

　　道格拉斯的见解虽然略为偏激，但他道出了一个重要的观点：宗教与一妻多夫制可能存在着某种实质性的关联。例如，宗教需定时从邻近的村子中吸收宗教教职人员，而这些宗教教职人员首先来自家庭。笔者曾统计过索日村的出家僧侣总数，有出家喇嘛 10 名、尼姑 33 名，总计 43 名，约占村子人口总数的 8.62%②，与藏区农区的一些村子相比，算是一个较高的比例。更为明显的一个数字是，索日村出家人中女比男多出 23 人。从家庭的方面考虑，家里有人自愿出家是一件十分荣耀的事情，可为家庭积下无上的功德，对于该家庭社会威望的提高亦大有裨益。事实上，家里有人出家是件让人钦羡的事情，出家人的地位会比一般人高，不仅在外人的眼里如此，就是自己的家人也会如此认为，正如当地一首民谣中的歌词：

> 我一步一步往山上走
> 雪一点一点往下下
> 我和雪有个约定
> 我想起了我的阿妈
> …………
> 我们都是阿妈的儿子
> 命好的做了喇嘛
> 我的命不好只能去远方

　　进一步分析其原因，又可发现出家人数与索日村所流行的兄弟共妻制婚姻有关。因为男女的比例基本持衡，兄弟实行共妻制往往造成村里有无法出嫁的妇女，在没有其他外部力量的作用下，选择出家只能算是一个折中的办法。从这层意义上讲，宗教也为无法出嫁的婚外妇女提供了一条体面的出路，对于社会的稳定发挥了重要的功用。诚然，由于牧区劳动力严重匮乏，很多对外宣称出家的"尼姑"其实无须去寺庙报到，只需在家修行念经即可，这样家里的劳动力既无须减员，还能为这些家庭附属成员找到一个不必出嫁又能待在家中的理由，可谓两全其美。

　　最后，宗教思想一向提倡人与人之间保持宽广的胸襟，兄弟之间不仅

　　① STEWART E W. Evolving life styles：an introduction to cultural anthropology. New York：McGraw Hill Inc.，1973：268.

　　② 根据笔者 2006—2007 年田野调查期间所获数字得出。

应当互相忍让，摈弃彼此嫉妒的心理，夫妻还要过上和睦的生活。在强大的信仰力量面前，家庭生活中一切出于个人情感、嫉妒心理的问题都不算什么难题，过上符合宗教理念的生活才是每个家庭更多考虑的事情，这也符合他们的文化传统习俗。正是因为如此，实行共妻制的兄弟的家庭才更易获得成功。由此可见，无论是在日常生活的实质层面，还是在精神和舆论的层面，佛教的传播均迎合了社会的需要，展现出自身强大的生命力。

关于宗教的功能，美国学者麦尔福·史拜罗指出宗教实际满足了三种不同层次的需求，分别为认知需求、实质需求和心理需求。[①] 现代功能派人类学将宗教的功能分为三大类型：①生存的功能；②适应的功能；③整合的功能。[②] 从索日村的实际情况出发，宗教无论是处理人与自然、人与人、人与社会的矛盾，还是满足生活中三种不同层次的需求，或是实现社会三种重要的功能，都达到了一种臻化的境界，从而实现了自然、人与神三者的和谐统一。

第二节　婚姻家庭

一、手足情长

在索日村的亲属称谓中，有一种称呼——"阿喝"颇具特色，阿喝指"我的父之兄弟"，该称谓明显与兄弟共妻制有直接的关联。在一个实行兄弟共妻制的家庭里，儿女们一般将父辈中的长兄称为"阿爸"（父亲），阿爸的其余兄弟均称为阿喝，即叔叔。在兄弟共妻制婚姻中，在众父亲中区分长兄（阿爸）与幼弟（阿喝），突出了父亲作为家长的支配性地位，[③] 这是婚姻制度对亲属称谓的反馈作用。

索日村的亲属制度还反映出一个鲜明的特色：兄弟共妻婚制下核心家

---

① SPIRO M E. Religion：problems of definition and explanation//BANTON M ed. Anthropological approaches to the study of religion. London：Tavistock Publications，1966：85 – 126.

② 李亦园：《人类的视野》，上海：上海文艺出版社，1996年，第248页。

③ 采用兄弟共妻制使得父亲之兄弟同时成为母亲的丈夫，在家庭中承担起重要职责，接管了许多原来属于母亲之兄弟（在交表亲中同时也是岳父）的职责。因此，从"母亲之兄弟"到"父亲之兄弟"，可视作社会功能的转移。参见 BENEDICT P K. Tibetan and Chinese kinship terms. Harvard journal of Asiatic studies，1942，6（3 – 4）：317 – 318.

庭成员之间密切的联系。在这样的家庭中，妻子先与若干兄弟形成复合型的数个核心家庭，然后加入妻子与众兄弟共同生育的子女，再加上众兄弟的父母。兄弟共妻制家庭采取父方居住、复合型和主干或扩大家庭的形式，通常的情形是兄弟无须离开养育自己的家庭；相反，妻子行从夫居、从其他家庭进入，这样才形成两代乃至三代的主干或扩大家庭的模式。

传说中两兄弟共娶一妻的做法，人类学中称为"兄弟型一妻多夫制"，在当地相当流行。有报道显示，该习俗在昌都市相当普遍，在部分牧区甚至高达80%～90%以上的惊人比例。①

从笔者在索日村调查期间所获得的田野资料中，至少能部分反映出这种说法成立。至于索日村为何流行一妻多夫制婚姻（兄弟共妻），笔者曾就此问题专门向一些村民请教，但发现要想凭此获得一个标准的答案显然是徒劳的。多数人对此问题不置可否，反而会警惕地诘问："为什么会问这样的问题？"腼腆一点的人多沉默不语，明显不愿作答。由此看来，在公众场合下探讨当地的共妻制婚姻并不是件十分恰当的事情，在生人面前尤其如此。

经过一段时间的相处，一些比较熟络的人才愿意提供答案。例如，有人说"它是一种传统风俗，世代如此"；有人说"兄弟不分家，是父母的要求"；更多的人则认为"兄弟团结不分家，家庭势力大，外人不敢欺负"。

希腊和丹麦的彼得王子曾于二十世纪三四十年代在印度、斯里兰卡和西藏西部等地做田野工作；他是首位通过文化比较和结合实地考察来研究一妻多夫制的人类学家。他认为："一妻多夫制可看作一种潜在的男性同性恋和近似于乱伦的婚制，与居住在恶劣的自然或社会环境下的核心家庭所承受的过度的经济和社会压力有关联性，前提是没有受到特别的文化模式的反对；它要么在历史传统下持续下去，要么是'民族性'防御体系反作用下的结果。"② 这里实际表达了两层意思：一方面，一妻多夫制是种"潜在的男性同性恋和近似于乱伦的婚制"。由于严峻的生态或经济等原因，导致兄弟之间的团结不断地加强，反过来压抑住兄弟间的进取心；这样就容易产生一种被压制的乱伦式的渴望，通过共妻可以得到部分实现。一定程度上，该说法印证了列维－斯特劳斯曾提出的一个假设："具有乱伦倾向性

① 吕昌林：《浅论昌都地区一夫多妻、一妻多夫婚姻陋习的现状、成因及对策》，《西藏研究》1999年第4期。

② PRINCE PETER of GREECE and DENMARK. A study of polyandry. The Hague：Mouton，1963：552－568，569.

质的需求，来源于家庭成员要求团结的一致性渴望。"① "对'民族性'防御体系反作用下的结果"，表明一妻多夫制（兄弟共妻制）与当地社会所表现出来的"侵略性"有相关联系。

这种具有自我保护性质的侵略性，又与藏族的民族性格和文化传统有着直接的关联性。具有侵略性的性格在一个以游牧为主、流动性很强的社会中表现得尤其明显。对于从事畜牧（游牧）型生产方式的民族而言，拥有稳定数量的牲畜虽然使得生活质量获得了一定保障，但所面临的危险依然存在。例如，防止野兽袭击，预防敌人的突袭与掠夺，需要经常性外出寻找丢失的牲畜等。

在迁徙或转场的过程中，个人除了为自己的行为负责外，还需当机立断做出种种抉择，如迁往何处，何时启程，如何在规定时间内抵达目的地，等等，稍有差错便将引发严重的后果。所有这些，都是培养刚毅果断、桀骜不驯与富于进取心（侵略性）的民族性格的前提条件。

与"进取心"性格相一致的，是牧区社区内部衍生出的那种同仇敌忾、一荣俱荣、一损俱损的"我群"心理。这种"我群"心理极易演化成暴力行为，特别是在涉及草场纠纷、虫草纠纷及其他涉及社会、家庭和个人利益的时候。

但是盗窃行为（无论来自内部还是外部）却为众人所不耻。家庭教育中，存在"从小偷牦牛绳，长大就会偷牦牛"的说法，因此偷窃行为是严厉禁止的。据笔者在村子内部从事田野期间的感受，当地确实存在"路不拾遗"和"夜不闭户"的现象，本村人内部的盗窃行为异常罕见。村子内部若发现偷窃犯，会受到习惯法的严厉惩罚。若涉及村子外部的人，更会引发械斗。械斗中若有人员死亡，还可能导致血仇的产生。血仇在当地称为"虾涅勒"，家庭男性成员均有义务承担，亲属成员则有义务辅助。家庭成员中若有兄弟，兄弟必须首先承担起复仇的职责；若无兄弟，职责则落在儿子的身上。若儿子尚未成年，家族和亲属（年珠）有义务将其抚养成人，并时刻对其灌输复仇的职责。一个家庭若有血仇义务却不去复仇，不仅会被别人瞧不起，而且还会丧失相应的社会地位，家庭成员日后也难以在当地社会立足。

由此可见，就藏族的文化传统而言，在一个以强调安全与家庭团结为价值取向的文化模式下，实行兄弟共妻制的家庭能够最大限度地团结家庭

---

① LÉVI - STRAUSS C. The elementary structures of kinship. Boston：Beacon，1969.

内部成员（男性为主），以应付游牧社会中经常发生的诸如盗窃、抢劫、械斗等突发事件。与这种"侵略性"性格相对应的，正是每家每户必须发展出来的"防御性"策略。

从这个意义上讲，兄弟型一妻多夫制可视作一种家庭策略，以保证在一个外部社会条件并非十分稳定、家庭又需要成员经常性外出的（如放牧、转经、做生意等）情形下，至少要有一名男性成员长期驻守在家。可以说，拥有多个成年男子可以很好地增强一个独立家庭的安全感，同时还有助于维护其在社会与其他家庭共处和生活竞争中的地位。事实上，一个人多势众、兄弟团结的家庭，不仅他人不敢轻易欺侮，而且往往还受到他人的尊敬。

在索日村乃至邻近的地区，由于兄弟共妻制家庭是其中的主流，兄弟之间的联系被赋予更多的内容。"兄弟"在当地藏语中为"虾尼"，是一个饱含感情色彩的词汇，但该词实际所包含的复杂信息仍无法生动全面地展现出来。事实上，如果单从语义层面考虑，语言学曾提出语义成分分析法，该法效仿语音学家分析音素的方法，通过两分法将一个词语或概念分为更小的一束成分特征即义素，进而发展成为研究意义的一种重要手段。例如，英语中分析"单身汉"（bachelor）一词时，采用语义成分分析法可具体将其分析为三个语义单位（义素）：①男性；②成年人；③未婚者。由此可见，在分析一些抽象的概念时，成分分析法能有效地提供若干认知的标准。因此，根据语义成分分析法，索日村中"兄弟"一词所负载的义素可表示为图3-5：

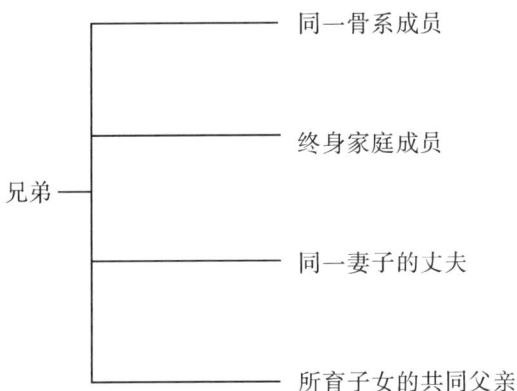

图3-5　"兄弟"一词义素成分分析图

就该词的语素而言，实际上涉及了三层概念：①血系系统；②居住形态；③婚姻与家庭形式。阿吉兹曾明确指出定日的藏族社会有两个基本特征：血统体系和居住形态。她还认为，认识一种文化在血统与居住形态方面的与众不同之处，将为我们认识和解释这种社会结构的其他方面提供一把钥匙。[1]

就血统体系而言，索日村存在着骨系的说法。骨系在藏语中称为"如巴"，即以父方论血统，以父方居住为基本准则。在藏语中与骨系相对的是"虾"，即把姻亲关系的母方血缘关系称为"肉"。按传统的看法，骨系是"以人身上从顶骨到踝骨的骨头起名，一个骨头的名字，即算是一个血缘系统的传统名字，故称骨系"[2]。

关于"骨"与"肉"的亲属关系，一位18世纪时曾到过藏区的传教士留下这样的记录：[3]

> 藏民认同两种亲属分类。第一种为"如巴"关系，即同一根骨头；第二种为"虾"关系，即同一血肉。就"如巴"关系或同一根骨头而言，他们认为自己同属一位先祖的后裔，不管关系有多么地疏远，即使若干代以后被分为不同的阶层。"虾"关系或血肉关系产生于合法的姻亲关系。第一种关系，尽管可能已经异常地疏远，但都被认为彼此之间绝对不能通婚，同属一根骨头的"如巴"成员间若发生性行为，则被认为乱伦而受到众人的规避与厌恶。第二种关系在直亲成员之间同样不能通婚；因此舅舅不能与侄女通婚，然而与母方的第一表亲通婚不仅受到了认可，而且经常性地发生。

在索日村一则口耳相传的起源传说中，其先祖原来曾是兄弟，即同属"一根骨头的人"。骨系代表了一个共同祖先的继嗣群，它对当地的影响不仅体现在同一骨系成员之间的亲密性与认同感，而且更多体现在通婚禁忌当中：同一骨系内男女成员严禁通婚，否则要承受严厉的惩罚。与此相对

---

① ［美］巴伯若·尼姆里·阿吉兹著，翟胜德译：《藏边人家：关于三代定日人的真实记述》，拉萨：西藏人民出版社，1987年，第125页。

② 中国科学院民族研究所西藏少数民族社会历史调查组：《黑河县桑雄地区阿巴部落调查报告》，1964年，第158页。

③ BENEDICT P K. Tibetan and Chinese kinship terms. Harvard journal of Asiatic studies, 1942, 6 (3 - 4): 328.

的是母系血缘继承，母系血缘被称为"肉"，在当地同样具有重要的作用。母系血缘是父系血缘的有力补充，通过双系血缘，每户家庭都能最大限度地扩充自己的亲属成员，以获得最多的人员支援与协助，这点在游牧经济和生产生活中无疑具有重大的意义。①

从当地的居住形式来看，索日村同样呈现出双系继承的情况。尽管如此，父方居住仍然是当地的主流，同时也是最受认可的居住形式。兄弟共妻制度的实行强化了父方居住的原则，即家庭内部的数个兄弟共娶一妻，兄弟无须分家，妻子行从夫居，从其他家庭加入进来，成为家庭的终身成员。

此外，兄弟实行共妻制，强化了兄弟间原本的"骨肉"联系。他们在性生活上共享一妻（共妻），共同抚养由妻子所生育的子女（共子），在经济与生产上相互协助，以搞好家庭经济为共同职责。由此可见，"兄弟"一词在当地的实质含义，已经超越了我们对该词的一般性理解。把"兄弟"与"情长"联系起来，自然也就获得了实质性的根基。

二、婚姻的缔结

与兄弟来自父系的血缘枢纽认同不同，夫妻之间的连接并无直接的血缘联系，而依靠的基础是婚姻。关于婚姻的缔结，虽然无明文禁令，但首先确立的一条基本原则是：同一骨系成员世代禁止通婚。另外，母系直系第一亲属（平表、交表）也被天然地排斥在婚配圈外。索日村的通婚原则并不局限于骨血，人们所遵循的并非单系原则而是双系的，既要考虑父方亲属关系也要考虑母方亲属关系，双方同样重视。

石泰安曾认为骨系通婚禁忌在 7 代以内，② 在索日村的实际访谈中，有长者表示无论父方血统还是母方血统，通婚禁忌在 5 代外便可自动取消。通婚禁忌若被打破，按照一些报道人的说法，会让后代"脑袋出现裂缝"，该说法的引申含义与之前的有关解释相符。③ 除此以外，其余人员均可互相通婚。然而，笔者在实际调查中发现，当地通婚圈其实异常狭窄，主要集中在本村和相邻的一两个村子（见表 3 - 1）。

---

① 当地把母系（姻亲）方面的关系称为"年珠"；邻近其他牧区还有"果巴"的说法，与此大体相同。

② ［法］石泰安著，耿昇译：《西藏的文明》（第二版），北京：中国藏学出版社，2005 年，第 85 页。

③ 若发生父方平表或交表亲，据说头骨将被刺穿，导致后代的头骨不纯。参见 BENEDICT P K. Tibetan and Chinese kinship terms. Harvard journal of Asiatic studies，1942，6（3 - 4）：326.

表 3 - 1　索日村已婚妇女通婚半径表

娘家	本村*		本乡邻村		本县邻镇		本自治区邻县		外省		总数	
	人数	所占比例(%)	人数	所占比例(%)	人数	所占比例(%)	人数	所占比例(%)	人数	所占比例(%)	人数	所占比例(%)
嫁出	21	75.0	5	17.9	—	—	1	3.6	1	3.6	28	100
娶入	21	43.8	21	43.8	2	4.2	4	8.3	—	—	48	100

注：此表的资料根据 2006—2007 年田野访谈制作而成，个别数字存在偏差。

＊本村的嫁出与娶入人数出现重合计算的情况。

　　例如，以本村娶入的已婚妇女计算，本村妇女数约占总数的 43.8%，本村外加本乡邻村的总数更是高达 87.6%。多年以来的通婚联盟，使得村里各户之间大多具有双系意义下的血缘关系。一方面存在严格意义上的通婚禁忌，另一方面又有大量的亲属血缘关系使得可婚（有资格通婚）女子稀缺，促使在实际中通婚禁忌原则没能严格地贯彻和执行。

　　在索日村中，一般认为具有血缘关系的人只需隔三代以上就可通婚。计算方法是自己一代不算，向上追溯三代，父母双方都要追溯。事实上，近半个世纪以来，就连这条基本的原则都没能得到遵守。早在二十世纪七八十年代，索日村就曾发生两例近亲通婚的个案，刚开始时这种做法让整个村的人都觉得蒙羞，同时也为众人所唾弃。[①] 然而，自 1997 年来，索日村以及邻近村落近亲通婚案例一直有增无减，自然"见怪莫怪，其怪自败"。时至今日，村里人对于打破通婚禁忌所表现出来的反感程度，已经没有以往那般强烈。

　　索日村中同辈通婚、同族通婚（本村无藏族与其他民族通婚现象）和同阶层通婚的现象相对普遍；讲究"门当户对"是当地的一个特色。民主改革前存在等级差异，不同阶层之间严禁通婚，现在这种"等级内婚"的做法随着等级差异的消亡已经取消。男女通婚，男方以家境殷实、能说会道、诚实可靠者为佳；女方则以才貌出众、勤劳朴素、善理家务者为佳。

　　有调查指出藏北牧区中青年男女婚前恋爱的交友方式多种多样。[②] 一定程度上，康区牧区的风俗与此大体相同。表现在索日村中，当地没有所谓"乞董"（打狗）的说法，但是男女在放牧时互相帮助、暗生情愫的情况时

① 吐口水是当地最不敬的行为。
② 格勒、刘一民、张建世、安才旦：《藏北牧民——西藏那曲地区社会历史调查》，北京：中国藏学出版社，1993 年，第 182 - 183 页。

有发生。这种两相情愿的男女婚前交往，不会受到来自家人过多的反对，婚前有性行为也没有太大的不妥。尽管如此，男女从相识到相恋，更多的时候是在秘而不宣的状态下，甚至连家人都被蒙在鼓里。

除了从事放牧等一般性生产劳动以外，藏历新年、祈愿法会、夏天举行的赛马节以及夏秋季节举行的"耍坝子"游艺活动，均为青年男女的正常交往提供了机会。另外，随着317国道的开通，索日村与外部的联系更加紧密，一定程度上也促使了年轻人有更多的机会结识外来人口，从而使得通婚圈从村内、村外向县内、县外乃至省外扩大。

说到自主选择配偶，一般需要双方你情我愿，回家各自将自己的想法告诉父母和家人，在征得双亲的同意后才能举行婚礼。这种情况下父母会慎重地考虑并尊重儿女的选择，除非对方条件极差或口碑不佳。倘若子女的选择没有得到父母的承认，当地还存在一种风俗，名为"冷娘多"，藏语的含义指"两个人相好后一起走了"，即男女一起私奔。日后双方如生育有子女也可回来，这时双方的父母便无可奈何，只好默许他们之间的结合。"冷娘多"在当地还可表示"分家"的含义。

由此可见，尽管当地青年男女允许自由恋爱并有相当程度的自主性，但这并不意味着他们最后都能走向婚姻。相反，索日村在配偶的选择上大多以家长意愿为主，父母包办婚姻依然是当前索日村选择配偶的主要形式。

关于选择配偶，若从年轻人自身的角度考虑，多以对方条件为主，父母意愿为次，家庭经济为最次；若从父母的角度考虑，则多以家庭经济条件为主，对方条件为次，儿女意愿为最次。至于条件，男方以本事为重，主要表现在放牧、转场、口才、品德以及在打猎、做生意等方面表现出来的能力；女方以操持家务的能力为重，主要表现在捻牦牛绳、挤奶、背水、洗衣服、编织牦牛帐篷、捡牛粪、打酸奶等方面。

一如藏区其他地方，婚姻作为子女的终身大事，不仅关系到子女的幸福，而且涉及姻亲两家的社会和政治关系，需要认真对待。索日村当地的结婚礼仪，从提亲—定亲—送亲—完婚等，有一套烦琐的过程。以上提到两种缔结婚姻的形式——自由恋爱婚姻和家长包办婚姻，由于类型的不同导致男女双方家庭在婚礼的交往上有所不同。

自由恋爱婚姻需征得家长的同意，两人的交往才能得到社会的认可。这时候男女两家人也开始往来。男女方都可以常去对方家里玩耍，帮忙干些家务或放牧方面的工作。去的时候可带些小礼物给对方，或带些食物送给对方家庭。双方的父母也会在节日期间互相串门，互赠礼物，这种串门本身就具备了定亲的性质。等经过一段时间的稳定交往（一般为半年到一年），就可择吉日为子女举行婚礼，同时邀请亲戚、朋友和同村人参加。

然而，经过自由恋爱然后成婚的例子在索日村并不多见。当地仍以父母包办婚姻为主。造成这种局面的一个重要原因是家中若有诸位兄弟，父母往往希望兄弟不分家，因此需要寻找一位适合众兄弟的"共同的妻子"。这位妻子不仅要口碑好，能力强，而且年龄也要能照顾到众兄弟不同的年龄情况。

这种兄弟共同娶妻的做法，其实甚有历史，俨然成为一种风俗传统。刘赞廷在清末年间编撰的《贡县志》中，就曾提到兄弟合娶一妻的相关程序："（贡觉县）其平民历行多夫之制，如兄弟四五人共娶一妇为妻，知其某某家有女贤淑，请媒往说，或兄前弟后登门求婚。待女家允可，由亲友将女送至男家，礼物相赠。而主人留一酒，醉后歌舞通宵达旦，以为尊敬。"① 鉴于青泥洞与贡觉县接壤，生活方式与文化特质均相同，因此该说法同样适用于青泥洞等地。

当地女孩子结婚的黄金年龄为 16～25 岁，男孩子年龄偏大一些（以长兄为例），一般为 20～30 岁，最晚的也有到 40 多岁才结婚的。当几个儿子陆续成年以后，男方父母开始为他们的亲事筹划准备。若在附近地方发现合适的儿媳人选，根据当地习惯男方家需先向女方家提亲。男方家会派遣 1 至 3 人（可以是亲戚或朋友）到女方家提亲，男女均可，提亲时无须带上任何礼物。在女方家应允之前，男女双方还需各自核对对方的生辰八字和属相，主要看是否配对。② 若双方均无异议，就可商议婚期和嫁妆的数量。新郎无须向新娘家支付聘礼，反而新娘家需向新郎家支付一定数量的嫁妆，这点可看作当地的一个风俗。嫁妆的数量多寡不一，一般根据新娘的家庭状况而定，但社会上认可的嫁妆应该包括 20 头牦牛、1 套新衣服和一些随身的珠宝饰品（如绿松石、珊瑚石和天眼珠等），少于此数意味着新娘家将丢失脸面。女方家应允婚事以后，一般事先向女儿透露新郎家的情况，若是新郎为几位兄弟，也会婉转告知。

婚礼适宜安排在上半年进行（尤以藏历十一月、十二月和一月为宜），

---

① 刘赞廷：《贡县志》，《中国地方志集成·西藏府县志辑》编辑委员会编：《中国地方志集成·西藏府县志辑》，成都：巴蜀书社，1995 年，第 401 页。

② 若兄弟共同娶妻，一般以大哥的生辰和属相为主。当地有多位老人熟悉属相的配对，主要看双方是否有相冲、相刑或相害，若无则合适。另外也可咨询当地寺庙的喇嘛，主要以占卜、打卦来判断婚事的吉凶。

传统观念认为在下半年举办会导致牧区的奶牛减产或生病。此时举行婚礼，还有另外三个方面的考虑：第一，秋冬季宰杀牲畜后，有比较充裕的肉类储备；第二，处于冬季牧场与春季牧场的过渡期间，休闲时间多，家人一般留在家里或附近地区放牧；第三，节日比较多，村里外出读书、打工或经商的人都会赶回来与家人团聚。

到了迎娶新娘的日期，新郎家派遣五名能说会道、擅长唱歌的男子（必须为父母俱全的已婚男士）前往女方家迎接新娘，距离近则走路，距离较远则骑马。这五人要带上青稞酒和牦牛肉，进入女方家门时便放开嗓门唱起祝福歌曲——《献哈达歌》。这时女方的家人和亲戚好友早已聚居女方的家里，双方开始对唱起来。唱完《献哈达歌》后，新娘在弟弟或哥哥的搀扶下出来迎客。唱歌的人在唱完歌后将哈达挂在新娘的脖子上，然后每一位家庭成员都要对新娘说上一些祝福话语，同时献上哈达。数番的敬酒、喝酒和唱歌以后，女方家才派出八至十名亲戚、朋友护送新娘上门。护送的人均为男性，其中至少包括一名新娘的兄弟。

送亲最适合在黎明时分出发，新娘头上需要盖上红色头盖，男方可在中途派人迎接。送亲与迎亲的人碰头后又要开始对唱。歌曲的内容并无太多的讲究，一般是看到什么东西就唱与之有关的内容，主要是唱出吉祥喜庆的气氛。

当送亲队伍来到男方的家门，双方又开始新一轮的对唱。进入家门之前，新娘要接受来自新郎家亲友献上的哈达。门口处早已放置好一张用牦牛绳编制的地毯，上面特意用米粉写上"卍"字符号（佛教的雍仲符号，表示吉祥如意之意），新娘需在地毯上踩上几脚，表示踢走了一路上沾的邪气。进房前新郎需揭开新娘头上的头盖。必须特别注意的是：不能从前方揭开，表示新娘家的福气全部到了新郎家；也不能从后面揭开，表示新郎家的福气全部到了新娘家；必须要从侧面处揭开，这样两家的福气都不会跑掉。

新娘入门后，要坐下喝三碗鲜牛奶，意为敬天敬地敬父母。新娘要在新郎家住三天三夜，新娘的兄弟留下陪同，其余送亲的人要在新郎家留住一晚。在此期间，男方家里张灯结彩，白天盛情款待客人，晚上则载歌载舞，家里喜气洋洋。婚礼期间新郎一般留在家中，衣着随意，并无太多礼节上的拘束。若属兄弟共妻，也无须兄弟尽悉在场，但大哥一般留在家款待宾客。晚上新娘睡在门口之处，这时新郎亦可过来要求与新娘同房，新娘不能对此提出异议。

三天以后，男方要把新娘送回其娘家，其中一位必须为丈夫本人（如兄弟共妻，一般以大哥为主），这时新娘家同样要求亲朋好友过来庆贺。之后，新郎家会选择一个佳期（时间长短不一，短至一两周，长至一两年），由新郎另带 1~2 人（需为男性）来迎接新娘；这时女方会送来嫁妆，新娘回到新郎家才算完婚。经过这些一系列的过程，新郎新娘才宣告正式同居，由此开始共同的生活。

三、家庭结构

分析婚姻与家庭，首先需要考察村落人口和男女比例等问题。根据笔者 2006—2007 年的田野资料，索日村有 67 户，人口 490 人，其中男 241人，女 249 人，平均每户约 7.31 人，男女比例约为 97∶100。

当前索日村主要存在两种婚姻形式：专偶制（一夫一妻制）和多偶制婚姻（一妻多夫制）。与此对应组建的家庭亦可分为专偶制和多偶制家庭。就索日村婚姻户数的实际情况而言，67 户家庭里一妻一夫有 26 户，一妻多夫有 23 户，其他类型（包括离异、丧偶、单身等残缺家庭）有 18 户，不存在一夫多妻制家庭（见表 3-2）。若就索日村的婚姻比例来看，现存事实婚姻（指夫妻健全的婚姻）66 例，其中实行一妻多夫的婚姻有 25 对，占总数的 37.9%（见表 3-3）。

表 3-2　索日村婚姻户数统计表

类型	一妻一夫	一妻多夫	一夫多妻	其他	总计
数量（户）	26	23	—	18	67
占比（%）	38.8	34.3	—	26.9	100

表 3-3　索日村现存事实婚姻比例统计表

类型	一妻一夫	一妻多夫	一夫多妻	总计
数量（户）	41	25	—	66
占比（%）	62.1	37.9	—	100

关于一妻多夫制，默多克曾提出一个有趣的观点：如果一种文化中多夫家庭比例为 1%~19%，该文化就属于限制性一妻多夫婚姻形态；如果百

分比为 20% ~ 100%，该文化就属于流行性一妻多夫婚姻形态。① 按此标准划分，索日村的一妻多夫婚姻形态当属流行性一妻多夫婚姻。除了前文所述的宗教系统以外，一妻多夫婚姻又将如何与其他的社会系统发生互动关系？以下从家庭结构入手进行阐述：

索日村中，家庭一词称为"亲载"，指"在一个帐篷里的人"，这与藏北牧民关于家庭的理解基本相同。② 该词指的是一个同居共爨的亲属单位，不仅囊括具有血缘关系的家庭成员，同时也包括不具备血缘关系但长期生活在一起的家庭成员。

关于家庭结构，首先需要考察的是家庭人口数，这是考察家庭规模的一个最基本的指标。索日村 67 户家庭，总计人口 490 人，平均每户约 7.45 人，最少一户仅 1 人，最多 15 人；其中又以 5 口、11 口之家最多，各 8 户，各占总数的 11.94%，恰巧表示一妻一夫制和一妻多夫制这两种家庭组织模式是构成索日村家庭结构的典型（见表 3 -4）。

表 3 -4　索日村家庭人口数统计表

家庭人口数	户数	占比（%）	家庭人口数	户数	占比（%）
1	4	5.97	9	5	7.46
2	2	2.99	10	5	7.46
3	6	8.96	11	8	11.94
4	7	10.45	12	5	7.46
5	8	11.94	13	0	0.00
6	2	2.99	14	3	4.48
7	4	5.97	15	1	1.49
8	7	10.45	总计	67	100

依照国内常用的家庭分类标准，索日村的家庭结构可分为四种：①单身家庭（单独一人的家庭）；②核心家庭（由已婚夫妇及其未婚子女组成）；③主干家庭（两代或三代人组成：每代只有一对夫妇）；(4) 其他家庭（以

① MURDOCK G P. Ethnographic atlas. Pittsburgh：University of Pittsburgh Press，1967：47.
② 藏北牧民一般认为一个帐篷为一个家庭，称为"亲姆"。参见：格勒、刘一民、张建世、安才旦：《藏北牧民——西藏那曲地区社会历史调查》，北京：中国藏学出版社，1993 年，第189 页。

上三种类型以外的家庭）。① 现在根据这一划分制成表（见表3 - 5），以说明索日村实际的运作情况：

表3 - 5　索日村家庭分类统计表

家庭结构	户数	占比（%）
单身家庭	4	5. 97
核心家庭	23	34. 33
主干家庭	26	38. 81
其他家庭	14	20. 90
总计	67	100

从表3 - 5可知，主干家庭在表中居首位，占总户数的38. 81%，略低于昌都其他地方42% ~48%的比例②。这类家庭是由父母、未婚子女，一个或几个已婚儿子连同其妻子所构成，是一种两代双核心家庭，因亲子关系而结合。主干家庭突出的是亲子轴心关系，父母双全与否并非决定性条件，但至少有一人在世（父亲或母亲），不然就不能算是主干家庭。

在藏族的传统观念中，无论是在农区还是在牧区，赡养父母是件天经地义的事情，主干家庭的结构能够较好地让家庭成员承担起此责任：父母和已婚的儿子需要互相依靠，两三代人住在一起，牲畜或田地一起统筹规划、妥善管理，所有农牧活大家一起分担、同甘共苦；父母年迈时则把管理家庭的重担传递给下一代，自己也需要靠子女赡养，同时肩负起照看孙辈的职责，并把自己丰富的生活和生产知识传授下去。由此可见，采取主干家庭的结构不仅符合藏族传统的伦理观，而且家庭内部分工有其合理的一面，能够提高生产效益，增加家庭收入。因此，主干家庭理所当然地成为藏区主导型的家庭模式。

相比之下，核心家庭位居次席，占总户数的34. 33%。这类家庭一般由一个妻子、一个或数个丈夫和他们共同养育的子女所构成。与主干家庭相同的是，它也因亲子关系而结合，但只有一代的核心家庭，即父母与子女的亲子轴心关系。核心家庭的一个典型特征是其家庭成员要比主干家庭少，

---

①　李东山、沈崇麟主编：《中国城市家庭：五城市家庭调查双变量和三变量资料汇编》，北京：社会科学文献出版社，1991年，第6页。

②　李光文、杨松、格勒主编：《西藏昌都：历史·传统·现代化》，重庆：重庆出版社，2000年，第357页。

不仅关系更加简单，结构也更趋于经济和稳定。

主干家庭和核心家庭两者合计 49 户，占村子家户总数的四分之三弱（73.14%），构成家庭类型的绝对多数。剩余四分之一强（26.86%）为单身家庭与其他家庭。当前索日村有 4 户单身家庭，1 男 3 女，均为年纪 60岁以上的孤寡老人，其中 1 男 1 女由于丧偶而成为单身户。4 户单身户现均为乡里的五保户，每月都能获得乡政府按时发放的一定数额的生活补贴（低保）以维持生计。索日村的其他家庭，包括了丧偶、离异以及未婚生子等情况下所组建而成的家庭，其中的部分家庭如果计入主干家庭或核心家庭，主干家庭和核心家庭的比例还要增加。

总体看来，从索日村的实际情况出发，足以发现这里的家庭结构中存在三个典型特征：

第一，核心家庭和主干家庭构成索日村家户总数的两大集合。其中核心家庭与一夫一妻制有着更为密切的关联性；主干家庭则与一妻多夫制有着更为密切的关联性。

在索日村核心家庭中，有 4 户行一妻多夫制婚姻，占行共妻家庭总数的17.39%，占核心家庭总数的 17.39%；行一夫一妻制的有 19 户，占核心家庭总数的 82.61%。相比之下，索日村主干家庭中，共有 19 户行一妻多夫制婚姻，占行共妻家庭总数的 82.61%，占主干家庭总数的 73.08%；一夫一妻制的有 7 户，占主干家庭总数的 26.92%。两组数字表明：核心家庭似乎与一夫一妻制有着更为密切的关联性；而主干家庭则与一妻多夫制有着更为密切的关联性。

第二，一个家庭的同一代成员中，只能存有一种单一的婚姻形式。

总体看来，索日村中存在一个十分典型的特征：实行兄弟共妻的家庭比例相当之高；若以现存完整的家庭总数来计算（排除单身家庭和其他家庭），其比例高达 46.93%，远远高出西藏实现和平解放以来藏区行该婚姻的比例。[①] 对此当地人有一个比较笼统的说法，一个家庭中若有几兄弟，一般情况下他们必须共娶一妻，从而形成一妻多夫制婚姻。经过落实到每家每户的田野调查，可以发现一个基本事实：索日村每户家庭的同一代成员，只能建立一个正式婚姻的原则。这里可能出现 6 种情况。①独子娶妻。②独女招婿。③几个兄弟共娶一妻。④如果兄弟数量众多，则可能

---

① 坚赞才旦：《论兄弟型限制性一妻多夫家庭组织与生态动因——以真曲河谷为案例的实证分析》，《西藏研究》2000 年第 3 期，第 19 页。

出现兄弟离家的情况（包括出家、入赘和外出打工等）；留在家中的兄弟如果只有一人，则行一夫一妻制婚姻；若为多人，则行共妻制婚姻。⑤如无男丁而有多个女儿，其中一人招婿，其余女儿不是出嫁就是出家（一般为住家尼姑），不存在姊妹共夫的情况。⑥若有多个儿女的家庭，男丁留在家中娶妻，女儿不是出嫁就是出家。由此可见，索日村内部严格遵守着一代人只能建立一个家庭的原则。在此原则下，索日村还有一条大家世代恪守的附属性原则：在一个家庭中，若上一代人仍未停止生育，下一代人绝不允许结婚生子。附属性原则的存在，实际上杜绝了家庭中两代婚姻可能发生的育婴期相撞的现象。

事实上，这种同代家庭成员只能存有单一婚姻的形式，戈尔斯坦最早指出它的存在与表现形式。他认为（民主改革前）差巴阶层的婚姻和家庭体系，以"单一婚则"（monomarial principle）为典型的婚姻原则，以"单一婚姻"主干家庭为典型家庭。戈尔斯坦的田野资料主要是对来自江孜地区移民到印度地区的藏民所做的长达17至20个月之久的访谈，其研究结果展示了社会分层、一妻多夫与家庭结构三者之间的动态联系。他所指的"单一婚则"，即认为"在一个差巴阶层中，每一代中有一个也只能有一个婚姻协议，该婚姻下所产生的孩子才被认为是全额的家庭成员并拥有全部的法律权利"。① 解释戈尔斯坦的主要观点，可表述如下："（藏族家庭中）如果在这一代中有许多儿子，他们只能共同娶一个妻子，如有其他女儿则出嫁；如果只有一个儿子，那么他就只能娶一个妻子，如有其他女儿则出嫁；如果没有儿子而只有一个女儿，她将招赘一个丈夫；如果没有儿子但有许多女儿，她们只能共同嫁给一个入赘的丈夫。"②

坚赞才旦曾在卫藏真曲河谷从事兄弟型一妻多夫制研究。他在自己的研究个案中指出，当地共妻制家庭中的同代成员中只存在一例多偶的现象，并将其称为"同代单一的兄弟型多夫制"；他还将同一代成员中存在二例或以上的多偶制婚姻称为"同代并列的兄弟型多夫制"；他的个案没有发现后者的存在。③ 另外也有学者根据自己在康区昌都市左贡县军拥村所做的田野调查，指出同代单一婚姻原则的运用范围还要扩大，同时其调查结果与戈

① GOLDSTEIN M C. Stratification, polyandry, and family structure in central Tibet. Southwestern journal of anthropology, 1971, 27 (1): 68.
② 马戎：《试论藏族的"一妻多夫"婚姻》，《民族研究》2000 年第 6 期。
③ 坚赞才旦：《论兄弟型限制性一妻多夫家庭组织与生态动因——以真曲河谷为案例的实证分析》，《西藏研究》2000 年第 3 期，第 14 页。

尔斯坦所提出的"单一婚则"在基本方面是相同的，但也有差异。[1]

比较索日村与前人的研究成果，可以发现一些甚为有趣的地方，其中既有重合的地方，也有差异之处。首先，索日村的家庭中一代人只能存有一个婚姻协议的原则，这点得到了非常严格的遵守。索日村不仅没有发现一例所谓的"联合家庭"或"两代合偶家庭"，而且没有一例"同代并列的兄弟型多夫制"，也没有一例"多夫多妻"婚姻。其次，索日村中既有一夫一妻制婚姻，也有一妻多夫制婚姻，但不存在一夫多妻制婚姻。最后，索日村所有的一妻多夫制婚姻中，均为具有血缘关系的人共妻，不存在非血缘关系下的共妻现象（如朋友共妻）；在这些具有血缘关系的共妻成员中，全部为兄弟，不存在父子共妻、叔侄共妻或者甥舅共妻等亚型。

解释其中的差异，主要存在两个方面的原因：一是牧区中异常强调家庭团结的重要性，认为行一夫多妻制不好，几个妻子由于各有利益中心容易吵架并引发纠纷；二是当地对兄弟血缘所呈现出的强烈认同感，有效地排斥了其他形式的共妻制婚姻的存在。

第三，存在一条"兄弟不分家"的基本原则，但在实际生活中并不需要严格遵守。

家庭成员中出现了大量的同胞（相对于户主而言），就其性别而言又可分为兄弟或姊妹，但各自在家庭中的地位大相径庭。

藏族崇尚大家庭，多子多女被认为是家庭幸福的标志，妇女的生育年龄一般从十五六岁一直延续到五十多岁，生育率高是一个主要特征。[2] 以索日村为例，索日村共有23户核心家庭，若排除一代家庭成员不计，二代家庭成员共计有120人，其中男人64，女人56，平均每户约为5.22人；该数字能从侧面支持以上的说法。[3] 子女多的一个结果是同胞兄弟或姊妹较多；随着家庭周期的发展，这些兄弟或姊妹长大成人以后，一个可能性是他（她）们愿意留在同一个家庭里面继续生活。在索日村内，以有同胞兄弟的家庭为例，除掉去世人数，拥有两个兄弟或以上的家庭共计26户（其中有6户出现两代均有兄弟存在的情况）占总户数的38.81%。现把出现男女同胞的家庭数在村总户数中所占的比例制成表3-6：[4]

---

① 张建世、土呷：《军拥村藏族农民家庭调查·下》，《中国藏学》2005第4期，第114页。
② 陈长平、陈胜利主编：《中国少数民族生育文化·上》，北京：中国人口出版社，2004年，第212页。
③ 分析生育率宜采用完整的家庭来做统计。鉴于主干家庭中第一代成员由于分家或去世等原因而无法精确计算，因此这里采用核心家庭来做统计。
④ 这里指的是相对于户主而言的同胞数，索日村实际上的同胞数要远远高于此数字。

表3-6　索日村同胞数与村总户数比例表

类型	户数	总比例（%）
同胞兄弟	11	16.41
同胞姊妹	6	8.96
同胞兄弟兼姊妹	3	4.48
总计	20	29.85

由表3-6可知，与女性同胞相比，男性同胞在家中出现的比重明显高出许多，占出现同胞总数的70%。解释这一现象，一个重要的原因是兄弟共妻制的存在，即同胞兄弟并非作为家庭附属或卫星成员存在；正相反，他（们）是家庭的核心成员之一，与户主（男性）共同承担起家庭中丈夫的重要角色。

换言之，兄弟不分家是当地一条组织家庭结构的基本原则，让兄弟共娶一妻则是实现兄弟不分家的基本手段。这种兄弟共娶一妻的做法，已经成为一种文化习俗，在索日村乃至邻近的地区俯拾即是。当然，也有兄弟分家并另外组建一夫一妻家庭的情况。某位兄弟若执意要离开原来的家庭且另外成家，如果他也在附近居住，则有权提出分割家产的要求，家人经过开会研究或请中间人协商，一般总能达成一个大家都愿意看到的结局。因为牧区衡量家产主要以牦牛为主，所以分家析产比较容易做到，如果在农区，由于耕地稀少，兄弟分家的做法虽然有法理的依据，但在现实生活中往往无法实现。

第三节　情人制的功能

一、家庭卫星成员

在家庭角色的重要性和面对婚姻所拥有的更多的可能性方面，同胞姊妹明显要比同胞兄弟逊色许多。通常情况下，家庭中的同胞姊妹大多作为家庭卫星或附属成员存在。随着父母去世或者逐渐淡出家庭的管理，长兄开始成为家长；处于附属地位的同胞姊妹在家庭中的地位面临被边缘化的处境。户主（一般情况下为兄长）成家以后，无论兄长（们）采取的是一妻一夫还是一妻多夫的婚姻，同胞姊妹作为成年人，伴随着兄长（们）的子女逐渐成长，她们在家中的位置显得愈加尴尬。如果她们愿意留在家中，帮忙操持家务和从事放牧等工作，这在极度缺乏劳动力的牧区自然是件无比受欢迎的事情。事实上，一个行共妻制的家庭由于家庭人员众多，往往也需要额外的妇女来分担繁重的家务活，帮忙照看小孩与从事放牧、采集等工作。

在广泛流行兄弟共妻制和嫁妆制的地区，适婚妇女面临着异常激烈的婚配市场，直接或间接导致了大多数妇女无法成功嫁出，因此只能留守家中，而这也是村中同胞姊妹在家中比例居高不下的一个重要原因。这些错过最佳婚配年龄而无法出嫁的妇女，往往对外宣布自己成为尼姑，即表示自己今后终身不嫁，但她们依然可作为家庭的一员留在家中。

由此可见，兄弟型一妻多夫制的流行，势必将对当地社区的政治与经济结构产生影响，其中一个后果是要求有人做出必要的牺牲，而首当其冲的就是这些男性的姊妹们。同胞姊妹成为家庭附属或卫星成员的情形，不仅可在一代中出现，甚至可以延伸到两代甚至三代。

因此，可以较有把握地认为，索日村家庭中出现了同胞姊妹，如果她们错过了最佳的婚配年龄，只能选择出家当尼姑，或仍留在家中成为户主（一般情况下为兄长）家庭的附属或卫星成员，两者基本可画上等号。

由于村里存在大量的剩余妇女，除了出家之外，她们其实也是繁衍后代过程中一个重要的环节，这是当地流行情人制的后果。

然而，如果这些附属或卫星成员在未婚的情况下怀上了孩子（私生子），情形可就大不相同了。一般情况下，她们会被家人要求离开原来的家庭，另立新居并适当分给一些家产，此外不再承担任何的义务。据悉，当这些附属或卫星成员有了自己的孩子以后，会因为自己子女的存在产生不同的利益中心，如果继续待在家中，会与户主（兄长）的子女争夺有限的家庭资源。因此她们一般被迫离开原来的家庭，另外建立一个新的家庭并从此自力更生、自给自足。

关于兄弟和姊妹关系，主要包括以下内容：小时候的玩伴；兄（姊）对弟（妹）的照顾、关爱和榜样的作用；家庭经济合作；等等。

正如前文所述，索日村中的兄弟手足情深，"血浓于水"。这种深厚的兄弟感情建立在三种核心关系的基础之上：①血系系统；②居住形态；③婚姻与家庭形式。三种关系可以简单地概括为以父系论血统的骨系概念强化了兄弟之间的血脉关系；以父方居住的居住形态维系着兄弟不分家的文化传统；以兄弟共妻制婚姻为原则组建起的家庭巩固了兄弟间团结合作的价值观念。

兄弟间所建立起的深厚感情，其实还与家庭的抚养和教育的方式有着莫大的干系。在索日村的家庭中，虽然或多或少表现出重男轻女的现象，然而孩子之间往往不分男女，小时候都是很好的玩伴。哥哥、姐姐还会自愿承担起照看弟妹的任务。父母也愿意让年纪较大的孩子承担起部分"父母"的职责，以便自己能够解放出来从事其他一些更为重要的工作。由照看和被照看，一起游玩、娱乐到相互学习、帮助，孩子之间的感情自然有着无比深厚的基础。

一方面，一个家庭都要有个主心骨，这一职责通常由长兄来承担。因此家庭中长子往往被寄予了厚望，他所获得的家庭资源自然会比其他兄弟姊妹要多。多数场合下，父母都会注重培养长子的能力，如很早就要求他在家里帮忙，平时除了承担起照看弟妹的任务以外，还较早地从事放牧、捡牛粪、割草和采集（挖虫草）等工作，以培养其刻苦耐劳和独立自主的能力，同时也为弟妹树立起榜样；在条件成熟的情况下，父母会尽早让长子加入家庭的主要经济决策当中，以逐步培养其在家里的权威性；等父母到了退休年纪，就会把家庭的重任移交给长子，让其成为家里的主心骨，顺利地实现家长角色的交接。

另一方面，弟弟、妹妹很早就意识到父母对长兄的偏爱以及自己在家庭中的地位。他（她）们被要求学会如何与长兄和睦相处、共同生活。正如前文对"家庭结构"的分析中所指出的：索日村存在一条"兄弟不分家"的基本原则；相对于户主而言，家庭成员中出现大量的同胞，就其性别而言又可分为兄弟或姊妹。这里从兄弟和姊妹两个方面来阐述。首先，关于兄弟之间的感情，兄弟既要在性生活中共享一妻，又要共同抚育家庭子女，还需从事各种经济生产性劳动等，这些不仅要求兄弟间学会团结与合作，而且需要有人做出忍让和牺牲。例如，有时候弟弟必须屈服兄长（长兄）的权威，哥哥也要照顾到弟弟的个人情感。除了在性生活方面需要发扬谦让、忍让的精神以外，部分兄弟甚至可能要牺牲自己的生育权，即无法拥有属于自己的亲生子女。即使在此种情况下，这些兄弟也必须做到将其他兄弟的子女当作自己的子女来看待。其次，关于兄弟与姊妹之间的感情，同样有着深厚的基础。例如，许多姊妹宁愿放弃自己出嫁的权利，作为家庭的附属成员留在家中，不仅积极参与家庭的生产劳动，而且还义务照看并抚育兄弟的子女；许多人甚至还放弃自己的生育权利，终身到老都未养育属于自己的亲生骨肉。

必须承认，无论是在文化观念、血系、居住方式上，还是在婚姻和家庭的组织原则、家庭抚养方式等方面，这种兄弟姊妹（特别是兄弟）之间的情感不仅情真意切，而且有着坚实的物质性基础。事实上兄弟姊妹也愿意并能做到相互帮助、共同进退，把家庭的利益放在首位，把自己的利益搁置次席。

二、婚外情和私生子

此外，当地存在婚外情和私生子现象。一位妇女若未婚怀孕和生子，就要被家里人"抛弃"。惯常的做法是：她被迫要求分家并可获得一份相应家产，或者另盖新房，构成一种另建新居的形式；家人在抚养其子女问题上不再承担其他任何形式的社会义务。在索日村里，残缺家庭总计18户，除了单人户、丧偶和离婚家庭以外，尚有5户属于未婚生育的私生子家庭。私生子家庭从诞生伊始便属于残缺家庭，但其抚养的子女长大成人后，也能通过招纳新成员组建成一个完整的家庭，进而实现从残缺家庭回归到完整家庭的周期性转变。以下个案能够较好地说明这种情况：

个案一

访谈对象：普巴等人

地点：索日村擦隆

时间：2007年5月

普巴（50岁）和的布琼（45岁）两兄弟在20多年前合娶一妻，组成一个核心家庭，现共生育了4子3女。普巴兄弟原来还有一个42岁的妹妹阿吉。阿吉年轻时候未婚生育了一个私生子。在父母均已去世以后，阿吉被家里人要求另立新居，并在原来的房子附近搭建了一个小房子，同时分给她一些生活必需品和牲畜。后来阿吉又生育了另外两个儿子（均为私生子），三兄弟年龄分别为25岁、20岁和10岁。最近三兄弟刚刚迎娶了来自觉拥村的20岁年轻媳妇卓玛，组建成一个主干家庭。

由此看来，若从家庭发展周期的角度来看，私生子家庭是实现村里家户总数循环的一个有效的补充。实际上，当地未婚生育的现象十分突出。关于私生子与婚外情等问题，开展进一步的讨论甚有必要。

上述对索日村的婚姻和家庭情况的描述，是对社区微观视角下结构性分析的结果，其中展现出一个显著的特征：村内存在流行性兄弟型一妻多夫制，并对村子的亲属关系、家庭结构和社会文化系统产生了巨大的影响。兄弟型一妻多夫制的存在，使得家庭组织和结构安排更为复杂，差异性也更为明显。这就要求我们改变以往的习惯性思维，采用不同的视角看待婚姻、性生活、家庭生活、夫妻和父子关系以及性别分工等诸多问题。

关于一妻多夫制的产生，以往解释中的一个可能性是由于男女比例失调。英国法学家麦克伦南曾认为远古时代弑杀女婴的习俗导致了妇女的缺乏，由此导致了一妻多夫制的产生。[①] 希斯（Dwight B. Heath）也认为在一个男人富余的社会中，一妻多夫制确保社会中所有的资格成员都能实现结婚的权利。[②] 白雷曼前往喜马拉雅山区的巴哈里地区做田野调查，他的结论是："本研究表明，在喜马拉雅山区，与一夫一妻婚制下共享妻子的做法相比，除了与两性比例有相关联系外，当前再没其他简单性的功能性相关因素了。"[③]

然而，除了男女比例失调以外，未婚的单身妇女之所以未能找到丈夫的一个重要原因，是她们的社会地位极其低下，往往是情人制和私生子的产物。[④] 在一个以拥有财富的多少为价值取向的社会中，与私生子相联系的单身妇女往往处于社会的边缘，因此在婚配市场中处于极其不利的地位。虽然藏族社区中并不一定贬低或谴责私生子现象，然而私生子通常被排斥在家产继承人之外，因此鲜有机会嫁入一个行兄弟共妻的婚姻家庭当中。

索日村男女比例约为 97∶100，符合基本与常规定义下的男女比例数。[⑤] 进一步考察索日村 16~45 岁处于生育年龄集合内的男女比例，该数字却是 112∶100；尽管出现了男多女少的局面，该比例仍属正常范围之内。由此可见，单纯男女比例的失调，不能准确地说明行兄弟共妻的实际情况，还需要把情人制和私生子等社会现象所造成的结果考虑在内。

---

① MCLENNAN J F. Primitive marriage：an inquiry into the origin of the form of capture in marriage ceremonies. Chicago and London：The University of Chicago Press，1970.

② BERREMAN G D. Pahari polyandry：a comparison. American anthropologist，1962，64（1）：60 - 75.

③ BERREMAN G D. Pahari polyandry：a comparison. American anthropologist，1962，64（1）：71 - 72.

④ SCHULER S R. The other side of polyandry：property，stratification and nonmarriage in the Nepal Himalayas. Boulder：Westview Press，1987.

⑤ 常规男女比例为 100∶105（或 95∶100）。参见 RUSSELL J C. Late ancient and medieval population. American philosophical society，1958，48：3，13 - 14.

三、情人制：一妻多夫的补充

如果把一妻多夫与一夫多妻看作家庭形态的两极，由于自然状态下两性数量是平衡的，若一妻多夫与一夫多妻的家庭数量均衡，那么前者剩余的未婚妇女恰好被后者剩余的未婚男子所吸收，那么该社区适龄结婚的两性也就平衡了；若前者多，后者少，就会出现失婚妇女；反之则会出现失婚男子。由索日村的实际情况可知，当地流行兄弟共妻制婚姻，却没有一例一夫多妻的个案。由此可见，当地必然存在较多的失婚妇女。

现在的问题集中在一点上，即找不到配偶的妇女究竟哪里去了？换言之，社会如何调节一妻多夫制与失婚妇女的矛盾？这个问题相当重要，不对它进行探讨，就不能算是完整的田野考察。从这个意思上讲，索日村中流行的兄弟共妻制，与未婚妇女构成了当地一个独特的生态系统；这一系统能否循环，一个关键点是社会能否为多出来的失婚妇女提供有效的出路。如果说社会存在某种机制消化这些多出来的失婚妇女，当地的兄弟共妻制就能够继续存在；否则，多出来的妇女在社区中累积，使人们怨声载道的话，兄弟共妻制就难以存在下去了。

关于多出来的失婚妇女，情人制是当地一妻多夫婚姻制度下衍生的一种补充。例如，托达人除了兄弟共妻制为其典型的婚姻制度以外，还有换妻制与情人制作为该婚制的有效补充;[1] 纳尔亚社会中也默许情人制的存在，属于社会高层的婆罗门贵族男子（长子以外）由于被排除作为社会成员应有的婚姻资格和家庭财产继承权，往往去寻找亚种性的女子为情人或妻子。[2] 戈尔斯坦在对尼泊尔利米的田野调查中，指出审慎的婚外情是允许的，实际上利米有半数的未婚女性拥有一个或多个孩子。[3]

坚赞才旦在对藏区真曲河谷的实证分析中指出，多出来的失婚妇女至少存在三条出路：①出家为尼；②外嫁；③做情人。其中情人制的作用尤为重要。[4] 然而，也有人在对藏族军拥村的个案研究中，指出当地婚外性关

① QUEEN S A，HABENSTEIN R W，QUADAGNO J S. The family in various cultures. New York：Harper & Row，1985：19 - 21.

② GOUGH E K. The Nayars and the definition of marriage. The journal of the Royal Anthropological Institute of Great Britain and Ireland，1952，89（1）：29 - 31.

③ GOLDSTEIN M C. When brothers share a wife. Natural history，1987，96（3）：92.

④ 坚赞才旦：《论兄弟型限制性一妻多夫家庭组织与生态动因——以真曲河谷为案例的实证分析》，《西藏研究》2000 年第 3 期。

系十分严格，私生子现象并不多见。① 这就容易让人产生困惑：情人制与兄弟共妻制，两者是否具有密切的关联性呢？在这里引入索日村的实例进行探讨与分析，不仅较好地回答了这一问题，而且可以由此获得新的认识。

一方面，在牧区的日常生活和生产劳作中，男女之间接触的机会颇多。前面也讲到，当地除了从事放牧等一般性生产劳动以外，每逢藏历新年、祈愿法会、夏天举行的赛马节以及"耍坝子"游艺活动，都为青年男女的正常交往提供了机会。男女之间情愫暗生，然后进行公开的交往，这是一件再寻常不过的事情。也就是说，没有人把男女之间的私情看成了不得的事情，索日村就不乏先公开交往后成婚的例子。本村自不待言，外村也是寻常，随着317国道的开通，索日村发生私情的现象更有向外部扩大的迹象。

另一方面，村内流行兄弟共妻制婚姻，现存25起共妻婚姻中，妻子与丈夫的比例约为1∶3。虽然共妻制家庭中妻子对丈夫的情感在总体上是平均的，但不会是绝对的平均，总会有一些厚薄与偏爱，所以诸兄弟中也有不幸者或未能获得情感满足的人，遇到这种情况，他们可能会将部分感情移到家庭之外，寻求新欢亦在情理之中。情人制使人们可以在婚姻家庭以外发展感情，加之失婚妇女和当地女方存在的异常激烈的婚配市场，都在相当程度上促使了这一制度的流行。

作为青藏高原东部地区"顶天立地"的康巴汉子，索日村男人不仅塑造出强健的体魄、刚毅自强的精神，而且天生具有一种豪迈奔放、放浪形骸的个性。康区有这样一句格言用来描述康巴男人——"康巴汉子，五条牛"，即形容一个康巴男人力壮如牛。同时，康巴汉子又与嗜刀如命的特性紧密地联系在一起。例如，村里的一位报道人曾向我调侃说："康巴汉子可以终生无妻，但绝不可一日无刀。"此话显示"刀"在康巴男人生命中的重要地位；从索日村可知此言非虚，每个成年男子都要在身上佩戴一把一尺见长的腰刀。这种配刀习俗，除了刀具在牧区具有某些实用性功能（如自卫、切割牦牛肉、割断牦牛绳、割草皮等）以外，更为重要的是：它意味着佩刀的主人获得了社会认可的成年男人的资格。这种成年男人所享有的其中一个重要的权利就是——性生活。

饶有情趣的是，一些当地妇女（包括索日村在内）也会在腰间别上一把一寸见长的弯月小刀；该小刀并无太多的实用性功能，其作用更多体现

---

① 张建世、土呷：《军拥村藏族农民家庭调查·下》，《中国藏学》2005第4期，第108页。

在修饰方面。但也有人给我指出：当地只有已婚妇女才有资格佩戴这样的小刀，未婚妇女乃至离婚的妇女都不能享有这样的权利。如此看来，当地社会确实会在已婚妇女与未婚或离婚妇女之间做出某种方式的区分，以显示其中的差异性。

索日村中的青年男女或者朋友之间只要不存在辈分差异和血亲（骨系）禁忌，大家一起戏耍打闹、相互调侃的情况可谓屡见不鲜。一个可能的解释是，这些青年男女自小一起长大，组成了一种十分亲密的伙伴关系。若是双方为夫妻关系，他们之间的对话中所使用的"词汇"就更为随意了，其中不乏庸俗不雅的语言，很多与性爱或者性器官有关。如果说男人以拥有多个"嘎如"为荣，在女方看来，能被男人看上同样是件颇有脸面的事情，尽管她们往往表现得略为腼腆一些。

这种认为"性是自然的属性"和"人是天生的情种"的宇宙观，对当地情人制的流行无疑产生了深远的影响。一方面，意识形态为情人制的实施创造出相对宽松的人文氛围；另一方面，当地不厌其烦地推行情人制，在其实施上又尽量使其制度化，使其成为兄弟共妻制的一种有效补充。

当前索日村有7户家庭生育有私生子，约占村总户数的十分之一稍强。这7户家庭中，除1户家庭属家中无男嗣因此未婚女儿与私生子均可留在家中以外，其余6户无一例外均为女方怀孕和生育后被家中兄弟要求另外分家。下面的例子能较好地说明这种情况：

个案二

访谈对象：邓杰等人

地点：索日村嘎吉

时间：2007年4月

邓杰的家庭曾是行三兄弟共妻的家庭，三兄弟现在的年龄依次为76岁、73岁和70岁。这户家庭原来（和平解放前）是索日村的大户，在村里享有很高的声望。三兄弟和妻子总共生育了2子5女。由于妻子在8年前去世，2个儿子又依次到旺公寺出家，5个女儿中只有小女儿玛玛留在家中，其余四个姐姐不是出嫁到本村就是出嫁到外村。小女儿玛玛没有出嫁，由于诸位父亲开始年迈多病，因此主动要求留在家中，勇敢地承担起照顾他们日常生活起居的责任。几年前玛玛曾与人相好，无奈玛玛不想外嫁，对方也不愿意上门，结果生下了一个私生子——现年 2 岁的根地容布，与妈妈一起生活。

7 户家庭中共有 4 户位于嘎吉沟口，显示集中聚居的迹象。考虑到嘎吉沟口现在仅有 9 户人家，私生子家庭占据沟口将近一半的比例，因此该地方很有可能最先用来安置那些被迫分家的未婚母亲和其私生子。邻近的巴纳村也流行兄弟共妻制与情人制，不过他们安置未婚母亲和私生子的地方多集中在 317 国道沿线上。①

这些被迫要求分家的未婚妇女，由于家庭资源大多掌握在自己兄弟的手中，因此能够分配到的家产十分有限。正如前面一节讲述家庭结构时提到，索日村存在一条"兄弟不分家"的基本原则，如果家庭成员出现大量的女性同胞，则她们在家庭中往往属于边缘和从属的地位。女性同胞平时也是自己的家庭成员，参与一般性家庭生产劳作，是兄弟共妻制家庭中有效的劳动力补充。然而，如果她们未婚怀孕，就会被认为有了自己的利益中心，并因此占用或侵犯家庭原有的有限资源。这时一个折中的做法是让其分家并自力更生，此种做法具有相当的经济功能性。条件优越一些的家庭可允许她们带走部分家产，一些兄弟甚至有义务帮助其修建一所简易的房子。为了保障姊妹的未来生计，兄弟们还有义务找到导致姊妹怀孕的"罪魁祸首"，然后据理提出索赔的要求，索赔的名义是给即将出生的婴儿提供"营养费"。

由于当地存在着严重的"牦牛情结"，向私生子父亲索赔的费用通常也是按照牦牛数进行换算的。有趣的是，根据男方对象的不同，其价格也有所不同。例如，涉及婚外生子（私生子）时，如果是本村人，需要赔偿给女方的牦牛数一般在 1～2 头之间（合 3 000～6 000 元），若是外村人则可要求 2～4 头（合 6 000～12 000 元），若是外地或外族人，其价格甚至可能更高，可达 10～20 头以上（合 30 000～60 000 元）。

根据地域的远近来区分索赔价格的做法，无疑是尝试使情人制度化的一个重要举措，同时也是一种"双赢"的机制：一方面为行共妻的当地男人提供了相对廉价的情人市场，使得自己原来对妻子性专有权的渴望找到了"发泄"的渠道；另一方面也成功地解决了社会上部分多出来的未婚

① 这里距离乡政府东北向约 2 千米，与贡觉县相皮乡接壤。

妇女的出路，使她们不完全被排斥在生育圈之外。当然，赔偿制度还承担着一种社会性的"威慑作用"与杠杆功能，使得敢于往此涉足的男人数（特别是不属于本地的男人）控制在一定的范围之内，最终使得私生子的数量不会泛滥成灾，从而有效地遏止了当地人口的迅速增长。

尽管如此，这些被要求分家的私生子家庭，此后的生活无疑将充满艰辛与困苦。7 户私生子家庭中，平均抚养的子女数为 2.43 人，极大低于共妻家庭的 3.44 人。独自一人无力将子女养大成人的情况也是有的，索日村当前的 7 户家庭还只是冰山一角。考虑到那些夭折的孩子以及在"偷情"但仍未生育的妇女，索日村实行情人制的对象尚需进一步地扩大。当然，也有一些负责的男人，偷偷将自己家里的部分资源带给情人和其所生育的子女。对此做法，尽管会有一些家庭知道个中情由，只要情况不算严重，一般也不会过多干涉。

私生子在当地称为"车珠"，该词不同于康区其他地区（如三岩等地）的叫法，[①] 本身并无贬义。随着民主改革的实施与深入，等级差别在藏区已经基本消亡，因此私生子的社会政治地位与以往相比有了更坚实的保障。

尽管如此，在经济上，私生子依然处于极其不利的地位。首先，他们被排斥在来自生父（如果血系清楚的话）方面的继承权之外，加之母亲方面由于分家后所获得的资源极其有限，因此无论男女，他（她）们在婚配时均处于一种不利的地位。其次，由于当地普遍流行由女方提供嫁妆的习俗，这种不利的经济地位使得女方原本就不多的出嫁机会雪上加霜。私生子的出现，一方面促使有资格婚配的女子数进一步减少；另一方面，随着未婚女子数的进一步增加，反过来促使情人制实施对象有进一步扩大的趋势。

情人制还在当地发挥了另一个社会功能：随着生命的周期性循环，部分残缺家庭实现了向完整家庭的转变。这样就在村落中构成了一个动态的生态系统，使得情人制有机嵌入当地的社会结构当中，成为兄弟共妻制一种有效的补充和调节机制。

在一个行共妻制度的社会中，人口的增长能够得到有效的控制。[②] 美国人类学家南希·列维尼曾孤身前往尼泊尔北部地区的藏系移民——宁巴人的数个社区做田野工作。她的研究指出：西藏特殊的亲属结构（如骨系与血系的概念，相对封闭并排外的社区和普遍实行的内婚原则等），才是导致

---

① 三岩地区私生子称为"多累"，原指牦牛与黄牛杂交后生育出的幼畜，该词还有"杂种"的文化意味，明显带有贬义。

② GOLDSTEIN M C. When brothers share a wife. Natural history, 1987, 96（3）: 92 - 95.

一妻多夫制度盛行的根本原因；实行一妻多夫制度的逻辑，可看作相对封闭、资源匮乏的社区用来控制人口增长的生育策略。[①] 然而，如果世代均行兄弟共妻，一个家户虽能持续传承下去，但村子也会出现其他家庭由于绝嗣而出现绝户的现象，这样将导致村子户数的逐步减少。由于村内存在血系通婚的禁忌，从长远的发展来看，村子总户数减少到一定程度，必然引起潜在通婚人数的减少，这对村子的未来发展是极其不利的。如果说一些原来行兄弟共妻的家庭可通过行玛巴婚（招婿）或分家来抵消这些绝户的家庭，私生子家庭也能充当起类似的功能。通过家庭自身的生命周期，私生子家庭实现从残缺家庭向完整家庭的变迁，从而丰富了村子的家庭类型和可通婚的对象。

从这层意思上讲，情人制既是导致家庭破裂的原因之一，又是减少家庭破裂的原因之一。在一个性关系相对宽松的社会中，后一种原因比前一种原因所起的作用要大些。如此看来，情人制或婚外情以及由于此种关系下所产生的私生子问题，是当地流行性兄弟共妻制社会文化背景下的一个副产品。

第四节　生计方式

一、村貌概况

当前江达县正在大力开发旅游资源，全县根据地方特色大体划分为吉荣峡、金沙江江岸、同普、县城和青泥洞五大风景区。江达县发展旅游的命脉基本依托于贯穿全县的 317 国道展开。它在江达县内总里程达 168 千米，自东西走向连接起岗托、同普、江达、卡贡、青泥洞等 5 个乡镇。

作为江达县重点推荐的五大景区之一，青泥洞乡位于江达县西南部，地理坐标为北纬 31°18′，东经 97°59′。乡政府驻地设在曲尼多，距县城江达镇西南 32 千米，是江达通往昌都乃至拉萨的必经之道，属于典型的高原草甸牧业区。海拔从 3 900 多米上升到 4 500 米不等，平均海拔约 4 200 米。

---

① LEVINE N E. The dynamics of polyandry: kinship, domesticity, and population on the Tibetan border. Chicago and London: The University of Chicago Press, 1988.

青泥洞乡最先于 1964 年建乡，1975 年改为人民公社，1984 年复乡，1988年将觉拥、热拥、巴纳、索日四乡合并为青泥洞乡，现全乡土地面积 837.4平方千米，林地面积 15 601 公顷，草场面积 6.4 万公顷。该乡另有 24.6 公顷耕地，主要种植元根、青稞、小麦和油菜籽等。当地同时盛产虫草、知母、雪莲花、蒲公英等。牲畜存栏量 5.3 万头（只），以牦牛、藏系绵羊和山羊为主。有乡小学 1 所，乡卫生院 1 所。

青泥洞乡现下辖 4 个村民委员会（行政村），分别为索日、巴纳、觉拥和热拥。各村户数与人口相当，情况大体相同，主要经济生产方式均以牧业为主。川藏公路北线 317 国道在乡内迂行，连同村际间一些交错相接的小道，构成了索日村通往外界的交通网络。藏语中"青泥洞"指两河交汇处之意。这里两河分指热曲和字曲；位于东部地区的集雪神山则是这两条河流的分水岭。温泉资源是该乡的特色之一，该乡拥有远近闻名的玉龙温泉；另一个特色是该地拥有极其丰盛的矿产资源。

索日村位于川藏公路北线 317 国道沿线、乡政府驻扎地及周边地区。"索日"在藏语中为"积累"之意，原来是德格土司管辖下一大户的户名，用来统称索日村以及周边的牧区，[①] 后来发展成为村名，民主改革时成为生产大队（村民委员会），下辖 8 个小队（自然村）。据悉，和平解放前索日村仅有 30 多户，200 多人，全部过着逐水草而居的游牧生活。截至 2007 年12 月该村已发展到 67 户，490 人，其中男 246 人，女 253 人，当前仍然过着定居、半定居式的游牧生活；住户主要分布在热曲两旁，少部分分布于317 国道沿线、乡政府驻地曲尼多以及字曲周边（见图 3-6）。

索日村面积约 150 平方千米，草场总面积约 25 万亩，所辖区域以高原平地为主，海拔从 3 920 米上升到 4 500 多米不等，平地平均海拔约 4 100米，除了中部、西北地区有海拔 4 500 多米高的日出、嘎拉等神山以外，其余地区分布着数百个大小不一的山丘。这些山丘坡度平缓，中间夹杂着数十个宽广不一的沟谷，热曲及其支流穿行其间。热曲在青泥洞乡内全长约为 5 千米，藏语中为"山羊河"之意。较大的沟谷有八处，分别为嘎吉、嘎宗库、恰贝通、岗囊、擦隆①、擦隆②、自龙达和果旺达；这里不仅地势平坦，而且靠近水源，成为牧民理想的聚居地，由此形成了索日的八个自然村。这八处沟谷，连同乡政府驻扎地曲尼多（毗邻 317 国道），总共散居着 67 户家庭，其户数分配如表 3-7 所示：

---

① 1951 年西藏和平解放之前，这里被称为"德尔格特"，意为德格土司的家地。

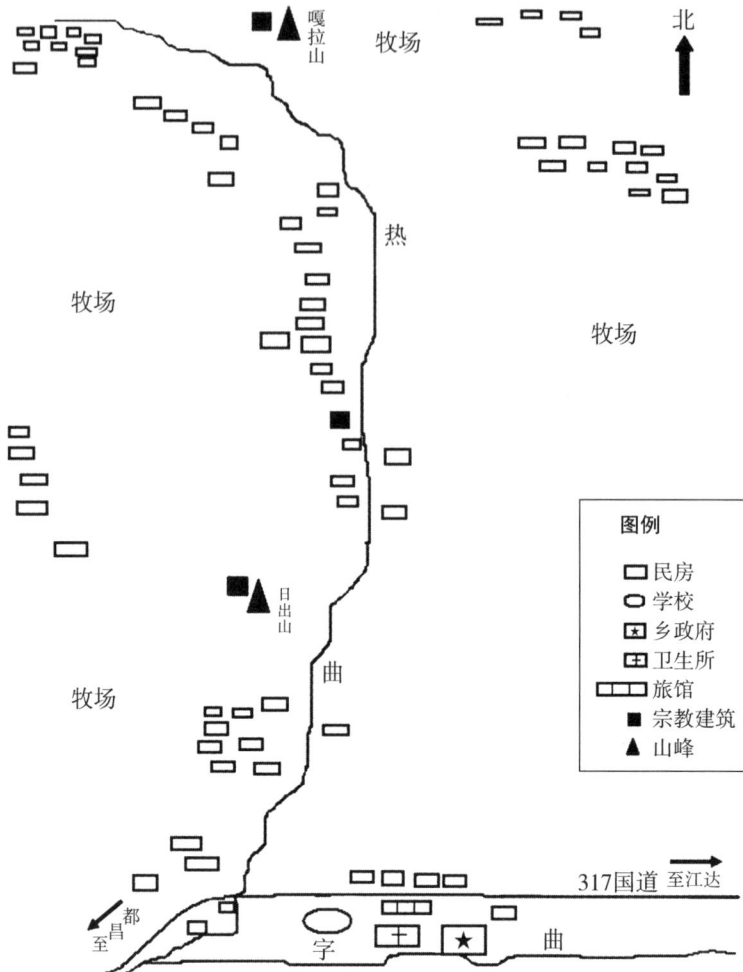

图 3-6　索日村平面图

表 3-7　索日村聚集户数地区分配和比例表

地区	嘎吉	嘎宗库	恰贝通	岗囊	擦隆①	擦隆②	自龙达	果旺达	曲尼多	总数
户数	9	6	11	9	7	6	10	4	5	67
占比（%）	13.43	8.96	16.42	13.43	10.45	8.96	14.93	5.97	7.46	100

资料来源：2006—2007 年田野调查。以下除另外说明，否则均同。

历史上索日村是德格土司的牧区属民，索日村的领地也属于土司的世袭领地。德格土司的领地可分为三种：①牧场和荒地；②耕地；③山林。[①]就索日村的实际情况而言，其土地基本属于第一种，即以牧场和荒地为主。这些土地保留了公共用地的性质，极有可能是公社特征或部落社会特征的遗留，索日村的全体村民均可在本村辖区内的草原上放牧。然而草原一方面是部落所有的，另一方面又是土司的领地，两者产生的结果是：从部落内部来看，属于部落集体所有制；但从部落和土司的关系看，土司又拥有最高所有权。以往索日村调和这两种矛盾的做法是——通过徭役的形式来表现对土司的隶属关系。这种徭役主要有两种：一是按时交纳一定的赋税（以银子计算，另外尚需进贡一定量的酥油和牦牛、马等牲畜）；二是承担一定的乌拉（徭役）。[②]"索日"原为当地一大户人家的户名（现已绝嗣），地位相当于土司下面等级较低的村落头人，该户曾长期负责处理索日村村民的徭役事务。西藏和平解放后土地归国家所有；20世纪80年代，随着家庭联产承包责任制的推行，所有牲畜均已分配到户，各户甚至都拥有了属于自己的土地和牧场。名义上草场虽然实施家庭承包制或责任制，但每村固定的草场划分依然遵循以往的历史传统，并无太大的更改与变动。

近年来，青泥洞乡名声大振，原因在于亚洲第二大，同时也是全国最大的大型铜矿矿床恰巧就坐落在该乡管辖的觉拥村内。据悉，玉龙矿区分成三个矿体，1996年普查时其储藏量为650万吨。此后，在南北长约300千米、东西宽约20千米的斑岩铜矿带中，还陆续发现8个矿床和矿点，远景储量达1 000万吨。此外，这里还伴生有钼矿15万吨，在国内位居第10。[③]

长期以来，如何对其进行合理的开采一直是县政府、西藏自治区乃至国家层面需要深思熟虑的事情。有关部门不断为其开采进行调研、环境评估及协调地方居民的工作。经过一番精心的筹备，由国家矿业部门、融资公司以及县政府联合组建的玉龙铜业股份有限公司终于在2005年5月28日挂牌成立，同年9月实现初步开采。与此同时，一个新型的工业镇——玉龙镇及铜矿加工厂正在紧锣密鼓地建设当中。一方面，公路在不断修建、扩建，旅游资源开发逐步深入；另一方面，开采铜矿给周边的村庄带来了新

---

① 张正明：《甘孜藏区社会形态的初步考察》，四川省编辑组编写：《四川省甘孜州藏族社会历史调查》，成都：四川社会科学院出版社，1985年，第15页。

② 傅嵩炑：《西康建省记》，台北：成文出版社，1912年。

③ 相关数字来自青泥洞乡政府收集而来的资料。

的就业机会，但也产生了负面的影响（如环境污染等）。在这样的背景下，索日村与邻近的几个村子一样，无论是日常生活还是传统文化，正无可避免地面临着现代化与工业化浪潮的巨大冲击。

二、干季和湿季

就生态条件而言，索日村地处高原草甸带，1月平均气温 -2℃，7月平均气温14℃，年平均气温4℃~6℃，年降水量500毫米，无霜期120天左右，气候变化剧烈，光照充足，空气稀薄，昼夜温差大，中午着单衣嫌太热，晚上穿皮袄不觉暖，因此有"一日有三季"的说法。暮秋10月，草原进入冰雪季节；入冬草枯河冻，气候严寒，温度迅速下降至 -10℃以下；阳春三月，冰雪开始融化，草场发芽，四月草青，五月草长，七八月达到旺盛，九月逐渐枯黄。总体而言，当地寒暑交接明显，其中湿（寒）季约占四个半月的时间，其余时间均属干（暑）季。

索日村属于游牧村落，游牧业是其主要生产方式，逐草迁移的生活方式保留至今，饲养的牲畜主要有牦牛、山羊、藏系绵羊和马等。由于自身草场面积十分有限，索日村主要采取定居、半定居式的小范围放牧，年度经济生产活动基本上围绕寒暑不断地交接循环（见表3-8）。

表3-8 索日村年度经济生产活动表（藏历月）

季节	月份	重要经济生产活动
湿季	十	背水、杀牦牛、牲畜领回家里圈养
	十一	背水、割草、准备牲畜过冬
	十二	背水、割草、准备过藏历新年
	一	背水、过年、跳锅庄舞、访亲、举行法会、牲畜领回房内圈养
	二	
干季	三	背水、山上放牧、捡牛粪、接生羊羔、编织牦牛绳、制作帐篷
	四	背水、山上放牧、牲畜配种、捡牛粪、准备采集虫草
	五	采集虫草
	六	采集虫草、卖虫草、前往城镇消费
	七	背水、捡牛粪、种植元根、挤奶、转经
	八	背水、山下放牧、捡牛粪、晒干牛粪、收元根、挤奶、转经、耍坝子
	九	背水、山下放牧、耍坝子、举办赛马节

村民干季多居住在由牦牛绳编制的帐篷内，湿季则居住在用泥土和石头修筑而成的楼房里，牲畜主要养在楼房一层或在房子的外部圈养。十月下旬到翌年二月为湿季，一年中的主要活动，如宰杀牲畜、过年、拜访亲友与举行祈愿法会等活动，大都集中于此。十月初开始宰杀牦牛，并把牲畜领回家中圈养；十一月开始外出或割草，准备牲畜过冬用；十一月底与一、二月过藏历新年（以上均为藏历月）。

干季始于 3 月止于 10 月，为外出放牧的黄金时期。就季节与轮牧而言，这段时期又可分为春季草场、夏季草场和秋季草场三种：3—5 月为春季草场，一般在河谷与聚集地周边地区放牧，是牲畜保膘、配种和幼畜出生的时期，以恢复过冬后牲畜的体型和活力为主；6—8 月为夏季草场，主要在山丘的两边放牧，是牲畜发膘和幼畜发育的时期；9—10 月为秋季牧场，要跑到山丘的深处和边远地方放牧，是牲畜上膘的时期，10 月底需储备大量的干草为牲畜在家过冬做好准备。

索日村无集体放牧的习惯，大多以户为单位实行个体放牧，个人大约可放牧 10~30 头牦牛。索日地区水源充足，牧草丰盛，全部自然生长，有30 多种牧草，其中有禾本科的早熟禾、鹅冠草；豆科的野苜蓿、天兰苜蓿；蔷薇类的人参果等。近年来，索日村的牲畜量上升较快，对草场形成了巨大的压力，同时也促使放牧的频率加快，现在几乎每月就要换一次草场。

当地的土特产资源亦相当丰富。野生动物有野狐狸、黄羊、石羊、羚羊、麝獐、狼、旱獭、马鸡、秃鹫和狗熊等。野生药材有冬虫夏草、川贝母、知母、大黄等。此外，人参果和牛肝菌也有一定的产量。索日村附近还出产一种独特的菌子，颜色米黄，体积较小，味道鲜美，当地人称其为"左郭"。

放牧、挤奶是当地主要的农事活动。一如其他的游牧部落，索日村同样发展出深厚的"牦牛情结"[1]。在村民的眼里，"牦牛一身是宝"，日常生活中，无不体现出牦牛或牦牛制品的价值。例如，村民日常饮食中的酥油茶（酥油）和奶渣，就是取自母犏牛（奶牛）。一头母犏牛生产的酥油约为 10 公斤，奶渣约 7 公斤。[2] 每头成年牦牛年产牦牛毛约 0.6 公斤，牦牛皮用来制作成皮条、口袋、藏靴或其他皮制品等。放牧与居住用的帐篷由牦牛绳编制而成，俗称为"牦牛帐篷"。制作一顶中等尺寸的牦牛帐篷，一般需要消耗约 60

---

① NETTING R M. Cultural ecology. Heights：Waveland Press Inc.，1986：41–43.

② 相关数字为当地有经验的牧民的估算。下同。

公斤的牦牛毛，可用十年以上。该工作无一例外均由妇女来完成；一位女性若没有熟练掌握缝制牦牛帐篷的技术是能力低下的表现，会受到别人的嘲笑。此外，牦牛粪是日常生活中的理想燃料，家里每天都要派人外出从事捡牛粪的工作；特别为过冬做准备的时候，牛粪更宜多加贮备。在婚嫁中，新娘的嫁妆也通常是以牦牛来计算的，通常以20头为宜，少于此数会让新娘的娘家丢尽脸面，最终也会影响到女儿顺利嫁出。涉及民事与刑事纠纷时，一般按照习惯法处理，通常也是以牦牛来计算赔偿金的数额。例如涉及婚外生子（私生子）时，需要赔偿给女方家庭一定数目的牦牛，根据当时人的身份（本村人、外村人、外乡人和外地人等）的不同而赔偿1~20头。若涉及命案，赔偿的牦牛数则飙升到20~50头（约合6万~15万元人民币）；若受害者是村里公认的能干之人或是家里唯一的子嗣，受害者家庭还可要求赔偿金翻倍，但具体需由双方（受害方与施害方）共同协商决定。若施害方的行为是为了捍卫全村的集体利益，赔偿金应由全村人集体承担，按户分摊。平时牦牛不能随意宰杀，村里人甚至有放生牦牛的习俗，叫作"猜它"，其做法是：在放生的牦牛耳朵里打个洞，同时穿上染有颜色的牦牛绳（红色或白色）以示区别，然后放到山上让其自生自灭。据说，这样做可为放生牦牛的主人积下功德，"来世"将有回报。然而，到了藏历十月，家里一般要杀牦牛作为肉类食品储备过冬，一头4~15岁的公牦牛的体重一般在200~400公斤左右，可以满足牧民一人一年内摄取肉类的需求。每年每户都要杀一至两头公牦牛，也有杀三至五头的，主要视家庭人数而定。一家人杀了牦牛后（一般都请汉人来杀），村里的主要亲戚都有权利获得相应的一份。拿到属于自己份额的牦牛肉后，将其切成几条约4~5厘米见方、30厘米见长的肉条，阴干后贮藏于牦牛皮口袋内或吊挂在房梁上，成为家里款待亲友的佳肴。此外，牦牛头角与头骨还可放在村子的白塔上，或者刻上玛尼经文，成为圣物享受供奉与朝拜，同时也是禳灾祈福的法物。

除了牦牛以外，藏系绵羊、山羊是村里人第二看重的牲畜。它们除了提供羊奶、羊肉等营养价值较高的食物以外，还能提供羊毛与羊皮，这些均是制作皮袄和其他诸如毯子、马垫和腰带等生活用具的上佳材料。

20世纪80年代以前，索日村的货运均依赖于畜力。驮运货物主要靠牦牛，出行则以步行或骑马为主：如果距离较近，则步行；若远则骑马。马由此成为当地主要的交通工具，路程也多以单马的行程来计算。索日村基本每户都有养马的习惯，马具、马鞍家家齐备。马除了载人和驮运以外，一般不参加其他的生产劳作。90年代以来，随着317国道的扩建，村与村之间也修通了小路，村民开始从县城（江达县或昌都市）购买摩托车，基本每户配置有 1~2 辆，摩托车逐渐取代了以往马匹的地位。在索日村，截至 2007 年 12 月有两户家庭甚至购买了解放牌大货车跑起了运输。尽管如此，老年人出行仍喜欢骑马。马迄今仍然是每户家庭必须饲养的牲畜之一，数量维持在 3~5 匹之间。

三、主业与副业

虽然索日村逐渐采取聚集而居的村庄管理方式，但本质上没有改变索日村人以游牧为主的传统生产方式，因为牧业才是他们一贯的主业。即使在青草茂盛的季节，牧民也不得不经常性迁徙，因为一个地方的草总是有限的，草的循环生长也需要一定的时间。只有在牛羊只能吃干草的秋冬季节，牧民才会住在自己固定的房屋里。为了处理好定居与游牧的关系，索日村中一般由老人、家长或妻子住在房屋内操持家务，放牧工作一般由年轻人（男性为主）负责。从藏历三月开始，若需要在住房邻近的地区放牧时，年轻人一般白天外出放牧，晚上回来入睡；若需转场至距离较远地方时，则携带小型的牦牛帐篷，这时往往需要在外面待上一至两个月时间。到了十月底，气候开始变冷，牲畜集中迁移到家中圈养，所有人均聚集在住房中为入冬和过藏历年做好准备。

索日村与周边的觉拥、巴纳和热拥三村比邻而居，每个村子既有属于自己内部的草场，也有在交界处双方共享的草场，一般以石块为界。不同村子原来各自所占有的草场界线极其严格，相互之间不能侵犯，否则会遭受到极其严厉的惩罚，这里有历史上的成因。然而，近些年随着各村人口、户数的急剧增加，牲畜的数量随之暴涨。根据现代养羊学的研究，在自然放牧状态下，草甸草原放养一只羊约需 8 亩草地；[①] 一头牦牛约需 55 亩草地。一平方千米（1 500 亩）草地可放牧绵羊约 190 只或牦牛 28 头，只能供养 6 人生活。由此可见，草场的载畜量都有一定的限制，牲畜数量的增长必然导致草场的扩大，向村外的草场发展自在情理之中，由此引发了村子之间的草场纠纷。以近年来的两起械斗事件为例，足以说明草场不足的严重性：

---

① 李志农主编：《中国养羊学》，北京：农业出版社，1993 年，第 373 页。

个案三

访谈对象：扎西（副乡长兼派出所所长）

地点：索日村派出所

时间：2007年4月

2001年夏，觉拥村一户人家所放牧的牦牛走入索日村的草场吃草，引发了索日村人的不满，双方言语不合引起了争执，随后各自找人来论理。虽然两村世代通婚，多有亲戚关系，但由草场不足引发纠纷的问题由来已久，新仇旧恨下双方终于爆发了大规模的械斗，两村先后有100多人参与械斗，双方"兵戎"相见，互有人员伤亡。得知消息后，江达县政府迅速派出工作小组，连同乡干部连夜赶到现场，严正劝诫，并搭起帐篷，吃住在现场，耐心细致地做工作。最后帮助两村签订了草场分配协议，处理好赔偿工作，终于稳住局势。

个案四

访谈对象：扎西（副乡长兼派出所所长）

地点：索日村派出所

时间：2007年4月

2004年夏，索日村与热拥村由于草场问题引发纠纷、械斗，索日村有20余人受伤，热拥村也有10余人受伤。尽管县政府派出的工作组和乡干部多方斡旋和调停，双方依然不肯善罢甘休，械斗持续了数周之久。县政府迫于无奈，最后从县城调动了一支武警支队驻扎在双方的交界处，时间长达一年之久，最后才促成双方就草场纠纷问题达成协议。

虽然牧场资源十分有限，但是索日村的家庭经济基本还是围绕着放牧活动来开展的。放养一定数量的牲畜，就能维系起一个家庭每日摄取蛋白质的基本需求；如果拥有额外的牲畜量，则可成为社会上让人钦羡的家庭资产。截至2007年青泥洞乡共有96.5万亩草场，索日村的草场面积约为24万亩，约占总数的四分之一，见表3-9：

表3-9　索日村牲畜占有情况表（2007年）

每户占有牲畜量（头）	户数	所占比例（%）	人口（人）			牲畜（头）					每户平均（头）	每人平均（头）
			男	女	合计	牦牛	羊	马	合计	所占比例（%）		
总计	67	100	246	253	499	2 924	1 944	186	5 054	100	75.43	10.13
0	14	20.90	14	27	41	0	0	0	0	0	0	0
1~30	4	5.97	8	10	18	47	9	5	61	1.21	15.25	3.39
31~60	12	17.91	47	39	86	420	83	32	535	10.59	44.58	6.22
61~100	18	26.87	80	75	155	839	348	50	1 237	24.48	68.72	7.98
101~200	15	22.39	70	84	154	1 148	894	66	2 108	41.71	140.53	13.69
201及以上	4	5.97	27	18	45	470	610	33	1 113	22.02	278.25	24.73
共妻制家庭总计	23	34.33	128	109	237	1 503	1 302	106	2 911	57.60	126.57	12.28

由表3-9可知，索日村牲畜总数在5 054头，牦牛、羊、马的总数分别为2 924、1 944、186头，三者比例约为15.72∶10.45∶1。以自然放牧状态下放养一只羊约需8亩草地，一匹马约需15亩草地，一头牦牛约需55亩草地计算，索日村总共约需要18万亩的草场。由此可见，索日村依然存有约6万亩的草场载畜空间，可以增加放养近1 100头牦牛或者7 500头山羊或绵羊。

这些闲置出来的草场载畜量，部分原因是索日村当前的67户居民中，有14户家庭并未饲养牲畜。[①] 14户居民中有4户为孤寡老人，5户为人口2~4人的贫困户；这9户家庭大多属于残缺家庭，不是家庭人口有限、家庭成员年事已高，就是家庭经济极度拮据，由此放弃了在村里饲养牲畜的权利。此外，尚有5户完整家庭也没有饲养牲畜，这是因为这5户家庭聚居在乡政府以及公路（317国道）沿线，修建了楼房，他们通过出租店铺给外乡人经营小卖部、饭馆和旅馆获得稳定的收入，此外他们每年还通过采集和出售虫草获得一定的现金收入，基本实现了由牧业向服务业的转型。

这些多出来的草场载畜量，还能充分说明一个重要的问题：放养牲畜的牧业活动，往往需要家庭拥有充足的劳动力作为保障才能维持其周期性运作。如前文所述，索日村的家庭中一半是人口较多、家庭劳动力也较充裕的家庭。考察索日村23户行兄弟共妻制的家庭，总计人口237人，其中男128人，女109人，牦牛、羊、马牲畜总量为2 911头，平均每户126.57头，平均每人

---

① 不能排除少数家庭依然饲养少量的牲畜，这里忽略不计。

12. 28 头，两者均高于村每户和村每人的平均值；共妻制家庭总人口不足村总人口的半数，拥有的牲畜量却占村总牲畜量的 57.60%，表明一妻多夫家庭拥有的牲畜量极大地高于村里的平均水平。换言之，实行一妻多夫制的家庭保证了家庭内部拥有足够多的劳动力用于牧业的生产和管理，从而有能力放养更多的牲畜；单从这一点上看，一妻多夫制更为有效地适应了牧区里特殊的生产方式的要求。此外，兄弟共妻制家庭拥有的牲畜数高出了全村的平均水平，而牲畜数量愈多的家庭，无疑愈受到社会的称赞，而家庭的社会声望愈高，反过来又巩固了兄弟共妻制的实行。

青泥洞乡在维系传统畜牧业发展的同时，其传统副业——林业一直不温不火。以往青泥洞乡林业所占的比例并不算高，但自 20 世纪 90 年代以来，发生了一个显著的变化：林业（主要集中在采集虫草）比例不断攀升，甚至于 2004 年首次赶超牧业，参见表 3 - 10：

表 3 - 10　青泥洞乡农牧林业比例对照表

年份	农业（万元）	占比（%）	林业（万元）	占比（%）	牧业（万元）	占比（%）	总计（万元）	占比（%）
1990	5.0	0.9	91.7	16.3	466.1	82.8	562.8	100
2004	2.0	0.1	700.0	51.4	660.6	48.5	1 362.6	100

资料来源：2005 年江达县民政局统计数字。

林业经济在青泥洞乡所发生的变化，在索日村表现得尤其突出。以往索日村的林业收入基本为零，但从二十世纪八九十年代开始，发生了两个重要的转变：一是牧民在定居点附近种植元根作为牲畜饲料；二是采集冬虫夏草和一些药用药材（如贝母、大黄等）对外出售。

元根在藏语中称为"纽玛"，是青藏高原独有的一种药食两用植物，主要生长在海拔 3 500 米以上的高海拔地区，据悉已经有 1 000 多年的种植历史。然而，索日村种植元根的做法却是和平解放后才从江达邻近的农区传播进来的，也是在近二三十年才逐渐成气候。由于当地夏季气候炎热干燥，适合植物生长，在乡政府的政策鼓励与县政府林业部门的技术扶持下，索日村种植元根已经形成了一定的规模。一般藏历 7 月初耕地、播种（当地无耕牛，多用公牦牛取代），8 月底就有收获。种植元根属于"园艺型"的生计劳作，无须投入过多的劳力，况且索日村又有较多的空置土地，因此夏季时每家每户都能种上一些元根，多种多收，少种少收，以一季计算平均每户可收元根 150～200 公斤；元根主要用作牲畜饲料，一般不当作食物。

冬虫夏草又叫"虫草"，是麦角菌科真菌（*Cordyceps sinensis*）寄生在昆虫幼虫上的子座及幼虫尸体的干燥复合体：冬天成虫，夏天成草。虫是蝙蝠蛾的幼虫，草是真菌的一种。夏季，虫子将卵产于草丛的花叶上，卵随叶片落到地面。经过一个月左右，孵化出的幼虫便钻入潮湿松软的土层。土层里长有一种虫草真菌的子囊孢子，它只侵袭那些肥壮的、发育良好的幼虫。幼虫受到孢子侵袭后钻向地面浅层，孢子在幼虫体内生长，幼虫的内脏慢慢消失，变成充满菌丝的躯壳藏身于土层里。经过一个漫长的冬天，直到第二年春天来临，菌丝才开始生长，夏天时才发芽成为小草长出地面，最后幼虫的躯壳与小草共同组成了一棵完整的"冬虫夏草"。

虫草一般生长在海拔 3 000～5 000 米的地方，其中又可以分为两种：生长在海拔 3 000～3 700 米的为高山森林草，颜色以淡黄棕色为主；生长在海拔 3 800 米以上的为高原草原草，以黄棕色为主。虫草以西藏、青海的产量为最多，在西藏地区又可分为三大生产区：那曲市、昌都市和其他的藏区。

虫草具有补肺益肾、止血化痰和调节机体免疫功能等所谓的"神奇"的功效，是传统名贵中药材，一直是国内保健市场的抢手货；随着日本、韩国等海外市场的不断开拓，虫草价格更是大幅度攀升，显示出全球化对一个处于藏区偏远地区的村子所产生的深远影响。然而，近年来由于开采过度，虫草的数量大有减少的迹象，价格因而呈倍数增长。索日村也出产虫草，属于西藏昌都的高原草原草，其虫草质量可谓上乘。以索日村收购虫草的价格为例，足以说明 1990—2010 年虫草价格持续上涨的情况（见图 3-7）：1990 年，一斤虫草（以 1 200 根为例）的收购价格不足 500 元，1995 年为 2 000 元，2000 年为 8 000 元，2005 年约为 20 000 元，2007 年则接近 40 000 元。

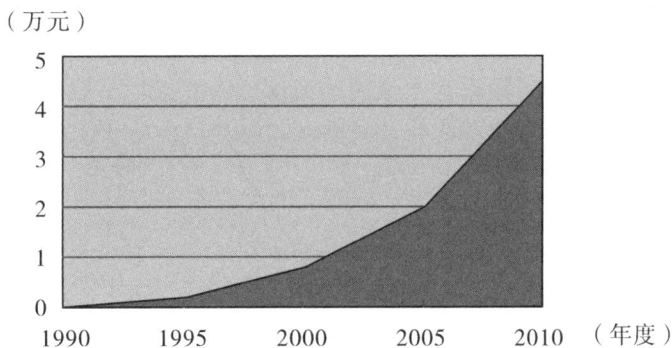

图 3-7　1990—2010 年虫草价格上涨曲线图

索日村所出产的虫草，主要集中在北部的嘎拉神山地区。由于虫草价格居高不下，采集虫草成为一件有利可图的事情，成为索日村重要的年度农事活动之一。每逢藏历四月底至六月初，索日村除了年迈多病的老人和孱弱瘦小的婴孩（六周岁以下），一家大小集体出动，在嘎拉神山上搭起帐篷，一般需住上一到两个月的时间。这时在学校上学的孩子都要放将近一个月的虫草假，以帮助家人上山采集虫草。嘎拉神山的虫草分布比较分散，采集极其不易，收获量按照每户投入的人数和时间的多少而有不同：最多的每户投入 10 余人，两个月的时间可挖 2 000 余根，约 800 克，卖出可获得 3 万余元收入；最少每户仅有 1~2 人，投入一个月时间仅挖到 100~200 根，约 50 克，卖出可获得约 2 000 元收入。若按照虫草的等级而言，一般可分为三种：一等一斤为 800~1 000 根；二等一斤为 1 200~1 300 根；三等一斤为 1 500 根或以上。索日村出产的虫草一般不大，主要以二等为主。根据虫草等级的不同，其收购的价格也有所变化：如在 2007 年，一等虫草一根可卖 40~60 元，二等为 30~40 元，三等在 30 元以下。即便如此，索日村平均每户都能挖到 400~500 克的虫草，年均收入约在 8 000~10 000元之间。[①] 如果说畜牧业和种植元根属于自给自足型经济模式，采集虫草却是多数索日村人唯一能够获得现金收入的保证，因此被人称为"暴利产业"，一位乡干部甚至戏谑地指出："饲养牦牛需要三至五年时间，搭建塑料蔬菜棚需要上万元的前期投入，而挖虫草只需一把小铲子就行了。"

虫草所带来的经济效益，有力地改善了索日村人的经济生活水平，但让村里人不得不面对的一个严峻事实是——生态环境正在日益恶化。由于虫草深埋地下，采集时需将它连根挖起，再回填挖出的泥土。对于雪域高原脆弱的生态环境而言，这样做无疑构成了一种潜在的威胁。泥坑如果不能及时回填，就会对当地的水土、植被等造成损害。挖一根虫草要破坏 30 平方厘米的草皮，外加采挖过程中被人随意践踏的草苗，使得草场受损的面积在不断扩大。除了植被被人肆意破坏以外，成千上万挖掘后遗留下来的空洞，极大地加快了雨季水土流失的速度，由此破坏了原来草场的生长，无论是对当前的畜牧业还是政府日后准备积极扶持的种植业的推广，[②] 均造成了无法估量的影响。

---

① 每年的虫草价格波动较大，这里按 2006 年虫草出售价格计算。
② 2007 年，乡政府计划在曲尼多附近搭建塑料棚用来种植蔬菜，准备技术成熟后再向各村推广。

四、社会分工

就牧区传统的生产性活动而言，索日村存在着"女主内，男主外"的社会分工（见表3-11）：男人所从事的工作主要集中在牲畜管理（主要是牦牛）上，很多都是一些户外型工作，例如放牧、切割牛皮、做牦牛绳、搭建帐篷、修建牛圈和阉割牲畜等；妇女的工作更多集中在住房内部或临近住房的地方，例如做饭、背水、洗衣服、带小孩、捡牛粪、喂牲口、挤奶、做牦牛帐篷，以及照料在家里过夜的牲畜幼崽等。

男人的工作大多与力量和速度有关。例如，放牧与转场是男人主要的职责，牲畜阉割和配种工作无一例外均由男人来承担，甚至播种元根工作也由男人来完成，这些都与当地认为男人"更具活力"（生殖力）的价值观念相吻合。一般认为，男人比女人更有力气，因此搬运木料、石块等力气活理所当然地由男人来承担。近几年由于玉龙铜矿的开采，一些牧区的男人陆续进入矿山工作，部分牧民甚至改变身份成为一名矿工，由此获得一份稳定的工资收入。

表3-11　索日村性别分工表

	男性	男女共同参与	女性
农业	（粗放式）耕地和播种 种植元根	收割元根	
采集	（长途）砍伐木料	虫草	人参果、菌子和贝母
牧业	牲畜阉割和配种 切割牲畜与褪皮（屠宰除外） 裁剪羊毛和牦牛毛 病畜管理和治疗 搭建牦牛帐篷 加工和阴干牦牛肉	制作奶制品 挤奶 割草（准备牲畜过冬）	喂牲口（夜间） 捡牛粪 晒干牛粪 照料和管理幼畜 洗刷羊毛或牦牛毛
家庭生产	编制牦牛绳 制作牦牛皮靴等皮革制品 搬运石块、木料 缝制衣服	修葺房屋 打墙	搬运泥土（用来修葺房屋） 制作牦牛帐篷 酿制青稞酒 储备粮食（大米和青稞等） 打酥油茶

（续上表）

	男性	男女共同参与	女性
家庭经济和管理	长途贸易 卖虫草 以物易物交易 购买马匹或交通工具 购置家庭食品 添置生产工具 去矿山就业	带雇佣性质的短期性雇工（如修路、修房子等）	婴儿哺乳 照看小孩 背水 洗菜做饭 洗碗、碟子和衣服等

实际的牧区生活中，男人还需承担起更多的职责。例如，为了防止夜间野兽的袭击，需要增强个人的体质；为了寻找丢失的牲畜，需要立刻动身、沿途仔细寻访；为了预防敌人的突袭与掠夺，还需展现出智慧与勇气。同时，牧区中的生活对男人的决策速度提出了特别的要求。例如，由于需要经常性随季节转场，在迁徙的过程中男人需要当机立断做出准确的判断，如迁往何处、何时启程、如何在规定时间内抵达目的地等，稍有迟疑便会引发严重的后果。

相比之下，女人的工作更为强调的是耐力与细心。牧区生活中，无论是（夜间）喂牲口，捡牛粪，洗刷羊毛、牦牛毛，还是在野外采集人参果、菌子和贝母等工作，都讲究时间的持续性与工作的耐久性，这些活大多由妇女来完成，因为她们被认为更适合从事这种类型的工作。照看孩子和幼畜更是女人的天职，因为她们被认为比男人更细心。至于在户内和房子附近从事背水、洗衣、做饭、酿制青稞酒、储备粮食和打酥油茶等工作，一般也都由家庭主妇来承担。一定程度上，这些工作又与妇女需要为家里的婴儿哺乳、照看子女的天职有关，她们需要有更多的时间留守在家。女人从事这些工作被当地人认为更加符合她们的天性，而且她们也愿意承担起这些工作职责。

有些工作需要男女共同参与，主要有挤奶、制作奶制品、割草、收割元根、采集虫草、修葺房子以及从事带雇佣性质的短期性雇工等。如果说这些工作能够反映出什么共性，那就是短期内要求完成的工作劳动强度巨大、工作任务繁重。必须指出的是，除了从事挤奶、制作奶制品、割草等传统的牧业生产活动以外，其他需要男女共同参与的家庭和经济生产活动，基本反映出生产方式对当地劳动力集中使用所提出的新要求。例如，反映出从游牧到定居的生活变迁的打墙、修房子等，不仅工作周期长，劳动强度大，而且需要赶在一定的期限内完工（一般在春季融雪之后，夏天的雨季之前），因此集中家庭劳力协调运作是必需的；种植元根是新近采纳和推广的农业技术，主要利用当地的气候和土地资源进行粗放式的耕作以获得额外的牲畜饲料，但由于收割元根的工作量过大，也需要男女共同参与；至于采集虫草和从事带有雇佣性质的短期性雇工（如修路和修房子等），则是为了在短期内实现家庭劳力的最大经济化，以获得额外的收入用来购买家庭的生活必需品。

以上男女性别分工的二元对立，表明牧区特殊的生产方式对性别分工的作用与影响。有趣的是，当地妇女与女孩中流行一种带有娱乐性质的民间体育活动——"接梭"。"接梭"为当地藏语，汉语为"赚钱"之意，实际上是一种甚有历史传统的捡石子游戏。玩耍时分二三人乃至数人不等，随地选取五个或十个小石子依次进行。开始前先确定顺序，然后每个人依次完成规定程序，以最先完成任务者为胜。若一个回合内完成不了任务，可重新再来，直至决出胜负为止。在一个回合中，捡石子程序共有二十八种之多，每种程序都有专名，许多命名与牧区的农业生产劳作有关，其中有许多项涉及妇女必须参与的工作，如拴牦牛、洗锅、打扫、捻羊毛线、捻牦牛线、编织牦牛帐篷、挤牛奶、修房子、挖虫草、洗（牛）肠子等。[1]

由此可见，"接梭"的内容丰富，玩起来不仅精彩有趣，而且起到了娱乐身心的作用。特别需要指出的一点是该游戏更多地与社会（性别）分工联系在一起。一般认为，这是一种女孩（女人）才玩的游戏，男人一般不屑参与。从该游戏中各种程序命名的情况来看，它贯穿起牧区家庭中的日常生活和劳作，其中特别突出了女人应该操持的家务与生计活，带有明显的性别分工的印记。女孩子玩该游戏的过程，同时也是认知自身、家庭与社会地位的内化过程。因此，除了娱乐功能以外，"接梭"实际还维系着一个重要的社会价值观念：当前男女性别的社会分工天经地义，其合理性毋庸置疑，必须严格维护与遵守。

一定程度上，当地妇女的社会分工与她们自身的社会地位有着密切的关联。关于妇女在西藏的社会地位，却是一个颇具争议的话题。以往有人认为西藏妇女地位比较高，如"西藏地区历史悠久的'一妻多夫'婚姻，

---

[1] 许韶明：《论传统社会的仪式性功能——以藏族三种民族传统体育运动为例》，《西南民族大学学报》（人文社科版）2010年第4期。

在一定程度上反映出藏族妇女较高的社会地位"①；有人却认为妇女地位低，如"在任何形式的家中，妇女都属于从属地位"②。南希·列维尼通过分析妇女在经济、工作、法律方面处于劣势的状况后指出："将'妇女地位'分为'高'或'低'，是对妇女拥有相应社会地位的原因的概括性归纳；而在社会生活的复杂现实运用中，必然会导致失败。妇女有很多不同的地位，确实很难对她们进行简要的概述以及评价这一综合分析的思维之产物，从而通过一个或一个以上的变量来解释它。"③

审查索日村的家庭经济和管理一项，还可发现：家庭中重要的经济生产活动均属于男人的"专利"，女人似乎天然被排斥在家庭经济和管理的中心之外。由此看来，索日村中妻子的地位在家庭中显然居于从属地位。这点还可从以下几点事实加以佐证：当地继嗣以父系论血脉为主，财产只能在男性成员之间平均分配；居住原则采取从夫居为主要形式，妻子一般由其他地方嫁入，同时必须为新家庭带来不菲的嫁妆，以确保自己未来在家庭中的地位；家长一般由男性成员担任（只有在家里未出现成年男性的情况下，才出现妇女担任家长的情况）。诚然，索日村里也存在着招婿（玛巴婚）的情况，但这些均属极个别现象。即使是这些入赘的"玛巴"，一般都将成为新家庭的家长，占据家庭经济生活的中心地位。

---

① 马戎：《试论藏族的"一妻多夫"婚姻》，《民族研究》2000 年第 6 期，第 43 页。
② 吴从众：《民主改革前西藏藏族的婚姻与家庭——兼论农奴制度下存在群婚残余的原因》，《民族研究》1981 年第 4 期，第 30 页。
③ ［美］南希·列维姆著，玉珠措姆译：《在尼泊尔宁巴社会中，藏族妇女在法律、工作和经济上没有保障的状况》，陈庆英等编：《国外藏学研究译文集》（第十三辑），拉萨：西藏人民出版社，1997 年，第 285 页。

第四章
怒江河畔的古道驿站——军拥

第一节　亲属关系

一、东坝概览

军拥村位于怒江中上游河畔，海拔 2 780 米，是个纯农业型藏族小村，坐落在怒江峡谷德拉山与拉鲁木山之间的一块台地上，是目前东坝乡政府驻扎地，也是乡里唯一外通公路的村子①。就地理交通而言，军拥村尽管距离 214 国道仅有 22 千米，但依然道路险峻，位置偏僻，人迹罕至。然而，东坝乡在藏东乃至整个西藏地区却又声名远扬，不仅享有"世外桃源""瓜果之乡""左贡小江南"等美誉，其中的军拥村更是当地脱贫致富的典型村，还是以往闻名于世的茶马古道设置在藏东地区的一个重要驿站。

在西藏和平解放以前，"东坝"一般指军拥、普卡和格瓦三个阡陌相连的村庄，三村共享东坝地区独特的人文景观：流行一妻多夫制婚姻，信仰苯教，操一门外人很难听懂的土话——东坝"玛给"，乐于种植各类果树，痴迷一种外乡人都不会下的藏棋——尼木棋。"东坝"为当地藏语，"东"为"墙经"，"坝"为"佛光普照"，表明当地与藏传佛教的密切联系。东坝三村均位于怒江河畔，是茶马古道的必经之地。"东坝"一词合在一起还有一个引申的意思——"兴旺"，点出该村曾作为茶马古道上一个驿站时的繁荣景象。

东坝乡现属西藏昌都市左贡县管辖，共有 7 个行政村，下辖 13 个自然村和村委会，军拥村无论是村人口规模还是经济发展水平，均在乡内位居前列（见图 4 – 1）。这 13 个自然村分别为军拥、格瓦、普卡、巴雪、邦佐、瓦多、埃西、泽巴、桑益、尼龙、加堆、加米、吉巴。按照村庄的规模，13 个自然村又可分为 7 个行政村——军拥、格瓦、普卡、巴雪、埃西、桑益、加堆：其中巴雪行政村辖巴雪、邦佐、瓦多自然村；埃西行政村辖埃西、泽巴自然村；桑益行政村辖桑益、尼龙自然村；加堆行政村辖加堆、加米、吉巴自然村。13 个自然村中有农业村 9 个，半农半牧村 3 个，牧业村 1 个。

---

① 2007 年笔者从事田野工作期间，军拥村仅有一条土路连通 214 国道；2018 年，在这条土路的基础上又修建了一条水泥公路。

截至 2007 年 12 月，全乡各村全部通邮，广播电视覆盖率 100%，通电村 4 个，通公路村 1 个，通电话村 4 个，通移动电话行政村 4 个。全乡农牧民总户数 393 户、总人口 3 188 人。总耕地面积 2 298.22 亩，有效灌溉面积 1 635.75 亩，牲畜村栏数 6 575 头（只、匹）。[①]

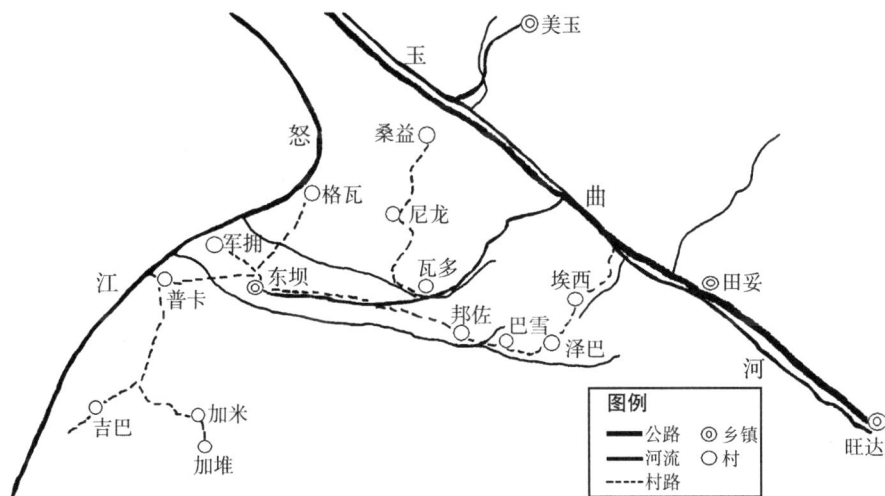

图 4 - 1　东坝乡各村位置示意图

由图 4 - 1 可知，东坝乡各村基本以军拥村为中心呈两边扇形辐射分布。该村位于怒江河畔，四周重峦叠嶂，宛如一片片莲花花瓣，该村恰巧就坐落在一块龟形的台地之上，犹如莲花的莲蓬，村里密集分布的庄稼、果树就是这朵莲花的花蕊。"军拥"为当地土话，翻译过来的意思是"莲花状的台地"。如果仔细审查周边地貌，四边矗立挺拔的山峰似乎形成了姿态迥异的动物形状，按照当地村民的解释，东为凤形[②]、南为龙形、西为鸡形、北为龟形，基本对应汉族风水文化中关于左青龙、右白虎、前朱雀、后玄武的说法。此种地形尤其适合打坐、冥想与修炼，相传莲花生大师就是在军拥村附近的山上修炼得法的。

若从生态条件出发，军拥村当属横断山区的怒江河谷地貌，这与藏东峡谷地区其他农区的村庄实质上并无太大差别。鉴于左贡县是藏东农区的典型，有必要先介绍该县地理地貌的大体情况，以确立一个总体的概念。

---

① 相关数据来自 2007 年东坝乡综合统计表。

② 此山又名"神女峰"，当地藏语称其为般陀扎日那莫。

左贡县（东经 97°06′~98°36′，北纬 28°30′~30°28′）位于西藏自治区东南部和昌都市南部，地处青藏高原的东南边，位于青藏高原东南部横断山脉之中，是云贵高原向青藏高原过渡的地带，怒江、澜沧江、玉曲河三条河流在境内蜿蜒绵亘，被称为"两江一河"流域。这里山岭重叠，山势雄伟，海拔较高。地势由北向南倾斜，北高南低，西高东低，地势陡峭，岭谷悬殊——最高海拔 6 700 米，最低海拔 2 433 米，相差达 4 267 米。由于地势起伏颇大，受三条河流积年累月的冲刷侵袭，被切割成一个个深邃幽深的峡谷，其中又以怒江峡谷最为典型。受南北平行岭谷及所处中低纬度地理位置等因素的综合影响，左贡县局部地区气候差异大，垂直变化显著，属高原温带半干旱气候，寒冷、干燥为其基本特点，主要表现为：四季不分明，无霜期短，年温差小，日温差大；降水量少，季节分布不均匀，干旱频繁；日照充足，太阳辐射强烈；风大雪多，霜冻、冰雹等灾害性天气频繁。历史上左贡享有茶马古道"通衢"之称，今有 214 和 318 国道连接着内地与西藏地区，是历代商贾进出西藏的交通枢纽，具有极其重要的战略地理地位。

东坝乡地理坐标为东经 97°25′53″，北纬 29°51′54″，全乡面积 1 680 平方千米，平均海拔 3 700 米。东连田妥镇，南接中林卡乡，北与美玉乡相接，西临八宿县林卡乡。整体地势北高东低，呈阶梯状递降分布。流经全区的怒江，连同江河两岸拔地而起的山脉，构成了东坝乡基本的经脉和骨架，地貌形态复杂多样，山区、河谷等多种地貌类型并存。东坝所处的怒江河谷地段，植被垂直分布尤其明显：山顶积雪覆盖，中间是东坝乡草甸、森林和灌木，最底层则是光秃秃的干热河谷。许多村庄就静静地躺在河谷深处，依赖着雪山融水，形成一个个封闭的绿洲。

就气候特征而言，东坝全乡气候温热湿润，属亚热带季风气候。夏季炎热，冬季寒冷，雨水充沛，全年无霜期大约 280 天。这里四季如春，风光旖旎，气候宜人，物产丰富，小区域气候显著，享有"左贡小江南"和"瓜果之乡"的美称。东坝乡又属怒江干热河谷地带，这里物产丰富，是昌都市较为典型的高山峡谷农业区。怒江河水在村脚的台地下奔腾而过，带来了丰富的水利资源，周边又有多处天然的温泉资源，形成良好的生态环境。村居依山傍水，绿树成荫，瓜果飘香；村民尊老爱幼，丰衣足食，安居乐业。与村落幽静恬美的田园风光形成鲜明反差的是，四周的大山显得一片荒凉，不仅缺乏森林植被，而且难以寻觅一块适合于放牧的草场。

东坝乡的历史同样绚丽多彩。6 世纪，左贡全县属昌都一带东女国管辖，唐朝时候并入吐蕃，村里最早的居民据说是卫藏地区前来卫戍的藏兵。另有一种说法认为村里人的祖先原来是拉萨地区的贵族，他们为了逃避政治迫害而辗转迁徙，最后被东坝乡的美景所吸引才决定定居下来。8 世纪初，从卫藏地区传来了雍仲苯教，9 世纪时藏传佛教开始流行。清康熙年间，左贡全县被清政府划归昌都"呼图克图"管辖；1725 年，左贡被清政府转赠给达赖活佛作为资助其供养的香火地，最先划归芒康台吉管辖，后来又作为属地交付给昌都强巴林寺管理，东坝也正式成为帕巴拉呼图克图的后方花园①，历代帕巴拉活佛都喜欢到东坝休闲度假。从那时候开始，东坝地区的农户绝大多数成为帕巴拉庄园的"差巴"②，意为领种份地并向农奴主支差役的人。600 多年前，一条连接滇、川、藏等地区的茶马古道在东坝地区逐渐兴旺起来，于 20 世纪初至西藏和平解放以前达到顶峰，军拥村正是这条茶马古道上一个极其重要的驿站。

西藏和平解放以前，东坝乡一直作为帕巴拉庄园的属地。1956 年归土卡宗代管，1959 年土地改革，1960 年成立东坝乡人民政府，归左贡县田妥区公所管理，1959—1970 年辖军拥村、格瓦村、普卡村、邦佐巴雪村、泽巴埃西村 5 个村，1971—1980 年改名为东坝公社，下辖军拥、上普卡、下普卡、热拉、边果、邦佐、巴雪、泽巴、埃西、瓦洛 10 个生产队。1980 年落实生产责任制，改名为东坝乡，田妥区的瓦多村被划分至东坝乡，共辖11 个村。1988 年撤区并乡以后与加巴乡合为一个乡，将上普卡、下普卡合为普卡村，热拉、边果、瓦洛合为格瓦村，将拉琼、拉贡划入东坝乡，共辖 13 个村。

该乡人口由 1950 年的 85 户、863 人发展到 2007 年的 393 户、总人口3 188人，耕地面积由最初的 1218.15 亩发展到 2007 年的总耕地面积2 298.22亩、有效灌溉面积 1 635.75 亩。就经济水平发展而言，东坝乡一直在左贡县乃至昌都市位居前列，这是富庶的东坝乡人充分利用自身的自然、历史和文化条件共同创造出的一个经济奇迹，军拥村更是在其中起到了表率的作用。

从高处鸟瞰，军拥村就像一块荒野里的绿洲（见图 4-2）。2007 年，

---

① 帕巴拉呼图克图是藏传佛教格鲁派活佛传承系统之一，是中国西藏昌都市最大的活佛，其传承可追溯到明朝正统二年（1437）。帕巴拉活佛在历史上既是昌都寺的最高宗教首领，又是昌都宗的最高行政首领，历世帕巴拉活佛驻锡地为昌都强巴林寺。

② 根据军拥村村民、东坝乡退休老乡长嘎松泽培的讲述，西藏民主改革前（1959 年）军拥村有 25 户，其中差巴 21 户、嘎咱 4 户。

军拥村共有住户 50 户①，人口总计 398 人，全部为农业人口，总劳力 203 人，其中男 119 人，女 84 人；有水浇地 218.41 亩，旱地 4.29 亩，一季地 63.83 亩，二季地 186.20 亩；村内有水渠 3 条，总长度大约 3 000 米，有水塘 1 个。

图 4 - 2　东坝军拥村貌外观

军拥村的家庭经济现状出现了农林工商齐头并进的局面。首先，农业经济保障了军拥村村户的基本需求。虽然军拥村耕地稀少，总耕地面积为 222.71 亩，人均耕地仅有 0.56 亩，而且周边能够开垦的耕地基本为零，但由于水浇地占绝大多数，收成上又能做到一年两熟，解决村里人的口粮问题绰绰有余。这里的粮食作物主要为冬青稞和玉米，冬青稞亩产量达到六七百斤，玉米亩产量也有五百多斤，除少量用于出售外大部分留于自用。此外，当地存在一定的畜牧业，饲养的禽畜主要有黄牛、犏牛、马、驴、骡、猪、山羊和鸡等：猪、山羊数量不多，全部留于自用；黄牛、犏牛的数量多一些，除自用外，一部分用于出售。其次，果林经济是农业的重要补充。军拥村每家每户都拥有自己的果林，里面种植品种多样的果树，其中以苹果、毛桃和核桃的产量最多，另有石榴、葡萄、藏梨等水果；苹果、

---

① 该数据来自 2007 年东坝乡综合统计表。但据笔者田野工作的数据，乡政府的统计数据有误：原来有 50 户，但 1 户注销、3 户外迁，军拥村实际仅剩余 46 户。

毛桃和核桃除少部分自用以外，绝大多数用于出售；石榴、藏梨等水果全部自用；葡萄主要用来酿造葡萄酒，除自用外，一部分也用于出售。由于有果林经济的支撑，军拥村即使最贫穷的家庭也能做到自给自足。最后，决定军拥村村户之间贫富差距的，主要是家庭对于工商业的参与程度。村里比较富裕的家庭主要靠外出做生意、打工，或者做工匠等其他的收入。换言之，家里外出打工经商的人愈多，这一家庭的富裕程度往往就愈高。

以往军拥村的生计方式基本以"输出型"为主，西藏和平解放前军拥村村民以跑马帮为主要行业，几乎家家户户都有人去马帮当锅头或脚夫，由马帮又衍生出一种尤其注重商品贸易的文化传统。即使到了现在，军拥村村民外出经商、务工的亦不在少数，并由此积累了大量的财富。在丰衣足食的基础上，许多军拥村村户开始购置价值不菲的建筑木材，高价聘请能工巧匠，在村里大兴土木，最终修建起一所所富丽堂皇、美轮美奂的东坝民居，树立起"藏东第一村"的美誉。

二、亲属制度

亲属制度也叫作亲属称谓，是人类学阐述社会组织的一个基本概念。从事藏族社会的亲属制度研究，不仅有助于我们了解和学习藏族的语言与文化，而且有助于学习其他汉藏语系民族的语言与文字。由于田野工作十分有限、语料数据又极度匮乏，若想对藏族亲属制度的研究获得一种全方位的视角，尚有漫长的道路要走。[①]

亲属称谓体系包括亲属制度与称谓款式两个分支：前者是稳定的、根本的人际关系，反映了人们因婚姻所产生的血缘关系，以及因过继或收养等行为而产生的社会关系；后者是对前者的称谓款式，是人类的特殊用语，只能是暂时的，因为一切习惯用法都是如此。[②] 核心家庭是人类家庭结构中的细胞，内部包括夫妻、父子、父女、母子、母女、兄弟、姊妹和兄妹（姐弟）八种亲属关系。每位与己身（ego）构成基础亲属称谓的人又有自己的基本亲属称谓对象，这些人与己身则构成第二层亲属关系。不仅如此，每位与己身形成第二层亲属关系的人还有自己的基本亲属称谓对象，这些

---

① NAGANO S. A note on the Tibetan kinship terms khu and zhang. Linguistic of the Tibeto - Burman area, 1994, 17（2）：103.

② ［美］路易斯·亨利·摩尔根著，杨东莼、马雍、马巨译：《古代社会》，北京：商务印书馆，1997年，第526页。

人与己身形成第三层亲属关系。① 全部亲属称谓不外乎这三层亲属关系。

以上仅对单偶婚而言，如果是多偶婚——包括两个婚姻主体中只有一个是单数，另一个是复数（如西藏式的兄弟共妻和姊妹共夫等多偶制婚姻），亲属称谓肯定有所不同。保罗·博安南说过："目前尚未发现一种内部包含全部 10 种基本亲属关系（主妻、副妻、主夫、副夫、母亲、父亲、女儿、儿子、兄弟、姊妹）的血缘群体，而建立在摩尔根传统上的一个群婚家庭则可能包含上述所有基本的亲属关系。"② 从类比的角度出发，群婚与多偶婚确实存在许多相似性。

无论是单偶婚还是多偶婚，其所构成的亲属关系负有社会权利义务，相应的称谓款式是对这些社会关系的反映，通过结合分析可以看到其中的奥秘。由于亲属称谓和特定的语言习惯有关，还需用语言习惯来加以说明。

藏语属于汉藏语系藏缅语族的藏语支系，在藏区大体分为三大方言区：卫藏、康、安多。有趣的是，东坝乡地处怒江河谷地区，由于地理位置相对封闭，村里人相互之间说的是一种名为"玛给"的方言。玛给方言历史久远，但仅在东坝地区附近流行，属于康区方言中的一种。相传唐朝前期吐蕃赞普松赞干布迎娶汉地的文成公主，后者最早是经怒江沿线进藏的。由于天气变化无常，路途又十分遥远，文成公主在大病一场后引发了高烧，一路上呓语不断，直至八宿县一个叫雪巴的村庄时病情才得以痊愈。因此包括东坝在内，但凡文成公主呓语时经过的地方，都拥有了自己的语言，玛给算是其中的一种。一位东坝乡人如果长期待在家里很少外出，则他所说的方言就很难与外界的人沟通；相反，东坝乡人在跑马帮时相互用家乡方言进行交流，所谓"美不美，家乡水；亲不亲，故乡人"，不仅有益于增进团结和加强情感联系，而且由于外人往往很难听懂，具有较好的隐秘性，也利于马帮内部事务的操作。

与周边地区的康区方言相比，玛给既有相同点，也有地区差异。受当地婚姻形态的影响，玛给是单偶制与多偶制混合使用的，多偶制所占比例较大，亲属称谓的款式更多地具有共享性质。在此制作出东坝乡军拥村亲属制度图（见图 4-3）。为了更为有效地进行分析，这里参考了默多克所提出的 9 个标准③，以其中的 7 个来展开讨论：①行辈；②性别；③姻亲；④旁系；⑤分叉；⑥极性；⑦相对年龄。

① MURDOCK G P. Social structure. New York：The Free Press，1957：93-94.
② BOHANNAN P. Social anthropology. New York：Holt，Rinehart and Winston，1963：70.
③ MURDOCK G P. Social structure. New York：The Free Press，1957：93-94，101-106，223-224.

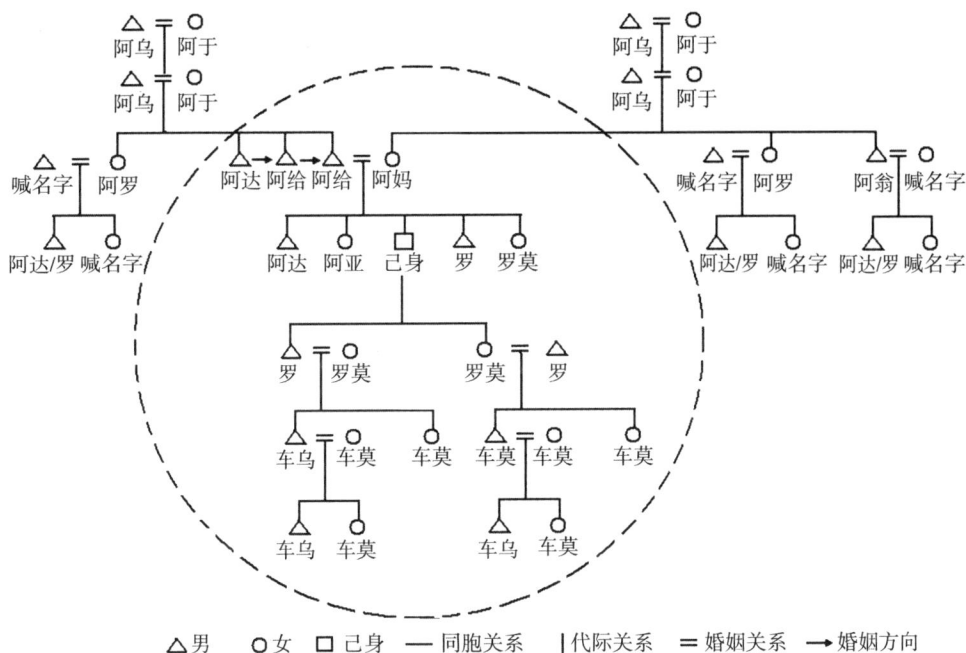

△男　○女　□己身　——同胞关系　┃代际关系　═婚姻关系　→婚姻方向

图4-3　东坝军拥村亲属称谓图

（1）行辈标准建立在生物学基础之上。实际调查中发现军拥村家庭成员大多存有二三代，极少数家庭有四世同堂的情况。报道人往上能称呼父辈、祖辈和曾祖辈三代，往下能称呼子、孙、曾孙三代，这样，一个家庭中能称呼七代家庭成员。尊一代包括父母和父母之兄弟和姊妹；卑一代包括儿子、女儿、侄子或侄女。尊二代包括祖父母、祖父母之兄弟或姊妹等行辈；卑二代包括孙行辈。尊三代包括曾祖父母、曾祖父母之兄弟或姊妹等行辈；卑三代包括曾孙行辈。在尊一代至三代成员中，除了尊一代（父辈）以外，尊二代（祖辈）与尊三代（曾祖辈）的称呼一致。在尊二、三代成员中，同代且同性别成员的称呼一致，男性为阿乌，女性为阿于。此外，同代成员的称呼不再区分年龄大小，即我的曾祖父与我的曾祖父之兄弟、我的祖父与我的祖父之兄弟，或者我的曾祖母与我的曾祖母之姊妹、我的祖母与我的祖母之姊妹分别享用同一称谓。尊一代成员一般区分年龄大小：在尊一代中，区分我的父（阿达）和我的父之兄弟（阿给）；区分我的父之兄弟（阿给）与我的母之兄弟（阿翁），但不区分我的父之姊妹与我的母之姊妹（均为阿罗），显示其中的特殊性。与己身同辈的亲属包括兄弟、姐妹和表亲（包括姑表和姨表）。这里同样区分兄弟姊妹的大小，但兄姊的称呼与父母一辈相同（提升一辈），弟妹的称号则与子女一辈相同（降低一辈）。与己身同辈亲属成员中，我的父之姊妹之子女、我的母之姊妹之子女和我的母之兄弟之子女中男性成员三者共用一个称谓，但对女性均无专称，一般直接喊其名字。值得注意的地方还有：对我的兄有专称——阿达，这一称谓与对我的父的称谓一致，但与我的祖父和我的曾祖父的称谓又有所区别（后两者均为阿乌）；对我的姊、我的母的称谓有所不同，而对我的祖母或我的曾祖母的称谓又完全相同（阿于），显示其中的不规则性。进一步考察"阿达"的应用范围，发现该称呼不仅用来指称父亲，还可指称兄长（大哥）甚至所有亲属关系中年龄比自己稍长的男性。此处将父亲与兄长等同起来，突出了兄长的家庭地位。所谓"长兄如父"，当地流行兄弟型一妻多夫制婚姻并以兄长为家庭核心来组建家庭，此称谓或许是对此做法的直接反映，因为兄长继承了父亲的社会地位和家庭角色，可视作家庭内部社会功能的转移。让人难以理解的地方还有：与"长兄如父"这种跨越了行辈的做法相一致，这里称呼我的弟妹与我的子女共享一套称谓，男性均为罗，女性均为罗莫，这里同样跨越了行辈的标准。一个可能的解释是：由于一妻多夫制婚姻的存在，家庭同辈成员之间年龄的差异可能会比较大，而作为我的兄（们）往往先于己身组建家庭并结婚生子，因此他（们）享有专称，而此时他们弟妹年龄尚幼，同时他们的父母依然处在生育期之内，家庭内部随时可能增添与自己同辈分的家庭成员（我的弟或我的妹），而他们此时在家庭的地位与角色等同于自己的兄长（们）刚刚生育出的子女，因此这里会出现混淆的情况，即将我的弟妹与我的子女等同起来并采用同一套称谓来指称他（她）们。这种观念获得了进一步的扩大，采用与弟妹同样的称谓来称呼那些通过姻亲关系纳入核心家庭内部的成员（如我的婿、我的媳等）。

（2）性别标准是建立在生物学即男女性别差异的基础之上的。由军拥村亲属称谓图可知，军拥村的性别标准显示出一种接近完美的二元对称性结构，即一般男方亲属成员有多少称谓，女方亲属成员就会有多少称谓。例如，属于男性的专称有"乌"（我的曾祖父、我的祖父和我的兄等）、"达"（我的父或我的兄）、"给"（我的父之兄弟）、"翁"（我的母之兄弟）和"罗"（我的儿）等；属于女性的专称有"于"（我的曾祖母、我的祖母等）、"妈"（我的母）、"亚"（我的姊）、"罗"（我的弟）、"莫"（我的女、我的儿媳）等。除了男女性别专称以外，另外还有一些统称，如"普色"指男人，"莫色"指女人；"罗"指男孩，"罗姆"指女孩；"乌吉"指兄弟，"挪"指姊妹；"伊色"指寡妇，"波耶"指鳏夫；"戈波"指老公公，

"戈莫"指老婆婆;"罗罗"指小娃娃(不分男女);等等。另外,由于当地允许甚至推崇来自父母亲方的交表婚,导致与己身同辈的亲属成员的称谓存在着性别差异。例如,如果是男性成员一律以兄弟称谓相互称呼,如果是女性成员则直接称呼其名字,显示当地的婚姻安排偏好对亲属称谓产生了重大的影响。

(3)姻亲标准指的是由于婚姻而建立起来的姻亲与乱伦禁忌关系。由于乱伦禁忌的存在,姻亲关系一般不能在直系(血亲)成员之间发生。因此,姻亲是相对于旁系而言的。在所有亲属称谓中,不管亲戚关系亲疏程度如何,总要分出一组成员与己身建立生物学(血缘)的联系,另一组成员属于旁亲,无论成员本身是否与己身无血缘关系或关系已经异常疏远,与己身所建立起来的联系至少要追溯发生了一次或以上的姻亲关联。军拥村表示姻亲关系的亲属称谓主要有"阿多"(我的夫)、"莫罗"(我的妻)、"帕亚"(继父)、"玛亚"(继母)等;但对我的婿和我的媳的称呼却与对我的弟(罗)和我的妹(罗莫)的称呼完全一致,说明姻亲关系是发展家庭成员的一条重要途径。在一个家庭内部,将不具备血缘关系的成员赋予家庭内部具有血缘成员相同的称谓,是促进家庭成员加深情感联系的一种有效途径。此外,与康区其他一些藏族村子的做法明显不同:军拥村人将通过姻亲发展而来的同辈成员(如我的父之姊妹之子女和我的母之兄弟之子女),只要年龄比己身年长,男性一律称为阿达,女性则无专称,以喊其名字加以区分,这两个称谓与家庭内部用于称呼我的兄或我的姊相同。此种做法的初衷,或许与上面的做法如出一辙。而对于那些通过姻亲而纳入家庭内部的成员(如媳或婿),则以我的弟和我的妹的称呼,显示出一种不规则性特征。此外,特别值得注意的一个地方还有:我的母亲之兄弟享有专称——"阿翁"(舅父),对母亲之兄弟之妻则无称谓,突出反映母亲之兄弟的重要地位。存在此称谓,至少在一定程度上说明:"在西藏地区,至少在该地区的若干个地方,一个女孩出嫁之前必须征求得女孩母亲的兄弟同意",这点可视作舅权模式的一个典型特征,是藏族体系的一个内在的部分。[1]

(4)旁系标准指的是建立在生物学基础之上的事实,即同辈、同性别具有血缘关系的亲属成员中,某些人与己身的关系要比另外一些人更为亲

---

① BENEDICT P K. Tibetan and Chinese kinship terms. Harvard journal of Asiatic studies, 1942, 6 (3–4): 313–337.

近一些。例如，直系的先祖要比己身的姑表或姨表更为亲近；直系后裔要比姑表或姨表的后裔更为亲近等。军拥村采用双系论血统，存在严格意义上的"骨系"观念，具有父系血缘的家庭成员内部严禁通婚，但允许交亲或一定范围内的母方平表亲，前者更是村内一种备受推崇的婚姻安排形式。由于村内流行兄弟共妻制婚姻，即几个兄弟共娶一妻组建起家庭，并且共同抚育家庭中所出生的子女，孩子一般为兄弟或姊妹关系，此种结果促使当地甚少出现父方平表亲的现象；由于骨系观念的存在，即使父亲的兄弟另外娶妻生子，其子女也不能成为己身潜在的配偶。另外，与其他村子做法不同，这里无论是对父方交表或平表还是对母方交表或平表，如果为男性成员会采用对待自己兄弟的称谓来称呼，如果为女性成员则直接喊其名字，显示旁系成员与直系成员在称谓上既有重叠，也存在着区别。

（5）分叉标准仅适用于第二层亲属或更远的亲属成员，所建立的生物学事实是：他（她）们与己身所建立的联系，要么通过一位女性亲属，要么通过一位男性亲属。这里所指的女方与男方，由于性别和对象不同，导致其亲属称谓有所差异。从军拥村实际情况出发，当地不能反映分叉标准差异的存在。实际调查中，军拥村人把不能归纳的亲属称谓一律以无称谓或直接喊其名字作为指称，不像在昌都高原牧区的一些村庄（如索日村）中存有表达亲戚关系的专称——"年珠"。实际运用中发现对这些具有亲属关系成员的称谓有相当的灵活性，除了直接喊名字以外，还可采用非亲属称谓或者采用借词等方法。

（6）极性标准来自这样一个社会学事实：构建社会关系至少需两位成员。从语言认知来看，该标准产生两套术语用来相互称呼对方的亲属关系。极性标准的消失将导致双方的关系成为一个整体，即双方均采用同一的类别式称谓用来称呼对方。首先，从军拥村的亲属称谓可知，平辈之间存在极性现象，其中最为明显的是兄弟之间区分年龄大小。年龄较小的兄弟称呼其兄为阿达，称呼其弟为罗，这两种称谓均跨越了行辈标准——前者与父亲称谓相同，后者与自己的儿子称谓一致，显示双方的关系出现了裂痕，说明当地的亲属制度明显受到多偶制婚姻的深刻影响。其次，不同辈分成员之间也有可能存在极性现象，最为典型的是"甥舅"关系：外甥称呼舅父为"阿翁"，但舅父称呼外甥为"罗"，该称谓与对待自己子女的称呼相同。在此，舅父对外甥没有专称而同称为"罗"，一个可能的解释是：当地允许母方交表亲的发生，自己的外甥有可能是自己女儿婚配的潜在对象，因此把对儿子的称呼与对外甥的称呼等同起来。

（7）相对年龄标准反映一个生物学的事实：同辈亲属在年龄上甚少出现完全一致的情形。在两个同辈成员之间，总有一方比另一方年纪要大一些。在同一性别的兄弟或姊妹之间，由于兄弟或姊妹在直称时都有专称，因此他们相互之间的年龄大小是可以确定的。即使在间称时，也可在称谓后添加形容词"切波"（大的）和"群琼"（小的）来加以区分。

概而言之，军拥村类似一个婚姻拼盘，村里不仅有多偶制婚姻的存在①，而且将其作为一种文化传统来加以维持，但也有不少村民行单偶婚，这样每个家庭都不是纯粹的存在。某一代人行单偶婚，可能某一代人又行多偶婚；即使在一个家庭内部也存在两代婚姻并存的情况，可能上一代人行多偶婚，下一代人行单偶婚。由此看来，在共享一套亲属称谓制度的情形下，这套亲属称谓的信息库必须包容量较大，否则无法适应多偶制婚姻形态所形成的种种亲属关系，从而制造出混乱的局面。进一步分析军拥村的亲属制度，可以得出以下五点结论：

第一，单从语言学层面着眼，军拥村亲属称谓可分为两类基本语言单位：词素与单词。词素具有实际含义，但不能独立使用；单词具有实际含义，可以独立使用。词素可分为两种层次：初级和次级。初级词素指该词素可以共享，但需与其他专有词素组合成为单词。例如，初级词素有"阿""罗""车"等。次级词素属于专有，但需与初级词素组合。初级词素还存在着尊称与谦称的区别，如"阿"为尊称，仅适用于年龄比自己大的亲属；相反，"罗""车"仅用于谦称，"罗"适用于年龄比自己小的亲属，"车"适用于辈分比自己低的晚辈。次级词素则有"于""乌""达""莫""亚""给""翁"等，数量要比初级词素多出不少。

第二，根据默多克归纳出的六种基本的亲属关系类型②，军拥村的亲属称谓近似于易洛魁型，但存在较大的变异情况。易洛魁型是众多亲属称谓制中的一种，因其最先发现于北美东部地区易洛魁印第安部落而得名。在易洛魁型亲属称谓中，父亲和父亲的兄弟采用同一称谓，母亲和母亲的姊妹采用同一称谓，父亲的姊妹和母亲的兄弟却给予单独的称谓。平表兄弟姊妹（与父母同一性别的兄弟姐妹的子女）被归入兄弟和姐妹之列，交表兄弟姊妹（与父母相反性别的兄弟姐妹的子女）则使用单独的称谓。易洛魁型亲属称谓的主要特点是区分交表和平表；与平表相比，交表更有可能

---

① 村里既有单偶制婚姻，也有多偶制婚姻，但以兄弟型一妻多夫制婚姻最为常见。

② MURDOCK G P. Social structure. New York：The Free Press, 1957：223 – 224.

是人们偏好的配偶。诚然，军拥村当地存在多偶制婚姻，注重双重继嗣原则，偏好交表婚和推崇不分家的财产观念，受这些社会文化因素的多重影响，当地亲属称谓也存在一定的变异情况。例如，父母一辈的称谓特点更类似于爱斯基摩型，显示我的父母与其叔伯舅、姑姨舅母的称谓各不相同，这里不仅将父母和其他亲属区别开来，而且将其他高一辈分的亲属置入一个比较宽泛的范畴内，强调了父母在核心家庭中的重要地位。爱斯基摩型一般在双边亲属占有支配地位的社会中存在，反映家庭成员在社会的日常生活中能够发挥重要的作用。同理，军拥村的亲属称谓显示父母与其他同辈亲属成员的差别，集中突出父母在核心家庭中的重要地位。

第三，从双系亲属脉线的观点看，父方亲戚有多少称谓，母方亲戚相应地就有多少称谓，整个亲属称谓体系呈现出一种近乎完美的对称结构。姑姨共享一样的亲属称谓，但与母亲区别开来；区分叔舅与父亲的称谓，前者彼此又有不同的称谓。区分父方平表、交表和母方平表、交表；姑表与同辈兄弟或姊妹共享同一称谓，旁系标准中母方交表、平表与父方交表①的亲缘程度在伯仲之间。在己身一辈的亲属成员中，来自父母方的平表和交表成员如果为男性则一律以我的兄弟称谓来称呼，如果为女性则直接喊其名字，这是因为：来自父母方的交表往往是这里的人们偏好的婚姻形式，平辈的女方很可能是己身潜在的婚配对象，这样就不宜再用对待自己姊妹的称谓来称呼她们了。

第四，军拥村亲属称谓中既有类别式，又有说明式。类别式称谓的一个主要特征是只计算群体而把个人的亲属关系排除在外，而无论是直系亲属还是旁系亲属，只要辈分相同，除性别外一律采用同一称谓；相反，说明式称谓的主要特征是亲属之间不仅分辨直系旁系，而且区分关系的疏远程度，为了实现这一目的，要么采用基本亲属称谓来加以说明，要么将这些基本称谓结合起来加以说明。军拥村亲属称谓中说明式比类别式多出了不少。类别式亲属称谓要么适用于尊二、三代行辈成员，要么适用于卑一至三代行辈成员；至于同代成员中，类别式亲属称谓主要用来区分父系成员或姻亲下女方用来称呼男方成员，对母方成员则无过多的讲究，表示父方居住和父系论血统已经取得了主导性地位。说明式亲属称谓适用范围较广，其中包括我的父、我的母、我的父之兄弟、我的父之姊妹、我的母之兄弟、我的母之姊妹、我的夫、我的妻、我的女婿、我的儿媳等。说明式

---

① 当地无父方平表亲。

亲属称谓的存在至少说明了两点事实：一是对父系血缘和核心家庭下父母、父母之兄弟姊妹的身份的确定与区分，尤其强调核心家庭的重要作用；二是行父方居住的姻亲下对母方家庭直系血亲成员的认可与重视。

第五，婚姻制度和偏好安排对当地亲属称谓产生了影响，主要体现在兄弟共妻制婚姻和交表亲两个方面。第一，存在"阿给"（我的父之弟）的称谓，该称谓明显与兄弟共妻制有直接的关联。这里除了采用"大""小"两个形容词来区分叔叔们年龄的大小，还可以通过附加序数词来区别他们的长幼之别，如"大阿给""二阿给""三阿给"等以此类推。此外，把对兄长的称呼与对父亲的称谓等同起来，突出了兄长作为家长的支配性地位。第二，当地行偏好交表亲，同时也不排斥来自母方的平表亲，[①] 一个男人可与舅舅的女儿结婚，与姑母的女儿结婚，甚至在特殊的情况下与姨母的女儿结婚。对舅舅、姑母、姨母的女儿均无专称，属于"远血缘"亲属，是己身潜在的婚配对象；对舅舅、姑、姨则有专称，是"近血缘"亲属，其重要性对于己身而言已不言而喻。

三、兄弟关系

2007—2008 年，笔者在军拥村从事田野工作期间，获取了该村实际住户的婚姻、家庭的基本情况。现制作成表（见表 4-1），用来分析该村的家庭结构与亲属关系，以便进行相关的理论分析：

表 4-1 军拥村婚姻分类统计表

编号	婚姻类型	房名	户主	耕地（亩）	人口	其中		备注
						男	女	
1	一妻四夫	更嘎仓	嘎松旺加	7	13	7	6	原五兄弟共妻，其中一个兄弟于 2004 年意外去世
2	一妻一夫	无	朗加扎巴	2	2	1	1	独女出嫁邻村
3	一妻一夫	巴穷仓	江巴多杰	3	5	2	3	四个女儿去印度，其中两个尼姑，均未计入内

---

① 因为当地流行兄弟共妻制婚姻，兄弟一般不分家，所以很少出现来自父方的平表情况；即便有，也因为骨系观念的存在导致来自父方的平表被严禁实施。相反，除了东坝军拥村等少数几个村子以外，邻近的村子几乎不行一妻多夫制婚姻，这样促使军拥村存在一种相当严重的内婚制倾向。由于潜在的配偶数量的减少，来自母方的平表亲也在一定范围内被允许存在，但远不如交表亲来得普遍。

（续上表）

编号	婚姻类型	房名	户主	耕地（亩）	人口	男	女	备注
4	丧偶家庭	无	邓增卓玛	3.5	4	1	3	原一夫一妻，丈夫2004年去世；一女去印度出家
5A	二妻一夫	雅珠仓	增巴	3	9	3	6	在工布江达另外娶妻并生有三子，未计入内
5B	一妻二夫							两兄弟
6	一妻一夫	无	邓巴江村	3.5	4	1	3	两个女儿出嫁本村和邻村，另有一女出家
7	一妻二夫	加希仓	斯郎江村	5.6	7	5	2	两个女儿出嫁，一本村一邻村
8	一妻一夫	巴珠仓	邓增永宗	5.6	7	2	5	一姐出嫁邻乡后离异，现住卡若区
9	一妻一夫	新巴仓	向巴次邓	4.2	7	3	4	一女出嫁卡若区
10	一妻一夫	无	平措拉姆	5.6	5	2	3	丈夫本村入赘
11A	一妻三夫	达郭仓	嘎松泽培	5.6	10	7	3	原四兄弟，再婚，第一个妻子死于难产
11B	一妻四夫							先与老二、老三结婚，老大另外娶妻，其他兄弟尚未加入
12	一妻二夫	西然仓	嘎松尼玛	3.5	6	3	3	西藏和平解放前为该村首富
13	一妻二夫	郭尼仓	车巴达西	4.2	4	2	2	一妹独女出嫁，一妹住本村，女儿在卡若区
14	一妻二夫	无	主吉	5.6	7	5	2	两妹出嫁
15	一妻二夫	车舍仓	向巴次加	5.6	13	2	11	两妹出嫁，一弟在萨拉寺出家
16	一妻三夫	热扎仓	桑珠	6.3	9	4	5	三个妹妹出嫁；一子在县城电信局工作
17	一妻一夫	嘎邓仓	仁青康佐	3.5	8	3	5	丈夫由本乡邻村入赘。一妹出嫁，一妹留守

（续上表）

编号	婚姻类型	房名	户主	耕地（亩）	人口	其中		备注
						男	女	
18	一妻二夫	无	斯朗央宗	3.5	6	3	3	一妹出嫁。两丈夫非兄弟，一本村入赘，另一在他地
19A	一妻二夫	舍卡仓1	向巴	4.2	10	5	5	两子各自娶妻，一在县城一留守
19B	一妻一夫							
20A	一妻二夫	卓希仓	江村	7.7	13	6	7	一妹离异回家居住，无小孩；一妹出嫁
20B	一妻四夫							原来五兄弟，一兄在萨拉寺出家
21	一妻一夫	无	斯郎扎西	1.5	8	5	3	丈夫由邻县入赘
22	一妻一夫	舍卡仓2	白玛	3.5	3	1	2	第一任妻去世，留下一子一女。儿子再婚，邻乡上门
23	一妻五夫	虫珠仓	平措桑珠	7.7	11	6	5	第二代共妻
24A	一妻一夫	嘎卡仓	齐美扎娃	4.2	11	6	5	
24B	一妻三夫							另有两个弟弟，尚未加入
25	一妻三夫	罗拉仓	车则拉姆	5.6	11	4	7	三兄弟
26	丧偶家庭	卡仁仓1	车巴卓玛	3.5	5	2	3	四个妹妹外嫁。丈夫去世，一子在拉萨成家
27	一妻二夫	哈左仓	顿珠	8.4	9	6	3	一弟外县另娶妻。两妹出嫁，一留守，一当住家角姆①
28	一妻一夫	无	斯朗群措	3.5	3	1	2	母离异。丈夫由外村入赘
29	一妻一夫	无	车旺拥宗	4.2	6	2	4	一弟在昌都另外娶妻子。一妹外嫁昌都
30	丧偶家庭	巴曲仓1	群措	4.2	3	1	2	丈夫去世。妻妹当住家角姆
31	丧偶家庭	瓦如仓	仁青拉追	2.1	3	2	1	

① 角姆为藏语，意为出家女性，相当于汉语中的尼姑。

（续上表）

编号	婚姻类型	房名	户主	耕地（亩）	人口	男	女	备注
32	一妻二夫	*白若仓*	仁青彭措	7	16	6	10	三兄弟，一兄弟扎玉上门。大女儿留守
33	一妻一夫	*车牙落仓*	车仁拉加	4.9	6	3	3	大儿、二儿分别拉萨娶妻
34	一妻一夫	*车新仓1*	白桑	7.7	7	6	1	两个弟弟分别卡若、左贡县城娶妻
35	一妻一夫	无	平吉	4.2	7	4	3	入赘。妻兄拉萨娶妻；三个妹妹均出嫁
36	一妻一夫	无	那加群措	2.1	5	2	3	入赘。哥哥上门；一妹出嫁卡若；一妹当住家角姆
37	一妻五夫	无	玉西卓玛	5.6	8	6	2	一妹出嫁，一妹未婚在家
38	一妻二夫	*车新仓2*	扎巴	5.6	6	4	2	两兄弟
39	一妻四夫	*车新仓3*	车旺占堆	12.6	13	9	3	四兄弟，二代四兄共妻。一弟上门，一妹当角姆
40	丧偶家庭	无	那姆	4.2	6	3	3	丈夫去世，儿子与女儿均离婚
41	一妻一夫	无	阿琼	3.5	6	3	3	与42号换婚，儿女离异
42	一妻一夫	无	瓦塞	3.5	5	3	2	由外乡入赘。两子与一女均外出工作成家
43	单身家庭	无	拉巴	无	1	1	0	外村过来。弟弟先入赘，后过来依附弟弟。五保户
44	一妻一夫	无	永珠则玛	5.6	6	3	3	哥在拉萨娶妻。三个姊妹出嫁
45A	一妻一夫	*成左仓*	车那顿多	5.6	7	5	2	
45B	一妻四夫							五兄弟，老四在强巴林寺出家
46	单身家庭	*舍卡仓3*	永珠巴珍	1.4	1	0	1	一兄拉萨工作成家
47	一妻一夫	*巴曲仓2*	朗加旺堆	4.2	5	2	3	全家搬迁到卡若区居住

（续上表）

编号	婚姻类型	房名	户主	耕地（亩）	人口	男	女	备注
48	一妻一夫	卡仁仓2	邓加	4.2	3	1	2	搬迁到拉萨，田地留给亲戚耕种
49	离异家庭	无	斯郎措姆	2.1	3	0	3	一妻一夫，离婚，全家搬迁到拉萨
50	注销户家庭	无	阿嘎					2004年去世，销户后绝户

注：

①户籍本上记录有50户，实际上3户外迁、1户注销，剩余46户，其中包括2户单身家庭（其中1户五保户）和6户离异或丧偶家庭。

②一个家庭两代夫妻双方均在的婚姻，上一代为A，下一代为B。

③出家总计12人，其中喇嘛4人、尼姑8人。

④户名斜体表示原来的差巴户。

一个家庭中主要存在四种亲属关系——夫妻、父子、母子、兄弟，人类学家许烺光认为它们具有以下属性：①夫妻关系——不连续性、独占性、性欲取向性、自愿性；②父子关系——连续性、包容性、权威性、非性性；③母子关系——不连续性、包容性、依赖性、扩散性、原欲性；④兄弟关系——不连续性、包容性、平等性、竞争性。为此许烺光还专门提出一种"亲属优势"的理论，认为"在一个亲属体系中，优势关系的优势属性倾向决定在此体系中，个人对体系内与体系外其他关系所发展出来的属性和行动模式"，并用它解释中国、印度和美国三种社会文化的差异。他的理论假设是：中国社会（汉族）、印度社会、美国社会的优势亲属关系分别是父子、母子、父亲，而这三种优势亲属关系的优势属性分别决定了中、印、美三种社会文化各自的特色。[①] 诚然，某种优势亲属关系，必将对以该优势亲属关系为核心的社会文化产生积极而深远的影响。例如，以父子关系为主轴的中国汉族传统社会，其特点是强调父系代代相传的连续性、多子多福兼容并蓄的包涵性、长幼尊卑的权威性及传宗接代而非男女性爱的非性性。[②]

受许烺光理论的启发，国内学者提出了一种新的见解，认为藏族社会文化中存在一妻多夫的习俗，因此藏族家庭是以兄弟为优势亲属关系组建

① 相关论述参见第一章第三节。

② 岳庆平：《家国结构与中国人》，香港：中华书局有限公司，1989年，第7页。

而成的。① 一般而言，但凡有兄弟组存在的家庭，如果兄弟成员需在原生家庭中生活下去，为了保护家产不被进一步分割，都要实行兄弟共妻制婚姻。诚然，此种要求也存在着例外的情形。例如，兄弟组中有人在外经商、务工、出家，或是当他们有经济能力独自养家糊口时，就会离开原来的家庭再另外组建新家庭，但他们一般不会从原来的家庭中带走太多的财产。除去搬迁户与注销户，军拥村 46 户家庭中以三代家庭成员计算，有兄弟组的家庭为 33 户，其中 19 户家庭采取了兄弟共妻制婚姻；换言之，兄弟组中采取共妻制的比例达到 57.58%。在其余 14 户兄弟组家庭中，仅有 5 户出现了兄弟各自娶妻的情况，其余 9 户则是兄弟组尚未结婚或是尚未到结婚的年龄。如果按照父母的意愿和村里的风俗传统，这 9 户家庭很有可能在不久的未来也行兄弟共妻制婚姻。若果真如此，兄弟组中采取共妻制的比例便将攀升到 84.85%，该比例似乎足以说明：兄弟们更愿意共娶一妻并共同承担起抚育家庭的责任，这种兄弟之间的情感已经超越了传统认知下的父子、母子与夫妻的关系。以 11 号家庭为例，一代成员有四兄弟，除一位兄弟另外娶妻生子外，三兄弟行共妻婚姻；二代成员有五兄弟，除大哥在外地成家娶妻外，其余四兄弟原则上要行共妻制婚姻，因为老四、老五年龄尚小，现在只有老二和老三形成了共妻的事实。如此看来，认为藏族家庭是以兄弟为优势亲属关系组建而成的提法确实足以成立。

按照许烺光的理论，兄弟关系应当具有不连续性、包容性、平等性、竞争性这四大特征。以下就藏族传统社会家庭中兄弟亲属关系的这四个层面，结合军拥村的实际情况来加以说明：

（一）不连续性

汉族传统社会以父子为主轴的人伦关系为主，这种社会尤其强调家族的延续性。一个人身为某人的儿子，将来也会成为某人的父亲，父子关系在家庭中持续不断地延续下去，这就是父子亲属关系所特有的延续性。由于汉族传统社会中采取的是一夫一妻制和一夫多妻制，兄弟一般都会另外娶妻生子并分家，所以兄弟具有不连续性的特征。然而，与汉族社会以父子为主轴的亲属关系明显不同，藏族社会似乎更强调兄弟之间的感情，这

---

① 徐扬、尚会鹏：《藏族一妻多夫婚俗：一项文化人类学分析》，《青海民族研究》2009 年第 1 期。

种感情又以兄弟采取共娶一妻的形式达到顶峰，采取兄弟共妻制反过来进一步加强了兄弟之间的感情，是"一种潜在的男性同性恋与近似于乱伦的婚制形态"①。如果此说法成立，兄弟之间的关系便应同样具有连续性的特征，许氏的理论或许从一开始便犯有一种文化自我中心主义的错误。

诚然，出于自然选择和生理周期等方面的原因，一代人中可能会出现兄弟组成员，但无法保证下一代还会继续生育出两位甚至更多的男孩以延续兄弟之间的感情。即使下一代成员中也有兄弟组成员，也会因为各种社会、经济因素导致维系兄弟情感的共妻制婚姻难以实现（如有人出家、外出经商、跑马帮、工作或打工、入赘他户等），从而导致兄弟之间的感情无法持续下去，这就是不连续性。然而，更有可能出现的一种情形是：家庭中某代成员实施一妻多夫制婚姻，在条件允许下这户家庭希望下代成员能够继续实施兄弟共妻制婚姻。正如汉族社会注重父子关系世代传承一样，藏族社会同样希望家庭中的兄弟关系能够世代延续下去。以军拥村现存婚姻事实为例，50 户家庭除去注销户和搬迁户、离异、丧偶和单身家庭以外尚余 39 户（见表 4 – 2），考虑到一户家庭中可能存在两代成员均发生婚姻事实②，这样总计发生婚姻关系 45 起，其中行一妻多夫的有 23 起（51.11%），一妻一夫 21 起（46.67%），一夫多妻 1 起（2.22%）。由该统计数字可知，在军拥村现存婚姻中，行兄弟型一妻多夫制的比例已经超过一妻一夫制，一定程度上说明家庭中兄弟间的联系似乎更为重要。军拥村现存家庭中有 6 户存在两代婚姻事实，其中至少有 4 户曾出现两代兄弟共妻的情况③，比例高达 66.67%，同样说明兄弟之间的感情存在某种连续性的特征。

表 4 – 2　军拥村婚姻形式比例统计

类型	一妻一夫	一妻多夫	一夫多妻	总计
数量（起）	21	23	1	45
占比（%）	46.67	51.11	2.22	100

注：现存婚姻事实总计发生 39 户，丧偶、离异、单身等其他家庭和搬迁与注销户不计入内。其中 6 户家庭发生婚姻 2 起，发生婚姻关系共计 39 户 45 起。

---

① PRINCE PETER OF GREECE and DENMARK. A study of polyandry. The Hague：Mouton，1963：572.
② 已婚夫妻中如果一方丧偶或离婚，则认为该婚姻形式不再存在。
③ 6 户家庭中至少有 4 户家庭曾有两代成员实施过兄弟共妻的婚姻形式，但因 2 户上一代兄弟组中有成员先后去世，仅留下一位兄弟形成了表面上的一夫一妻制婚姻。

（二）包容性

包容性只是相对于夫妻关系的排他性而言。夫妻关系是单一而排他的，其他诸如父子关系、母子关系和兄弟关系往往是包容的。以实行兄弟共妻制的一个家庭而论，兄弟之间共享一妻，兄弟之间和睦相处，彼此所需要的包容性甚至强于父子、母子关系。来自心理学的研究成果偏向于认为，来自对性的单独占有欲会压制共妻的兄弟们之间的感情。就夫妻关系而言，一妻多夫制与一夫一妻制有很大的不同。一夫一妻家庭中丈夫与妻子是一对一的关系，多偶制则是关系的复合体。依法国人格拉丘纳斯构建的模型，任何单位，当人员按算术级数增加时，关系数量依几何级数增加。[①] 格氏的经典理论同样适用于家庭关系。假设一个家庭，A，B，C，…，n 分别代表夫妻，当其有一夫一妻时，只有两种平行关系（A→B、B→A）；当其有一夫二妻（或一妻二夫）时，则产生 12 种平行关系，其中 6 种为交叉关系（A→B、A→C、B→A、B→C、C→A、C→B），6 种为直接的组合关系（A→BC、A→CB、B→AC、B→CA、C→AB、C→BA）。随着家中每增加一个配偶，夫妻的关系数就会滚雪球似的增长一圈。由此可见：夫妻的成员愈多，夫妻的关系便愈加复杂。

复杂的夫妻关系对兄弟之间的包容性提出了更高的要求。例如，在两性问题上，普遍认为妻子应该发挥着更为核心的作用。无论家中的丈夫数有多少，妻子对诸位丈夫应一视同仁，不能厚此薄彼。能把诸位丈夫紧密团结在一起的妻子，往往受到舆论的称赞，认为其贤惠能干，并被认为是一种家庭美德。相反，若一位妻子对自己的某位丈夫诸多挑剔，或者严重偏爱某一位丈夫，就将滋生家庭矛盾，最终导致家庭分裂。倘若如此，这位妻子便受到人们的严厉指责。在这样一种文化氛围下，多夫的妻子往往力图使自己成为社会称道的贤妻，尽力避免丈夫们因自己发生家庭分裂的情况。女人在婚后都会有长者告诫她对待自己的丈夫们要一视同仁，不能偏爱某一人。例如，39 号家庭中的一位女性报道人曾私底下告诉笔者，她与四兄弟结婚，婚后老人就反复对她讲对几兄弟要平等相待，搞好团结。除日常生活的方方面面，妻子还应学会如何处理好与丈夫们的性关系问题，一个基本的原则是她应做到"一杯水端平"；与此同时，兄弟之间也要发扬

---

① GRAICUNAS V A. Relationship in organization. Bulletin of the International Management Institute, 1933（3）：39－42.

谦爱、忍让的精神。一方面，夫妻生活中丈夫需听从妻子的安排，尊重她当天对性伴侣的选择和安排。妻子与诸夫同房时，实际上是在协调着诸夫的关系，虽然她有时很难把自己的感情平均分配，但她必须强迫自己这样做。另一方面，丈夫是以平等的资格参与夫妻生活的，兄弟之间也会相互协调与协商。例如，11 号家庭和 24 号家庭中二代成员分别行一妻四夫和一妻三夫婚姻。结婚时妻子仅和哥哥登记，对外宣称是一妻一夫，但实际上婚前已经说好以后要行兄弟共妻。在这两对夫妻中，弟弟们因年龄尚小尚未加入进来。一旦某位弟弟达到成年人标准，哥哥就会寻找合适的机会让妻子与其同房，最终实现兄弟共妻的事实。

（三）平等性

平等性是就家庭成员的社会、政治和经济地位而言的。在共妻的兄弟组成员中，弟弟（们）很早就意识到父母对兄长的偏爱以及自己所处的地位。他们被要求学会如何与兄长和睦相处、共同生活。至于兄弟之间的感情，兄弟既要在性生活中共享一妻，又要共同抚育家庭子女，还需从事各种家庭生计活动，这些不仅要求兄弟间要学会团结和合作，还需要有人做出忍让与牺牲。有时候弟弟必须屈服兄长的权威，哥哥也要时刻照顾到弟弟的个人感受。

在夫妻性关系上，当男人不能分享妻子的性生活时，这种性生活的不平等性会导致男人间的关系趋于紧张。由于男人可从子女身上得到好处，因此一个更为重要的问题是如何在丈夫间分配妻子生育能力的权利。在此问题上，不同的社会采取了不同的解决方式，并相应地产生一种特殊的家庭秩序：在第一种社会中，生父对其亲生子女负有特殊的义务；在第二种社会中，家族强调男人应关心所有子女的共同利益；在第三种社会中，兄长对子女负有主要责任，婚姻中所产生的子女都归他所有，他被假想为所有子女的"生父"。[①]

在军拥村一妻多夫家庭中，家长原则上均为待在家里的兄长（出家、入赘他户或外出经商的情况下除外），他理所当然地成为家庭中所有子女的"阿达"（阿爸），其余的父亲只能被子女称为"阿给"（叔叔），尽管他可能就是某个孩子的生父。换言之，婚姻中所有的子女都归于兄长的名下，

---

① LEVINE N E. Fathers and sons：kinship value and validation in Tibetan polyandry. Man，1987，22 （2）：268.

兄长对子女的一切事情负有主要责任，成为实际上的父亲；相反，年轻的兄弟们被称为"阿给"（叔叔），他们不是第一父亲，也就是说他们从不被社会正式承认为任何子女的父亲。

这种兄长作为"社会父亲"的角色，在当地社会中是十分确定、不容置疑的。在军拥村中，长子的称谓与父亲一致，均为"阿达"，此点说明长子所承担的社会角色其实已与父亲别无二致了。一妻多夫家庭内部可能会对生父的归属做出区分，但这种区分并无绝对的准确性。当地的文化观念中，家庭团结一致性的价值高于一切，任何有碍此观念的行为都会受到抑制。公开讨论孩子生父问题的行径自然在禁止之列。由此看来，在父亲与子女的微妙关系中，父亲并不必然强调子女与己身的血缘亲近程度，其更注重要拥有家庭中某位或多位子女，由此获得自己在家庭中的"合法"地位与身份。实际上，社会对一妻多夫家庭的子女也是以家庭为单位来平等看待的，外人称其子女是某家的子女而非某人的子女。如果一种文化特别强调男子本人的世系传承，那么一妻多夫婚姻制也就失去了赖以生存的土壤。

从经济分工方面考虑，村里存在一种"男主外，女主内"的分工。对于共妻制中的丈夫——兄弟们而言，他们在日常生活和生产劳作中也会有个大致的分工，经济分工的平等性是一个基本的原则。诚然，几个丈夫在从事务农、采集、放牧、务工和经商等各类生计活动中，往往有一定的侧重，但并不十分严格。不同的家庭一般会根据兄弟各自的特点和自身的意愿来分工，既有长期的侧重，也有临时的分工。例如，1号家庭户名更嘎仓，该户为核心家庭，一代成员原来行五兄弟共妻婚姻[1]。户主嘎松旺加为老二，因其特别能干，因此成为主管家庭经济及家务的户主；大哥体弱多病，主要在家念经修行兼干一些家务活[2]；老三平时从事农活和照顾牲口的工作；老四、老五年富力强，喜欢长期外出，从事经商、务工和跑长途运输等工作。农忙时五兄弟都会一起帮忙。这样整个家庭所从事的生产经营活动就比较复杂多样，不仅工种多，而且分工也较细。

吊诡的是，生活中所强调的平等性，实质是以种种的"不平等性"为代价的，如只有长子才有权享受社会认可的父亲角色，他从小就受到父母更多的宠爱，他在家庭的政治和经济生活中所施加的影响力往往更大，等

---

[1] 老五2004年因为车祸去世。

[2] 老大年轻时候曾在萨拉寺出家，后来还俗。

等。为了弥补这些事实上的"不平等性"所造成的不良影响，家庭生活中更倾向于表现出一种平等性特征。例如：兄弟在娶妻时会尽量照顾到各个兄弟的年龄需求，一般娶处兄弟中间年龄段的女子为妻；在性生活时如果有兄弟长期外出（打工或经商），就要照顾他优先与妻子同房；关于子女归属问题，要求父亲必须对他（她）们一视同仁；做一些重大的家庭决策时，一般在父亲或兄长的主持下召开民主会议，家里的每个成员均有平等发言的机会，家庭的很多重要决定都是由几个兄弟共同做出的；从事一般经济生产活动时，努力贯彻一种平等性原则，既要实现家庭分工的多样化，又要考虑兄弟各自的特点和自身的意愿；至于财产继承，原则上每个兄弟都有平分财产的权利，不存在厚此薄彼；等等。

（四）竞争性

竞争性指的是当兄弟之间的平等性被打破时，便存在来自群体、经济、财产方面的竞争。哥伦比亚大学的孔迈隆教授根据自己在台湾屏东县的一个客家村落的研究结果，指出所谓的"家的分与合"，实际上与财产的分与合有密切的关联。一个"家"的组成，可归结为三个基本的成分，即财产、群体和经济。在这三个成分中，前两者即财产、群体可以是集中的或是分散的，而后者（经济）可以是伙同的或非伙同的。在他看来，一个家如家庭、群体成员与经营都是集中在一起而作伙同的经营时固然是一个家，但即使家产与群体成员是分散各处而不集中且经济独立时，亦可以认为是一个家，其前提是共同的财产并未实现真正的分家。[①]

在军拥村，由于地处茶马古道在藏区所设置的一个重要的驿站，当地人很早就有跑马帮和经商的传统，两项工作无一例外均由男劳力即家庭的男性成员来完成。一个家庭如果实行兄弟共妻制，兄弟便可从事不同的生计活动，那么这一家庭的经济地位就有了坚强的保障。这里出现了与汉族社会的"家的分与合"相类似的情况。由于家庭财产继续联合在一起，家庭不同成员可以分别在不同地方生活或居住，日常的经济也可以采用一种"非伙同经济"以使得家庭的生计多样化，这种多样化的经济策略至少有两个好处：一是实行共妻的兄弟减少了在一起的时间，由此减少在同一所大房子下生活可能产生的各种摩擦与矛盾；二是日常经济与生计的独立经营，

---

① COHEN M. House united, house divided: the Chinese family in Taiwan. New York: Columbia University Press, 1976.

有益于兄弟之间开展竞争，同时亦能实现各兄弟不同的理想与抱负，这种"不把所有的鸡蛋放在一个篮子"里的做法，有助于实现家庭经济利益的最大化，以提高和加强家庭面对各种自然、社会灾害时的抗风险能力。从这一层意义上讲，兄弟之间存在一定的竞争关系。诚然，这种竞争关系的一个副作用是对原生家庭产生了一种离心力，表现为这些在外面走南闯北、见多识广的兄弟如果在经济上获得了成功，便会拥有自己的利益中心。当他们有能力承担起另外娶妻和离开原来家庭的后果时，一个原本兄弟共妻的家庭就会分家。同时，由于受到外界新思潮和现代化的冲击，一些兄弟即使暂时在经济上无法获得成功，也会因外出经商、务工、学习而找到新的对象，并在尽可能的情况下提出分家的请求。

藏族社会传统一贯支持兄弟分家的要求，尽管在舆论上不会对其加以支持。昌都当地有句俗语——"一家分开，乞丐一堆"，描述的就是此种情况。一位兄弟极力提出分家的要求，如果获得了家里人的同意，则可按人头平均分走家里的部分田产；如果家里有房名，甚至可将该房名视作一种社会身份进行分割，即分家后的两户家庭可以共同享用同一个房名。从军拥村的历史发展来看，分家的情况曾发生过好几例。军拥村 50 户家庭中，原有房名的家庭有 21 户，全部为原来的差巴阶层，除去 19 户无房名的家庭和 4 户新起名的家庭，尚有 27 户家庭，说明分家的情况曾一再地发生，这也是兄弟间存在的竞争性所造成的一个社会后果。例如，30 号家庭和 47 号家庭的房名都为"巴曲仓"，因为两个儿子要分家，也征得了父母的同意，47 号家庭（小儿子）不仅按人头平均分割原来的田产，每户各得 4.2 亩土地，还继承了巴曲仓的房名，只不过新户需在后面加上"俄玛"，表示"下边"之意，说明该户是从"巴曲仓"分出来的。47 号家庭如今已经全家搬迁到卡若区居住，家里的田地也移交给自己的亲戚打理。

存在竞争性的另一表征是允许甚至鼓励自家兄弟去其他地方上门。上门婚也叫作入赘婚，在左贡地区统称为"嘎扎"①，在昌都市甚为常见。由于兄弟之间存在竞争，一个兄弟众多的家庭往往允许其中的一位兄弟甚至数位去其他家庭当玛巴，即上门女婿。尽管当地允许兄弟分割田产，如果一名兄弟选择去他户入赘，一般他也不会从家里带走财产，因为来自女方家庭的田产已经为他未来的家庭经济生活提供了坚实的保障。从这层意思

---

① 入赘在牧区被称为"玛巴"。

上考虑，一位兄弟考虑入赘他门其实是一件值得肯定的事情，一般都会获得家里人的支持。事实上，军拥村现存 46 户家庭中曾大量发生了入赘婚（8 例）和上门婚（11 例）的情况，说明兄弟之间的竞争性确实对当地婚姻家庭的形态产生了积极的作用与影响。

最后，由于竞争性存在，家庭成员出家的现象时有发生。在笔者从事田野工作期间，军拥村共有 12 人出家，其中喇嘛 4 人，尼姑 8 人。这 4 位男性出家成员，不仅正处于生育高峰期内①，而且无一例外均来自行兄弟共妻的家庭，说明兄弟之间由于竞争的存在，确实导致了部分家庭的男性成员宁愿选择出家。道格拉斯曾提出一个有趣的观点：一妻多夫制为喇嘛和喇嘛教提供了支援，其中一个理论依据是喇嘛寺院需要一种体系使得有人对于家庭生活不满而出家，而一妻多夫制恰好就是这样一种体系。② 军拥村的这一情况，似乎印证了一妻多夫制与西藏的喇嘛制度存在某种关联性。从另一方面考虑，家里有人出家亦是好事一桩，因为它不仅迅速提升该家庭声望和社会地位，而且会被认为给原来的家庭带来福报。

第二节　东坝民居

一、碉楼与装饰

2012—2013 年，国家住房和城乡建设部、文化部、财政部联合公布了第一批、第二批列入中国传统村落名录的村落名单，东坝乡军拥村榜上有名。2018 年，中国生态文化协会公布年度"全国生态文化村"名单，军拥村的名字又赫然在列。军拥村名声在外，有一个极其重要的原因——当地存在一批具有藏东鲜明地域特色的碉楼民居建筑群。

藏族民居大体可分为四种类型，分别是帐房、碉楼、崩空和窑洞。③ 沿着茶马古道一路从拉萨来到藏东的昌都和藏东南的林芝市，藏族民居就从

---

① 其中 1 人 20 多岁，2 人 30 多岁，1 人 40 多岁。

② STEWART E W. Evolving life styles：an introduction to cultural anthropology. New York：McGraw Hill Inc. ，1973：268.

③ 何泉：《西藏乡土民居建筑文化研究》，北京：中国建筑工业出版社，2017 年，第 9 – 18 页。

常见的块石碉楼四合院切换为各种石墙木屋顶、石墙干栏式、藏式木板、夯土碉楼等样式的民居了。在《中国传统民居类型全集》一书中，关于藏东南民居一共罗列了12种，西藏古建专家马骁利特意挑选了东坝富商的夯土碉楼作为其中的代表作之一。① 也有学者把东坝民居视作昌都民居地域特色与装饰艺术风格的典范。② 东坝民居在西藏地区远近闻名，甚至享誉海外，尤其是位于怒江河畔的军拥村，这里的民居体型庞大、选料考究、设计巧妙、精雕细刻，外观雄伟壮观，内部富丽堂皇，是"西藏民居建设的突破"。

如前文所述，东坝乡人之间相互讲述一种被称为"玛给"的方言，外人一般很难听懂，因此这里被称为"语言的孤岛"，东坝方言也被认为是研究藏族方言变迁的活化石。方言的英语"vernacular"，最初来源于拉丁语vernaculus，意为"native"即"土生土长的"或"乡土的"。1964年，伯纳德·鲁道夫斯基首次将"vernacular"一词应用于建筑上，提出"乡土建筑是一项群体的艺术，不是由少数专业人员创造的，而是拥有共同传统的群体自发的、持续的一种创造活动"。③ 从类比的视角出发，乡土建筑可以理解为一种建筑的方言，表示本土建筑存在于特定的地域和特定的时期，经历了长期的历史沉淀和文化积累后最终形成一种有别于他者的个性化特征，这种特质一般无法从别处复制或移植过来。正如世界上的语言存在丰富多彩的多样性，世界各地的乡土建筑同样在建筑形式、使用功能和文化含义等方面表现出一种多样化特征，究其原因是住所因所处地理环境和文化氛围的不同而千差万别。民居建筑既是乡土文化的基本载体，也是构成实质环境的最为主要的元素，因此它们往往是文化演化历程中数量最为庞大也最具代表性的产物。"问渠哪得清如许，为有源头活水来"，民居是人类最早构筑出来的基本建筑单位，也是构建官邸、庙宇、宫殿、庄园、园林等更高级别社会建筑体系的"总源头"。

东坝民居采用碉楼结构，其特点是采用夯土或石块垒砌成墙，然后在墙体和房内直接架构大梁来承载房屋的整体重量。从外观上看，墙体主要

---

① 中华人民共和国住房和城乡建设部编：《中国传统民居类型全集》，北京：中国建筑工业出版社，2014年。

② 汪永平等：《昌都民居的地域特色与装饰艺术风格——以贡觉县三岩民居和左贡东坝民居为例》，《中国藏学》2010年第3期。

③ RUDOFSKY B. Architecture without architects：a short introduction to non-pedigreed architecture. New York：The Museum of Modern Art，1964.

是土坯,立面墙身粉刷成白色,墙体很厚,墙身收身明显。屋内采用木框架的承重方式,该建筑工艺被当地人称为"一把伞"。一体化的结构和木框架的承重方式,让碉楼的墙梁发挥出极其出色的承重能力,不仅让民居建得很高,还可建得很大。

整体外观上,东坝碉楼建筑呈现出一种依山傍水、就坡修建的布局,怒江河水在村脚下咆哮而过,与层层叠翠的梯田相映成趣,绝大多数的精品民居就聚集在军拥村内,形成一片极具地域特色的民居建筑群。与藏族其他地区一些村庄的情况相类似,[①] 自 20 世纪 80 年代初西藏地区推行家庭联产承包责任制以来,军拥村的经济开始复兴,行兄弟共妻制的家庭又多了起来,村里适时掀起一股修建楼房的热潮。一所碉楼刚刚修葺完毕,另一所就在附近打起了地基,呈现出一种相互攀比的姿态。每所民居又和而不同、各具特色,里面的装饰装修雕梁画栋、美轮美奂、富丽堂皇,各种家具、绘画色彩斑斓,让人目不暇接。

总体而言,东坝碉楼呈现出大、全、精三大特征。

1. 大

乍眼一看,东坝碉楼让人产生了错觉,以为自己走进了一座大型庙宇,因为从外观上看东坝碉楼更像一座宏伟宽大的寺庙,不仅气派庄严,而且建筑大气又不失艺术造诣。与三岩碉楼相比,东坝碉楼同样具备了高与大两大特征,但前者似乎更愿意表现出一种对"高"的青睐。

三岩民居修建得高大森严、气势宏伟,表达出一种对高度的崇拜。[②] 相比之下,东坝碉楼更注重于往"大"的方面发展。近些年来,军拥村修建的楼房无论是在外观还是在内部的装饰上,都显得十分大气(见图 4-4)。例如,11 号家庭的碉楼于 1995 年开始修建,历时 12 年才完工,楼分 3 层,每层高近 5 米、长约 25 米、宽约 20 米,每层面积约 500 平方米,总面积 1 500 平方米,除主体建筑外还建有院墙,墙内建有院坝、马厩、粮仓等。1 号家庭的碉楼于 20 世纪 90 代初开始修建,持续修建了 20 年才建成,一共采用了 73 根柱子,每根柱子大约 9 平方米,这样 3 层总面积超过 2 000 平方米,这也是目前军拥村乃至东坝乡最大的碉楼,被誉为"藏东第一家"。从

① JIAO B. Socio-economic and cultural factors underlying the contemporary revival of fraternal polyandry in Tibet. Cleveland:Case Western Reserve University,2001.

② 许韶明、何国强:《整体稀缺与文化适应:三岩的帕措、红教与民俗》,广州:中山大学出版社,2013 年,第 301 - 302 页。

3米多高的大门进去，左手是间大的廊房，用来饲养牲畜或堆放草料，右手是内院大门。各色花卉围着一棵茂盛的大树，形成类似花坛的景观，成为整座建筑的中心点，三面建筑和院墙呈闭合状。房子分为3层，每层都修建得很高，底楼约6米，二楼和三楼层高也都达到了5米，就连墙面上的开窗也比藏东其他地区的楼房要大上许多。

图4-4　东坝碉楼外观

　　除用柱子的数量来计量房子大小外，东坝的夯土碉楼式建筑还呈现出具有一定防御性的特征，这点与三岩碉楼十分相似。一层的实体夯土墙只设通风小孔，起居室设在二层的楼房，三层为经堂。每层建筑层高相当于普通民居的二层高度，达到6米之高，另外在建筑的梁、柱、椽木用料上均比常规的藏东地区民居大上一号。

　　2. 全

　　全主要表现在以下三个层面：楼面、楼层和功能。

　　第一，楼面全。楼面全是相对于碉楼的外观而言的。整个碉楼建筑都以天井为中心，四周呈封闭状，构成一种以方形为主体的梯形结构，部分墙壁两边倾斜，屋顶铺上琉璃瓦，屋顶上卧着栩栩如生的双龙雕塑。军拥村位于怒江河谷的一块台地之上，除了预留维持家庭基本需求的庄稼地以外，台地上适用于修建楼房的坝子可谓少之又少。即便如此，碉楼的建筑都会尽量选择修建在平地之上，采用四面方形结构，其中又以正方形为上佳。一如藏东地区的其他楼房，方形结构的布局可能来自藏传佛教中坛城的观念。坛城在梵语中称为"曼陀罗"，原指印度密教修建时，为了防止"妖魔"侵入，有意在修法处画上一圆圈并建一土坛，土坛一般呈现圆形或方形，有时还在上面写上咒语、神力符号或画上各种神像以保证其效用。

曼陀罗的观念在藏传佛教中流行开来，形成了坛城，藏语称其为"吉廓"，即圆满轮转之意。由于坛城多由方形图案制作而成，具有保护的功能，这种观念投射到西藏的民居建筑中，便形成了一种对方形建筑的偏好。与中国"风水"学中对房屋布局的理念相一致，房子四合方正又不缺角是上佳的住宅，房屋如有缺角则属于煞位，意味着家里某位成员的缺失或会遭遇某种疾病的侵袭。正因为如此，军拥村的碉楼都以方形为首选；即便少数因为地形和采光的需要建成了"凹"形的房屋，也会尽量在缺口处修建围墙并形成一种方形庭院，以补齐所缺的地方。

第二，楼层全。军拥村位于一块沿怒江河谷梯形分布的台地之上，该台地由河面向山坡方向抬升，分为一种三级阶梯结构，恰好对应了西藏原始宗教苯教的三界观。与邻近几个村子信仰格鲁派为主的藏传佛教有所不同，军拥村内信奉的是苯教。与汉文化中关于"天地人"的三才思想十分相似，苯教将世界分为天、人和地三界：地界由鲁神掌管，掌管人界的是赞神和年神，掌管天界的则是拉神。本质而言，东坝民居的三层结构同样是对苯教三界观思想的直接映射。军拥村内的碉楼无一例外均采用三层的土木结构：第一层对应地界，这里也是圈养牲畜和堆放草料的地方；第二层对应人界，是村民日常起居的主要场所；第三层对应天界，一般采用半敞开的结构：一半设有佛堂、经房，内部放置佛龛佛像和唐卡，龛台下的壁柜里还存放经卷、法器、哈达等各种用于祭祀祈祷的东西，佛堂旁边还设有煨桑台和挂经幡的场所；另一半作为晒场与阳台，用来晾晒庄稼和衣服等。

第三，功能全。衡量一套住房的功能是否齐全，一个简单的标准是看它是否具备现代家居的六大基本功能——起居、饮食、洗浴、就寝、储藏、学习娱乐。一所军拥村的碉楼就能提供以上的所有功能，不仅一应俱全，甚至有过之而无不及。东坝碉楼多为土（石）木结构，外墙为土墙或石块砌墙，内部用木料做框架，楼层间架设地板，一般分为三层。一层为牲畜圈和草料仓库。近些年来随着民房改造和人畜分离措施的实施，一层逐渐舍弃圈养牲畜的功能，更多用于留空或作为储物间。一些采用"凹"形结构的碉楼，巧妙将中间设计为天井，由于日照强、采光好，甚至还在一层留空处种上一两棵枝叶茂盛的果树。二层根据空间的开放程度分为公共和私密两种类型。公共空间为厅房、厨房、餐厅等，所占的空间最大，私密空间主要是主人房、客房和耳房等。一般根据家里人数设置数量不等的房间，只多不少，其中包括了一间主人房，由户主或家里的长辈居住。客厅也是主室，还兼做厨房，因此这里空间较大，也是整个住宅中最为重要的空间，具有多种功能。火塘大多位于墙壁一侧，除了做饭，还可供家人取暖。这里也是餐厅的所在，人们提取酥油和磨麦粉等日常家务都是在此处完成的。餐厅还会放置一些餐桌和长凳等，长椅或衣柜的下面放有被垫，在秋冬季节就可利用灶或火炉上的热量取暖，晚上也可睡在长凳、长椅上，因此餐厅又兼卧室功能。室内的柱子一般位于中央地带，家具多围绕柱子布置。这里还是娱乐的绝佳场所。但逢家人团聚或节日到来，或者家里有贵宾上门，一家人在聚餐后就会围绕着客厅中央处的柱子载歌载舞。客厅的墙上还会适当摆放一排或者一圈的藏床，作为待客或家人休息之所。邻近火塘处还专门设有卡垫，这种家具的设计同样十分巧妙，平时可以作为坐具，还可拼装成背椅，晚上又可拼装为单人床或双人床。火塘旁边的壁橱上置放多个大的铜缸和水瓢，数量愈多则说明家庭的富裕程度愈高。由于二层空间比较大，为了采光的需要会在南北墙壁上开设三到五面窗户，开窗面积也比其他地方的楼房大上一号。在东面或西面的外墙会修建一个外挂的厕所，厕所下面修建沼气粪池或用矮层石基围蔽，粪便收集起来作为肥料。三层至少留一半的空间用来修建佛堂、经房、煨桑等宗教活动场所，其余一半空间则作为阳台、晒场来晾晒衣服、堆放粮食和搁置其他杂物等。在碉楼的北面或旁边，还要修建围墙或围起石栏作为后花园，里面种植许多花卉和果树。

3. 精

藏族建筑之所以不同于其他民族的建筑，一是形制不同，二是装饰风格不同。[1] 所谓装饰，就是在盖好房子之后，采用色彩、图案、雕刻艺术等各类形式对房子的里里外外进行美化装饰的一种民间艺术形式。东坝碉楼无论在外观还是在内部的装饰上，均体现出一种精美的特征。房子装饰的基本理念是趋吉避凶，保佑平安；装饰达到的效果是自然和谐，吉祥如意。与藏区寺庙的传统做法十分类似，碉楼室内梁柱要雕刻彩绘，四周的墙壁和家具也要绘画或雕刻上各种吉祥的图画、图案。三层经堂里面供奉佛像，储藏经书，挂有唐卡、哈达，墙壁、藏柜和木柱上多有彩绘，表示对佛的尊敬，这里是全屋装饰最为精美之处，同时也是全家最整洁、最神圣的地方。一般情况下，佛堂和经房是不住人的，只供给尊贵的喇嘛过来打坐

---

① 马军、黄莉编著：《西藏民居装饰艺术》，拉萨：西藏人民出版社，2015年，第1页。

念经。

总体而言，东坝碉楼的装饰异常精美，主要表现在色彩斑斓、图案丰富和精雕细刻等三个方面。

第一，色彩斑斓。札达托林寺位于古格王朝的遗址之上，具有千年的历史，其外观采用红白两色，与四周土林环绕的黄色浑然天成，让人肃然起敬。布达拉宫是藏族人心目中的圣地，但它外观也仅采用了黑、白、红、黄四色，便营造出一种宏伟大气、庄严肃穆的气氛。相比之下，东坝民居在色彩的选择上要丰富许多。每所碉楼建成后，都要在房子内外进行粉刷和彩绘，主要采用黄、红、绿、白、蓝五种颜色，分别代表土、日、树、云、天，同时也象征着藏传佛教的五大元素"地、火、水、风、空"。这五种颜色在东坝人的眼里，还有另外一种解读：黄色表示功德无量、知识渊博，象征大地；红色表示权力，象征火焰；绿色表示江河，象征生命之源；白色表示纯洁的心灵，象征白云；蓝色表示天空，象征广阔自由。东坝碉楼的外墙一般以白色为主调，墙体经过夯实之后，涂抹上用糌粑粉磨成的粉浆，每逢藏历新年还需另择吉日给墙体上一次灰，谓之"出新"。由于碉楼需要采用大量的木材，因此在垂柱、门窗、护栏、廊檐和檐椽上，都会进行彩绘装饰，不仅鲜艳亮丽，而且色彩斑斓。此外，与藏地其他民居屋内只装饰一面主墙的做法不同，东坝人更愿意把所有的墙面都视作装饰的空间与场所。例如，门窗等房子的重要门户一律采用黄色或者金色来装饰，边框却采用黑色，形成一种鲜明的对比，上面还要悬挂一条条成褶的香布，以红、黄、蓝、白为底色。每当微风轻拂，香布便上下摇曳形成接二连三的波浪形状，展示出一种色彩节奏的韵律与美感。靠墙的建筑檐椽整体采用红色涂饰，或以白色、红色、蓝色三色为底色，再用花卉图案等彩绘加以装饰。经济条件较好的家庭，还会在主室的墙体中下部贯穿三条彩带，多以红、蓝、黄三色为主，彩带上部的墙体留白，彩带下部的墙体常涂饰绿色。至于主人房、经堂、佛堂和其他一些重要的卧室，只要条件许可，一般也在墙上绘制各种彩色绘画或各种与宗教相关的吉祥图案，常用五色中的两色（如红、黄）两两拼接，循环接龙，制造出一种鳞次栉比的层次感。

第二，图案丰富。无论是门窗大梁上的精美装饰，还是四面墙壁上的唐卡壁画，除了色彩斑斓以外，丰富多彩的图案是东坝民居的一大特色。首先，东坝民居中最为常见的是各类动物的图案。无论是流传于藏区的各种神兽形象——饕餮、猕猴、雄鹰、牦牛，起源于印度的大象、狮子、金翅鸟，还是内地常见的龙、凤、虎、鹤、金蟾、花鸟等，都可在此一一找到。这是因为，这些神兽和动物的身影不是经常出现在宗教神话传说当中，就是代表了吉祥、如意、长寿等具有添丁旺财、保家护宅的寓意。其次，各类植物和花卉图案更是信手拈来，数不胜数。由于东坝地处藏区东部高山峡谷地带，属高原温暖半湿润区，山腰多为茂密的原始森林，谷底则为四季常青的农田果园，庭院里又有各种花卉在争芳吐艳，因此在装饰图画中出现大量果树和花卉的图案自然不足为奇，不外乎人们将自己的日常生活映射到艺术中的一种无意识行为而已。在古希腊米诺斯文明当中，当地人对公牛表现出一种严重的偏好，公牛形象广泛地出现在各种壁画、陶瓷和雕刻艺术当中；与此十分类似，东坝人在装饰图案中对莲花和莲瓣的使用同样达到了极致。出现这种情况主要有两个方面的原因：一是东坝（特别是军拥村）被认为地处怒江峡谷一块莲花状的台地之上，而四周山峦就是一片片的莲瓣；二是妙莲为藏传佛教的圣物，贵为"八瑞相"之一[1]，不仅象征纯净与神圣，更代表一切活动的鼎盛阶段[2]。最后，各种来自藏传佛教的象征符号、器物也频繁地出现在壁画和雕刻当中。藏传佛教教义博大精深，里面充满大量的神话传说、象征符号法器和贡品，为图案的描绘提供了大量的创造灵感。例如，来自藏传佛教的八瑞相、八瑞物、转轮王七政宝、六长寿、五妙欲图、和气四瑞、三胜兽、苯教雍仲符和各种密宗器物以及礼仪供品等，无不成为装饰图案飞入了寻常百姓家。例如，45号是个一妻多夫的家庭，房子修建得很大，装修也十分气派。走入这户楼房二层，映入眼帘的是左右墙壁的两幅色彩鲜艳的壁画——"象驮法轮"和"马驮三宝"。图中无论是象、马还是法轮、三宝，均是佛教中的神兽或法器：白象是因陀罗（帝释天）的坐骑，白象宝则是转轮王七政宝之一；马是宝生部怙主的坐骑，而宝生佛的徽象就是珠宝；法轮是太阳的象征，象征着统治、保护和创生，能断灭一切的"障"和"惑"；"三宝"指佛法僧，是佛教圣坛中央的供物，代表着一切佛的身、语、意。在西藏和平解放前，这些象征财富和阶层等级的图案，只有达官贵族的家里或者寺庙里才被允许出现，但现在也被东坝人大胆地采用在民居的装饰图画中，甚至

---

① 八瑞相也叫"吉祥八宝"，分别是宝伞、金鱼、宝瓶、妙莲、法螺、吉祥结、胜利幢和金轮。
② ［英］罗伯特·比尔著，向红笳译：《藏传佛教象征符号与器物图解》，北京：中国藏学出版社，2007年，第8页。

对其加以创新和改造，并赋予浓厚的民族特色，难怪被当地的一些人文学者称为"西藏民居建设的突破"。

第三，精雕细刻。东坝碉楼中的装饰装修大量地采用雕梁画栋和精雕细镂的手法，体现出一种独特的匠心（见图4-5）。从外观来看，西藏的寺庙会在屋顶统一采用一名为"祥麟法轮"的浮雕。这是一个双鹿侧伴的八幅金轮，左边为母鹿，右边为公鹿；与此形成鲜明的对比，东坝碉楼更喜欢在屋顶铺上琉璃瓦，上卧双龙戏珠的雕塑，这里借用了内地龙的形象，寓意丰收喜庆、吉祥如意。在房子内部，梁柱为碉楼起到了关键性的支撑作用，不仅地位重要，而且位置显眼，因此成为楼房装饰的核心部分。表面看来，从布局结构、色彩运用到图案选择，东坝碉楼屋内梁柱装饰与大型寺庙里面的梁柱装饰似乎如出一辙，其实还是有所差别：寺庙的柱子多采用浮雕制作，雕刻工艺复杂繁缛，图案内容的宗教寓意更为强烈；相反，东坝碉楼的柱子多为平面彩绘，色彩鲜艳明亮，图案内容更贴近自然，也更接地气，散发出一种浓厚的生活气息。至于东坝碉楼所采用的工艺，最让人惊叹的是东坝人真正将艺术落实到细节之处。例如，榫卯的工艺十分考究，采用柱头、坐斗和雀替之间相互连接。梁与柱交界处的雀替更是装饰的重中之重，其装饰手法以彩绘结合雕刻的方式进行，在雀替中心通常雕刻有花卉、花鸟鱼虫和各种神兽的图案，两边雕刻祥云、花卉、形状迥异的卷草纹和各种宗教图案等。坐斗下方选用藏传佛教中各种祥瑞的图案或图形，不是直接雕刻就是进行彩绘，也有些是将雕刻完毕的木刻饰件直接粘贴在构件上，从外表上看同样达到一种鬼斧神工的效果。天花顶上的椽子顶端，整整齐齐地排列在大梁上方。椽与椽略留间隔，用彩绘装点。椽子至大梁之间夹着两道横枋，上层用累卷叠函凹凸方格木雕处理，下层用莲花瓣依次排列的雕刻或彩绘完成，这种装饰方式约定俗成，上下图案不可随意调换。横梁上的装饰多用填充连接长方格的方式进行，横梁表面划分大小等同的长方格，内部也要彩绘各种流云、花卉、莲瓣、吉祥八宝等图案，手法上或平涂或晕染，主要采用线条勾勒，形式多样。檐口、椽口处采用层层出挑的方式，再用五彩颜色对其加以装饰。顶棚的木椽涂成蓝色，下部绘有彩色拼接大格纹，墙壁与顶棚交界处画成红蓝、红绿或二色相间的布幔状花饰，彩绘雕刻下的墙体上有时绘制布幔的装饰，墙面整体的白色对照檐口、椽口、门窗的五彩装饰，形成了鲜明的对比，营造出一种豪华、大气和庄重的气势。

图 4 - 5　雕梁画栋的东坝民居

　　概而言之，东坝的碉楼民居建筑群，无论是在建筑工艺还是在装饰风格上，都体现出一种融藏、汉、纳西以及印度、尼泊尔等多种文化于一体的多元化特征。出现这种情况，主要有以下三个方面的原因：第一，东坝地处西藏昌都市的经济核心地带，坐享地理优势所带来的红利。众所周知，昌都市是藏、川、青、滇接合部的民族走廊与文化交流通道，古往今来作为民族迁徙和文化交流的通道充分发挥出容纳、传播、交流和连接等多方面的功能；此外，金沙江、澜沧江、怒江三大河流自北朝南的走向，为开拓昌都通往西南、西北的交通创造了有利条件，使昌都市成为各种文化的交汇点和融合之地。第二，数百年来，东坝作为连接内地与藏区、印度和尼泊尔等地的茶马古道上的一个极其重要的驿站，村里人积极参与和投入到商贸活动中，不仅是文化传播的实践者，同时也是文化交流的受益人。第三，藏传佛教已经完全渗透东坝人的日常生活当中，东坝民居不仅大胆参照寺庙的建筑工艺，而且大量借用宗教文化中的各种要素，使其成为民居装饰艺术中一个主要的来源。

二、房名的作用

如果说碉楼是东坝民居的实体形式，房名则是它的文化外延，更多具有精神文化方面的内涵。在军拥村中，房名一般称为"某某仓"。"仓"在藏语中原指房子，后来引申为居住在同一所房子内共同生活的所有成员组成的家庭的名字，其中既包括所有具有血缘关系的家庭成员（如父母、子女等），也包括不具血缘关系的女婿、儿媳、养子甚至其他在家中共同居住和生活的人。生活在同一房子的人享用同一房名，此点类似于汉族的姓氏和西方世界中的"家名"（house name）。从这层意义上讲，房名等同于社会文化人类学中关于家庭的概念。社会文化人类学中，家庭是由婚姻关系、血缘关系或收养关系结合而成的亲属生活组织单位。[①] 考虑当地盛行一妻多夫制婚姻，参照以上家庭的相关定义，家庭又可被重新定义为"两个甚至多个丈夫在性生活上共享一妻，并且一同抚育其家庭子女，以便子女获得更好的生存条件"的生活组织单位。[②]

关于家庭的概念，军拥村内还存有一个专门称谓——"达郭"。"达郭"翻译成汉语是"门户"的意思，门户也就是家户，原指只从一个大门进出的家人。11号家庭就是采用"达郭"一词作为自己的房名。早在元代，政府为了实现征税的需要，在西藏地区最先规定了"户"的概念："有六根柱子面积的房子，有能下十二蒙古克的土地，有夫妻、子女、仆人共计六人，牲畜有乘畜、耕畜、乳畜三种，山羊、绵羊等，计有二十四只，这样的一户人家称为一个蒙古户。"[③] 到了明清时期，西藏政教合一的政权制度获得了进一步的发展，在原来藏区广大农区"蒙古户"的基础上，又出现了"差巴户"的称谓。

和平解放前西藏分为三大阶层，分别是领主（西藏地方政府、贵族、寺院）、平民和农奴。农奴阶层又可细分为三个等级，分别是差巴、堆穷、囊生。差巴意为支差者，是领种地方政府或寺院的差地并为其支差的人。堆穷[④]意为小户或"小烟火户"，地位比差巴低，主要为耕种农奴主及其代理人分给的少量份地并为其支差的农奴。堆穷多由差巴下降而来，也有一

---

① 陈国强主编：《简明文化人类学词典》，杭州：浙江人民出版社，1990年，第422页。

② LEACH E R. Polyandry, inheritance and the definition of marriage. Man, 1955 (4)：182 – 186.

③ 达仓宗巴·班觉桑布著，陈庆英译：《汉藏史集：贤者喜乐赡部洲明鉴》，拉萨：西藏人民出版社，1986年，第165页。

④ 堆穷在西藏昌都市的一些农区被称为嘎咱。

部分是外地逃亡而来的农户。囊生相当于奴隶，是指依附于农奴主没有土地和身份自由的人。由此可见，差巴在农奴阶层中的地位是最高的，部分富裕的差巴户甚至可以占有较多的生产资料，并转嫁其负担于贫苦农奴和奴隶，使其阶层地位上升而成为奴隶主的代理人。

军拥村流行兄弟共妻制婚姻，该婚姻的一个特点是同代成员只能存有一种单一的婚姻形式。戈尔斯坦最早曾指出这种婚制的存在与表现形式。他认为（民主改革前）差巴阶层的婚姻和家庭体系，以"单一婚则"为典型的婚姻原则，以"单一婚则"主干家庭为典型家庭。戈尔斯坦的田野资料主要是对来自江孜地区移民到印度地区的藏民所做的 17~20 个月之久的访谈，其研究结果展示了社会分层、一妻多夫与家庭结构三者之间的动态联系。他所指的"单一婚则"，即"认为在一个差巴阶层中，每一代中有一个也只能有一个婚姻协议，该婚姻下所产生的孩子才被认为是全额的家庭成员并拥有全部的法律权利"。① 戈尔斯坦的主要观点可阐释如下："（藏族家庭中）如果在这一代中有许多儿子，他们只能共同娶一个妻子，如有其他女儿则出嫁；如果只有一个儿子，那么他就只能娶一个妻子，如有其他女儿则出嫁；如果没有儿子而只有一个女儿，她将招赘一个丈夫；如果没有儿子但有许多女儿，她们只能共同嫁给一个入赘的丈夫。"② 在此基础上，有学者提出军拥村实际存在一种单一婚姻家庭原则，其表述如下：在村庄内一代人只能建立一个正式的婚姻，即：独子娶妻；独女招婿；几个兄弟或者共娶一妻，或者是几兄弟中有的离家到了外地（或参加工作，或入赘到其他村庄等，也含出家为僧），留在家中的娶妻，留在家中的只有一人则为一夫一妻，留在家中的有几人则为一妻多夫；有多个女儿的家庭，其中一人招婿，其余或外嫁，或留在家里成为附属或卫星成员；对于有多个子女的家庭，一般是女儿外嫁，儿子在家娶妻，当然也存在例外的情况。与戈尔斯坦所指出的"如果没有儿子但有许多女儿，她们只能共同嫁给一个入赘的丈夫"的说法不同，军拥村没有一例姊妹共夫的个案，但有一例一夫多妻的个案③。民主改革前单一婚姻家庭原则主要见于差巴家庭，但现在已经成为军拥村的一个组建家庭的普遍原则，不

① GOLDSTEIN M C. Stratification, polyandry, and family structure in Central Tibet. Southwestern journal of anthropology, 1971, 27 (1): 68.

② 马戎：《试论藏族的"一妻多夫"婚姻》，《民族研究》2000 年第 6 期。

③ 这户一夫多妻的例子比较特殊：5A 号家庭户主在村内娶妻生子，但他早年在工布江达务工时曾另娶一妻并生儿育女，形成了两个家庭。

再局限于等级。① 以下几个例子，较好地说明军拥村中确实存在一条"单一婚姻家庭原则"，并且得到了严格的遵守。例如，1 号家庭一代成员行五兄共妻，户主嘎松旺加是家中的老二，他的一个兄弟在 2004 年由于交通意外去世，留下四兄共妻婚姻的事实，另外嘎松旺加还有一个姐姐，留在家里作为家庭卫星（附属）成员；二代成员有三子四女，家里决定三个儿子未来要采取兄弟共妻的婚姻，但是由于一个家庭中同代只能建立一个正式的婚姻，妹妹们在未来的选择只有两个：要么出嫁，要么像姑母一样作为家庭卫星成员留在家中。10 号家庭属于另外一种情况，平措拉姆是家中的独女，丈夫于本村 26 号家庭入赘过来，婚后两人生育一子四女。26 号家庭的情形更为特殊一些，姐姐车巴拉姆先结婚，丈夫从邻近的格瓦村入赘，两人共同生育三子二女，由于一个家庭中同代只能采取一种婚姻，因此弟弟只能入赘到 10 号家庭中。18 号家庭的例子最为特殊，家里原有两姊妹，姐姐布措拉姆最先出嫁到邻村，妹妹斯朗央宗留守在家并招夫入门，丈夫达娃是本村人，两人生育一子一女，但斯朗央宗早年在林芝市八一镇务工时认识了另外一名男且共同生育一女，斯朗央宗同时与两个男人保持联系，形成一种"朋友共妻"的形式，但军拥村内只有一个家庭，名义上还是"一夫一妻制"婚姻。

由此看来，因为军拥村一代人只能建立一个正式婚姻，并且婚后所建立的家庭并不另立新家，而是在原来的家庭中居住，此种做法容易产生两种结果：一是容易形成主干家庭，二是家庭内部会大量出现附属兄弟姊妹或其他卫星成员的情况。在军拥村现存 46 户家庭中，有核心家庭 23 户，主干家庭 16 户，其他离异、丧偶与单身等家庭 7 户，主干家庭的比例达 34.78%，虽然没有达到一些研究所认为的 54.16%②，但算是一个较高的比例（见表 4 - 3）。无论是核心还是主干或是其他家庭，46 户家庭中出现附属兄弟姊妹或其他卫星成员的户数达 17 户，比例高达 36.96%。由于家庭代代延续，极少发生分家的现象，客观上导致人口增长不快，长期维持在一个相对稳定的水平。

---

① 张建世、土呷：《军拥村藏族农民家庭调查·下》，《中国藏学》2005 年第 4 期，第 114 页。

② 张建世、土呷：《军拥村藏族农民家庭调查·下》，《中国藏学》2005 年第 4 期，第 124 页。出现这种偏差，是该研究中采用了抽样调查的结果。

表 4 - 3　军拥村家庭类型统计表

类型	主干家庭	核心家庭	其他*	总计
数量（户）	16	23	7	46
占比（%）	34.78	50	15.22	100

注：* "其他"包括离异、丧偶和单身等家庭。

在西藏和平解放以前，各地方都有着西藏地方政府管辖的地区和属于某寺院的领地，或者是政府以世系家院或庄园等形式馈赠某些贵族的属地，因此几乎所有的农田都有主人，军拥村自然无法例外。在西藏民主改革以前，军拥村就隶属于昌都帕巴拉呼图克图管辖，当时村里有 25 户，其中差巴 21 户，嘎咱 4 户①。帕巴拉呼图克图是藏传佛教格鲁派活佛传承系统之一。"帕巴拉"为古印度佛教大师圣天的藏文意译，即"圣天"之意。15世纪初期，康区格鲁派僧人喜饶桑布在拉萨色拉寺学经后，回康区传法，明正统二年（1437）创建强巴林寺，成为康区最早的格鲁派寺院之一。喜饶桑布圆寂后，宗喀巴的再传弟子恰达德青多吉继任堪布，被称为"帕巴拉"。此后，由其转世继承寺主，形成帕巴拉活佛系统。格鲁派势力的增长，使昌都寺和帕巴拉活佛在昌都市逐渐发展壮大。帕巴拉活佛在历史上既是昌都寺最高的宗教首领，又是昌都宗的最高行政首领，其下设拉让（拉章）、拉基两个机构管理全宗的政教事务。历世帕巴拉活佛驻锡地为强巴林寺，今已有转世帕巴拉活佛 11 世。

由此可见，帕巴拉呼图克图从创建至今已有 600 多年的历史。由于东坝（特别是军拥村）地处怒江高山峡谷地区，这里四季如春、气候宜人，素有"左贡小江南"的美称，历代帕巴拉活佛都喜欢到东坝休闲散心，称之为"后方庄园"。凑巧的是，帕巴拉活佛的认证历史与军拥村的创村历史几乎同步。在与军拥村建村历史有关的传说中，有一则讲述的是一位转经的长者发现了军拥村独特的地形，并在此处停留和定居，时间不多不少巧好 600年。鉴于军拥村作为差巴户具有久远的历史事实，因此在此可做一个大胆的推测：军拥村的先民极有可能是作为强巴林寺的第一批属民即差巴户最先迁居到那里的。

差巴是有土地、有房屋的支差户，一般都有房名。根据报道人嘎松泽培的介绍，军拥村原来共有 25 户，除 4 户嘎咱户无房名外，共计有 21 户有房

---

① 该数字由军拥村报道人嘎松泽培提供。

名，截至 2007 年共有 4 户发生过分裂的情况，其中 2 户各分裂为 3 户，另 2
户各分裂为 2 户，造成当前共有 21 户房名和 27 户家庭的事实（见表 4 - 4）。

表 4 - 4　房名与住房情况表

编号	房名	户主	房子规模	注释	是否共妻	说明
1	达郭仓	嘎松泽培	大	门户	√	两代均共妻
2	西然仓	嘎松尼玛	中	树中央	√	
3	车舍仓	向巴次加	小		√	
4	成左仓	车那顿多	大	奶牛多		两代均共妻
5	热扎仓	桑珠	大	山尖	√	
6	巴珠仓	邓增永宗	大	中间		一夫一妻制
7	巴穷仓	江巴多杰	中	小牛		一夫一妻制
8	舍卡仓（3 户）	斯郎达吉	小	分裂为 3 户	√	一户一妻二夫，一户一夫一妻，一户单身
9	郭尼仓	车巴达西	大	劳作	√	
10	加希仓	斯郎江村	大	广阔	√	
11	嘎卡仓	齐美扎娃	小			两代一夫一妻
12	更嘎仓	嘎松旺加	大		√	
13	虫珠仓	平措桑珠	大		√	
14	雅珠仓	增巴	大	上面	√	两代均共妻
15	卡仁仓（2 户）	车旺江村	小	分裂为 2 户		一户户主去世，一户搬迁
16	哈左仓	顿珠	大	佛像	√	
17	卓希仓	江村	大	木头	√	两代均共妻
18	巴曲仓（2 户）	群措	小	分裂为 2 户		一户一夫一妻，一户残缺家庭
19	白若仓	仁青彭措	大	活佛	√	现在生意做得最大
20	车新仓（3 户）	扎巴	大	分裂为 3 户	√	一户一夫一妻，两户一妻多夫
21	车牙落仓	车仁拉加	大	上面		一夫一妻

　　从分类学的视角考虑，军拥村 21 户房名大体可分为三种类型。一类房
名直接与房子或空间关系建立联系。这类房名的数量最多。例如，"达郭"
指门户，"卓希"指木头，"雅珠"指上面，"巴珠"指中间，"西然"指树

中央等。二类房名与生产方式和生产资料相关联。例如，"郭尼"指劳作，"成左"指奶牛多，"巴穷"指小牛，"卓希"指木头等。最后一类的房名与宗教有关。例如，"白若"指活佛，"哈左"指佛像等。

在西藏和平解放以前，除非特殊情况，这21户差巴户很少发生分裂的情况，多年以来仅发生过1例；民主改革以后，特别自从20世纪80年代初家庭联产合作经营的模式进入村里，这些原来的差巴户发生分裂的情况就更为常见一些，在原来1例的基础上又增添了5例。在历史的长河中，军拥村内差巴户发生分裂的情况并不多见，基本维持在一个相对稳定的水平。以往这些差巴户所支的实物差主要为水果差，即每年向领主昌都强巴林寺交纳一定数量的核桃和葡萄干、梨干，供寺庙做佛事活动用。各户支的水果差数量多少不一，但与所耕种的土地多少有一定关系，土地多的多一些，土地少的少一些。具体每户交纳的数量和全村交纳的数量现在已很少有人能说清楚了，但数量基本维持在一个家庭可承受的范围之内。除了水果差以外，军拥村村民还需承担一定的乌拉（劳役）差，这里主要是运输，以差巴户（家庭）为单位支差，每年每户从当时察美宗宗政府所在地，即原土洽寺附近，运一次物资到昌都附近的布多村，这段路驮牛一般要走四五天。总体而言，当时所支的乌拉差不算沉重，甚至与其他地方相比算是较轻的。嘎咱户均无土地，有的是外来户，有的是工匠，有的有一间小房子，有的无房子，主要是帮差巴干活，以维持基本生活，其地位类似于雇工。差巴与嘎咱是两个严格区分的等级，当时差巴户只能在差巴户之间通婚，嘎咱户只能在嘎咱户之间通婚，一般不会逾越等级界限。

进一步考察户名与实行兄弟共妻制的家庭数，发现两者实质上还存有密切的关联。以现存27户原差巴户为例，这里一共发生兄弟共妻制婚姻21起，占村里总婚姻数的46.67%，却占到村内共妻总婚姻数的九成之多。近乎可以断定，如果军拥村发生了一妻多夫制婚姻，则极大可能就发生在这些差巴户的家庭当中。如果就这27户来看，家庭成员中至少有一代实行兄弟共妻制的家庭数高达16户，占总数的59.26%，其中4户还发生了父子两代均采取兄弟共妻的现象，表明藏族实行一妻多夫制可能是种家族传统，不仅具有历史连续性，还能说明它与该家庭的社会地位（差巴）具有某种关联性。有学者猜测藏区所流行的兄弟共妻制婚姻与当时西藏地方政府的土地和差税政策有关，认为以前西藏的差巴家庭是领种土地和支差税的单位，但家庭规模的大小和差税的多少没有关系，因此如果家庭分裂，那么

"两个家庭单位所支的差税要比原来的多"①。从军拥村的实际情况而论，此种猜测似乎可以成立，当地人在以往更愿意采纳兄弟共妻制来组建一个家庭，其中一个原因是它确实能避免承担许多不必要的"乌拉"差役，由此减轻不少家庭负担。或许正是因为家庭负担的减少，军拥村的许多家庭才有可能在茶马古道兴盛的时期抽出许多宝贵的人力资源积极从事马帮和贸易行业，并由此创造出大量的财富。

在西藏民主改革以前，只有差巴户才有房名，嘎咱户没有房名。当时房名与社会和经济地位相关，特别是与社会地位相关，有高低之分，例如村里的家长在聚集开会时，就会按房名的高低来排座位。虽然现在房名已无高低的区分，但仍与名声相关。房名象征继承家业，主要是房子和土地的家庭继承。房名是居住在同一所房子内共同生活的所有人员构成的家庭的名字，既包括了有血缘关系的父母、子女、孙子、孙女等，也包括了没有血缘关系的女婿、儿媳妇等，以及其他在家中共同居住、生活的人，如私生子等。以表4-1为例，如7号家庭的房名为"加希仓"，它包括了现有的户主夫妻三人和儿女、户主已离婚回家的姐姐、户主母亲的妹妹。但是，嫁出去的女儿和外出单独成家或入赘别家的儿子不能继承房名。在村内分家，另建新家的儿子，有共同继承房名的，也有没继承房名的。例如，从47号家庭分出的30号家庭两家共同享有"巴曲仓"房名的事实，说明民主改革前两户都需要单独支差。但称呼30号家庭为"巴曲俄玛仓"，以示区别，这也是为了征税的需要。这两户家庭都是民主改革前分的家，具体过程现已很难再弄清了。② 在民主改革后兄弟分家并在村内分别建立两个家庭的也有好几户。例如，2号家庭是民主改革后从27号家庭分出的，就没有房名，"哈左仓"的房名一直由原来的27号家庭所继承。27号家庭行一妻二夫制婚姻，二代成员有四兄弟，父母希望兄弟们日后能合娶一妻，并认为这是一种风俗传统。

在日常生活中，对有房名的家庭，人们总习惯称房名，对没有房名的家庭则称户主的名字。如村里需要通知几户人家派人干一些集体的事时，对有房名的家庭通知"某某仓"出一人，对无房名的家庭则通知某某（户主名）家出一人。房名作为家庭的名称代代相传，村内公认的有房名的家

① ［美］巴伯若·尼姆里·阿吉兹著，翟胜德译：《藏边人家：关于三代定日人的真实记述》，拉萨：西藏人民出版社，1992年，第124－125页。

② 当地有人去世，报道人一般十分忌讳提及死者的名字，这就给调查增添了不少的难度。加之人们认为过去的记忆总会出现偏差，一定程度上也使得一些历史难以说清楚了。

庭都是以前的差巴即大户人家；以往茶马古道兴盛时期军拥村出了好几户马帮大户，如西然仓、达郭仓等，全部来自差巴户家庭。住户没有房名，如果不是以前的嘎咱户，那就是民主改革后的外来户或因为其他原因新增加的家庭。尽管现在有无房名在社会地位方面已无太明显的差别，但有房名的人家是当地的老住户，有历史有传统，与没有房名的家庭相比还是有所区别的。改革开放后，传统文化复兴，有的家庭又新起了房名。当地新起房名必须请喇嘛，愈是德高望重的高僧效果愈加理想。如 25 号家庭在1982 年时请了丁青县孜珠寺的喇嘛起了现在的房名——"罗拉仓"。然而，对这些新起的房名，很多村民都不予承认，平时也很少叫到。例如，9 号家庭的"新巴仓"也是在 20 世纪 80 年代中期起的，已有二三十年的时间，但还是有许多人不愿意喊其房名。17 号家庭的情形与此相类似，改革开放后新起了叫"嘎邓仓"的房名，但村里人就是不予承认，新起房名的家庭只好将房名用藏文写在哈达上并挂在门框上，希望别人叫其房名。

由此可看，具有历史传承的差巴户的实体单位体现在住房上，不仅是军拥村人实行兄弟共妻制的生活空间，而且是种与生态环境相适应的生存智慧。其房名还代表着一种尊贵的社会身份，必须时刻加以维护，以标识出和其他家庭（如民主改革前的嘎咱户与和平解放后的外来户等）的区分。

三、社会功能

在藏式建筑领域里，历史最悠久、普及最广、最贴近人民生活的是民居，而民居的产生和发展过程与当地的民族性和地方性有着密切的联系。[1]

如前文所述，无论是东坝的民居还是房名，不仅糅合多元文化于一身，而且自身极具地方特色，同时也散发出一种浓厚的民族性。如果说文化是人类有效适应生态环境过程中发展出来的一整套意思连贯的符号体系，实际生活中人类在处理不同的生态环境或在处理同一生态环境中的不同的具体内容时，总会有意识地选择某些有用的符号来能动地构建自己的文化系统。在此过程中，人类总是无法穷尽与把握现存的所有符号体系，只需对自己认为有效的符号内容加以选择就可以了。因此，这些处于文化界限内的符号所构建出的群体化过程，就是民族性。[2]

从这一理论视野出发，住所、服饰、技术器具、语言、经济、政治、

---

① 木雅·曲吉建才：《西藏民居》，北京：中国建筑工业出版社，2009 年，第 43 页。
② PANDIAN J. Caste, nationalism and ethnicity. Bombay：Pupular Prakashan, 1987：1 - 2.

宗教、婚姻与家庭，甚至艺术、年节、民族传统体育运动等内容，均可纳入文化的范畴之内，而民居建筑作为一种特有的符号体系，自然难以置身事外。从社会文化方面考虑，东坝民居除了具备居住所特有的各种实用性功能以外，还表现出四种重要的社会功能，分别是：①适应自然条件；②调适生态环境；③模拟宗教生活；④彰显社会地位。

（一）适应自然条件

在藏东地区怒江中上游一段段山高水深的峡谷地区，这里地势险峻，群山连绵，植被稀疏，许多藏族农业型村寨错落有致地散布在这些高山峡谷中，犹如一个个沙漠中央的绿洲。总体而言，这些藏族村寨显示出一种依江而建、就坡建房和果林遮阴的特征，军拥村不外乎其中的一分子。

第一，军拥村的许多碉楼错落高低地分布在怒江东岸的峡谷地带，呈现出一种沿江分布的趋势。出现这样的格局，主要与当地的生产方式有关，这里有两个因素的考虑：首先，当地长期以农业型村寨为主，甚少或没有畜牧业。以农耕经济为主要的生计方式需要获得稳定的灌溉用水，因此贴近怒江边建村无疑是个不错的选择。其次，怒江峡谷地带受亚热带季风性湿润气候影响，夏季温热湿润，冬季干燥寒冷，适合种植一年两熟或一年一熟的经济作物，如青稞、春小麦、冬小麦、荞麦、元根和各种类型的蔬菜与经济果树等。村内田地十分有限，总耕地仅有 222.71 亩，人口 398 人，人均不足 1 亩，很多田地就在低坡或平地处开垦，因为这里不仅靠近水源，而且农田的肥力最好，是上佳的水浇地。由于峡谷处的土地资源有限，还要预留空地用来修建楼房，因此只能沿着怒江沿岸开垦出新的农田，而村内的楼房一般就建在田地旁边的坝子或缓坡上，民居与农田交杂一处难分彼此，而这样做的目的，主要能省去大量进行田间劳作时上下山所耗费的额外劳力。

第二，军拥村选在一块三级阶梯分布的台地上建村，村内的碉楼在各阶台地上鳞次栉比般地排列开来，呈现出中间密集、两头疏散的格局（见图 4-6）。出现此种布局的模式，一方面是当地人充分利用台地中间大两头窄的地形条件，也暗合了当地苯教的自然观——三界观的思想。在西藏原始宗教苯教的三界观中，世界被分为天、人、地三界：天界由拉神主宰，人界由赞神和年神掌管，地界则由鲁神把持。正如前文所论述的，东坝民居无一例外采用土木三层结构，一层为牲畜棚和仓库，二层住人，三层是进行煨桑、祭祀和念经的主要场所，这是苯教三界观思想在人们日常生活的直接映射。与此相类似，位于台地二层阶梯的坝子、缓坡和山地均成为修建楼房的绝佳场所，因为这里对应了人界，在此地修建楼房、安居乐业更加符合宗教自然观的思想理念，因此军拥村有超过半数的碉楼集中此处。即便如此，由于台地二层阶梯的空地十分有限，还要预留出弥足珍贵、世代传袭的耕地，另一方面也出于分家的需要、外来户的迁入与人口的增长等因素，一些家庭只能选择在台地上下两层的狭窄空地处修建楼房，最终形成了现今碉楼分布中间密集、两头疏散的局面。

图 4-6　三级阶梯的台地地形和就坡建房的东坝民居

第三，从高处眺望，军拥村的许多碉楼在一片郁郁葱葱的果林当中若隐若现，在一旁绿油油的农田庄稼的映衬下，显现出一片绿意盎然、瓜果飘香的田园风光。如果说军拥村位于一块莲花状的台地之上，这些郁郁葱葱的果林就是位于莲蓬处的花蕊。军拥村被誉为"左贡小江南"，又有"水果之乡"的美称，这是大自然的恩赐。由于当地属高山峡谷，土地肥沃，小区域气候显著，全年气候温暖湿润，夏季炎热，冬季温和，雨水充沛，年温差大，使得各种水果的生长速度相对缓慢，虫害少，无须化肥，糖分高，品质口感俱佳。正是充分利用这样的地理和气候条件，军拥村村民大量种植起果树。为了方便果林的管理，每家每户都在自家楼房附近修建果园，有些人家甚至就把果树种植在碉楼旁用矮墙分隔的庭院之内，果树种类有十余种之多，有苹果树、核桃树、野桃树、藏梨树、石榴树、葡萄藤、李子树、栗子树等不一而足，不仅成为村内林业经济的重要支柱，而且也是家庭获取现金来源的一个重要途径，俨然呈现一副与农业经济分庭抗礼的姿态。

（二）调适生态环境

"安得广厦千万间"，如果说适应自然环境、因势利导是人们建造立身安命之所的第一个步骤，那么改造自然、调适生态环境则是人们在与自然条件做斗争的过程中所取得的又一重大胜利。人们总是从物质世界的生存经验中获得知识，通过知识能动地作用于自然环境，并且运用社会化的手段将其传递给下一代。一定程度而言，此种调适生态的进程亦是文化适应的一个重要内容。所谓文化适应，是特定的动物有机体在与外界环境的互动过程中用来调适自身与其关系的一种具体而又明确的文化机制。文化对于物质环境的适应性，主要表现在工具与技术适应、制度适应和思想观念适应等三个方面。从东坝民居的实际出发，当地调适生态环境的表征首先体现在工具与技术适应的层面，主要有防风、抗灾、保暖等三大内容。

1. 防风

军拥村位于怒江干热河谷地带，这里光热资源丰富，气候炎热少雨，寒、旱、风、虫、火等自然灾害特别突出，伴随着干热河谷气候的，还有一种奇特的自然现象——焚风。顾名思义，焚风类似于"火焰山"式的热风浪，所过之处犹如烈火焚身。每到夏秋季节，当大面积的气流越过高山后急速下降，温度便骤然上升。当空气从海拔四五千米下降至河谷时，温度便会上升到20℃以上，原本凉爽的空气顿时变得热浪逼人。一旦焚风掠过，气候将变得干燥炎热，不仅促使庄稼和水果早熟，还可造成干旱，甚至引发火灾。如前文所述，军拥村村民利用当地有利的气候条件大量种植果树，而这些果园一般就修建在碉楼的旁边。东坝地区本土的果树原来仅有核桃树、野桃树和苹果树等少数几种，近一百年来军拥村村民又陆续从外地引进、培育和种植葡萄藤、石榴树、藏梨树、李子树等多种经济果树，最终形成村内绿树成荫、根深叶茂、瓜果飘香的生态格局，在实现林业经济价值增长的同时还能起到良好的防风遮阴的功效，这是当地人调适生态环境改变居住条件的一种有力举措。

2. 抗灾

怒江中上游沿岸属亚热带干热河谷地带，这里低湿高温，生态环境脆弱，水土流失严重，地质灾害频发，其中又以斜坡地质灾害最为突出。一份地质灾害调查显示，东坝乡共有地质灾害点（隐患点）23 处，其中崩塌 5 处，不稳定斜坡 4 处，滑坡 13 处，泥石流 1 处，通过预测评估计算，其威胁人口 574 人，威胁资产约 286.825 万元，危害重大。[①] 斜坡地质灾害主要包括崩塌、滑坡、泥石流等三大内容，为防止斜坡地质灾害对东坝碉楼可能造成的危害，可从建筑工艺方面着手。首先，东坝碉楼一律采用土（石）木结构，以墙柱混合承重，以夯土或石砌为墙，房子内部以柱梁承重。柱梁承重是藏族建筑的主要结构，不仅具有牢靠的稳定性，而且呈现出较强的抗震能力，足以抵御某些斜坡地质灾害。以木柱架构、密梁平顶、墙体不承重为特征，在墙外立柱托起大梁的结构，是昌都民居的一个重要特点，[②] 但这种建筑模式需要耗费大量的木材，其中以松木最为常见。由于东坝当地森林资源匮乏，所需木材均从外地购入，2007 年一根松木的价格是 2 000 元，还不算运费成本，因此仅木材一项就需要耗费一个家庭不少的费用。其次，修建碉楼的时候，要确保地基和土墙夯实牢固。村民在打地基和夯实土墙时，会抱起取自怒江边的一块块鹅卵石，在刚倒入的湿土上用力地砸下，再用削尖的木头一下下夯实；妇女们会把流经村里的溪水引到不远处的山坡处，用来浇灌山土，再用麻袋将这些山土一包包地运回。这些打湿过的山土经过层层的夯打，变得像水泥一样结实和刚硬，其抗灾性能丝毫不逊于现代建筑所采用的钢筋水泥。

3. 保暖

军拥村位于怒江干热河谷地带，这里的气候特点是夏秋炎热、冬春寒

---

① 陈陵康、陈海霞、穆元皋：《西藏左贡县东坝乡斜坡地质灾害成因分析》，《资源环境与工程》2007 年第 3 期，第 284 – 289 页。

② 土呷：《昌都地区建筑发展小史》，《中国藏学》2003 年第 1 期，第 99 – 100 页。

冷，日夜温差大，因此东坝民居还肩负起一个重要的任务——保暖。从军拥村碉楼的总体分布情况看，除了极少数受地势、地形等条件的影响外，绝大多数的碉楼都采取坐北朝南的建筑格局。军拥村村民在建造房屋时，都会尽量采取南向建筑。究其原因，这里位于藏东横断山区，属半温暖高原季风性气候，具有日照时间长、光线直射幅度大的自然条件，因此在建造房屋时正面朝太阳，通过窗户和正面墙上的太阳的热量吸收到房间内部。有研究显示，一座正面朝太阳的房屋和一座与之相反的房屋比较，它们之间的温度相差约为3℃。[①] 所谓房屋的正面，指的是房屋的主要立面即有能接受采光房窗门的部分。为了进一步发挥这些房窗门的保暖作用，往往还会在这些房窗门上采用黑色边框，因为黑色更能吸收太阳热量从而更具保暖的功效。此外，从房屋的建筑形状考虑，在以方形为主导的前提下，还出现了"凹"形和"回"形甚至"L"形的房屋设计，都是为了实现采光和增加太阳辐射从而达到保暖的作用。

（三）模拟宗教生活

无论是村落布局、碉楼外观，还是内部的装饰，东坝民居无不洋溢着一种浓厚的宗教氛围。从"东坝"和"军拥"这两个名字来看，一个是"佛光普照的墙经"，一个是"莲花状的台地"，均表明与佛教有密切的渊源关系。西藏的许多城镇、村落都是以某一寺院为中心发展而来的，例如：拉萨最初是围绕着小昭寺发展为城镇的，昌都是以强巴林寺为中心来建城的，而军拥村则是以村内的萨拉寺为中心扩建而成的。从军拥村的村落布局来看，萨拉寺位于村内的中心位置，毗邻村内唯一的一家百货店铺，这里也是村里公共空间的主要场所，边上则是一条连接军拥村各户的主要干路。

东坝乡以信仰苯教、黄教为主，但全乡只有军拥、桑益两个行政村信奉苯教，其余五个行政村信奉黄教。苯教是西藏的本土宗教，相传8世纪末，伍金白玛觉尼大师在前往左贡时于友巴村修建了一座苯教寺庙，对加速苯教在这一地区的流传与融合发挥了重要的作用。位于军拥村内的萨拉寺是座苯教寺庙，大约建于15世纪，在20世纪80年代进行过翻修，90年代又重新装饰，数百年间见证了村落的历史与变迁（见图4-7）。萨拉寺有僧侣11人，全部为男性，但平时寺院内留守的喇嘛仅有2~3人，其余僧人大多去外面的寺院和佛学院学习佛经、佛法，但藏历六月十五和藏历新年

① 木雅·曲吉建才：《西藏民居》，北京：中国建筑工业出版社，2009年，第45页。

期间都会赶回来参加寺院的重大法会，以祭奠山神"班果"。班果为苯教十二护法神之一，届时东坝各乡的村民都会聚集在山上的巴雪村进行大型的煨桑、祈福、转山、跑马等节庆活动。

从建筑形制上看，军拥村村民力图将自住的碉楼建得十分高大，仿佛在向萨拉寺看齐，就连内部的装修装饰也大量借鉴了寺院建筑的设计和图案。从建筑风格来看，东坝民居体现出一种模拟宗教生活的迹象，这是因为宗教信仰依然在村民生活当中占据中心的地位。例如，与苯教的三界观相一致，碉楼的三层对应天界，这里作为佛堂和经房，是全屋最为神圣的地方，里面供奉佛像，储藏经书，悬挂唐卡、哈达，一般情况下不能被打扰，表示对佛的尊重。在日常生活中，村民都会定期来到寺院朝拜、转经。由于周边的村庄主要信奉黄教，而桑益村又距离甚远，萨拉寺主要为军拥村村民提供服务，并在日常事务中发挥着积极的作用。例如：萨拉寺在每年一些特定的节日会举行多种佛事活动；村民在举办农耕仪式，祈求风调雨顺、五谷丰登，或举行住宅奠基、搬家搬迁等活动时，都会邀请萨拉寺的活佛、喇嘛过来主持仪式；甚至村里婚嫁丧葬、生育取名、远行经商、占卜算卦，也可经常见到萨拉寺喇嘛活动的身影。

图4-7　萨拉寺外观和寺内供奉的圣石、壁画

在碉楼内部，军拥村村民日出而作、日落而息，同样在模拟一种"晨钟暮鼓"、三戒五律式的宗教生活，主要体现在内省、入世与和谐等三个维度：

1. 内省

考察东坝民居的内部装饰，最为常见的主题是各类动植物和鱼鸟花卉图案，很少见到人物，表现出一种对自然环境的青睐。然而，但凡徒步去过东坝乡的人都知道，除了怒江河谷和沿岸的半坡山地以外，四周的山峦一片苍莽，植被稀疏，草场罕见，可谓"高山不见一棵树，平地不见半亩田"。在这里，军拥村村民力图将理想世界中的鱼鸟花卉图案不厌其烦地移植到民居当中，使其成了逃避现实的一个世外桃源，如果仅从民居外表来看，无法获知里面其实别有洞天，由此可认为东坝民居具有一种内省的倾向。况且，对于外界而言东坝民居同样展现出一种"封闭性"特征，例如民居的外墙面一层除了大门以外再无其他的入口，外加上院墙高筑，底墙的宽度近乎 1 米，这里是出于传统防御的需要，四周又有茂密的果树遮挡，只要关上大门，庭院便就与外部完全隔绝开来。然而，一旦进入庭院内部，人们所获得的空间感受迅速从"封闭"转入到"开敞"，这是因为民居面向院落的界面多由木隔门和木隔窗组成，且木隔窗吸引了内地的装饰元素，不仅开窗大，而且间隔宽，有利于光线、空气、声音的穿透，促进了室内外空间的联系和交流，营造出一种空间开敞的效果。这种内省性特征，还表现在东坝民居除非主人邀请，外人是不能随意进出的，至于房屋里面各种精美的装饰图案，多数只是留给自家人欣赏而已。

从国民性格入手，人类社会在历史发展时期先后出现了三种社会类型：传统导向（tradition-direction）、内省导向（inner-direction）和他者导向（other-direction）。以传统为导向的社会恪守传统的习惯和行为准则，若有违背便会感到羞愧；以内省为导向的社会遵从自我的行为规则，若有违背便会感到内疚；以他者为导向的社会仰望他人的行为规范，若有违背便会感到焦虑。[1] 以内省为导向的社会的一个主要特征是社会移动性强、个人财富积累快速和长期处于一种扩张的状态当中。[2] 从这一视角出发，军拥村村民正处在一种以内省为导向的社会类型当中，一方面当地人以往长期跑马帮，

① RIESMAN D，GLAZER N，DENNEY R. The lonely crowd：a study of changing American character. New Haven：Yale University Press，1969：11 – 25.

② RIESMAN D，GLAZER N，DENNEY R. The lonely crowd：a study of changing American character. New Haven：Yale University Press，1969：14.

现在又多外出经商和打工，其社会移动能力极强；另一方面村民正在不断地谋求更大商业利益和实现个人社会价值，社会财富积累得很快，这种价值观折射在民居建筑上便呈现出一种内省性特征——一方面努力将财富转化为看得见、摸得着的住房实体，另一方面却又极尽低调之能事，让富丽堂皇、精雕细刻的碉楼隐藏在房屋的内部而非彰显于外部，正所谓"躲进小楼成一统，管他春夏与秋冬"。

2. 入世

东坝周边地区的生态自然条件可谓相当恶劣，然而在怒江沿岸的河谷和半山地区，却有着适合农业化精耕细作的气候和地形条件，军拥村内虽然田地不多，人均不足一亩，但这里水利资源丰富，98%以上的田地都属于土力肥沃的水浇地，且绝大部分是二季地。

在当地人看来，军拥村之所以拥有得天独厚的农耕条件，完全是佛祖的恩赐。在西藏地区，藏民全民信教，人皆好佛，外人或许认为藏民过于出世，但让人容易忽视的一点是，其实藏民同样是个入世颇深的民族，他们在拥有神圣信仰的同时，同样过着世俗化生活。更为重要的一点是，他们生活的世界在坚强信仰的支撑下，更能迸发出朝气蓬勃的活力。

社会学家马克斯·韦伯认为，基督教新教的教义从禁欲逐步开始向救世发生转变，而救世的一个必要手段是实现经济利益，因为个体成员所实现的经济利益愈大，就愈能说明自己会被上帝"选中"从而获得拯救，这种宗教观赋予了工作以神圣的意义，正是受这种理性教义的扶持，资本主义获得了快速的发展并苗壮地成长。[①]与此十分类似，军拥村村民虔诚地信奉宗教，最终希望实现生命的轮回，其中一个必要的手段同样是实现自身的经济价值，从而肯定佛祖对自己的恩赐。在商业活动中，村民在创造出大量社会财富的同时，再没有什么比把家宅修建成一所类似于寺院规模的碉楼更能显示佛祖神迹的事情了，特别是要在三层处修建起豪华精美的佛堂和经堂，用来供奉佛像，以示对佛的尊重。

3. 和谐

和谐理念是中华传统文化一种基本的价值观。在西藏地区，和谐理念包含着人与自然的和谐、人与人的和谐以及人与神的和谐这三个层面。这种和谐观投射到家宅当中，自然而然地显示出一种浓郁的地域特色：

---

① ［德］马克斯·韦伯著，于晓、陈维纲等译：《新教伦理与资本主义精神》，北京：生活·读书·新知三联书店，1987年。

首先，从人与自然的层面上看，军拥村的碉楼充分利用当地的自然地理条件，与自然环境很好地做到浑然一体、和谐统一，显示出一种依山傍江、就地取材和聚集而建的地方特色。

其次，从人与人的层面上看，军拥村的民居无论是布局设计还是内部装饰，都呈现出一种大同小异的面貌特征。在藏区广为传播的宗教理念也在积极宣扬一种包容忍让的和谐精神，不仅要求人与自然和谐共存，同样要求人与人之间和睦相处。在村子内部，村民树立村规，要求人们同心同德、尊老爱幼，共同富裕；在家庭内部（特别是兄弟共妻的家庭），家人建立家规，要求家人之间相互包容，相互谦让，相互支持。

最后，从人与神的层面上看，由于虔诚的宗教观念的存在，人们在索取的同时，必须先馈赠。在轮回观念中，生命的形式在不断地循环，每种动物都要依赖别的物种，甚至会变成另外一种动物。人也一样，今世投胎做人，下世可能就投胎为牲畜。由此扩展，和谐理念在当地已经演变成为一种广博精微的思维模式，动态地描绘出自然、人与神之间存在某种自然的法则，使得天、地、人、神、物均被纳入一条普遍联系的链条当中，由此构建出一个既和谐统一又包罗万象的大千世界。

如果从楼房的内部装饰来看，这里大量采用了各种花草、鸟兽、鱼虫和宗教图案，尽管种类繁多、数量庞大，然而它们都能归入到一种和谐有序的体系之内，如三宝、四瑞、五色、八珍等。特别需要指出的是，东坝民居的装饰图案中大量使用"雍仲符号"。由于军拥村村民多数信奉苯教，这里的"卍"雍仲符号是以左旋而非右旋的形式来展现的，就连转山的苯教徒也与佛教其他派系以顺时针为方向的做法相反，采取的是逆时针方向。雍仲符号对于西藏文明而言，既古老而又神秘。关于雍仲符号的来源，当前学界有多种的推测，例如：①来自汉字"万"字；②寓意为佛教的"轮回"之说；③一种族徽；④原始萨满教的灵魂观或祖先崇拜的艺术表象；⑤象征太阳崇拜；⑥象征生殖崇拜；⑦象征风轮或火轮等。[1] 然而，在笔者看来，苯教雍仲符号最初的来源或许与地理因素有关。众所周知，苯教起源于象雄古国，相传公元前 5 世纪，象雄王子敦巴辛绕根据原始宗教设定新的仪轨，创建苯教，又称"苯波教"，因以"卍"雍仲图符为教徽，亦称雍仲苯教。据西藏最早的经典佛教《俱舍论》等相关描述：一条从冈仁波齐顺势而下的河流，注入不可征服的湖泊——玛旁雍错，有四条大河由此发

---

① 夏格旺堆、白伦·占堆：《"雍仲"符号文化现象散论》，《西藏研究》2002 年第 1 期。

源流向东南西北四方，流向东方的是当却藏布马泉河……流向南方的是马甲藏布孔雀河……流向西方的是朗钦藏布象泉河……流向北方的是森格藏布狮泉河……由此看来，"卍"雍仲符号更像是对冈仁波齐神山和发轫于此山的四条河流的一个地理符号。雍仲在苯教中寓意永恒不变，但在军拥村中，雍仲符号还有幸福美满、吉祥如意、和谐统一等多重含义。有报道人指出雍仲符号更像是描绘家里的四兄共妻的美好图景：四个兄弟共娶一妻，兄弟团结一致，和睦相处，相互扶持；家庭劳动致富，和谐安康，幸福美满。因此，在军拥村村民看来，雍仲图符不仅是个含义复杂的宗教图案，更是个寓意家庭和谐统一的象征符号。

（四）彰显社会地位

修建一所东坝碉楼，往往需要雄厚的财力作为支撑。东坝碉楼以土木结构为主，需用到大量木料，以松木为主，一根松木 2007 年的市场价格在 2 000 元左右。以军拥村 1 号家庭为例，仅支撑楼层之间的竖立松树木干就有 70 多根，单此一项就花费十几万元，还不包括其他建筑材料费以及人工费。在 2007 年笔者进行田野调查期间，根据当地百姓的说法，一栋东坝民居市场价值在七八十万元，只多不少。

村民嘎松次平是位相当出色的报道人，他介绍道："这里计量房子大小是通过柱子数来计算的，柱子数越多，房子的规模就越大，一根柱子大约 9 平方米。一座 50 柱左右的两层楼房，约有 20 多间房；而在西藏和平解放前，拥有 12 柱左右的楼房已经算是大屋了。现在村民们越来越富裕，一般的人家都有 40 多柱，稍大一点的，有 60 柱以上，甚至还有 70 多根柱子的。"至于为何现在的房子不仅越建越大，而且越建越豪华？他的解释是：民居建筑体现了高原民族的一种生存能力和智慧，又是家庭财富的一种象征，体现了家庭的经济实力和社会地位，用当地人的话说，就是"房子盖小了，特没面子"。

自 20 世纪 80 年代起，改革开放的春风吹到了东坝乡，搞活经济、促进贸易的气息在村里传播开来，军拥村村民收拾好心情，延续起以往的贸易传统，陆续走出怒江峡谷去务工或经商，用劳力和做生意赚来的钱修建家里的房屋。有些人由于长期在外地工作或经商，见多识广，觉得没有必要盖这么大的房子，因为实用性不强；然而，一旦回到村里盖起了房子，又会觉得如果房子盖小了，面子上会过不去，所以仍是以盖大房子为主流，哪怕家里常住的人口也许仅有两三位而已。在这里，住房的修建已经远远地超出了居住的需要，成为一种财富的象征，一种传承给下一代的珍贵财产，更是一种精神的寄托。由此看来，正是因为这些家庭所承载的文化价值过于重要，军拥村人才愿意大动土木、不惜血本、不断装修原来的房屋。从人类学的视角看，修建碉楼的行为更像是一场典型的"夸富宴"（potlatch）活动，其中的一个主要目的是用来维持原来享受尊贵社会地位的房名。

"夸富宴"最先由美国人类学家博厄斯做出细致的描述，被后来的人类学家看成是一种实现社会资源再分配的经济制度。夸扣特尔印第安人居住于英属哥伦比亚的温哥华岛，由于海陆资源极其丰富，物质生活很容易满足，正因为如此，他们更热心追求社会地位，夸富宴就是这种追求的表达手段。在这类宴席上，主人请来四方宾客，故意在客人面前大量毁坏个人财产并且慷慨地馈赠礼物，其形式可以是大规模地烹羊宰牛，也可以是大把地撒金撒银，目的归根到底只有一个，让那些受邀而来的宾客蒙羞，从而证明主人雄厚的财富和高贵的地位。这对于部落里的贵族来说，不仅仅象征着权力和奢侈，也是用来确定部落内部等级秩序的一项义务。

生态人类学家韦恩·萨特尔与安德鲁·韦达认为，夸富宴是一种文化的适应机制，是用来调节地方上富足与匮乏的周期现象。[①] 经济学家和社会评论家凡勃伦则认为夸富宴是奢侈消费的一个例证，是一种基于追求声望的经济非理性行为。这种诠释方法强调了奢侈与被想象的浪费行为，即在某些社会里（如夸扣特尔印第安人），人们会以幸福为代价，努力争取最大的声望。[②]

从夸富宴的视角来看，历史上的军拥村人通过身居古道驿站的优越地理位置，一方面通过跑马帮、经商积累大量的财富，另一方面有感于马帮（商贾）时代生活颠沛流离、经济时好时坏、命运变化多舛，容易将所有的财富消耗在一家人世代赖以生存的住房上，因为住房才是最值得信赖的家族财产。另一方面，通过修建这些高大雄伟、富丽堂皇、雕梁画栋的楼房，军拥村村民不仅拥有了向外部展示自身经济实力的舞台，同时也向世人传递出一种世代传承、地位尊贵的社会身份。

从前文关于房名的探讨可知，军拥村原来有 21 户房名，现在分裂到 27

---

① 参见：［美］康拉德·菲利普·科塔克著，周云水译：《文化人类学：欣赏文化差异》，北京：中国人民大学出版社，2012 年，第 197 页。

② 参见：［美］康拉德·菲利普·科塔克著，周云水译：《文化人类学：欣赏文化差异》，北京：中国人民大学出版社，2012 年，第 196 – 197 页。

户，而这些房名作为村里原来的差巴户，不仅历史久远，而且享有较高的社会地位。然而，一个更为核心的问题是：为何这些拥有较高社会地位的房名能够持久不衰呢？从更深层次的社会—文化因素考虑，主要有三个方面的原因。第一，这些房名更倾向于采用一妻多夫制婚姻。以军拥村现存27户原差巴户为例，这里一共发生兄弟共妻制婚姻21起，占村里总婚姻数的46.67%，却占到村内共妻总婚姻数的91.3%。众所周知，一个共妻的家庭人口数必然愈多，由于青藏高原横断山区特殊的生态条件，一个人口愈多的家庭，愈有可能采取多样化的生计方式。例如，一个家庭如果有人耕作，有人放牧，还有人经商、打工，那么人口红利给该家庭所带来经济优势很快就会凸显出来，而这一家庭很快就能走向发家致富之路。一个富裕安康的家庭，更愿意将兄弟共妻的婚姻作为一种风俗传统传承下去，并将其作为延续房名的一种文化手段。第二，这里的房名不仅指原来的自然家庭，还包含了经济家庭。自然家庭和经济家庭的区分最先见于葛学溥对广东凤凰村的家庭分析，这里自然家庭是基本家庭，而经济家庭很多时候与我们所说的家户（household）相契合。[1] 一个军拥村家户，如果存在兄弟组成员，内部还可能分化，即兄弟中有人出家，有人入赘他户，也有人在外地长期打工、经商或工作甚至另外成家，而这些不在原生家庭中生活的人口，依然会持续给该家庭提供经济上的援助，因为他们名义上仍属同一"房名"，这时便具有了经济家庭的意味。从自然家庭扩大到经济家庭，这是房名文化内涵的扩展，同时也是自身得以维系的一个重要的经济保障。第三，房名由于家庭富裕程度更高，能获得更高质量的教育，从而获得更多政治经济分化的机会。以表4－1中的11号家庭为例，该户房名为达郭，户主嘎松泽培的父亲达拉才登曾任西然仓马帮的马锅头，不仅能力出众，而且在村内威望极高，走南闯北的生活让他深深懂得教育的重要性，因此坚持让自己的儿子读书识字，甚至送去外地的学校寄读，因此嘎松泽培成了村里少数几位熟练掌握藏文书写的知识分子之一，正是这一才能让他先后被选为村会计、村主任甚至东坝乡长直至退休。个人不仅长期领取一份固定的工资收入，还享有崇高的政治威望。在父亲嘎松泽培言传身教下，二儿子嘎送平措也考取了拉萨的高校就读，毕业以后回到东坝乡政府顺利谋求到一份稳定的文职工作。除了农业收入以外，来自政治经济上的额外

---

[1] 参见：［美］丹尼尔·哈里森·葛学溥著，周大鸣译：《华南的乡村生活——广东凤凰村的家族主义社会学研究》，北京：知识产权出版社，2012年。

收入让达郭一家很快就有能力修建起崭新高大的碉楼。且由于长期接近政治经济中心，嘎松泽培成为军拥村的"精英阶层"，村里每逢大小事情，村民都会登门造访，咨询嘎松泽培的意见，就连外界人士来到军拥村参观学习，乡政府也会首先安排嘎松泽培负责接待，达郭一家俨然成为军拥村名副其实的"名门旺族"。

第三节 茶马古道

一、历史现状

汉地有句俗语："出门七件事，柴米油盐酱醋茶。"但藏族似乎更看重其中的两种，因为藏区流传这样一句谚语："相亲相爱，汉藏一家，犹如雪域高原上的茶与盐巴。"曾几何时，一队队的马帮满载货物、整装待发，从云南的丽江和中甸向青藏高原进发，穿行于横断山区，跨越高山峡谷，踏遍无数条连接垭口与河谷的羊肠小道，源源不断地把茶和盐巴带入雪域高原，这其中就活跃着不少东坝人的身影。

青藏高原东南部主要为横断山区，这里自然条件和生态环境极为特殊，高山峡谷的阻隔与对外交流的稀缺，导致各民族聚居地成为一个个相对独立的地理单元，这为不同民族独特文化的形成创造了有利的条件，形成了所谓"三里不同音，十里不同俗"的现状。当前生活在这些地域的就有汉、藏、纳西、白、拉祜、哈尼、傈僳、门巴、珞巴、怒、独龙等十多个民族。自古以来，滇藏茶马古道是西南各民族南来北往的一条民间交通要道，商品贸易的发展和经济上的密切联系，必然带来民族文化的交流与传播，促进了当地文化融合的进程。

茶马古道，这条延续上千年的商贸通道，为东坝人带来了滚滚的财富，而东坝民居作为古道上的历史遗存，更是见证了一段茶马古道的兴衰史。从东坝民居文化的形成，明显能够感受到茶马古道经济活动对民族文化融合的重要影响。由于东坝是藏区设置在茶马古道上的一个重要的驿站，也是马帮从滇区运送物资前往藏区的集散地和中转站，所以东坝人走南闯北，见多识广，思想开放。他们长年累月外出跑马帮、经商或务工，赚钱以后回家又乐此不疲地修建房屋，用来显示家庭的富裕程度。不仅如此，房子在一代开始建造，陆续几代人会在此基础上逐年扩建，经常翻修，逐步形成规模，内部装饰更是力图做到文化荟萃、精雕细刻、美轮美奂。概而言之，东坝民居不仅是民族经济贸易活动的产品，更是多元文化融合的结晶。

说起"茶马古道"，其实是个具有特定历史含义的文化概念。茶马古道原指唐宋以来至民国时期汉、藏之间以进行茶马交换而形成的一条交通要道，实际有三条：第一条是从青海进入西藏的唐蕃古道；第二条是"茶马互市"通道，即所谓从四川进入西藏的"官道"；第三条是从云南前往西藏的茶路，是条民间交流的贸易孔道。诚然，历史上茶马古道发挥重要作用的主要集中在南、北两条通道，即滇藏道和川藏道，这些路线相互交错构成一种网格状网络（见图4-8）。滇藏道起自云南西部洱海一带产茶区，经丽江、中甸、德钦、芒康、察雅至昌都，再由昌都通往卫藏地区。川藏道则以今四川雅安一带产茶区为起点，首先进入康定，自康定起，川藏道又分成南、北两条支线：北线是从康定向北，经道孚、炉霍、甘孜、德格、江达、抵达昌都（今川藏公路的北线），再由昌都通往卫藏地区；南线则是从康定向南，经雅安、理塘、巴塘、芒康、左贡至昌都（今川藏公路的南线），再由昌都通向卫藏地区。

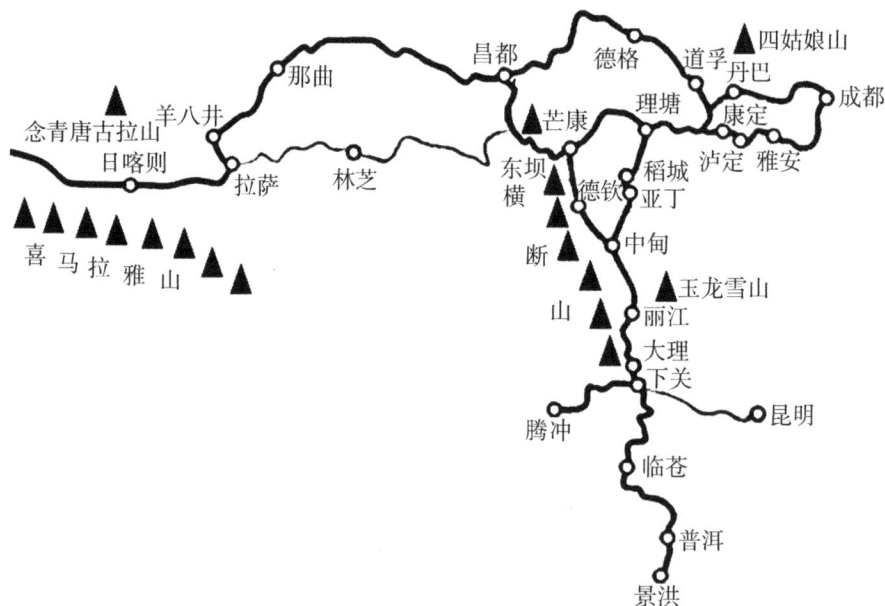

图4-8　茶马古道国内线路图

　　茶马古道的发展历史大体分为五个时期：①最初的历史可追溯到唐朝与吐蕃交往时期，茶叶也正是在这一时期由内地传入吐蕃的；②宋代汉、藏之间茶马贸易和茶马古道的大规模开通与兴起，茶马古道迎来了自身发展的一个黄金时期；③明代是汉、藏茶马贸易的极盛期；④清代茶叶输藏规模及汉、藏茶道的开拓又获得长足的发展；⑤民国至西藏和平解放以前，国家和政府角色逐渐淡出，汉、藏民间商人之间的茶叶贸易始终活跃，内地茶叶仍畅行于藏区，成为特殊历史条件下沟通内地与藏区的重要经济联系。①

　　茶马古道过去被冠以"唐蕃古道""盐粮古道""茶道""官道""栈道"等各种名称，"茶马古道"作为一个历史文化概念只是近二三十年来学界的新提法，②但东坝作为滇藏和川藏"茶道"上一个极其重要的驿站，其作用与历史地位却是毋庸置疑的。茶马古道从起源至今已有1 400多年的悠久历史，不仅穿越各种高山、峡谷、高原、沼泽和大河等地形，而且距离遥远，既有主线也有多条支线，实际构成了一个规模庞大的贸易交通网络，用于交易的商品不仅有来自内地的茶叶、盐巴、布匹、红糖、粮食，还有来自青藏高原地区的鹿角、虫草、麝香、贝母、黄连和药草等。茶马古道一般沿着主要的河流河岸开发，因此茶马古道与河流的走向具有较高的重合度。由于昌都与左贡之间走怒江沿线的距离最短，因此无论是走川藏线还是滇藏线，在经过左贡县的旺达镇后都要经过东坝地区，然后在此处拐入怒江沿线直到昌都。长途贩运由于路途遥远、耗费时日，需要沿途设置一个个大小不等的驿站，用以集散和中转，而作为茶马古道上重要物资集散地的东坝乡，因其地形背山向阳，植被葱绿，用水方便，也利于放马，因此成为马帮宿营和滞留的绝佳场所。

　　驿站的设置不仅促进了村里商品贸易的发展，开阔了村民的视野，也为他们的生计方式带来了崭新的可能。西藏和平解放前东坝地区流传这样一句谚语："家里有二三匹骡，也要外出做生意。"这句话的解释是：在其他地方，只有家里有大量骡马的人才会去做生意，但在军拥村，有骡马的人家外出做生意自不待言，只有少量几匹骡马的人家也要外出做点小生意，说明做生意的人很多，风气很盛。像以往的东坝乡首富——西然仓，生意

---

　　① 石硕：《茶马古道及其历史文化价值》，《西藏研究》2002年第4期。
　　② 1990年，木霁弘等一行六人开始了"滇、川、藏大三角"文化考察，首次提出了"茶马古道"的概念。参见：木霁弘、陈保亚等：《滇川藏"大三角"文化探秘》，昆明：云南大学出版社，1992年。

就做得很大，拥有100～200匹骡马组成的马帮，反复来往于云南的丽江、西藏的昌都和拉萨地区，最远时还去到尼泊尔和印度等地。长期以来，东坝地区还存在这样一种说法：除非家里缺乏劳动力，男人如不外出闯荡是种无能的体现。就连东坝人自己也认为：一个家庭必须有人去外面闯荡谋生，只有这样才能搞好家庭的经济。在这些观念的潜移默化下，尽管跑马帮的生计方式已经退出了历史舞台，但现在仍有大量的东坝男人在外经商、打工，或者跑运输和做手工艺活挣钱。

军拥村作为东坝地区的中心村落，自身的村落史实质就是一部茶马古道的兴衰史。从前文的论述可知，军拥村村民最先是作为昌都帕巴拉呼图克图的属民——差巴户出现的，这些家庭所支付的一个重要的差税是每年向昌都强巴林寺交纳一定数量水果差，如当地出产的核桃和葡萄干、梨干等。此外，军拥村人还需要为西藏的当地政府（察美宗宗政府）支付一定的乌拉（劳役）差，主要是运输，即每年每户从当时察美宗宗政府所在地运一次物资到昌都附近的布多村，这段路走骡马的话一般需要四五天。

无论是支付水果差还是乌拉差，这些都要求军拥村的每户家庭拥有一定数量的骡马（至少2～5匹）。由于这些差役和赋税并不沉重，外加上军拥村本身就身处茶马古道滇藏道和川藏道两线交汇的必经之处，是其中为数不多的几个重要的驿站之一，军拥村村民的生计方式就多了一种新的可能——跑马帮或者经商。诚然，无论是跑马帮还是外出经商，均需要家庭拥有身体强壮的男性劳力，且能保证一年内在外面待上一段较长的时间，[①]这在精细化耕作的农区就不是随便一户家庭能够承担的行业了。凑巧的是，这时军拥村开始流行起兄弟共妻制婚姻，在一个差巴户家庭里，由于几兄弟共娶一妻，一个兄弟在家务农以解决家庭的温饱问题，一个兄弟在马帮里充当马脚夫谋生，还有一个兄弟在外地做些小本生意，这种多样化的生计方式就能让这一家庭游刃有余地应对劳动力短缺所带来的各种难题。反之，多样化生计方式的出现，赋予了这一家庭旺盛的经济活力，家庭的经济实力开始突飞猛进，生活水平也在不断提高。在尝到实行兄弟共妻制的甜头以后，人们便会赞不绝口，社会舆论也在造势，因此该婚姻制度不仅长期保存下来，而且近四十年来由于商品经济的发展又出现了复兴的迹象。

一条横越东坝各村的茶马古道，一边承载起传统马帮的生计方式，从

---

① 一些文献显示，完整地跑完一次茶马互市，无论是走川藏线还是滇藏线，至少都要花费3～5个月的时间。

川滇地区运送茶叶、布匹等百货入藏，又载着藏区的皮毛、草药等奇货返回川滇地区，另一边也在不断地传递着不同地域的宗教信仰和文化模式，使其相互渗透、交互影响。军拥村虽然地少人多，但由于毗邻茶马古道，村里又有经商的传统，西藏和平解放前东坝乡拥有马帮的大户就有四五家，其中以军拥村西然仓的马帮实力最为雄厚，拥有 100～200 匹骡马，中等规模马帮也有 50～60 匹骡马，小型的马帮更是数量众多，几乎每家每户都有人在从事马帮或与之相关的生计行业。自 19 世纪末至西藏和平解放以前，军拥村村民参与的马帮迎来了长达半个多世纪的鼎盛时期。这些马帮长期往来于川滇藏等地，从事茶叶、糖、布匹和药材等物资的长途贩运，由此也为军拥村村民带来了滚滚的财富，而村里拥有骡马最多的大户——西然仓，更是被外界誉为"东坝首富"，西然仓当时所修建的房子理所当然成为军拥村乃至东坝地区最为奢华的楼房。军拥村的马帮从西藏运出的是鹿角、虫草、麝香、贝母、黄连、药草、卤盐等货物，又从云南运进茶叶、红糖、布匹等稀缺商品，每次往返都要耗时数月；由于大雪封山，有时甚至过藏历年都在赶路的途中。除了路途遥远、山高路险、天气多变和野兽出没以外，茶马古道上还有强盗土匪横行，他们掠夺财物，杀人放火，无恶不作。然而，正是这些出生入死依靠跑马帮"讨生计"的军拥村村民，用勤劳的双手、娴熟老练的马帮技术，以及练达圆通的人情脉络，挣下了一笔笔宝贵的财富。

一方面，在军拥村人的眼里，跑马帮的生计方式似乎是种与生俱来的本领，对他们而言不仅轻车熟路，而且像是种虔诚的宗教活动，因为跑马帮来回一趟就算是走上一圈面佛朝圣的转经之路。另一方面，地理环境的阻隔导致了不同地区之间奇货可居，巨大的物价差距使得跑马帮的生计方式利润可观、来钱较快，更何况由于村里流行兄弟共妻制婚姻，虽然长期离家在外，但家中还有兄弟留守照看，自己走南闯北也就少了一份牵挂。军拥村村民在跑马帮的过程中，开阔了视野，锻炼了胆识，扩展了人脉，甚至还能成家立业。

所谓管中窥豹，由于茶马古道和数量庞大、往来频密的马帮的存在，像军拥村村民一样，许多在茶马古道沿线的本地村民也积极参与其中，极大地促进了西南地区民间贸易的发展，串联起各民族间文化的传播，扩大了通婚圈的半径，巩固了宗教信仰的阵地。从这层意义上讲，跑马帮的生计方式不仅推动了西南边疆民族地区贸易圈的流动，而且实现了文化传播圈、通婚圈和宗教信仰圈的有效重叠。在此过程中，三种重要的社会体系——宗教、婚姻、经济顺畅地实现了一种动态的融合，共同创造出西南各民族文化交融荟萃、家庭生活欣欣共荣的景象。

二、文化遗产

茶马古道的历史嬗变，不仅在军拥村的史书上写下浓墨重彩的一笔，而且给军拥村留下了许多宝贵的文化遗产。文化遗产，顾名思义，是历史遗留给人类的宝贵财富。诚如联合国教科文组织前总干事伊琳娜·博科娃女士在 2011 年世界文化遗产第 35 届会议开幕式的发言："遗产不仅是持续发展的根基，是社会融合与协调的载体，而且是地区合作的催化剂。在一个日新月异的世界里，世界遗产不仅提醒我们人性可以统一，而且还提醒我们文化、自然和社会之间同样存在着联系。"[1]

从存在的形态来区分，历史遗产可分为有形文化遗产和无形文化遗产两种，即人们通常所说的物质文化遗产和非物质文化遗产。按照此种区分，茶马古道也给军拥村村民留下两种文化遗产：一种是有形文化遗产，主要包括古道遗迹、百年古宅、马帮遗物等；一种是无形文化遗产，主要包括一妻多夫制、尼木棋、果树种植和葡萄酒酿造技术、经商与教育风气等。

（一）有形文化遗产

1. 古道遗迹

茶马古道无论是走滇藏线还是川藏南线，都要穿越左贡境内的"两江一河"流域，至东向西依次是澜沧江、玉曲河和怒江，东坝是连接玉曲河和怒江的交通要道。从玉曲河的田妥镇到怒江的军拥村，途中还要经过位于半山腰的巴雪村，这里有远近闻名的温泉资源。据说马帮路经此地，都要在巴雪村上的萨拉温泉里沐浴一番，以洗尽长途跋涉下的尘垢，还可享受神女峰的庇佑。

与巴雪村相邻的依次是邦佐和瓦多两村，中间要翻过好几座大山，山上怪石嶙峋，来到峡谷处首先映入眼帘的是"飞凤岭"三个醒目的汉字，据说是清末封疆大臣赵尔丰的部下程凤翔西征路过时所题。此外，沿路留有许多刻有经文和佛像的摩崖石刻和岩石壁画。这些石刻壁画以佛像造型、经文为主，大小不一，图案精美，色彩丰富，雕刻手法细腻。由于日晒雨

---

① LABADI S. UNESCO，cultural heritage，and outstanding universal value：value-based analyses of the world heritage and intangible culture heritage conventions. Lanham：AltaMira Press，2013：14.

淋，又有山洪冲刷，许多石刻早已模糊不清，但比较清晰的图像仍存有数百个。至于这些石刻的来历，早已湮没在历史的烟尘中，一种说法是吐蕃王朝时期随着藏传佛教的传入而来，但也有人认为是长年路经此地的马帮所刻。

沿着峡谷往山上行走，还要经过两个宽 1 米左右、长 20 余米、高 100多米的狭隘关口，这里被当地人称为"一线天"，其中一个关口叫"珠嘎"，又名"困鹰关"，意为连雄鹰都无法展翅飞过的地方。关口处怪石林立，形成造型各异的形状，有护法神、守门犬、佛像、门神、锁、钥匙、宝莲等，全部鬼斧神工、自然造化，成为当地不可多得的文化旅游资源。

2. 百年古宅

东坝民居被称为"西藏民居建设的突破"，无论是建筑工艺还是装饰风格，都体现一种文化多元性的特征。然而，声名远扬的东坝民居并非一开始就是这种样子的，它建筑风格的总源头其实来自一所百年古宅，而这所宅子的房名来自西然仓，现今军拥村 40 多户碉楼无不以这所西然古宅为建筑原型来修建的。

清末民初时期，西然仓的祖辈中有人曾做过帕巴拉活佛的贴身侍卫，在后者的支持下西然仓积极从事商品贸易活动，并从家里走出一位具有杰出领导才能的家长——旺堆罗布。在他的带领下，西然仓筹建了一支骡马众多的马帮，聘请了能力出众的马锅头，管理着十多名手下，长期往来于滇川藏等地进行茶叶、布匹、盐巴、药草、皮毛等稀缺货物的驮运，而且不断扩大经商规模，由此迅速积累了大量的财富，被誉为"东坝首富"。一边有雄厚的经济实力，另一边又有帕巴拉活佛在背后支持，西然仓开始大兴土木，聘请能工巧匠修建房屋，尽管当时的房子仅有 12 根柱子——俨然是当时东坝地区最大也最为奢华的楼房了。由于旺堆罗布走南闯北，见多识广，楼房修建之初就很好地把汉、藏以及印度和尼泊尔的建筑风格结合起来，并在内部装饰上精雕细刻，最终形成自身独特的建筑风格。

该楼房的院落中有四栋建筑，分别是大门、牛羊圈、青草料房和居住主楼等。居住主楼是典型的三层楼，功能布局合理，院落正门朝西，为坐北朝南的长方形建筑。2008 年，西然仓作为现存一户保存得最为典型也最为完整的百年旧居，被西藏左贡县政府列为县级历史文化保护单位；2016年，为了开发当地的旅游资源，左贡县又按照"修旧如旧"的原则，投入了 200 多万元对西然仓古宅进行了保护性维修，使得这座具有历史厚重感的百年古宅又焕发出新的活力（见图 4-9）。

图4-9　"东坝首富"百年老宅西然仓的旧貌新颜

3. 马帮遗物

时至今日，以跑马帮为主的生计方式早已淡出军拥村的历史舞台，但马帮文化给村里人留下了深深的烙印，一些马帮时期所使用过的器物仍然珍藏在一些家庭当中，成为他们心中一段难以磨灭的记忆。例如，"百年古宅"西然仓碉楼的主人房曾是东坝首富——旺堆罗布居住过的地方，房间里面依然保存着当年他跑马帮时留下的痕迹。例如，西然仓二层东南方主人房的内墙上，安装了一排木制的挂钩，这是当年旺堆罗布用来悬挂刀、枪和嘎乌盒等物品的地方。茶马古道地形复杂，沿路还有强盗野兽出没，刀枪是马帮进行自卫的必备武器。古宅里还保存一个大尺寸的陶制酒坛，据说是当年跑马帮时用来盛装白酒的器皿。

11号家庭嘎松泽培的父亲曾做过西然仓的马锅头，因此家里同样保存了一些父亲跑马帮时的物品，其中有钢刀、牛皮袋和马鞍等。根据嘎松泽培的陈述，钢刀是父亲当年跑云南时从一位国民党军官手中购买而来的，钢刀身上刻有铭文，表明是美国"真硬"（True Temper）公司于1944年生产制作的；牛皮袋由纯手工制作而成，主要用来盛装糌粑、酥油和牦牛肉等食物和一些重要的随身物品；最有价值的是一副制作精美的马鞍，重20多斤，配有一对纯铜制作的马镫，上面镂刻着一些蒙古族的吉祥图案，藏语称其为"索珍果间"。

（二）无形文化遗产

1. 一妻多夫制[①]

在西藏，一妻多夫制是种古老的婚俗，藏族被认为是实行该婚俗"当

---

①　为了突出该婚姻在藏族村落中的特殊地位，笔者特将其归入非物质文化遗产中。属一家之言，欢迎同行批评指正。

前世界最大和最为昌盛的社区"，昌都市也被认为是藏族行一妻多夫制的一个中心地带。① 在东坝地区，一妻多夫制主要出现在军拥和格瓦两村，其他村子比较少见。军拥村流行一妻多夫制婚姻，明显与以马帮为主的生计方式有关，这在一定程度上印证了一项调查报告中关于一妻多夫制成因的结论。这份调查报告从统计学、文化比较、经济指标等视角，考察喜马拉雅地区和马克萨斯群岛等的传统地区之外 53 个文化社区中存在一妻多夫制的成因，认为一妻多夫制更常见于阶级平等的社会中，主要相关因素与生计方式中男性扮演更为重要角色的偏向、偏高的男性死亡率和男性成员长期离家外出等社会因素有关。②

一妻多夫制或许并非诞生于西藏本土，它最早出现于恒河流域，是进入阶级社会之后才有的婚姻形式，其基础条件是当时的生产方式底层出现种姓制度，并出现不分家的私有制观念。由于青藏高原毗邻南亚，历史上这两个区域的一妻多夫制先行后续，空间上连片出现，文化特质亦相同，具有同根关系，因此青藏高原的一妻多夫制很可能来自印度。③ 茶马古道的存在，推动了文化之间的相互传播，而一妻多夫制作为一种文化机制，在军拥村获得了生存与发展的广阔空间。

一妻多夫制是一种生存策略。在藏族历史上，支配婚姻选择与财产继承的因素很多，但归根结底，土地制度起着决定性的作用，因此，本质上一妻多夫制是种与西藏土地制度相捆绑的生存策略，它在青藏高原地区的流行依赖于两个基本的条件：一是土地和劳力资源缺乏，二是人们崇尚家产不可分割的观念。青藏高原不存在溺婴现象，也不存在男女比例失调的情况，但与人口调整网络的需求有关。有鉴于此，与其说一妻多夫制是对于资源稀少和环境恶劣等自然因素，以及封建徭役制、佛教供养制等社会因素的有效适应，进而是对自然条件和社会分工的应答式反应，毋宁说它是对生产方式的主动适应。④

一妻多夫制是一种经济手段。经济活动的一个基本原则是实现经济利

① 吕昌林：《浅论昌都地区一夫多妻、一妻多夫婚姻陋习的现状、成因及对策》，《西藏研究》1999 年第 4 期。

② STARKWEATHER K E, HAMES R. A survey of non-classical polyandry. Human nature, 2012, 23（2）：149 – 172.

③ 坚赞才旦、许韶明：《论青藏高原和南亚一妻多夫制的起源》，《中山大学学报》（社会科学版）2006 年第 1 期。

④ 坚赞才旦、许韶明：《青藏高原的婚姻和土地——引入兄弟共妻制的分析》，广州：中山大学出版社，2013 年。

益的最大化，为了实现此种目的，需要采取多样化的经济手段。自从改革开放的春风吹入青藏高原地区，共同致富的理念进入了千家万户，"不管白猫黑猫，能抓老鼠的就是好猫"。然而，以一妻多夫制为原则的婚姻家庭组织形式成为一种发家致富的经济手段，多少令人出乎意料。许多人类学民族志作品已经表明：家庭组织形式会对家庭的富裕程度施加影响。例如，英国人类学家莫里斯·弗里德曼曾对中国东南地区村落和宗族组织进行研究，认为大家庭存在于富人家庭当中。中国家庭结构中实际存在穷人与富人两种不同的家庭周期循环模式，表示如下①：

①穷人循环模式：夫妇家庭→主干家庭→夫妇家庭

②富人循环模式：夫妇家庭→主干家庭→联合家庭→夫妇家庭

具体来说，穷人的家庭循环方式是从夫妇家庭发展为主干家庭，然后再由主干家庭回归到夫妇家庭；富人的家庭循环方式是从夫妇家庭发展为主干家庭，然后再由主干家庭发展至大家庭或联合家庭，等到大家庭或联合家庭再次分家后，再回归到夫妇家庭。

在军拥村中的富有家庭中，绝大多数均在一代或二代成员中实行兄弟共妻制婚姻，其形式等同于汉族的大家庭或联合家庭。因此，军拥村中由于兄弟共妻制的存在，穷人与富人的家庭周期循环模式略有不同，表示如下：

①穷人循环模式：夫妇家庭→主干家庭→夫妇家庭

②富人循环模式：夫妇家庭→主干家庭→兄弟共妻制家庭→夫妇家庭

2. 尼木棋

在西藏，与东坝民居齐名的还有东坝尼木棋，现已成功入选西藏自治区级非物质文化遗产目录。尼木棋属于民族传统体育项目，是藏式围棋的一种变异，与藏式围棋的下法十分相似，但也融入了一些地域特色，比如在术语中加入了许多生计方式的内容。藏式围棋是中国围棋文化起源的另一个源头，在藏语中称为"密芒"，意思为有很多的眼，泛指棋盘上的棋格。有趣的是，"尼木"是东坝的土话，指"纵横交错"，同样用来表示棋盘的"井"字形状。由此可见，"尼木"其实是"密芒"的方言变音，无论语言学视角下的能指还是所指，意思基本一致，因此可以有把握地认为：东坝的尼木棋实质是由藏式围棋变化而来的。

尼木棋深受茶马古道的影响，甚至就是在跑马帮的过程中由藏族与汉族

---

① 参见：李亦园：《人类的视野》，上海：上海文艺出版社，1996年，第230页。

的文化互相碰撞而来，理由有三点：第一，尼木棋的棋盘和棋子无须携带，就地取材即可，十分适应流动性很强的社会和长途交通的需求。下尼木棋时，只需用树枝或小刀在路旁画（刻）上棋盘，画出纵横交错的正方形直线 9～15 条不等，条数愈多，说明棋手的水平愈高。至于棋子，一般分为两种：一种是路边拾获的石子或树枝，另一种是用泥巴捏成的小块，全部方便易取。第二，与围棋一样，尼木棋对弈的棋手为两位，对弈者只能是男性，女性不能参与。下一盘棋的比赛时长较长，若未能决出胜负，中间不能休息，围观者站立在两边为各自的棋手出谋划策，场面好不热闹。众所周知，以往跑马帮的人无一例外均为成年男性，他们在休息之暇能够自娱自乐的项目十分有限，尼木棋算是其中一个不可多得的娱乐活动。更为重要的是，尼木棋能够培育棋手统筹全局的视野、坚忍不拔的毅力和永不服输的精神，棋手的水平越高，在群众中越有威望，所有这些都是一位出色的马锅头成长过程中必不可少的内容。第三，尼木棋明显受到汉族围棋文化的影响，尼木棋中包含大量汉族围棋的文化元素，又在术语中加入了一些藏区农事性劳作的内容，是文化交流与融合的产物。2017 年，"拉萨交通产业集团"首届围棋汽车拉力赛进入西藏昌都的左贡县城，作为文化旅游表演项目，东坝尼木棋的主要传承人、军拥村村民拥宗次旦与世界围棋冠军陈耀烨现场对弈。在比赛中，拥宗次旦在熟悉了中式围棋规则和摸清了门路后，充分发挥尼木棋围缠绞杀的特点，给人留下了深刻的印象。

3. 果树种植与葡萄酒酿造技术

正如一首当地康巴弦子所唱道："你若喜欢核桃、桃子、苹果，我俩共赴怒江沿岸。"东坝乡位于怒江中上游热带河谷地带，属高原季风性气候，夏季炎热，冬季温暖，雨水充沛，水利资源丰富，当地种植果树蔚然成风，盛产藏梨、藏橘、苹果、桃子、石榴等十几种水果和核桃，一年可以达到两熟。种植果树在军拥村有着久远的传统，以往作为帕巴拉庄园的差巴户，水果差就是其中一种重要的差税，主要是每年向昌都强巴林寺交纳一定数量的核桃、苹果、葡萄干、梨干等食品。东坝地区流传有一则传说，讲述了当地种植果树的起源：

传说东坝位于世界正中央龟状的地形上，地如吉祥莲花，四周被荷叶包围，几个村落犹如坐落在莲花中央，而村落里的果树、庄稼就是荷花中央的花蕊。据说怒江流经左贡时被东坝的美色所吸引，特意绕道流经此处，并在这里撒下粮食和果树的种子。

神话传说虽不足为信，但这则传说从民俗文化的角度解释了东坝果树的来源。以往军拥村果树的数量和品种并没有现在的丰富，由于一条茶马古道的存在，军拥村村民又以马帮为主要的生计方式，因此他们在跑马帮的过程中从外地带来了许多果树的种子，在村内种植并获得成功。

当前果林经济已经成为军拥村村民家庭经济的重要支柱，家家户户都拥有自己的果林，差别在于规模的大小。夏季是果树陆续成熟的季节，成熟的鲜果除少部分留家自用外，大部分被运送到左贡县城和昌都市区销售。东坝水果占据左贡县水果市场80%的份额，其中有将近一半来自军拥村。如果新鲜水果无法及时售出，它们还被晾晒成梨干、葡萄干、苹果干等，不仅方便食用，而且易于保存，一年四季均可出售。例如，1号家庭是兄弟共妻制家庭，拥有3亩长势良好的果园，里面种植了十四五种果树，近几年收成不错，市场行情又好，每年光卖水果就有三四万元的收入。11号家庭同样是兄弟共妻制家庭，家里原来承包了4亩经济林木，每年能给家庭增加2万多元的收入；大儿子顿多江村原本在昌都市卡若区经商并成家立业，现在更是回到村里承包了100多亩荒山野地来种植果林。谈及未来的发展，见多识广、头脑灵活的顿多江村说道："我在照看好自家果园的同时，准备依托军拥村高山峡谷、特色民居、温泉石刻、苯教寺庙，大力发展家庭旅游业，相信会比在外面跑生意挣得还多。"

与东坝果林经济相媲美的，还有当地的葡萄酒酿造技术。在许多军拥村村民心中，宁愿少种些果树也要拥有自己的葡萄园，所结的葡萄被誉为"黑珍珠"，年产量维持在数百斤，主要用来酿造葡萄酒，据说最古老的一株葡萄藤已经有将近200年的历史。"黑珍珠"在芒康县的盐井地区被称为"赤霞珠"，其葡萄种子最初是由盐井教堂的法国传教士从国外引进，伴随着盐井的盐巴一同走上从茶马古道来到东坝地区。连同"赤霞珠"一起传入的还有葡萄酒酿造技术，时至今日，军拥村酿造的葡萄酒不仅作为一种传统技艺远近闻名，而且蕴藏着巨大的经济价值。正如村委会副主任向巴才加所介绍的："近几年县政府在东坝建立上千亩葡萄生产基地，除了引进新品种外，还派专业人员开展技术指导。新鲜葡萄除上市销售外，大部分用于酿造葡萄酒，预计今年的葡萄产业收入有300多万元。"

4. 经商与教育风气

长期的马帮营生，不仅给军拥村村民带来了巨大的财富，也让他们深深懂得商品贸易的重要性。历史上的东坝百姓就是通过茶马互市，以本地骡马、药材换取云南的茶叶、糖、布匹等产品，通过以物易物的经贸形式，维持并提高生活水平。对商贸的重视使得东坝人积累了大量的财富。时至今日，东坝人这种乐于经商的传统依然保留了下来。上文所论述的水果销售就是一例，村里每家每户都有自己的果林，每逢水果成熟季节，村里人就会将大部分的水果拉到县城出售，换取现金用来购置生活用品。

军拥村村民优良的经商意识还体现在生活的细微之处。例如，11 号家庭的祖辈达拉才登曾是村里有名的马锅头，昌都和平解放前后经常在四川康定、云南丽江和西藏拉萨跑生意，组织起规模庞大的马帮，驮着本地的贝母、虫草等土特产换取茶叶、盐巴和布匹等紧俏商品，除部分留作家用外大部分在当地出售。如今达拉才登的长孙顿珠江村继承了祖辈经商的传统，长期在昌都、成都两地从事蔬菜、水果批发生意，前几年回到军拥村发展，一是方便照顾自己日益年迈的父母，二是响应村里开发旅游资源的号召，主动承包了附近 100 多亩荒山并种植上果林，准备利用当地的资源开发农家乐旅游产品。1 号家庭一代成员有兄弟四人，其中三位都在从事百货生意：老二嘎松旺加在村里开了一家百货商店，这也是军拥村内唯一的一家，一年有 2 万元左右的收入；老三、老四则是把百货生意拓展到昌都的丁青县城，生意做得红红火火。2018 年，由于新建了一条连通外界的水泥公路，20 号家庭正在扩建自己的碉楼，准备把家里多余的房屋改造成家庭旅馆，既充分利用了空间，又增加了家庭的收入。不难预想，随着东坝旅游资源不断开发，进入当地自驾旅游的游客会日益增加，村里的一众特色产品——葡萄酒、核桃玉米粥、青稞糌粑和各式水果干等都将成为村民增收致富的法宝。

与浓郁的商品观念形成鲜明对比的是当地用知识改变命运的教育风气。首先，军拥村村民这种重视教育的风气与家庭经济密切相关。军拥村地理位置偏僻，耕地稀少，自然资源十分匮乏，然而这里的藏族依靠经商和打工等收入，家庭经济比较富裕，与之相连的是他们十分注重子女教育，除主动送子女接受义务教育外，还想方设法送去县城、市区、拉萨甚至内地（天津、南昌）等教育资源更为优厚的地方读书，这是昌都农牧民中的罕见现象。[1]

其次，正所谓"耕读传家"，一个富裕程度更高的家庭往往能够获得更多经济政治分化的机会，究其原因是它能够提供更高质量的教育机会，然后通

---

① 张建世：《军拥村藏族农民的家庭经济与子女教育初探》，四川大学中国藏学研究所编：《西藏及其他藏区经济发展与社会变迁论文集》，成都：四川大学出版社，2006 年。

过知识来改变命运，最终使得自己的家庭更具经济优势。在军拥村登记注册的50户家庭中，义务教育阶段入学率达98%以上，截至2017年，全村在读学生83人，其中义务教育阶段36人，高中阶段13人，大中专阶段34人，加上已经毕业的大学生，平均一户人家有2位大学生。到目前为止，从村里走出去的公职人员已经有80多位，大多数是大学毕业。例如，1号家庭长期有经商的传统，家庭培养出3位大学生，其中有2位在昌都市银行工作。11号家庭达郭仓，现在总人口10人，其中拥有大专文凭的就有5位，在社会上从事教师、公务员、银行业务员等不同的工作。百年古宅西然仓，尽管家庭经济早已不如往年，但家里人在省吃俭用前提下培养两个女儿上大学，毕业以后都找到了公职工作，分别在洛隆县和那曲市当公务员。

三、世界体系

中国历史上开拓出两条影响了世界经济与政治格局的商贸之路——陆地丝绸之路与海上丝绸之路，茶马古道虽然无法与其相提并论，但它在国外的经济政治联系和影响力同样不容小觑。无论是内地还是藏区，走茶马古道完全是以促进贸易为中心的商业性活动，其地域并不仅仅局限于国内，还可延伸到国外，以滇藏线为例：从云南普洱出发，经过大理往西走可以去到缅甸、孟加拉国、越南、老挝、泰国等国，往北走经过昌都、拉萨可以去到尼泊尔、不丹、印度等国，最终实现与西方世界无缝接轨。由此可见，茶马古道不仅是喜马拉雅山区和青藏高原上一条沟通商贸联系的文明通道，更是世界经济体系的一个有机组成部分。

世界体系及其中各国的关系，是由资本主义世界经济体系形塑而成的。自15世纪以来，随着美洲大陆的发现，对贸易日益巨幅增加的控制引发了资本主义世界经济体系的形成，这套单一的世界体系致力于以销售或交换为目的，其生产目标是攫取最大的利润，而不仅仅限于供应本地的需求。根据沃勒斯坦的观点，在世界体系中的各个国家占据了三种不同的经济政治权利地位：中心、半边陲、边陲。中心是一种地理中心，位居世界体系的强势地位，包括强大和最强势的国家。中心国家运用成熟的科技及商业化的生产工具，制造出资本密集的高科技商品。它们垄断了大多数有利可图的活动，尤其是对全球金融的控制。相比之下，半边陲、边陲国家拥有的权利、财富与影响力都比较小。①

站在世界体系的视角，不难发现茶马古道覆盖的国家与地区几乎全部属于半边陲、边陲之地。茶马古道起源于唐代的茶马互市，兴旺于宋代。从宋代中晚期至明清时期，茶马古道可视作唐代以来丝绸之路发展的一个转向。一种观点认为，随着伊斯兰教的兴起，阿拉伯帝国隔断了中国北方丝绸之路的佛教传播，吐蕃兴起、唐蕃关系的改善为佛教传播及附带的茶、盐等物资从茶马古道进入藏区提供便利，因此部分的贸易由北方的丝绸之路转向茶马古道。② 这大致也是饮茶风俗传入藏区的过程。

中国内陆一直缺乏金、银、铜矿，少数几个矿山的开采条件也不甚理想，导致中原地区长期缺乏贵金属货币，此点十分不利于内地商品经济的发展，宋代四川地区曾出现过交子，可视作为解决这种困境所采取的一种折中手段。到了明代，正当政府也在为货币的事情忙得焦头烂额之际，哥伦布于1492年发现了美洲大陆，随后欧洲西班牙、葡萄牙的殖民者不仅掠夺了那里的巨额财富，还发现了大量的金矿、银矿，这些真金白银也亟须找到资本投资的市场。正是在这个历史的交接点，中国的海上丝绸之路及时兴起并获得了快速的发展，在很大程度上实现了中国的茶叶、丝绸、陶器与欧洲货币（银币）之间的等价交换，大量的银币从此源源不断地涌入中国，世界贸易体系初具规模。

然而，一个容易被人忽视的事实是，当时位于中国西部和西南部边陲之地的茶马古道，同样是当时世界体系的一个组成部分。通过茶马古道这条世界上海拔最高、地势最为奇险的商业孔道，中国的内陆经济同样实现了与世界经济的大量接轨。也正是在这一时期，茶马古道的交易突然活跃起来。明代是汉、藏茶马贸易发展的极盛期，清代茶叶输藏的规模获得了长足的发展，民国至西藏和平解放以前民间茶叶贸易活动始终活跃；即使在抗日战争期间，缅滇公路也一度成为路线最长、运输量最大的一条国家通道。一方面，川藏道的茶马古道充分利用了原来的官道，使其贸易规模不断扩大；另一方面，滇藏道茶马古道开辟出新的路线，各路物流川流不息，大量的茶叶、布匹不仅输送到西藏地区，而且还走出国门，进入了缅甸、孟加拉国、不丹、尼泊尔、印度等国家和地区，除了换回象牙、地毯、

① ［美］康拉德·菲利普·科塔克著，周云水译：《文化人类学：欣赏文化差异》，北京：中国人民大学出版社，2012年，第376－378页。
② 陈保亚：《陆路佛教传播路线西南转向与茶马古道的兴起》，《云南民族大学学报》（哲学社会科学版）2007年第1期。

玛瑙等贵重商品以外，也换回了大量的银圆。

自清代以降，随着大不列颠帝国逐步取得欧洲霸主的地位，英国人同样迷恋上了中国的茶叶，茶香不仅让上层阶级嗜茶如命，就连中下层阶级也受到了感染，奶茶就是在这一时期被英国人发明出来了，英国对中国茶叶的需求持续有增无减。1699 年，英国东印度公司仅从中国就订购了 300 桶上等绿茶和 80 桶武夷茶；到了 1720 年至 1800 年，英国茶叶平均进口量达到 20 000 担；到了 1800 年至 1833 年，这一数字增长了 75%，达到 35 000 担，中国的茶叶不仅成了英国人的食品，还成了一种必需品。① 正是因为英国所存在的庞大市场，同一时期的茶马古道又迸发出新的生命力。大量的茶叶被运送到印度，与东印度公司实现了无缝交接，再由东印度公司将其运回英国。

然而，一个严峻的问题产生了：无论走海路还是内陆（茶马古道），英国政府发现茶叶在源源不断地输入国内，中国人却只需要银币，大量的金属货币涌入中国，这是一种典型的贸易逆差。英国人自然不愿意看到这样的结局，他们很快想到办法——向中国输送鸦片。这些最初产自印度的鸦片，不仅可走海上丝绸之路，也有取道茶马古道的。当大量的鸦片源源不断地输送到中国内陆，当国人体质日渐羸弱，当清政府财政难以为继时，1840 年，第一次鸦片战争爆发了。鸦片战争标志着中国近代史的开端。由此看来，从世界体系和商品贸易的视角出发，中国的近代史实质起源于一场茶叶对抗烟叶（鸦片）的战争。

茶马古道区域内的交通网络，在促进地区之间的政治经济联系方面同样扮演着不遑多让的角色。茶马古道是个规模庞大的贸易交通网络，既有主线也有许多条支线，所穿越的地形十分复杂，有高山、峡谷、高原、沼泽和大河等地形，虽然路途遥远，但是不同社区之间的相互联系依然十分密切，这得益于茶马古道内部大量支线的存在。这些支线与主线之间既有分叉又有交汇，其主要作用是沟通不同村落与社区之间的商贸联系，实现商品贸易和以物易物的市场需求，是世界体系在国内贸易体系的一个组成部分。

诚然，茶马古道首先满足的是国内市场的需求。以滇藏贸易为例："云南对于康藏一带的贸易……以茶叶为最大，康藏人民的茶叶消耗能力，可算是世界第一……所以云南的十万马驮粗茶，三分之二以上都往康藏一带

① 波音：《透过钱眼看中国历史》，北京：北京航空航天大学出版社，2011 年，第 191 – 192 页。

销售。普思边沿的产茶区域，常见康藏及中甸阿墩子的商人往来如梭，每年贸易总额不下数百万之巨。"[1] 在明代木氏土司统治时期，滇藏两地的市场和商品流向就已形成一个传统的经济区域。滇商每年从丽江、中甸运来茶、糖、铜器、铁器、粮食到康南及江卡、盐井地区销售，并从当地运出羊毛、皮革、药材等商品。[2] 清康熙年间，云南中甸立市，多有西藏、青海、丽江的商人在中甸行商，设立商号，市场日益繁荣，逐渐成为滇藏贸易的一个主要市场和商品集散地，滇商带来的商品主要有茶叶、粮食、红糖、火腿、铜器和铁器等，藏商带来的商品有羊毛、牛皮、马皮、羊皮、兽皮、药材和毛织品等。[3] 即使到了近代，滇藏两地的市场贸易有增无减，民间商品贸易的流量更是达到了历史的顶峰。

盐井不仅是滇藏茶马古道进入藏区后的第一个驿站，还是一个重要的产盐基地。当年，无数的商队和马帮从盐井经过，将滇茶销往西藏，换回兽皮、藏药，同时也将盐井的盐销往西藏地区。受茶马古道的影响，盐井的村民自然而然地加入贩盐卖茶的行列，并且出现了严格的社会分工：赶骡马、跑马帮的工作都由男人来承担，在盐田上的制盐工作则由家庭的女性成员来完成。时至今日，盐井人还不时组织马帮，来回花上一两周的时间，走上一段距离不短的茶马古道，用骡马背上一袋袋的盐包换回了一包包的粮食。

同样，军拥村作为茶马古道设置在藏区的一个重要驿站，商贾之风与盐井相比有过之而无不及。有趣的是，尽管现在茶马古道的历史仅存于军拥村一些耄耋老人的记忆当中，但这种外出经商与打工的传统一经形成便具有较长时间的稳定性。每当夏秋时节，家里果林的果树陆续成熟，军拥村村民就会一箩箩地将成熟的水果运送到县城出售。时至今日，村里的许多年轻人依然饱含激情，跑到昌都或拉萨、丽江、大理、昆明、成都等大城市经商或打工，军拥村村民的木雕工艺活更是远近闻名，他们用自己的劳动与智慧换回了一沓沓的钞票，然后源源不断地汇回远在怒江峡谷的家园。每年4—6月份，东坝乡进入了挖虫草的季节，这时远在外地经商、打工的年轻人都会陆续赶回来。挖虫草不仅是个体力活，还需要在山上居住2~3个月之久，这时家里的农活需要大量的人手，但是虫草日渐昂贵的价格

① 云南省立昆华民众教育馆：《云南边地问题研究》，转引自李旭：《藏客：茶马古道马帮生涯》，昆明：云南大学出版社，2000年，第101页。
② 陈汛舟、陈一石：《滇藏贸易历史初探》，《西藏研究》1988年第4期。
③ 潘发生、潘建生：《中甸经济贸易发展史》，《迪庆方志》1992年第1期。

让所有的辛劳付出都变得值得。由于盛行一妻多夫制婚姻，村里都是以大家庭为主，这就让一个家庭拥有更多的人力资源去山上挖虫草，所获得的收入自然就更丰厚。当挖到虫草后，军拥村村民自己是不吃的，一般就地将其卖给前来收购的虫草商人，如果价格无法谈拢，也有人跑到县城的集市里销售。不难料想，这些虫草最终流向了内地沿海经济发达地区，部分甚至走出了国门，成为世界贸易体系的一部分。当一根根虫草变现为一张张钞票，军拥村村民同样会毫不吝啬地将资金用来修建或装修楼房，或者购置一些生活用品乃至收音机、彩电、手机、电脑、摩托车和汽车等现代商品。由此可见，即使一个远在边陲地区的传统藏族农业小村，同样无法逃避现代化和全球化的冲击。从这层意义上讲，外出经商、打工和虫草贸易都可视作以往世界体系下茶马古道的延续，不外乎换了一种形式。

概而言之，军拥村村民积极投身于茶马古道马帮运作中，反映的不仅是中国边疆民族地区的经济史、国际殖民史，更是资本主义在其发展过程中所形成的世界经济体系的一个组成部分。军拥村的村落史生动形象地说明：一个地处青藏高原横断山区怒江河谷的藏族小村，并非一个完全封闭的社区；正相反，它与外部的联系不仅如此紧密，还彼此依赖。这种"全球化"的视角，不仅存在于当前，更存在于四处弥散的历史烟尘之中。

第五章
玉曲河河谷的半农半牧小村——龙西

第一节　出彩的龙西村

一、碧土概览

与东坝乡一样，碧土乡同样隶属西藏昌都市左贡县。左贡县位于西藏东南部、澜沧江和怒江流域，地理坐标为东经 97°06′~98°36′、北纬28°30′~30°28′。地势北高南低，东与芒康县接壤，南与林芝市察隅县相连，西与八宿县毗邻，北与察雅县隔江相望。县域东西最大距离为 408 千米，南北最大距离为 220 千米。全县总面积 1 837.3 平方千米，耕地面积 5.2 万亩，草地面积约 710 万亩，森林覆盖面积 52.5 万公顷。全县总人口 41 040 人，其中藏族 40 746 人，占总人数的 99.28%。下辖 3 镇 7 乡 162 个行政村。

该县地处他念他翁山和伯舒拉岭南段、玉曲河中游，均为藏东高山峡谷地带，平均海拔 3 700 米左右。境内主要山脉有东达山、多拉山、茶瓦多吉志嘎山，以及与云南交界的梅里雪山；最高峰雀拉山峰，海拔 5 434 米。属藏东东南高原温带半干旱半湿润气候区，冬春季气候寒冷干燥，夏季降水集中。气温年差 19.2℃，年无霜期 88 天左右，年平均降水量为 430 毫米左右，年均日照数为 2 186 小时，年平均气温 4.2℃。常见的自然灾害有洪水、滑坡、泥石流、干旱、冰雹、霜等。已探明的矿种有金、铜、钼、铅、锌、银等。野生动植物主要有獐子、豹子、盘羊、小熊猫、金鸡、猞猁、水獭、狗熊、黑颈鹤、滇金丝猴、鹦鹉等。木材蓄积量为 7 560 立方米。主要树种有云杉、冷杉、马尾松、柏树等，还有珍稀树种红豆杉、红松、黄杉等。当地盛产松茸、草菇、木耳等副产品以及贝母、知母、虫草、麝香、黄连、红景天等多种名贵中药材。

左贡县的主体经济以农业为主，兼有一定程度的牧业和林业。主要农作物有青稞、小麦、玉米、豌豆、油菜等；主要饲养牦牛、犏牛、黄牛、马绵羊、藏系绵羊等。经济林主要有核桃、苹果、花椒、野梨、枣等。境内的三条大江——怒江、澜沧江、玉曲河由北向南呈"川"字形纵贯全境奔流而下。左贡全县处于"两江一河"流域内，怒江流经境内 175 千米，澜沧江流经境内 120 千米，玉曲河流经境内 240 千米。全县大小湖泊 78 个，总储水量约 536 万立方米，水利资源十分丰富。

川藏南线公路（318、214 国道）横贯全县，在境内总长达 160 千米，具有承东启西、联结南北的枢纽之便，是历代商贾由云南茶马古道进出西藏的必经之地。县城汪达镇是该线一个重要的中转站，由此可通往八一、拉萨、昌都及四川成都、云南昆明等地，距离拉萨 645 千米，距离昌都东南 175 千米。以 318、214 国道为依托，左贡另有支线 4 条，通车里程达 192 千米。有利的地理位置和良好的交通运输条件，有力地推动着左贡县农牧业的发展和对外经济文化的交流。旅游资源开发是其中一个重要内容。当前左贡县已经开发或正在开发的旅游景点有秀丽神秘的梅里雪山、辽阔的美玉草原、野生动物聚集的帕巴拉神湖（雪巴湖）、温带适宜的高原温泉群以及众多的生态景观和寺庙建筑群等。

"左贡"曾翻译为"作冈""作岗""坐公""著公""察娃作贡""察瓦绒""察瓦岗"等名，藏语中为"犏牛背"之意。据说很早以前人们聚居的地方的地形像犏牛背，因此得名；此词表明当地的精细化农业耕作技术已经有了一段相当悠久的历史。历史上，左贡在唐朝时为吐蕃属地，元朝隶属吐蕃等路宣慰使司都元帅府，明代后期属昌都寺。清雍正三年（1725）为芒康台吉管辖之地。清末实行改土归流时属科麦县的一部分。1912 年后，西藏地方政府设宗，在当地的行政区划有邦达、左贡、碧土三个宗，统称为左贡宗。1951 年 7 月建立左贡宗解放委员会；1959 年 4 月建立县人民委员会，将左贡宗改为左贡县；1959 年 5 月 17 日建立左贡县人民政府，隶属昌都市。原县驻地设在田妥乡（今田妥镇）亚中村，1968 年迁至乌雅乡旺达（今旺达镇）。

左贡县的经济类型以半农半牧为主，下辖的三镇七乡分别为旺达镇、田妥镇、扎玉镇、东坝乡、中林卡乡、美玉乡、下林卡乡、碧土乡、仁果乡、绕金乡；除美玉乡为纯牧业乡以外，其余七个均为半农半牧乡，其中就包括了碧土乡。

碧土乡（北纬 28°54′，东经 98°19′）地处左贡县东南部边缘，怒江流域支流玉曲河的深山峡谷地带（见图 5 - 1）。2005 年前，全乡尚未通公路，[①] 地理位置偏僻，仅有三条山路联通外面：一条自西北从盐井沿着碧土南下，脚程约为两天；一条由碧土向东南至云南德钦县佛山乡梅里水村，脚程约为三天，中途经过龙西村；一条由左贡扎玉镇沿玉曲河南下一百余里，脚程约为一天半。每年十一月到来年三四月为大雪封山的季节，山路

---

① 2006 年，一条由左贡扎玉镇通往碧土乡政府的乡村公路正式修建并开通。

不通，碧土乡基本处于与世隔绝的状态。因此，夏季从盐井或者从云南佛山乡进入碧土均是不错的选择，但其间都要翻越一座海拔 4 000 多米高的垭口，一路山路崎岖，有 150 多千米的路程。

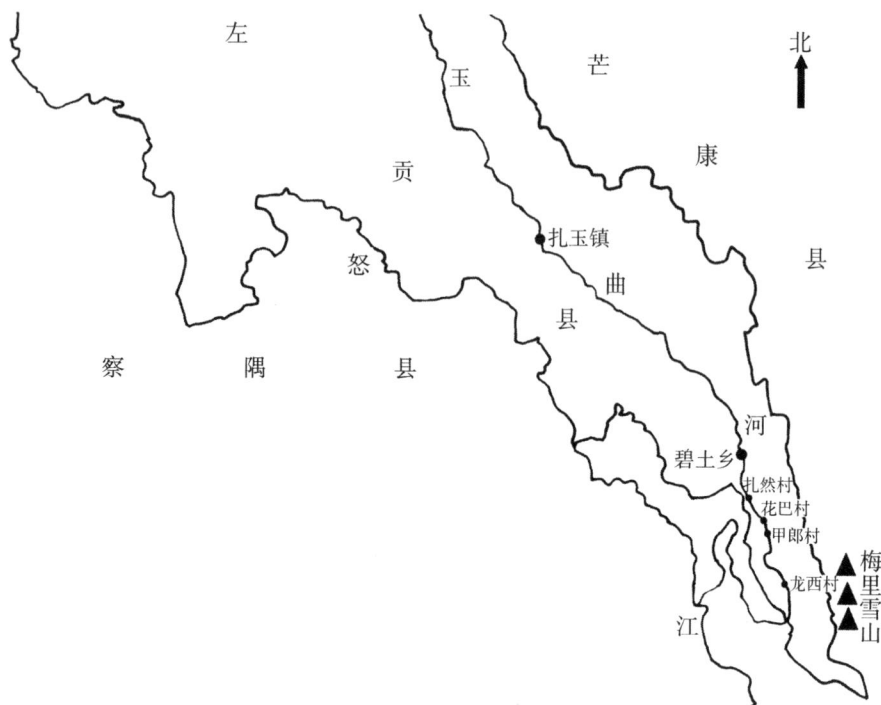

图 5-1　碧土乡地理位置示意图

碧土乡地形以丘陵、河谷为主，地势北高南低，属高原温带季风气候，乡驻地距离县治旺达镇东南 112 千米，1960 年建碧土乡。1970 年改人民公社，1984 年复乡，属左贡县，辖 8 个村民委员会（行政村），分别为碧土、沙多、地巴、扎郎、布然、花巴、甲郎、龙西，人口 2 142 人，其中男 1 156 人，女 986 人，总户数 345 户，绝大部分为农业人口。碧土属半农半牧乡，农业以种植青稞、小麦、油菜为主，牧业以放养牦牛、黄牛、山羊、绵羊等为主。全乡总面积约 683 平方千米，耕地总面积约 5 103 亩，其中常用耕地面积 3 630 亩，草场面积为 29 970 公顷。该乡森林资源十分丰富，树种以松、杉、柏为主，经济果树有苹果、核桃和毛桃等。采集在该乡农业生产中占有一定的比例，产品主要有冬虫夏草、松茸、贝母等。

碧土在藏区拥有久远的历史。碧土曾名"毕土"，藏语"多宏贡布"，意为"羊毛坡地"。在乡政府驻扎地——碧土村，还有过一所规模庞大的寺庙——碧土寺。传说藏王松赞干布迎娶了汉地的文成公主以后，在后者的感化下决心弘扬佛法，并且决定在藏区修建108座寺庙。为了确定这些寺庙的选址，松赞干布与文成公主一起决定：从羊的身上抽取一撮撮羊毛，让其顺风而飞，羊毛在哪里落下，就在哪里建立寺庙。其中一撮羊毛一路飞往东南方向，九九八十一天以后，终于降落在位于藏区最东南端的玉曲河畔。藏王得知这个消息后，决定在此修建一座寺庙，取名"碧土寺"，意为羊毛坡地上的寺庙，碧土乡亦因此得名。

令人遗憾的是，该寺在"文革""破四旧"期间遭遇严重毁坏，重建工作又数度搁浅，迄今留下的也仅是残垣断壁而已。从这些废墟来看，碧土寺的建筑群规模庞大，糅合了藏、汉、印三种建筑艺术风格。例如，寺庙主体建筑采用土木石结构，主庙呈"凹"字形，这是典型的藏式风格；从寺庙一些门窗上，依稀可见镶有雕刻着双喜汉字的格子扇，明显带有云南等地汉族与白族的建筑风格；寺庙建筑顶部采用的是方穹形的结构，或多或少反映出一些印度文化的建筑风格。碧土寺独特的建筑艺术风格，实际反映出其身处藏区一条极其重要的茶马古道的历史。

图 5-2　荒草丛生、仅余残垣断壁的碧土寺

历史上碧土是昌都通往云南大理的必经之道，拥有茶马古道沿途其他地方都鲜见的繁荣。然而，让碧土声名远扬的并非它久远的历史，而是它曾经为一座滇藏"茶马古道"上的交通要镇。

在茶马古道兴盛的年月里，碧土曾是一个四通八达的交通枢纽。位于碧土乡中央的甲郎村，藏语中为"交通要道"之意，即通往汉地和印度的路。碧土作为噶厦政府的一个主要通商口岸，北通左贡县和芒康县的盐井，西到察隅县的察瓦龙，往南可达云南省，无论是往云南还是临近的察瓦龙乡，均需翻越数座海拔4 000多米的垭口。如今，无论是骑马还是徒步行走在狭窄的山岩古道上，千百年来驮畜的蹄痕与背夫拄杖的杵痕仍然依稀可辨，当年的艰辛不难想象。就在前几年，在碧土还未曾通公路的岁月里，拥有数十匹骡马的马帮的身影还可时常遇见。

玉曲河横贯碧土乡全境，是怒江的一条主要支流。它发源于昌都市类乌齐县，中、下游穿左贡县而过，长200余千米，河流蜿蜒于群山中间，多为高山深谷，拐弯处水流湍急，河面宽20~80米不等，时而飞流直下，时而沸腾咆哮，时而静如处女，连续形成三个180°的转弯口后才注入怒江。关于这三个"U"形大拐弯，当地还流传着一个有趣的传说，它与卡瓦格博神山有关：

相传，玉曲河与怒江争相前去朝觐梅里雪山，怒江边走边向沿岸播撒各类农作物、果树的种子，玉曲河为求速度只在所到之处随便撒了些青稞、小麦的种子。结果，玉曲河抢先赶到了梅里雪山脚下。卡瓦格博见此很不高兴，便一鞭子将玉曲河打了回去。玉曲河灰溜溜地绕回出发地，便在碧土境内形成了几个180度的大拐弯。这就形成了左贡县怒江沿线物产丰富、花果飘香，而玉曲河一带相形见绌的景象。

茶马古道从碧土到扎玉镇一段，基本溯着玉曲河东岸一路蜿蜒北上。在没有通公路之前，碧土乡村民依然依靠马帮的运力在这条茶马古道上来往穿梭。碧土乡从2003年开始修建公路，从扎玉镇到碧土乡的公路于2005年年底正式修通，从察隅县的察瓦龙乡到碧土乡的公路也顺利在2006年实现了对接。

自从改革开放以后，碧土人的生活发生了翻天覆地的变化。古往今来，碧土乡都有外地人来到这里从事贸易活动，村民早已习惯"以物易物"的商业。他们生产，与其说是为了交换，毋宁说是满足自身生产与生活的需要。这里自然经济的成分较大；与此同时，现代化和商品经济开始对当地产生冲击。在茶马古道的漫长岁月里，茶砖和盐包不断在这里碰撞；时至今日，随着外面不断有人来该乡收购虫草、松茸、贝母等，当地藏民的现代商品化经济观念正在迅速地形成；此外，该乡也陆续有人到外面打工或做生意，以往那种封闭和分散的经济模式正在逐步消失。

如今，林下资源、庭院经济和旅游开发正成为碧土人收入的"三大法宝"。虫草、松茸等林下资源以及以核桃为主的庭院经济，每年都为当地的村民带来丰厚的收益。渐渐富裕起来的碧土人，开始与山外人一起分享现代科技带给人们生活的便利。随着微型太阳能发电器和微型发电机在碧土乡的运用，电灯、小电视机、收录机和手机等科技产品陆续进入了村民的日常生活。

碧土乡全乡的经济发展水平，在左贡县处于中上水平。2004 年，碧土乡总收入为 740.3 万元，农村经济总值约占全县的 4.98%。农牧民人均纯收入达 2 217.85 元，在左贡县十个乡镇中名列首位；2004 年在左贡县年终各项指标评比中，碧土乡在 5 大奖项中拿了 3 个，稳居全县各乡镇之首。

二、"雅莫"的龙西村

在田野工作期间，碧土乡副乡长拉巴曾向笔者透露道："龙西村是当前乡里的经济搞得最活的一个村，在全县也算得上是个'雅莫'的村子。"[1]他把原因归结为该村拥有无可比拟的地理优势：一方面接壤云南，交通比较便利；另一方面山林资源（如虫草、松茸等）比较丰厚。

龙西村位于碧土乡最南端，平均海拔约为 3 000 米，东北与云南德钦县佛山乡接壤，西北与察隅县察瓦龙乡毗邻，恰好位于玉曲河第三个"U"形转弯口上。龙西村为行政村，实际由嘎扎村、玛德村和莱德村三个自然村组成，全村 25 户共 193 人，男 102 人，女 91 人。[2]其中劳动力人口 122 人，从事批发零售业 4 人。龙西村属于半农半牧型村庄，村里人涉及农、牧、林、商等各种活计，农作物主要种植青稞、小麦、荞麦、马铃薯以及少量的蔬菜；2005 年全村共有牲畜 907 头，包括牦牛、黄牛、耕牛、犏牛、骡子、毛驴、山羊、马和猪等。所有农作物全部自用。由于耕地面积十分有

---

① "雅莫"在当地藏语中有出色、优秀之意。
② 原有 26 户，2005 年合并 1 户，故只有 25 户。

限，该村的日常生活资料尚未做到自给自足，需从外部购入一定数量的食品作为补充。

农牧和采集是该村的主要收入途径。每年4～5月为挖虫草的季节，7～8月则为采集松茸的季节。在这些时候，村里的精壮男人都要住在山上从事采集活动，妇女则留在家里主持家务和一般性农活。2004年，该村共采集冬虫草15.14公斤，松茸9 160公斤，共计收入90余万元。①

此外，通过出售苹果和核桃，龙西村每户平均还能额外获得1 000元的收入。由于龙西村恰巧位于梅里雪山外转经圈内（由此转往察隅县察瓦龙乡），因地制宜地给来往的马帮和来梅里雪山朝圣的人提供帐篷服务，这样每年还能给每户平均增加四五千元的收入。

为了进一步了解碧土乡农牧业经济发展的基本情况，这里引入从乡政府处获得的关于八个行政村的一些统计数据进行分析。龙西村人口约占全乡总人口的9.24%，常用耕地面积全乡最少，仅为12.78公顷（191.7亩），人均不足1亩，远低于乡人均耕地面积2.35亩的水平，这在碧土乡8个行政村中的比例也是最低的。相比之下，龙西村林业采集总量（如虫草、松茸、贝母等）为全乡第一，第三产业总收入也高居各村榜首。此外，龙西村的劳动力人口仅为122人，从业人员却涉及全部的农、林、牧业和第三产业，其中第三产业总收入约占全村的26.0%，涉及的项目有交通运输业、商业、饮食业、家庭手工业、多种经营和其他收入等。②

从乡政府所在的碧土村徒步前往龙西，行程大约需要两天，中途要经过花巴和甲郎两村；从龙西村再往南走，即可抵达云南德钦县佛山乡梅里水村，行程约为一天半。在由乡政府前往龙西村的行程中，笔者不失时机地对沿路的村子开展了入户抽样调查。经过两个多星期的田野工作，笔者获得了四个村子关于婚姻家庭组织形式的一些基本资料（见表5－1）。

由表5－1可知，除了龙西村以外，一妻多夫制在碧土乡其他村落仅零星地存在；除了一妻多夫制以外，该乡还存有少数几个一夫多妻的案例。如果把龙西村与另外三个村进行比较，可发现：共妻家庭的比例由0～5%骤升至52.94%，龙西村的经济与生活水平明显要比另外三个村高出许多。2004年，龙西村人均年收入接近3 000元，村里的房子不仅修葺得宽敞、漂亮，而且几乎每家都拥有微水发电机、柴油脱粒机、彩电、卫星接收器和

---

① 资料来源：2004年碧土乡乡政府统计报表。虫草和松茸价格均参考当年的市场价格计算。
② 资料来源：《2005年乡政府农林牧渔业综合统计年报（一）》。

VCD机等，大米、面粉、蔬菜成了他们日常的主食。相比之下，碧土乡其他村子的人均年收入不足千元，家里的摆设大多显得陈旧破落，拥有家电的家庭更是屈指可数。

表5-1　碧土乡四村抽查兄弟共妻家庭比例表

村名	总户数	抽查数	婚姻类型				抽查共妻比例（%）
			一夫一妻	一妻多夫	一夫多妻	其他	
碧土	80	20	17	1	1	1	5
花巴	19	11	11	0	0	0	0
甲郎	52	20	17	1	2	0	5
龙西	25	17	8	9	0	0	52.94
小计	176	68	53	11	3	1	16.18

资料来源：2005年田野工作。

　　笔者在从事田野工作期间，获得了一则让人略感惊讶的消息：2003年玉曲河暴发洪潮，冲垮了龙西村唯一一座连接外部交通的木架桥。在村干部的号召下，群众集资和在乡政府、村委会的帮助下凑足了2.4万元，村主任朗吉带着村里人赶着马帮从云南运来了修建吊桥的钢筋、水泥等物资，又从云南聘请工程技术人员过来指导，全村人义务投工投劳，仅用16天就赶在采集虫草季节前建成了一座牢固稳定的铁索桥。此举当时惊动了全县，不仅减轻了乡政府的财政负担，更让龙西村人在向外人谈及此事时都觉脸面有光，自豪无比的神情溢于言表。

　　就人均收入而言，龙西村2004年就已经实现人均年收入近3 000元，远远高于碧土乡的平均水平，仅现金收入单项就超过2 000元；2005年，龙西村实现人均年收入3 500元。随着国家"退耕还林"政策的深入以及碧土乡成功实现通路，林下资源和旅游开发正逐渐成为村民们的"摇钱树"。为了巩固和保护自身的优势，村干部定期对村民进行普法宣传教育，号召村民爱护森林、保护资源；此外，龙西村人在转山期间搭建的帐篷商店，当前也在内部形成了规范性的管理，无论是对转山者还是对游人均能做到童叟无欺。2006年，由于梅里雪山造就的小气候，龙西村并未出现西藏大部分地区所出现的干旱少雨现象，而是如往年一样风调雨顺，因此当地的林下资源获得了大丰收：无论是虫草、松茸还是苹果、核桃，产量均比上一年有了增长。这就让龙西村人的收益有了更为坚实的保障。据龙西村时任

村主任朗吉介绍：2007 年（上半年）全村仅林下资源收入人均已超过了
1 500 元，核桃收入每户也可达到 1 000 元以上，全年实现人均收入 3 500 元
完全有保证，甚至冲破 4 000 元都是有可能的。

由此看来，在碧土乡甚至左贡县内，龙西村在经济上的优势地位已毋
庸置疑。"龙西"，在当地藏语中意为"状如佛像的台地"。龙西行政村管辖
三个自然村，村名依次为嘎扎、莱德和玛德。玛德村恰好位于"佛像"的
下部，海拔约 2 100 米；嘎扎村位于"佛像"的中部，海拔约 2 400 米；莱
德村则位于"佛像"的头部，海拔约 3 100 米（见图 5－3）。2007 年龙西村
共有 25 户家庭，在三个自然村分布如下：玛德村 9 户，嘎扎村 12 户，莱德
村 4 户。

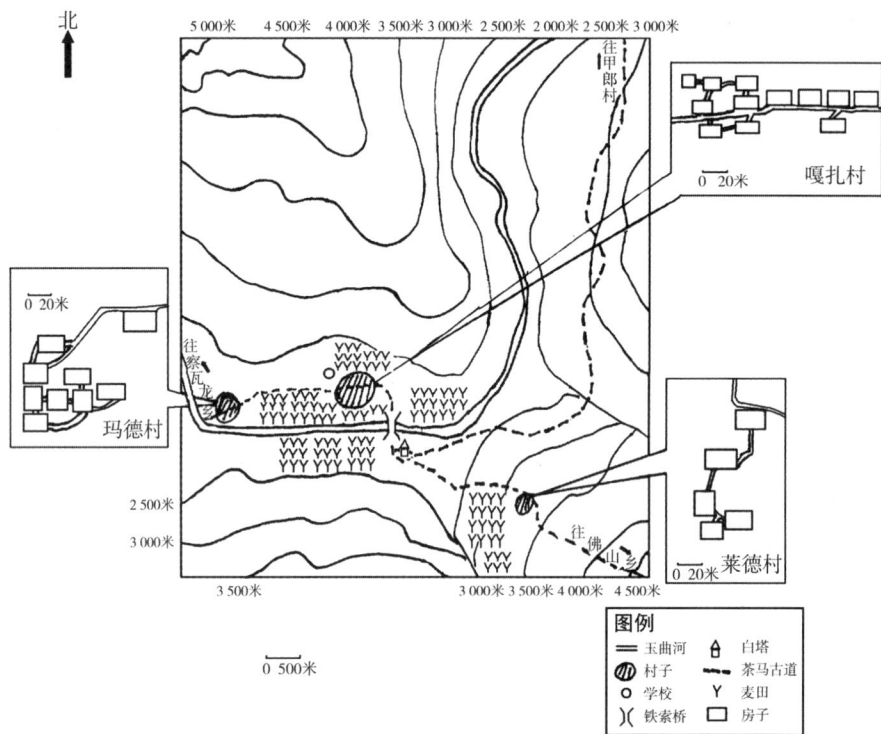

图 5－3　龙西村村户地形示意图

就周边地形而言，龙西村地处梅里雪山北坡，群山环绕，地势偏远，
除了一条古老的茶马古道与外部沟通以外，交通极其不便。2006 年以前，
龙西村依然未通公路，既没有自来水，也没有修建发电站，村人日出而作、
日落而息，基本保持着传统的农、牧业生产与生活方式。

在龙西村，一年的柴薪依靠家人拾牛粪和从山上砍伐一种带刺的小灌木，这些都需要投入大量的劳力。且村子地处台地，耕地面积相当有限，单一的农业耕作已不足以养活整个家庭。因此，上山放牧，采集松茸、虫草，出售核桃、苹果，甚至外出打工经商，龙西村人都在积极地参与。在龙西村人看来，由于村子处于半山和峡谷地带，家庭又需要同时经营农、牧、林和商等行业，自身耕地又极其稀少，只能从家庭分工方面寻求突破。兄弟一妻多夫制婚姻恰好就是这样的一种家庭安排。

在青藏高原地区，一妻一夫制是种主流型的婚姻形式，然而在部分地方（如康区），一妻多夫制也甚为普遍，其中又以兄弟型为主。[①] 至少在碧土乡龙西村，此种说法能够成立。在这样一个家庭中，由于财产不分家和劳动力多，往往容易发家致富。因此，采取这样的婚姻制不仅不会受到压制和谴责，反而更多地受到社会舆论的称赞。

龙西村 25 户家庭中，除了 2 户为丧偶家庭以外，有 11 户属于兄弟型一妻多夫制家庭，占村总户数的 44%；一夫一妻制家庭有 12 户，占村总户数的 48%。11 户行兄弟共妻的家庭中，有 1 户位于莱德村，占村行一妻多夫婚总户数的 9.1%；7 户集中在嘎扎村，占 63.6%；3 户位于玛德村，占 27.3%。

三、一妻多夫制婚礼

在龙西村从事田野调查期间，笔者有幸参与了一场一妻多夫制家庭的婚礼。举办婚礼的是位于莱德村的江白家，房名为"莱德卓米仓"，是龙西村一户大户人家。江白家时有人口 13 人，举行婚礼的是户主江白的两个儿子——新郎索朗次仁和次仁旺堆，新娘则是来自邻村嘎扎村的一位 17 岁的姑娘——斯朗卓玛。江白一家共有 10 个儿女，其中五个是儿子：索朗次仁是大哥，当时 32 岁；次仁旺堆是二弟，当时 25 岁；三弟觉美，当时 18 岁，在左贡县城中学读高三；四弟曲登 16 岁，在左贡县城中学读初中；五弟向巴次朗 11 岁，在碧土乡小学就读。另外江白还有五个女儿：大女尼珍出嫁到察隅县的察瓦龙乡，当时 31 岁；三女扎西卓玛出嫁到云南佛山乡的梅里水村，当时 25 岁；四女欧珠拉姆在拉萨打工，当时 24 岁；另外二女阿青拥宗和五女索郎拉索在家务农，年龄分别为 26 岁和 20 岁。

---

① 吕昌林：《浅论昌都地区一夫多妻、一妻多夫婚姻陋习的现状、成因及对策》，《西藏研究》1999 年第 4 期。

江白家本身就是一个行共妻制的家庭。江白原来有四兄弟，江白是老大，69岁。由于三弟多杰（51岁）早年入赘到其他家庭，江白一代实际行三兄弟共妻。二弟阿旺65岁，早年曾在碧土寺出家。"文革"期间由于寺庙被破坏，阿旺被迫还俗，于是回到原来的家庭与哥哥江白共享一妻。四弟阿波47岁，是个聋人。三兄弟的妻子曲美卓玛，56岁，是本村顿珠家的姐姐。曲美卓玛自嫁入江白家后一直勤劳节俭，由于长期劳累过度，体质较差，这几年大小病接连不断，希望能给儿子们娶上一名能干的媳妇。新郎兼大哥索朗次仁早在2002年就外出到拉萨打工，留下老二在家务农，三个弟弟年幼尚在读书。

为了儿子们的婚事，江白夫妇可没少操心。在父母的积极张罗下，终于相中了嘎扎村洛桑次仁家的女儿斯朗卓玛。按照父母的计划，先让大儿、二儿两人共同迎娶斯朗卓玛，日后再让三个年幼的弟弟加入。

索朗次仁是长子，在父母的眼里，一直被寄予厚望，期待着日后能接替父亲成为"家长"。在龙西村，被指定为"未来家长"的孩子是件幸运的事情（一般定长子为未来家长），因为这意味着他日后在这个家庭中拥有绝对的权威。

婚礼已商定好在藏历2007年期间举行。为了顺从父母的意愿，这回索朗次仁要与二弟共同迎娶新娘斯朗卓玛。斯朗卓玛其实也是来自一个行兄弟共妻的家庭，她有四个父亲。斯朗卓玛的哥哥们也是行兄弟共妻婚姻的，因此自己嫁给几个兄弟组成兄弟共妻制婚姻，在她看来是件理所当然的事情。

按照传统，男方家庭如果确定了结婚对象，需要向女方家庭提亲，提亲人数为三人，男女均可，最好是村里比较有威望的人。在提亲之前，男方还要送给女方一些财物作为聘礼，聘礼的多少因人而异。一经订婚，男女双方都不可轻易反悔。如果这时男方想退婚，送给女方的聘礼不仅不可索回，甚至还要倒贴一些，有时还会引发争吵和纠纷。如果是女方想退婚，则需退还男方之前所给的聘礼，同样还要再补贴一些财物才能息事宁人。订婚以后，要请喇嘛择吉日举行婚礼。就是这样，索朗次仁兄弟和斯朗卓玛的婚礼定于藏历2007年一月十八日进行，婚礼为期三天。在正式成礼的日子之前，新娘不能提前离开娘家。

举行婚礼前，男方的家里要打扫干净，需在房子和庭院外都摆上方桌，桌子上摆放好各色食物，如酥油茶、糌粑、青稞、酸奶，甚至还要杀猪宰羊以提供平时难得品尝的肉类食品。在门外还要摆上一张四方桌，铺上毛毯，毛毯的正中央铺放一张用哈达装饰的带毛的牦牛皮，上面用青稞面粉画出一个"卍"字。按照传统，新娘到达家门时，需端坐在这张小桌子上，等着唱完迎亲歌曲和敬完酒。在送亲的人唱完一首答谢歌并亲自给新郎家门献上一条哈达后，新娘还需站在牦牛皮上停留一分钟后再入门，这样才算是正式过门了。

婚礼时，新郎和新娘均穿上漂亮的衣服，戴上各种珍贵的饰品，打扮得面目一新。举办婚礼的前一天，男方家要派人到女方家迎亲。迎亲一般为两人，一男一女（新郎不去），其中一个必须是已婚妇女，另外一人的属相也不得与新娘相冲；两人均需身体健康，且是来自健全家庭之成员。迎亲的两个人一早就带着为新娘准备好的骏马、洁白的哈达，以及酥油、羊肉等物品出门了。

根据喇嘛之前的推算，新娘在日出时到达夫家才是最吉利的。玛德村到嘎扎村虽然直线距离仅相隔二三公里，然而玛德村地处半山腰，嘎扎村位于玉曲河对岸的河谷，来回一趟最快也要花上 2 个小时，这意味着江白家派去迎接新娘的人必须天未亮就要出发。当迎亲人来了以后，新娘的母亲要从女儿身上解下一些银首饰，意为不要把自家的财神带走。新娘还要与自己的父母碰头，甚至还要抱头痛哭一场。兄弟姐妹以及亲戚要向新娘献哈达。这时，男方的迎亲人给女方家长送上哈达后，和女方的送亲人应该高唱颂歌，新娘、迎亲人和送亲人一同启程上路。女方的送亲人可包括新娘的父母、兄弟或至亲好友等。

去新娘家迎亲中途还可再派人前去迎亲，但这时的人数以偶数为宜。按照习俗，江白分别派遣了两批人前去中途迎亲：第一次派了同村的吉称夫妇；第二次则派出自己两个已经出嫁了的女儿和她们各自的丈夫。迎亲和送亲的队伍碰见，便汇集在了一起，一路走来，一路引吭高歌。唱歌的内容没有什么讲究，一般见到什么便要唱出与之相关的内容，主要唱出吉祥喜庆的气氛来。例如，在上马出行的时候，便可唱出如下的歌词：

> 森森阿龙呀
> 骏马面朝东方
> 左右天神来保佑
> 前后山神来袒护
> …………

当迎亲的队伍遇见桥梁，便可唱出以下的歌词：

> 啊啦哦
> 桥墩是那神柏香树
> 桥板是那红色紫檀
> 桥梁是那铜线银丝
> …………

如果前路出现了岔道，迎亲的队伍又可唱出以下歌词：

> 请问下路该谁走？
> 一条大道分三岔
> 宽敞的路是喇嘛路
> 中间的路是长官路
> 下路是迎亲使者路
> …………

早上 7 点左右，有人前来报信说新娘的队伍已经到了村门口了。这时的村民像过节一样兴奋，穿戴上漂亮的衣服，戴上各种饰物，挤满了村头。大伙齐刷刷地聚集在村口，一边兴高采烈地迎接着新娘，一边又在议论着新娘的美貌和品行。

很快，只见一行人骑着马从山下渐渐冒了出来，一阵阵凄惨的呼喊声也由远而近，声音愈加响亮起来。不出所料，这个哭得伤心欲绝的女人正是新娘。她整个身子伏在马背上，身上披着一条毛毯，头上戴着一顶藏帽，脸上还用手捂着一条白色的毛巾。队伍刚来到村口，前来迎接的人群中就飘出了悦耳的歌声。歌曲的大意如下：

> 蓝蓝的上天是宽阔的舞场
> 日月的光晕是吉祥的舞者
> 绿绿的草地是平坦的舞场
> 欢蹦的白鹿是喜乐的舞者
> 牵着如意的宝马
> 要去接尊贵的客人
> …………

很快，送亲的队伍和迎亲的人们相会在新郎家门口，但新娘还不能立即进门。这时双方的歌手又开始对起歌来，他们放开喉咙歌唱两个家庭如何勤劳富裕、和睦团结、门当户对，歌唱新郎新娘如何美丽能干、相亲相爱、如意般配。

害羞的新娘依然用白毛巾捂着自己低垂的头脸，等待着歌唱完毕，才下马踏上新郎家早就铺好的垫子——一块铺放着哈达的牦牛皮。旁边几个年轻小伙子已经手捧着点燃的香炉，肩扛藏文经书和盛着青稞、酥油的"切玛"，木盘里端着浓醇的青稞酒和洁白的哈达，另外旁边还站着一个背着木水桶的姑娘，再由长辈领唱迎亲歌，准备将尊贵的客人、新娘和吉祥福气一起迎进自己的家门。

步入新郎家门以后，同样是歌声的海洋。几乎是一步一歌，由新郎家请来村里的歌手，用高亢美妙的歌喉齐声赞美新郎家宽阔的大门、宽敞的院子、平稳的楼梯和漂亮壮观的房子，让新娘熟悉并热爱这全新的家。新娘听着歌声慢慢进入新郎的家，到达正屋之后做的第一件事，就是用一把火点燃新郎手里的一盏酥油灯，供奉在家里神圣的神龛前。这表示一对新人新生活的开始。

等到新娘和宾客悉数进屋落座后，正式的婚礼尚未举行。大家便一边喝起香醇的酥油茶，一边开始了"格察舍"（座谈会）——倾听双方的长辈唱说当地的历史及家史，还有如何为人处事、如何过日子的教诲。当老人们唱完，就由一人端盘向客人们收受贺礼，同时由另外一人当众宣布礼品的名称及数额。

五兄弟中，参加和出席婚礼的新郎仅有两位——老大索朗次仁和老二次仁旺堆，老三、老四和老五年龄尚小，还未加入，但他们名义上也是新娘的丈夫。其他几个兄弟如果加入兄弟共妻家庭，就无须再另外举行婚礼了。

按照惯例，新人坐的位置上都有用青稞面粉画的雍仲符号，象征着新人的婚姻和爱情坚不可摧、永恒存在。索朗次仁和次仁旺堆两兄弟坐在新娘的上方。索朗次仁身为长子，坐在最靠里打头的位置，接下来才是老二次仁旺堆、新娘斯朗卓玛和她的伴娘。新娘的父亲、弟弟以及介绍人则坐在上面。

当主婚人宣布婚礼开始后，首先是主婚人（必须是长辈）高声歌唱娶亲歌，接下来依次给新人献上洁白的哈达，说着祝福的话。这时候，客厅内已经是一片欢乐的海洋，欢笑声此起彼伏，歌声这方唱罢那方接上；青稞酒这边喝完那边又立即斟满；欢庆的青年男女在屋里屋外团团围成一圈，齐齐跳起了锅庄舞。

当主婚人把哈达献给新人的仪式完成以后，婚礼仪式便告一段落。整个仪式大约持续3个小时，以歌声开始，也以歌声结束。入夜以后，参加婚礼的人们已经酒酣饭饱，一个个爬起身来，围着新郎家装饰得十分华丽的中柱又开始了欢歌舞蹈，通宵达旦。据家里人的介绍，一幢房子中的中柱是个十分重要的部分，是一个家庭神圣的核心；只要中柱不倒，家就风吹不动，雷打不散。

到了深夜，开始有一些人散去，然而婚礼还没有结束。在当地，这样一场隆重的婚礼，一般要持续三天左右。在这三天里，每天都要接待客人。任何人都可以进入这个家庭庆祝新家庭的成立。当然，在房门的一张桌子上还会摆放一个装钱币的盒子，客人只要捐赠一点钱（没有限制金额的多少，从10元到100元不等），就可以尽情享受美酒佳肴。举办这样一场隆重的婚礼，包括聘礼在内，一般要花费2万~3万元人民币——这已经是龙西村一个普通家庭近3~5年的积蓄了。

这样连续庆祝三天以后，新郎家的婚礼才算结束，这时男方尚需送新娘回娘家庆贺。女方家庭同样要举行婚礼，邀请同村的所有人参加，但这时只需庆祝一天。当双方的家庭都举办过婚礼以后，男方家庭择良日再把新娘迎接入门。从这时开始，新娘才能真正算是男方家的一员。

总体而言，一妻多夫制婚礼与藏族的其他婚礼相比并无太多的不同，然而其中一些耐人寻味的地方，有必要展开讨论。希腊与丹麦的彼得王子曾专注一妻多夫制的人类学调查，为了区分出一妻多夫制和一夫多妻制与西欧的情妇制（cicisbeism）和纳妾制（concubinage）的区别，他认为关键点在于婚姻。有感当时对婚姻的定义众说纷纭、莫衷一是，彼得王子不得不修正其定义："婚姻"是男人与女人以社会认可的形式组建的联合，该联合赋予了丈夫和妻子各自以特殊的亲属身份，配偶双方拥有互惠性的权利和义务，同时能够在该婚姻联合中生产出合法的子嗣。[①] 在彼得王子看来，婚姻的定义应当独立于婚礼而存在，后者更多是强调婚配双方的联合获得社会公众认可的一种传统形式。[②]

以上观点颇有见解，但美中不足的是忽略了对婚礼过程的文化解读。格尔茨曾提出人类学对宗教的研究可分两步："第一步，分析构成宗教的象征符号所表现的意义系统，第二步，将这些系统与社会结构和心理过程联

---

① Prince Peter of GREECE and DENMARK. A study of polyandry. The Hague：Mouton，1963：22.

② Prince Peter of GREECE and DENMARK. A study of polyandry. The Hague：Mouton，1963：22.

系在一起。"① 此观点其实同样适用于研究婚礼仪式。

首先，一场仪式本身就是一个包含着各种象征符号体系的表演，其意义指向社会与个人不同层面的生活经验。经过这样的婚礼仪式，一个行兄弟共妻的家庭诞生了，并且受到了社会（社区）的认可；一个共妻的家庭得以成立，也必须进行一场这样的仪式，这也是社会规范对个体起到的约束作用。由此可见，实现社会（家庭）结构的整合也许是婚姻仪式需要完成的首要任务。例如，婚礼中的"格察舍"，就是一个重申村子历史与明确个人各自在社会中的地位的场合。在此过程中，许多象征意义都是为此服务的。例如，新娘在离家前的哭嫁行为，尽管与结婚的喜庆气氛格格不入，在当地却是一件为人称道的事情，表示该女儿将是一位温顺、顾家的好妻子。至于占卦问卜、高唱颂歌、献哈达、背水桶进入家门、新人端坐于雍仲符号之上以及强调中柱在房中的重要地位等行为，无不暗含祈求神灵庇佑和祝福新人家庭和睦、夫妻好合的意味。此外，关于新人在佛堂上的就座位置，以新娘坐左，其余按照长幼顺序依次居右，次兄紧靠新娘右边，三弟靠次兄右边，以此类推。如此排列空间区位强调的是新家庭应以兄长为首，以妻子为轴，突出兄长的领导地位和妻子的凝聚作用，象征团结与和谐。

其次，就社会结构和个人心理过程而言，一妻多夫的婚礼反映出了社会、家庭、个人这三个层面的互动作用。在社会层面，组织一个兄弟共妻的家庭是件相当功利的事情，很大程度上受社会—经济因素的影响。若兄弟不分家并一起生活，家庭的劳动力就多，就能参加形式多样的生产劳动，家庭的经济就有了坚实保证，家庭成员也能享受相对舒适的生活。反之，如果他们分门立业，势必难以支撑起多样性的经济生产，生活也许就将穷困潦倒。因此，在当地人看来，实行兄弟共妻是一件为人乐道的事情，认为兄弟和睦团结，家庭经济搞得好，其社会声誉就高。由此所产生的一个社会结果是：控制了人口的增长，是对资源稀少的自然环境的一种有效适应。

从家庭的层面上看，一妻多夫家庭不可避免地调整了乡村的社会结构。一妻多夫的存在并不排斥诸如一妻一夫或一夫多妻等婚制；相反，它很好地做到了与它们并存共生。在藏区，一妻多夫婚姻以其独特的方式，把若干个兄弟和一个女人纳入家庭组织当中，由此使其家庭结构与其他类型的婚制有着很大不同。比如兄弟之间的微妙关系、一个妻子的家庭地位、妻子对待不同丈夫的态度、儿女的教养、财产继承，以及维系家庭生计等问

---

① ［美］格尔茨著，韩莉译：《文化的解释》，南京：译林出版社，1999 年，第 153 页。

题，都很值得进一步探讨。

从个人的层面上看，一场婚礼仪式在家庭不同成员的眼里，其心理体验是截然不同的。在父母的眼里，为儿子们筹备一场体面的婚礼是人生中的头等大事，把婚礼办得愈加隆重，就愈是一件很有脸面的事情，这也是为人父母的心愿。对于儿子们而言，他们共同的妻子很多时候是由父母包办的，儿子孝顺、听父母安排是其中的一个原因，但更重要的原因是家产不分家，大家齐心协力才能搞好家庭经济。对于妻子而言，她也愿意嫁入一个拥有几兄弟的家庭里面：这样不仅家里劳动力较多，自己也处于一个较为有利的位置。

概而言之，一场一妻多夫婚礼仪式的举行，预示一个特殊家庭组织的组建，而其所产生社会影响却是多方面的：在社会、家庭和个人等三种场域都得到了体现。

第二节　婚姻家庭

一、家庭与房名

龙西村 2007 年有 25 户共 193 人，男 102 人，女 91 人，男女比例约为 112：100。2005—2007 年，笔者两次在碧土乡龙西村从事田野工作，根据收集到的该村人口与年龄的构成情况制作出龙西村人口金字塔（见图 5 - 4）。龙西村的人口与年龄情况统计如下：26.4% 的人口处于前生育年龄（0～15 岁），56.0% 的人口处于生育年龄（16～45 岁），17.6% 的人口处于后生育年龄（46 岁及以上）。①

当前村里主要存在专偶制和多偶制两种婚姻形式；与此对应而组建的家庭亦可分为专偶制和多偶制家庭。需要指出的是：这里专偶制婚姻指一夫一妻制；多偶制婚姻则包括了一妻多夫和一夫多妻两种婚制。实际生活中，龙西村存在一妻多夫制而无一夫多妻制家庭的个案；尽管在龙西村临近的几个村子中，确实出现了少数几户家庭实行一夫多妻制的情况。

---

① 2005—2007 年两年间由于发生婚嫁、出生和死亡等，调查的数据出现了少量的变化，这里以最近一次的数据为主。

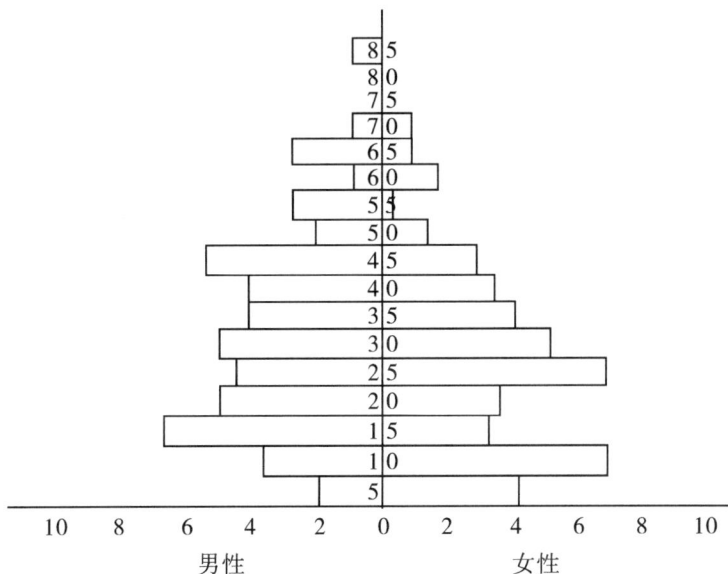

图 5 - 4　龙西村人口金字塔

注：纵线代表年龄组，横线代表百分比。

　　再把当前龙西村 25 户的婚姻类型登记成表（见表 5 - 2），并根据该表制作出龙西村 25 户家庭成员的构成表（见表 5 - 3），以利于进一步的理论分析。

表 5 - 2　龙西村家庭婚姻分类统计表

家庭编号	婚姻类型	家庭编号	婚姻类型	家庭编号	婚姻类型
1	一妻一夫	9	一妻三夫	17B	一妻一夫
2	一妻一夫	10	一妻四夫	18	一妻三夫
3	一妻一夫	11A	一妻一夫	19	残缺家庭
4A	一妻三夫	11B	一妻二夫	20	残缺家庭
4B	一妻二夫	12	一妻一夫	21	一妻一夫
5A	一妻一夫	13	一妻一夫	22	一妻二夫
5B	一妻四夫	14	一妻二夫	23	一妻二夫
6	一妻一夫	15	一妻一夫	24	一妻一夫
7	一妻五夫	16	一妻一夫	25	一妻一夫
8	一妻四夫	17A	一妻一夫		

表5-3 龙西村家庭成员构成表

家庭结构类型	户主	户主之配偶	子女	父亲	母亲	赘婿	儿媳妇	孙子孙女	孙辈之配偶	外孙	岳父	岳母	同胞兄弟	同胞姊妹	配偶之子女	配偶之姊妹	配偶之兄弟	父母之姊妹	父母之兄弟	户数	家庭编号
核心家庭	√	√																		1	24
	√	√	√																	6	1、3、6、15、16、25
	√	√	√										√							3	7、14、23
	√	√	√														√			1	2
	√	√	√											√						1	10
	√	√	√										√	√						1	22
	√	√	√												√					2	12、21
主干家庭	√	√					√													1	4
	√	√					√	√												1	5
	√	√						√												2	8、9
	√	√	√		√								√	√	√				√	1	11
	√	√								√										1	13
	√	√					√										√			1	17
	√	√					√	√												1	18
其他家庭	√												√	√	√					1	20
	√		√				√													1	19

注：

①以2007年现存婚姻形态为依据制作而成。

②其他家庭包括丧偶、离异以及未婚生子等情况下所组建而成的家庭。

③家庭编号斜体表示为一妻多夫制家庭；下划线表示为两代共妻家庭。下表同此。

龙西村中，"家庭"一词被称为"仓"，指"住在一个房子里的人"，即在同一个房子里长期共同居住、共进伙食的人，不仅囊括具有直系血缘关系的家庭成员，同时也包括具有旁系血缘关系的家庭成员。当地还把房子称为"空巴"，该词指的是房子，代表性建筑是土、木、石混合建造而成的碉房，多数为两层楼房（通常在顶楼另外搭建带一个天棚），极少数为一层平房。由于当地耕地十分有限，因此碉房所占的空间不大，一般为五六十平方米。如果与三岩和东坝的民居相比，这里碉房的总体外观上给人一种小家碧玉的感觉，但"麻雀虽小，五脏六腑俱全"。

就建筑结构而言，房屋外形方正厚重，以石头作为基层，泥墙耸立而上，墙体分收层次分明，外墙嵌有方形窗格。当地崇尚单数，房子正面一般开设五格窗口，两边侧面各开设三格窗口，门口则开在房子正面的中央位置。与其他地区有所差异的是，这里的门口建得异常狭窄与低矮，常人进入均需弯腰才行，稍有不慎就会碰到额头。根据一些报道人的解释，修建这样的门口可以防止亡魂或僵尸进入房子内作祟，因为当地流传一种说法：亡魂和僵尸只能直来直往，不能像常人一样弯身；这样，如果它们碰到门框，就会知道无法进入房子而不得不掉头离开。

房子内部由顶梁组成纵架，大空间由数排纵架组成，梁上铺椽，椽上铺木板或树枝等，再铺上卵石和泥土构成楼面。楼面上还可搭建平顶楼棚，约占顶层楼面三分之一的面积，主要用来存储干草、秸秆、粮食等杂物，同时还可用来挂晒衣服。由于乡里早就通了卫星电视，电视卫星接收器全都安置在顶楼上。楼房的地层作为畜厩，除了骡、马等牲口在内过夜以外，还可圈养山羊、猪和鸡等牲畜。当然，里面也经常会放置一些常用的农具、化肥以及其他的生产工具。

就装饰外观而言，外墙保持泥土的颜色，可在椽木外露部分逢单数刷成白色，逢双数刷成蓝色或绿色，这样就构成蓝（绿）白相间的装饰外观。房顶楼面修建略为倾斜，两侧各自设有几处排水口，方便雨季时排走雨水。楼面上还用泥土修建煨桑用的香炉，面向东南方，即朝向卡瓦格博神山。房内没有修建厕所，排泄等生理需求都可在田里解决。二层楼房主要用来住人，设有隔间，由天井、阴廊、厅房和若干耳房组成。一般设 1～2 间耳房，主要用来给家庭的年轻成员或者远方来的贵客居住。一幢二层楼房，一般占地 50 多平方米，外面还可建有一些附属建筑物（如仓库和猪圈等）。与东坝民居在三楼设置佛堂或经房的做法不同，龙西村的碉房三楼主要设为晒场和祭祀场所。

村里兄弟共妻家庭的碉房多数采用二层结构，无论是外观还是空间布局均大体相仿，应是采用了同一种设计图纸。即使只有一层的平房，也与二层碉房的空间布局如出一辙，实行人畜隔离。下面选取 5 号家庭，更为形象地说明龙西村的房屋布局与一妻多夫家庭组织的关联性：

个案五

访谈对象：鲁松

地点：龙西嘎扎村

时间：2005 年 8 月

这是一个三代同堂的主干家庭，一代为一妻一夫、二代为四兄弟共妻，三代有 3 子 1 女，总计人口 11 人，8 男 3 女，房子位于嘎扎村中央位置，是一幢两层的楼房。户主鲁松，现年 67 岁，早年曾做过马窝头，跑过滇藏茶马古道，后来由于摔坏了右腿才回家务农。鲁松上面还有一个哥哥（已经去世），之前两人曾行两兄弟共妻，妻子永青现年 71 岁，娘家在察瓦龙乡。鲁松家庭的二代为四兄弟，年龄依次为 41 岁、37 岁、27 岁和 24 岁，4 兄弟合娶 34 岁的妻子斯郎措姆，妻子的娘家同样在察瓦龙乡。二代成员又生育出 3 子 1 女，女儿 17 岁，3 子年龄依次为 15 岁、13 岁和 7 岁。

5 号家庭虽然人口不少，但家人集中居住在二层楼房，这里除去天井、阴廊等，只有 1 间厅房，1 间耳房，1 张餐台（可充当床用）。按照鲁松的说法，家里唯一的一间耳房，平时是留给自己的儿子居住的，①若有贵客来临，一般安排客人入住耳房，其余人等均要睡在厅房内。笔者在鲁松家做田野调查期间，鲁松确实慷慨地将家里唯一的耳房留给笔者住，自己的家人则留在厅房内过夜。根据笔者的田野观察，现将 4、5 号家庭成员晚上在厅房卧榻的位置展现如图 5 - 5 所示。②

孩子如果年纪尚小，可在母亲的旁边入睡，其他家庭成员则在厅房、厨房或者阴廊处就寝。当然，如果家里的年轻女性成员较多，则可要求女孩留在耳房内睡觉。4 号家庭便属于这种情况。

---

① 平时由于外出做生意、打工、采集、放牧和转经等活动，家里的儿子们难得有齐人的时候。若四个儿子均在家中，则耳房留给长子和次子，其余的兄弟睡在厅房内。

② 这里以调查期间家里实际人口的居住情况为准，下同。

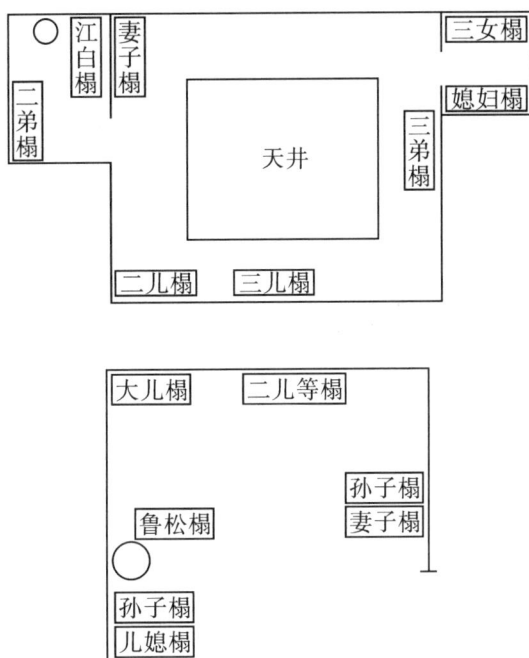

图 5-5 4、5 号家庭成员厅房卧榻图

由图 5-5 可知，龙西村家居生活实际存在着一套规则。例如在晚上就寝方面，表现出三点：首先，家长选择在火塘的右侧就寝，一般单独一人（偶尔也可有小孩陪伴睡），表明他作为家长的主心骨地位；其次，成年男人与女人，或者说丈夫和妻子是分开就寝的（小孩除外）；最后，小孩就寝则没有什么讲究，年幼的孩子多数留在母亲的身旁，年纪较大的孩子则可陪伴老人旁边或在其他的地方睡觉。

由此可见，龙西村房子的空间布局，无论是宽敞的厅房，还是狭窄的耳房，都为一妻多夫家庭提供了相对良好的生活空间。首先，一妻多夫家庭的夫妻生活比较频繁，把宽敞的厅房分割成为若干的小空间，又把丈夫与妻子隔开来睡，这样就能为夫妻的性生活提供便利。妻子独自一人卧榻，能够让其他的丈夫有机会实现与妻子"轮流同房"；当然，这种机会也要讲究一定的规则。① 其次，房子中出现了耳房，不管是由年轻的丈夫还是年轻的妻子居住，它满足了家庭成员在性生活上渴望私隐的需求。在家庭的诸多功能中，教育后代属于显性，从事人本身的生产属于隐形，两种功能的

① 坚赞才旦：《西藏真曲河谷一妻多夫家庭组织探微》，《西藏研究》2001 年第 3 期，第 29－30 页。

发挥需要时间和空间的交错。日出而作，日落而息，夜间全家人都在楼上，时间是无法交错的。如果妻子拥有单独的卧室而不顾及孩子，将严重影响到教育功能，故实现空间的交错，让当事的夫妻与家里其他人暂时隔离，前者占有隐蔽空间，后者占有非隐蔽空间，这样一家大小就能各得其所，有利于处理好家庭成员之间的微妙关系。

龙西村家庭的空间布局至少能够部分地说明：一妻多夫家庭是个有机的整体，各部分紧密联系，内部秩序井然，家庭成员的活动符合常规。①

值得指出的是，与军拥村的情形十分类似，龙西村与家庭相关的除了房子以外，还有行房名的习俗。当前龙西村25户，有房名的有15户（见表5－4）。

表5－4　龙西村家庭房名表

编号	房名	户主	村名	备注
1	卡仁那哈仓	顿珠	莱德	上面之意
2	萨南那嘎仓	吉称	莱德	下面之意
3	莱德卓米仓	江白	莱德	
4	巴黑仓	多罗	嘎扎	房子与户名由继承而来
5	可达仓	洛桑次仁	嘎扎	
6	皮扎仓	卓木次仁	嘎扎	
7	黑哈仓	饶丁	嘎扎	新房子之意
8	加黑仓	江永	嘎扎	耕牛之意
9	则卡仓	郎吉	玛德	水壶上面之意
10	格达仓	阿布	玛德	
11	卡仁次布仓	卓玛措	玛德	上面之意
12	加让仓	江村	玛德	
13	玛德卓米仓	车里江巴	玛德	
14	玉扎仓	格桑德里	玛德	
15	萨南次布	索堆	玛德	下面之意

这15户家庭在民主改革前就已存在，均为差巴家庭，其房名也一直沿用至今。在民主改革前，只有差巴户才能享有房名，嘎咱户没有房名。当

① 坚赞才旦：《西藏真曲河谷一妻多夫家庭组织探微》，《西藏研究》2001年第3期，第31页。

时的房名主要与社会和经济地位有关，特别是与社会地位有着更为密切的关联。差巴意为"领种差役份地支差的人"，指人身依附在差地上，为领主（农奴主）支差；而领主就是碧土寺。与周边的村子一样，民主改革前的龙西村人主要是碧土寺的属民，同时承当起相应的支差义务（乌拉）。除了差巴家庭以外，民主改革前龙西村另外还有 3 户嘎咱户（无土地的农奴），这样总计有 18 户家庭。考虑到当前龙西村仅有 25 户家庭，因此总体增长不大。

当前房名与社会和经济地位的联系已经不如以往那样明显，但仍与一个家庭的声望相关。房名象征继承家业，主要是继承房子和土地。房名是居住在同一所房子内共同生活的所有家庭成员共同享用的名字，即包括具有血缘关系的父母、子女、孙子、孙女等，也包括了不具血缘关系的女婿、儿媳等，以及其他在家中长期共同居住、生活的人等。如上述提及的 3 号家庭，其房名为"莱德卓米仓"，即包括了江白三兄弟，他们共同的妻子曲美卓玛，5 个儿子和新近迎娶的儿媳斯朗卓玛，另外还有留在家中的、迄今未出嫁的二女、四女和五女。相比之下，入赘或出嫁到其他家庭的成员不再享用原来的房名。例如，江白三弟上门到甲郎村，大女出嫁到察隅县察瓦龙乡，三女出嫁到云南德钦县佛山乡梅里水村，这三人均不能继承房名。相反，2 号家庭户主吉称从云南德钦县佛山乡梅里水村入赘到龙西村，反而能享用妻子原来的房名——萨南那嘎仓。如果是兄弟在村内分家，则可存在两家共同继承房名的情况。例如，表 5-2 中 4 号家庭的江白家与 15 号家庭的车里江巴家的祖辈曾是两兄弟；两兄弟后来决定分家产，一个兄弟来到玛德修建房子，要求继承原来的房名，因此也称为"卓米仓"。[①] 后来村里人在该房名前面加入村名以示区别，因此江白家的房名称为"莱德卓米仓"，车里江巴家的房名称为"玛德卓米仓"。另外还有一种情况是，房名可由外人继承。如 8 号家庭的多罗家，民主改革前多罗的父亲曾是嘎咱户，原来的户主一家全部逃亡到了印度，留下的空房子便由其父亲来继承，因此理所当然地继承了这户家庭原来的房名——巴黑仓。

二、家庭结构

总体而论，龙西村的婚姻形式和家庭结构呈现出五大特征：①对称性；②地缘性；③传袭性；④互换性；⑤包容性。

---

① 当地十分忌讳提及去世的人，分家的年代也比较久远，故已无法准确回忆出具体的分家时间。

（一）对称性

对称性是相对于婚姻形式而言的，即一夫一妻和一妻多夫两种婚制呈现出大致对称的结构。村内同样恪守"同代单一婚则"，但一般只能建立一夫一妻或一妻多夫家庭，两者比例大体相当。

龙西村 25 户家庭中，除 2 户为残缺家庭以外，一妻多夫制家庭有 11 户，均为兄弟共妻，占总户数的 44%，共妻的丈夫数最多为 5 人，最少为 2 人；一夫一妻家庭共有 12 户，占总户数的 48%。参见表 5-5：

表 5-5　龙西村婚姻户数统计表

类型	一夫一妻	一妻多夫	一夫多妻	其他	总计
数量（户）	12	11	0	2	25
占比（%）	48	44	0	8	100

现存婚姻中共发生 27 起婚姻事实，其中：一夫一妻婚姻为 15 起，约占婚姻总数的 55.6%；一妻多夫婚姻为 12 起（1 户为两代同偶家庭），约占婚姻总数的 44.4%（见表 5-6）；本村无一夫多妻现象。龙西村的一妻多夫婚姻形态，同样属于流行性一妻多夫制婚姻。

表 5-6　龙西村婚姻比例统计表

类型	一夫一妻	一妻多夫	一夫多妻	总计
数量（起）	15	12	0	27
占比（%）	55.6	44.4	0	100

比较龙西村和索日村中一妻多夫婚姻所占比例，还可发现一个重要的事实：龙西村一妻多夫婚姻比例由三分之一强骤升至二分之一弱，升幅有点偏高。解释其中的差异性，一个原因是龙西村自身的土地资源十分有限，很大程度上限制了户数的扩张。① 一个明显的例子是：龙西村的总户数由民主改革前的 18 户发展到 2007 年的 25 户，50 余年来只增长了 38.9%，增幅并不算大。由于一妻多夫制婚姻的数量维持在一定的水平之上，而一妻一夫制婚姻的比例却由于受到土地资源的限制无法实现大幅度增长；此消彼

① 这里扩张家户数主要通过分家或移入外来居民来实现。

长下，两者的比例趋于平衡，从而呈现出对称性特征。现把家庭人口数统
计成表（见表 5-7），用以考察龙西村的家庭规模。

当前村子共计 25 户家庭，平均每户约 7.72 人，一户最少 2 人，最多 13
人。考察龙西村中行兄弟型一妻多夫制家庭的人口数，有 11 户，共 103 人，
户数占村总户数的 44%，人口数约占村总人口数的 53.36%。11 户共妻家
庭平均每户约 9.36 人，远远高于村的户平均人口数，表明共妻制家庭与家
庭规模有着非常密切的联系。在龙西村，一个行兄弟共妻的家庭，其家庭
人口总数可能比行一夫一妻制的家庭的人口数要多；反之，一个家庭人口
数愈多的家庭，愈有可能是一个行兄弟共妻的家庭。

表 5-7　龙西村家庭人口数统计表

家庭人口数	户数	占比（%）	家庭人口数	户数	占比（%）
2	1	4	9	2	8
3	0	0	10	4	16
4	2	8	11	2	4
5	3	12	12	0	0
6	2	8	13	1	4
7	1	4	总计	25	100
8	7	28			

龙西村的家庭结构主要由三种类型构成：①核心家庭；②主干家庭；
③其他家庭。龙西村没有出现单人户；其他家庭中，两户均为丧偶家庭。
现把龙西村家庭分类统计的情况制作成表 5-8：

表 5-8　龙西村家庭分类统计表

家庭结构	户数	占比（%）
核心家庭	15	60
主干家庭	8	32
其他家庭	2	8
总计	25	100

与婚姻形式呈现出的对称性相比，家庭结构在分类上出现了失衡。索
日村中核心家庭数与主干家庭数基本持衡，但龙西村中的核心家庭却占据

了多数。龙西村共有 11 户共妻制家庭，4 户属于核心家庭，7 户属于主干家庭。

在索日村，核心家庭似乎与一夫一妻制有着更为密切的关联性，主干家庭则与一妻多夫制有着更为密切的关联性。龙西村中同样展示出这种关联性：核心家庭中一妻一夫制家庭的比例为 71.4%；主干家庭中一妻多夫制的比例为 77.8%。

（二）地缘性

地缘性是相对婚姻缔结的对象和通婚圈的范围而言的，指两者均具有以地域为依托向周边地区辐射开来的典型特征。

关于婚姻的缔结，龙西村同样确立了一条最基本的原则：同一父系成员世代禁止通婚。与索日村有所不同的是，龙西村没有严格意义上的骨系概念，但父系直系第一亲属之间不允许通婚，这样就天然排除了父方的交表婚和平表婚，但允许一定范围内母系血缘通婚的情况。例如，母系直系第一亲属有可能成为己身的通婚对象；换言之，一个男人可以与他母亲之兄弟的女儿结婚，但不能与他的父亲之姊妹的女儿结婚。当地把母方交表婚称为"席次尼姆"，意指亲上加亲，是一种受到认可并且乐于采用的婚姻形式。

"席次尼姆"的出现，也能从侧面反映当地通婚范围相当狭窄。这点也许与当地偏僻的地理位置有关：封闭的地理条件，外加语言、风俗习惯与婚俗等方面的原因，使得男女之间的相亲相爱只能局限在一定的范围之内。现把龙西村男女通婚半径统计成表 5 - 9：

表 5 - 9　龙西村男女通婚半径表

娘家	本村		本乡邻村		本县邻乡		本自治区邻县		外省		总计	
	人数	占比（%）	人数	占比（%）	人数	占比（%）	人数	占比（%）	人数	占比（%）	人数	占比（%）
娶入	11	52.4	3	14.3	0	0	7	33.3	0	0	21	100
嫁出	11	44	3	12	0	0	9	36	2	8	25	100
入赘	3	50	2	33.3	0	0	0	0	1	16.7	6	100
上门	3	33.3	3	33.3	1	11.1	1	11.1	1	11.1	9	100

由表 5 - 9 可知，当地通婚圈异常狭窄。以龙西村现存 27 起婚姻为例（其中 21 起为娶入妇女，6 起为入赘婚），有超过一半的已婚妇女来自本村，

另有将近一半的妇女分别来自本乡邻村和本自治区邻县。入赘婚的情形大抵相同。例如，入赘婚的女婿有一半来自本村，33.3%来自本乡邻村，16.7%来自外省；上门女婿比入赘女婿人数多出一半，其中有33.3%来自本村，33.3%来自本乡邻村，11.1%来自本县邻乡，11.1%来自本自治区邻县，11.1%来自外省。龙西村除了本村娶入11名妇女以外，邻村娶入的妇女主要来自碧土乡的花巴和甲郎两村，人数分别为2人和1人；本自治区邻县则全部来自察隅县的察瓦龙乡，人数为7人。入赘婚中有3人来自本村；2人来自本乡邻村，甲郎村和布然村各1人；另有1人来自云南省德钦县佛山乡梅里水村。上门女婿共有9人，3人来自本村；3人来自本乡邻村，其中碧土村2人，布然村1人；另有3人来自其他县、地区和省等地方。

　　虽然通婚圈范围涉及村、乡、县和省等四个级别，但是龙西村的通婚圈主要局限在三个区域：首先是本村，以流行兄弟共妻制婚姻为主；其次是察隅县的察瓦龙乡和云南德钦县佛山乡，当地同样盛行兄弟共妻制；最后才是本乡邻近的一些村子（如甲郎、花巴、碧土等村）。由于龙西村地处左贡县东南部的边缘地带，西南与察隅县察瓦龙乡比邻，东南与云南佛山乡接壤，碧土乡的花巴、甲郎等村位于龙西村的北部，是通往昌都、拉萨的必经之地。实际这三处地方与龙西村都仅相隔一至两天的行程，可以说地缘性特征十分明显。

　　察瓦龙位于察隅县的东部边缘地区，梅里雪山西端，从龙西村向西翻越梅里雪山群，仅需一天半的行程就可抵达察瓦龙乡。察瓦龙乡又恰好位于怒江河谷上，流经龙西村的玉曲河，经过一个倒"几"字的大拐弯后最终与怒江汇合，然后一同流向南方，沿路所经过的几个村子（如扎果、宽布和普巴等村）均属察瓦龙乡。

　　现在，可以较有把握地认为，茶马古道的贸易圈与当地的通婚圈存在重叠的现象。回想起茶马古道的那一段光辉的岁月，龙西村人莫不引以为豪，当时村里就有不少人参加了马帮，干起了"马窝头"或"马脚夫"（赶马人）的行当。然而与察瓦龙人相比，龙西村人就要相形见绌了。在茶马古道兴盛的年代，察瓦龙的马帮可谓赫赫有名，他们人多马众，浩浩荡荡地来往于茶马古道。察瓦龙人不仅吃苦耐劳，而且非常善于经营，骡马也非常得力，因而非常富有，出现了许多的"聪本"（掌柜）。那时到丽江的藏族马帮，大多数都是来自察瓦龙，丽江里甚至有不少商号都有他们的股份，他们在丽江一度繁荣的经济贸易中扮演了重要角色，丽江人都把他们叫作"察瓦龙巴"。据悉，在这些"察瓦龙巴"中，就有不少龙西村人在其中充当"伙计"的角色。由此可见,龙西村人与"察瓦龙巴"的联系不仅相当密切,而且有着久远的历史。

值得指出的还有一点,龙西村与花巴、甲郎等村处于同一条滇藏茶马古道之上;与云南佛山乡的梅里水村、察隅县的察瓦龙乡,则不仅处于互通有无的茶马古道之上,更属于同一个宗教文化圈(卡瓦格博转山信仰圈)之上,龙西村的玛德村就位于卡瓦格博外转山圈上,是其中一个重要的驿站。

(三) 传袭性

传袭性,顾名思义,就是传授承袭的特性。该特性指实行某种婚制的家庭,大多倾向于让自己的子女继续实行该婚制。

让子女持续行兄弟型一妻多夫婚制,主要有两种途径:一是让若干个儿子(兄弟)合娶一妻;二是让自己的女儿嫁入行兄弟共妻的家庭中。在一个兄弟共妻的家庭里,子女自小"耳濡目染",因此更容易接受与适应这种婚制,从而确保了该婚制在实行过程中的稳定性。婚姻家庭形态有三种传递逻辑——垂直、水平和倾斜。[①] 垂直型指从父母传递到子女;水平型指在同龄人之间传递;倾斜型指非亲属之间从上一代传递到下一代。相当程度而言,"传袭性"的提法与婚姻家庭形态的垂直传递可以画上对等号。以下两个个案能说明这一情况:

个案六

访谈对象:白多

地点:龙西菜德村

时间:2007 年 1 月

4 号家庭原为行兄弟共妻的核心家庭。一代成员原有 4 兄弟,1人上门到碧土乡甲郎村,剩余 3 人行三兄共妻。二代成员生有 5 子 5女。5 个儿子有 3 个年纪尚幼且在外读书,5 个女儿有 2 个已经出嫁,另有 1 人在拉萨打工,剩余 2 个女儿在家务农。一代成员希望 5 个儿子能够继续行共妻制,从而实现兄弟不分家,进而共同劳作积聚起财富。父母眼见大儿(32 岁)和二儿(25 岁)长大成人,家里由于

---

① BERGSTROM T C. Economics in a family way. Journal of economic literature, 1996, 34 (4): 1903 – 1934.

承包的责任田过多又急缺劳力。因此在 2006 年期间,父母开始忙活着先给年长的大儿、二儿说上一门亲事,希望其他 3 个儿子(分别为 18 岁、16 岁、11 岁)长大后也能陆续加入。4 号家庭心目中的理想媳妇,最终确定为本村 5 号家庭的孙女、17 岁的斯朗卓玛。斯朗卓玛同样出身于一户行兄弟共妻制的家庭(二代成员行四兄共妻)。斯朗卓玛的父母深知行兄弟共妻所带来的种种好处,因而欣然同意了这门亲事。斯朗卓玛自小在行兄弟共妻的家庭中长大,对于行兄弟共妻制的优劣之处自然了然于心,不仅不会对其感到陌生厌恶,反而能很快融入新的家庭当中。对于这两户家庭而言,两家实现联姻无疑是件让双方均感到满意的事情。

个案七

访谈对象:格桑尼玛

地点:龙西嘎扎村

时间:2005 年 8 月

18 号家庭是个行兄弟共妻的主干家庭。户主格桑尼玛(63 岁)是一代成员,早年曾行二兄共妻婚姻,不过哥哥和妻子先后去世,现在仅剩下格桑尼玛一人。格桑尼玛原有 4 个儿子,他们共同迎娶了嘎扎村的热那拥宗,组成一个四兄共妻制家庭,并且生育出 2 子 2 女;1997 年,二儿病故,剩余三兄弟共妻。格桑尼玛另外还有 3 个女儿,分别为大女向巴玉珍(41 岁)、二女扎西拉姆(36 岁)和三女卓玛拉索(33 岁)。现在除了二女扎西拉姆留守在家外,另外两个女儿分别嫁入两个行兄弟共妻的家庭:大女向巴玉珍嫁入 7 号家庭,组成一个五兄共妻的核心家庭,并且生育了 1 子 2 女;三女卓玛拉索嫁入 8 号家庭,组成一个四兄共妻的主干家庭,并且生育了 4 个女儿。

考察龙西村当前 11 户行兄弟型一妻多夫制家庭,发现其父辈曾行该婚制情况的竟有 8 户。[①] 换言之,上一代行兄弟共妻的家庭中,二代成员行该婚制的比例为 72.7%,表明婚姻家庭形态的垂直传递在发挥着巨大的作用。

---

① 由于夫妻双方中有成员去世从而造成一妻多夫制转为一夫一妻制或丧偶,当前两代均健全的兄弟共妻制家庭仅有 1 户。

婚姻家庭形态的垂直传递逻辑，可以用孟德尔的遗传法则来解释。根据孟德尔的遗传法则，基因是代代相传的。现实的传递方式大多是垂直型。一个家庭，上代实行某种婚制，由于下代人分有上代人的基因，自然容易承袭这一婚制。天不变，道亦不变。只要条件不发生根本变化，家庭世代婚制不改。理由很简单，既然家庭指在单一基因位点上基因相同的人们所组成的群体，每个人自然都会按照基因编程使用相同的策略。由此看来，龙西村中世代存有兄弟共妻制家庭，其传递逻辑与基因的传递形式存在一定程度的类比性。

（四）互换性

互换性是相对于传袭性而言的。龙西村家庭中存在大量垂直传递的形式，一个行一夫一妻的家庭，其后代便有可能倾向于行一夫一妻；同样，一个行兄弟共妻的家庭，其后代便有可能继续行兄弟共妻制婚姻。然而，这点并非绝对的和一成不变的。在三种传递逻辑——垂直、水平和倾斜中，水平和倾斜两种形式同样在发挥着作用，其结果就是一夫一妻制与一妻多夫制之间相互作用并且发生转化，使得龙西村的家庭组织形式充满动态与活力。

诚然，一夫一妻制与一妻多夫制的互相转化是种双向与动态的过程。首先，一夫一妻制可向一妻多夫制转化。例如以下个案：

个案八

访谈对象：格桑德里

地点：龙西玛德村

时间：2005 年 8 月

23 号家庭是个行二兄共妻的主干家庭。户主格桑德里是二代成员，现年 51 岁。格桑德里还有一个哥哥和一个妹妹。妹妹出嫁到碧土乡布然村。由于格桑德里的能力要比兄长强许多，因此被家里人选为家长。格桑德里的父母原来是行一夫一妻的家庭，父亲多杰已经去世，母亲依然在世，名为莫协，现年 70 岁。多杰早年从察瓦龙入赘到龙西玛德村，与妻子莫协组建一夫一妻家庭，一共生育了 2 子 1 女。由于好不容易才把子女拉扯成人，多杰深知在龙西村组建一夫一妻家庭的各种艰辛与困苦，看到村里其他行兄弟共妻的家庭由于兄弟不分家，劳动力多，生产和生活均有保障，多杰也希望自己的两个儿子不分家，因此强烈要求两人合娶一妻。1995 年，多杰夫妇特意从察瓦龙乡扎果村挑选了一名理想的媳妇——白措，并让自己的两个儿子一起将白措迎娶入门。现在二代家庭又养育出 3 子 1 女。3 个儿子的年龄依次为 11 岁、9 岁和 7 岁。三代成员未来是否仍然行兄弟共妻？格桑德里兄弟表示当前孩子年纪尚小，不宜展开讨论，但未来不排除这样一种可能。

其次，一夫多妻制又可转化为一妻一夫制。这种转化主要通过两种形式实现：一是兄弟中有人另外分家；二是兄弟中有人采取入赘婚，即以"波色"（女婿）的名义上门到其他家庭。以下两个个案分别说明了这种情况：

个案九

访谈对象：多罗

地点：龙西玛德村

时间：2005 年 8 月

8 号家庭是个二代行四兄共妻的主干家庭。户主多罗的父亲——彭措，原来是嘎扎村的大户人家——巴黑仓的嘎咱户（农奴）。1950 年，第四兵团派遣队伍从云南德钦进藏，先后经过碧土、门工和察隅等地进军，配合十八军打响了解放昌都的战役。这次从南路进军的解放军，走的正是滇藏线的茶马古道，龙西村恰好又是这条"生命线"的首站。镇守碧土的藏军在战役失利后溃败或投降，巴黑仓原来的主人参与了这场战役，由于害怕受到惩罚，因此全家人逃亡到了印度。人去楼空下，彭措继承了巴黑仓的户名和土地，后来娶妻成家，建立了一个一妻一夫家庭。多罗原本有三兄弟，实行三兄共妻，现在两个哥哥和妻子已经先后去世。多罗一家二代成员生育了 5 个儿子，年龄分别为 41 岁、32 岁、27 岁、24 岁、21 岁，5 个儿子又合娶 18 号家庭的闺女向巴玉珍，生育了三代成员——4 个女儿。妻子向巴玉珍今年 41 岁，除了老大以外，其年龄对于其余 4 位弟弟来说无疑偏大。老二扎西江措先在碧土乡政府附近开了一家小卖部，后来认识了碧土村姑娘次任央措，于是决定另外分家。分家以后，除了经营小卖部获得收益以外，扎西江措没再从家里分得任何的资产。

个案十

访谈对象：顿珠

地点：龙西莱德村

时间：2005年8月

1号家庭为一夫一妻制下的核心家庭。户主顿珠现年51岁，妻子来自嘎扎村，现年54岁。两人共同养育了2子2女。顿珠家庭民主改革前曾是龙西村的大户，据悉，其祖辈也曾实行过兄弟共妻制婚姻。顿珠原来有三兄弟，二弟占堆从昌都师范学校毕业以后，分配到左贡县城的小学里教书，同时也在那里成家立业。三弟赞巴丛则上门到本村13号家庭，同时养育了1子4女，并且成为13号家庭的家长。顿珠三兄弟各自分家，采取的均是一夫一妻制婚姻，主要原因有两个：一是家庭原来是龙西村的大户，家境优越，家产殷实，因此有资源和能力送子女外出读书，容易接受新的思想，家庭也有能力承受和克服兄弟分家后可能面临的困难；二是顿珠早年加入了中国共产党，响应党的号召，反对行兄弟共妻这种所谓的"落后愚昧的婚俗"，因此家里人让弟弟上门到了其他家庭。

一定程度上，互换性既与龙西村特殊的地理环境有关，也与家庭婚姻选择的偏好相连。由于环境因素是变化的，因此，与基因编码有关的选择偏好必须具备足够的灵活性，才能使人们永远保持生育的兴趣。例如，家庭成员在使用相同的策略 x 时，也会使用不同的策略 y 来抵御突变基因的入侵，维持"单群均衡"。如果突变基因的携带者比常规状态下采取 x 策略的家庭更能生存，突变基因便打破了单群均衡，并会在家中建立一种新的偏好机制，改变原来的传递方式，此类情形较为寻常。要是情况相反，促使采取不同策略的突变基因的携带者比常规状态下采取 x 策略的个体更难生存，单群均衡就维持下来。①

（五）包容性

传袭性和互换性生动地展示婚姻家庭形态的三种传递逻辑——垂直、

---

① BERGSTROM T C. On the evolution of altruistic ethical rules for siblings. American economic review, 1995, 85（1）: 58-81.

水平和倾斜在龙西村内的动态与活力。三种传递逻辑之所以发挥着功效，其实是建立在一个基本的前提——包容性之上的。

包容性包含着三个方面的内容：首先，龙西村内认可的婚姻组织形式最多样化。当前世上存有三种婚姻形式——一夫一妻、一夫多妻和一妻多夫，都能在龙西村中受到认可。当前龙西村 25 户家庭中只出现一夫一妻和一妻多夫两种婚姻形式，虽然未见一夫多妻制婚姻，但龙西村临近的一些村子中却存有一夫多妻制家庭。[①] 这里认可的一夫多妻制家庭，共夫的妻子一般以姊妹为主。建立这样的家庭通常有两种情形：一是男方先娶入某户人家的女儿作为自己的妻子，然后再把妻子的姊妹迎娶过来；二是男方先上门与女方家庭的某位女儿建立起一夫一妻家庭，后来女方家庭出于保存劳动力等需要，再把未婚的姊妹嫁给已上门的女婿，从而组建成一夫多妻制家庭。临近的一些村子出现了姊妹共夫的现象，表明该婚制在当地的存在有着坚实的物质基础和文化传统。龙西村人并未强烈地反对实行姊妹共夫的婚姻；相反，有报道人曾私底下向笔者透露说以往龙西村中也曾存有过行姊妹共夫的情况。现在的龙西村中已不具备行该婚姻的条件，因而没有出现姊妹共夫的家庭。[②]

其次，入赘婚在本村占有很大的比例，并且不受到社会舆论的歧视，显示出极大的宽容性。作为一户人家的"波色"（上门女婿），并不说明其地位就要比其他家里人低下；相反，波色不仅有权享用新家庭的房名，甚至还可成为新家庭的家长。

由于当地最具影响力的寺庙碧土寺在"文革"时期被摧毁殆尽，重修工作现在仍遥遥无期，宗教对当地人的影响日渐式微。一个结果是：当前碧土乡没有一所大型寺庙，碧土乡内也鲜见出家的情况。相比之下，和平解放前碧土乡存有一项"喇嘛税"，碧土寺周边的几个村子需要定期为该寺提供出家人选，以抵销不菲的税金。由于碧土乡内的村子大多是碧土寺的属民，因此家庭中有人出家的情况比较普遍。

在索日村，宗教实质嵌入当地的家庭组织和社会结构当中，为减少潜在的丈夫数或为多余出来的妇女提供了"避难所"。相比之下，龙西村中宗教在此方面的杠杆功能，只能通过推行波色婚获得部分补偿。当前龙西村 27 起婚姻事实中，发生了 6 起波色婚，其中属于本村入赘的有 3 人，另有 3

[①] 2005 年碧土乡若干村子的抽样调查中，发现碧土村和扎郎村各有 1 例行一夫多妻的家庭。

[②] 行该婚制有个基本的条件：家中无男丁而又有姊妹；姊妹之间年龄差距不大，关系又比较融洽，能听从父母的安排。

人来自外村。相比之下，龙西村只有 3 人上门到本村，有 6 人上门到其他村子。行波色婚的人，无一例外地采取一夫一妻制婚姻形式。进一步考察这些行波色婚的男性成员，发现绝大部分来自家里存有兄弟组成员的家庭。由此看来，当地流行的入赘婚不仅有效地减少了行兄弟共妻制的兄弟的数量，而且也能为留下来的兄弟实行一夫一妻制扫清障碍。[①]

最后，家庭中包含为数不少的附属或是卫星成员。[②] 只要家人愿意留在家里，他（她）们不分彼此与地位高低，都是家庭中不可或缺的成员，并有资格享受作为家庭成员应该拥有的一切权利。

三、残缺家庭和附属成员

龙西村 25 户家庭中，有 2 户属残缺家庭，均为丧偶家庭。以下两个个案各自说明了他们的情况：

个案十一

访谈对象：阿布

地点：龙西玛德村

时间：2005 年 8 月

19 号家庭为丧偶家庭。户主阿布现年 85 岁，早年与妻子建立起一夫一妻制婚姻，生育了 2 子 3 女。阿布的妻子于 1970 年病故，两个儿子现年分别为 51 岁和 49 岁，均未成婚，三个女儿也留守在家。大女次仁玉珍现年 64 岁，由于她曾未婚怀孕，分别生下了 1 子 1 女，现年分别为 30 岁和 27 岁，按照当地的说法，女儿与别人私通并不是什么见不得人的事情，次仁玉珍未婚所育之子女称为"宗措"，当地指"未婚生子"，即我们所理解的私生子。值得指出的是，宗措在龙西村中并无任何的贬义；宗措也是家庭中的一员，不仅有权享用房名，更可在分家时分得应有财产。在阿布家中，由于三代有了后代，自己的两个儿子也放弃了结婚的权利，兄弟两人和姊妹三人都把玉珍子女视若己出，齐心协力将他们养育成人，家庭成员之间的关系非常融洽。

---

① 例如，兄弟较多的家庭可让一个或数个兄弟入赘到其他家庭，以减少行共妻制的丈夫数；两兄弟也可让其中一人入赘到其他家庭，剩余一人则留在家中组建一夫一妻制家庭。
② 包括离异妇女、私生子和残疾人等。

个案十二

访谈对象：卓玛措等人

地点：龙西玛德村

时间：2005 年 8 月

20 号家庭为丧偶家庭。户主为卓玛措，女，现年 38 岁。卓玛措的母亲为本村人，父亲早年从安多入赘到卓玛措家，并且与卓玛措的母亲建立了一夫一妻制家庭；现在父母均已去世。卓玛措上面还有一个姐姐，现在拉萨做生意并定居下来。二姐卓玛措当仁不让地承担了家长的责任。在龙西村，妇女也有相当的地位，一个家庭中如果妇女能力强，则她也可能作为家里的家长。卓玛措下面还有 3 个弟弟和 4 个妹妹。三个弟弟都已外出到拉萨经商或打工，平时甚少回家。4 个妹妹中，33 岁的康珠拉姆最初嫁给本村人日钦丹珠（21 号家庭户主的弟弟，结婚后分家），并且生育了 1 子 2 女（年龄分别为 7 岁、3 岁和 1 岁）；日钦丹珠（45 岁）为人敦厚老实；康珠拉姆年轻漂亮，觉得日渐年迈的丈夫配不上她。2001 年，康珠拉姆与索堆家（24 号家庭，原来居住在莱德村，后来搬入玛德村）的独子扎西加措（29 岁）相好，两人私通了两年之久。丈夫日钦丹珠后来发现了妻子与别人的私情，心情自然异常悲痛。经过村里人的调解，康珠拉姆暂时中断了与扎西加措的交往，但夫妻关系已经破裂且日趋紧张，吵架和打骂时有发生。后来康珠拉姆赌气跑到定居在拉萨的大姐处逃避，同时在那里打工。与此同时，扎西加措也不忘旧情，在家人的强烈反对下也跑去了拉萨，两人在拉萨旧情复燃。2004 年，在丈夫的要求和康珠拉姆家里人的劝说下，康珠拉姆执拗不过又回到了家中。扎西加措随后也回到家中。两人的私情继续存在。2005 年 7 月的一天，康珠拉姆与扎西加措在村外的水磨房里约会，正好被路过的日钦丹珠偷听到两人的私话，一时气愤得暴跳如雷。日钦丹珠回到家中，喝下了大碗青稞酒来壮胆，然后用铁条缚身前往水磨房找他们两人理论。来到水磨房，日钦丹珠破口大骂。康珠拉姆与扎西加措两人见状惊慌不已，无奈之下向日钦丹珠投掷石块，但日钦丹珠一点儿也不躲避，就这样被两人投掷过来的石块活活掷死。看到自己犯下了滔天的罪行，康珠拉姆与扎西加措自知天理难容，于是两人相约一起跳入了玉曲河。康珠拉姆夫妇过世后，

遗留下 3 个子女，现在均由康珠拉姆的二姐卓玛措领取到自己家
收养。

两户残缺家庭展现出一个共同点：对于户主而言，家里出现了非直亲
的家庭成员，他（她）们以附属或卫星成员的形式加入进来。这种现象在
龙西村其余 23 户家庭也有存在，只是程度有所差别。除了这 2 户残缺家庭
以外，其余 23 户分为核心家庭与主干家庭两种类型。核心家庭与主干家庭
又可进一步分为若干种亚型（见表 5-10）。

表 5-10　龙西村主干家庭和核心家庭亚型表

	家庭结构	户数	占比（%）	家庭编号
核心家庭	夫妻	1	7.14	25
	夫妻附妻之兄弟	1	7.14	2
	典型核心	9	64.29	1、3、6、7、10、14、15、16、25
	核心附姊妹	3	21.43	12、21、22
主干家庭	夫妻	1	11.1	4
	夫妻附妻之兄弟	1	11.1	17
	典型主干	4	44.45	5、8、13、23
	主干附姊妹	3	33.33	9、11、18

由表 5-10 可知，家庭成员除了夫妻和其子女以外，还包括来自妻方的
兄弟或来自夫方的姊妹。其中出现妻方兄弟的家庭有 2 户，占总户数的 8%；
出现夫之姊妹的家庭有 6 户，占总户数的 24%。考察这些"附属的"家庭成
员，发现他们不是丧失一定劳动力的残疾人，[1] 就是已过最佳婚龄的妇女。

2 号和 17 号家庭均采取入赘婚，其中一个重要的原因是家里有男性成员
是残疾人，[2] 不能娶到妻子，因此才让女儿采用入赘婚的形式来组建家庭。新
家庭不能排斥原来家里的残疾人，应该同样视他们为家庭的一员，同时承担
起抚养他们的义务。另有 6 户家庭的附属成员均为丈夫的姊妹，人数共计达
10 人之多。10 人的平均年龄为 32.1 岁，表明多数人已经错过了当地最佳的婚
配年龄。由于当地流行兄弟共妻制婚姻，必然会造成社会上有妇女不能婚配。

---

① 龙西村当前共有 4 位残疾人，其中聋人 1 人，哑人 1 人，肢体残疾人 2 人。
② 2 号家庭妻子的哥哥是哑人；17 号家庭妻子的弟弟是肢体残疾人。

在索日村，宗教和寺庙在调解此类妇女方面发挥积极的作用；相比之下，龙西村中宗教的影响与作用式微，家庭不得不充当起类似的角色，为这些不能婚配的妇女提供庇护。此外，对于婚外情与私生子，当地不仅提供了相对宽松的舆论氛围，而且家属也有将私生子抚养成人的义务，这样在一定程度上也能缓解这些不能婚配的妇女对社会所造成的潜在压力。

第三节　在半农半牧之间

一、兄弟共妻制的成因

就地理位置与生态环境而言，龙西村地处青藏高原东部横断山区的河谷地带和怒江支流玉曲河河谷，海拔为 2 000~3 000 米，属于河谷有刺灌丛带和常绿阔叶灌丛带。这里处于湿润、半湿润的河谷气候，尤其适合于精细型的农业耕作。龙西村又位于西藏与云南的交界地带，为滇藏茶马古道的必经之地，自古以来便是军事战略要地。据龙西村人的陈述，他们的先祖中就有以往从卫藏前来戍边的藏兵，后来他们融入当地的民系中，发展成为屯守纳税、自古自足的差巴户。由此可见，龙西村的农业耕作拥有相对久远的历史。

与左贡县其他地方一样，龙西村同样发展出精耕细作的农耕技术。除了适宜种植青稞、小麦、荞麦和玉米等以外，当地还可种植品种多样的叶类蔬菜，以作为农作物的补充。虽然河谷地带带来有利的气候条件，但龙西村适合耕作的田地相当有限。龙西村总人口为 193 人，约占全乡人口的9.24%，但村里常用耕地面积仅为 191.7 亩，人均不足 1 亩，远低于乡人均耕地面积 2.35 亩的水平。换言之，有限的耕地面积极大地限制了龙西村人口的扩张，使得村总户数长期只能维持在一定数量上。例如，西藏民主改革前龙西村有 15 户差巴户和 3 户嘎咱户，人口不足 100 人，即使到 2007 年人口增长也不足一倍。据村里的老人回忆，民主改革前龙西村的差巴户就有不少是行兄弟共妻的家庭，此现象符合之前学者的相关解释。[①]

---

① 戈尔斯坦认为：除了维持财产完整以外，一妻多夫紧密围绕社会分层体系，伴随着生产方式和社会地位的分布而存在。在藏族社会的阶级与分层贵族、差巴和堆穷中，一妻多夫更多见于差巴阶层，是该阶层世代维护家庭和财富的主要手段。参见 GOLDSTEIN M C. Stratification, polyandry, and family structure in Central Tibet. Southwestern journal of anthropology, 1971（27）: 64–74.

在当地人的眼里，龙西村之所以采取兄弟共妻制，主要有以下六种说法：第一，"耕地有限，农作物产量不高，家里需要操持的生计活多，需要投入很多劳力，兄弟一起干活没有那么辛苦"。第二，"以往实行很要命的'乌拉'（差役），土司头人和寺庙（指碧土寺）每年都会大量征用乌拉差，叫到谁家，谁家就得无偿地听从西藏地方政府、土司头人和喇嘛寺的差遣。一夫一妻制的家庭很难应付家庭经济和社会权势的需求，因此必须实行兄弟共妻"。第三，"以往村里的男人为了生计跑马帮需要长期在外，家里没个男人难以维持家庭的运转"。第四，"按照当地的传统，男女可以分家并且获得家产，但一个实力雄厚的家庭如果分裂成几个脆弱的小家庭，则很难与恶劣的自然环境对抗，甚至连生存都成为问题，所以采取了兄弟共妻的办法，这样就避免了分家，同时也能保持家庭的经济生产能力"。第五，"这里的耕地有限，没有多余的空间来建房子，况且修建新房需要耗费大量的资金，不是每户家庭或每个人都能够承受的，只能兄弟不分家并合娶一妻"。第六，"兄弟不分家是一种风俗传统，兄弟齐心协力，家庭生活就能搞得好，很快走向富裕之路"。

以上六种来自报道人本土的观点，表明当地行兄弟共妻制具有相当的功利性，主要与社会—经济的各种因素有关。近些年来，当地人口和户数开始呈现增长的趋势，而外部的地理条件并没有发生多大的变化。龙西村人必须应对展现在他们面前的一个尖锐的矛盾——耕地陡峻，地块零碎，土地珍贵，气候差异大，人口压力大。面对自然条件和生态环境给生计方式造成的巨大压力，龙西村人自然而然地采取了一种积极有效的家庭策略和文化机制——兄弟共妻制——来解决问题。

以下将从生计方式的角度，对龙西村的主业和副业（农牧林商这四个行业）开展剖析，实质集中反映在一点之上：各种行业均对家庭劳力（特别是男性成员）提出了特殊的需求。尽管当地的生产方式形式多样，但均与一个变量——家庭的人口数有密切的关联性。换言之，一个人口愈多的家庭，其经济生产活动便具备更大的多样性与灵活性，从而获得了更大的优势。

在龙西村人看来，获得这种优势的一个惯常手段，就是实行兄弟共妻制婚姻。一个行兄弟共妻制的家庭，便有可能提供充裕与必要的劳力，从事最多样化的经济生产性活动。一个家庭如果从事的经济生产性活动愈多样化，愈有可能实现自身经济利益的最大化；这样反过来巩固了舆论对大家庭的需求，从而助长了兄弟型一妻多夫制的流行。

二、以农为本的主业

与左贡地区和碧土乡其他的一些村子相比，龙西村处于河谷与半山地带，临近云南省德钦县，地理位置相对优越，林业和草场资源均比较丰富，非常适宜发展采集和牧业。因此，龙西村中一个家庭的经济生产活动便具有更多的可能性。表5-11为龙西村主要的年度经济生产活动表：

表5-11　龙西村年度经济生产活动表（藏历月）

月份	重要经济生产活动
一	割草、背水、上山放牧、田间管理、施肥、砍柴、过藏历年
二	砍柴、施肥、田间管理、种马铃薯、种青稞
三	田间管理、犁地、拔草、播种、种青稞、种玉米、种马铃薯
四	田间管理、拔草、种荞麦、灌溉庄稼、准备挖虫草
五	挖虫草、收马铃薯、种蔬菜、犁地、拔草、施肥、播种、种荞麦
六	卖虫草、采集松茸、山上放牧、收蔬菜、修水渠、经营"帐篷商店"
七	采集松茸、经营"帐篷商店"、收青稞、田间管理、种青菜、山上放牧、修水渠
八	经营"帐篷商店"、修水渠、收荞麦、酿造青稞酒、出售核桃与苹果等
九	田间管理、酿造玉米酒
十	田间管理、杀牦牛、月底开始割草
十一	砍柴、施肥、田间管理、割草、准备过冬
十二	割草、背水、上山放牧、田间管理、施肥、砍柴、准备过藏历年

由表5-11可知，龙西村人的生产方式虽然名义上以半农半牧为主，但实际的经济生产活动覆盖农、牧、林和商四大行业。与周边的村子有所不同的是：龙西村人更能因地制宜地组织形式多样的经济性生产活动，有效地解决了由于人地短缺所产生的固有矛盾。

即便如此，农业是龙西村的立村之本。农业不仅是龙西村的主业，也是一个家庭投入劳动力最多、集约化最强的行业，很大程度上决定了这个家庭能否做到自给自足，因此需要认真对待。龙西村的农业性特征主要体现在以下三个方面：

首先，河谷与山地并存的地质条件，决定了当地人以农业耕作为主，以畜牧业、采集为辅的生产模式。龙西村地处梅里雪山北坡，山地众多，熟地较少，且熟地主要处于河谷和半山中的水源流经之处，总计不足千分之一。农田开垦多在水源和村落附近，分为水田和旱地；以旱地居多，其中又以半山坡地为主，坝子（平地）极少。旱地一般一年一收，水田一年两收。河谷地段气候较暖和，农作物一年两熟；半山地区气候较寒冷，农作物一年一熟或两年三熟。除了玉曲河河谷地段的土壤比较肥沃以外，半山坡地多碎石，耕地大多不能深入土地。索日村农事活动基本固定下来，其年度作息表（藏历月）安排如下：一、二月为砍柴、割草和田间管理；三、四月为犁地、施肥、拔草、播种（荞麦和马铃薯等）；五、六月为采集虫草；七、八、九月为采集松茸和贝母等，同时收割荞麦（八月底，为期一周左右）、田间管理、耕地、施肥、拔草和收青稞、种植蔬菜等；十、十一、十二月为田间管理、耕地、砍柴和割草等。

其次，农耕生产是人们的基本生产方式和生活来源。传统农业耕作方式为二牛抬杆。耕地分春耕和秋耕；实行农作、休田施肥，田间管理和修水渠等。比较重视施肥，肥料主要来自牛羊的粪便，但近年来也开始使用人粪。一年除草三到四次，秋收后立刻将田里的青草翻入土内，腐化为肥料；近年来也流行把油菜籽做成菜饼后放入农田里充当肥料的做法。传统的生产工具有除草农具、土耙、木铲、犁、石磨、打场工具和收割的刀具等；近年来甚至引进了电动脱粒机和电动收割机等新型农具。龙西村主要种植青稞、小麦、荞麦、豌豆、马铃薯、油菜籽和一些叶类蔬菜等。小麦和青稞是藏区传统的种植作物。龙西村特别注重青稞和小麦的种植，对两种作物的选种和留种都有讲究，一般要留家里最好的一块地的产物作为种子，需要精心进行管理。

最后，当地发展出相对深厚的农耕文化。由于土地稀少，特别重视土地、建筑和丧葬用地，每每用地都要举行特别的敬地、择地和动土仪式。在日常生活中也存在各种与农耕文化休戚相关的禁忌、宗教心理和观念等。典型的例子有：播种的工作一定要由男人承担；一牛或二牛抬杆时领牛的人也一定要是男人；修葺水渠的工作必须由男人来完成，否则会触怒龙神。藏历下半年不宜结婚。出丧时中途不能休息，尸体也不能沾染活人的土地；选择入土的时候要适宜，如不宜在下半年入土，否则触犯神灵，影响牲畜的繁殖和庄稼的收成等。神山不能随意亵渎，否则会引发冰雹，影响庄稼的生长。

一个家庭农业产品的多少，首先与这个家庭可以控制与管理的土地的多少有关。民主改革前龙西村大多属于差巴家庭，即"领种差役份地支差的人"，其领主就是碧土寺。由于历史久远，当时各户对土地拥有的情况已经语焉不详了。1950 年龙西村实现和平解放，土地发放回到农民的手中；1959 年开展土改运动，土地全部归入公社管理；1981 年实行责任田包产到户，公社的土地按照好、中、坏、极坏四种平分，按照家庭的劳动力人口平均分配。龙西村的三个自然村——莱德、嘎扎和玛德村，由于当时处于不同的行政区划①以及各村土地和人口不一，因此在土地分配上也存在着差异：莱德村平均每人大约分得 4 亩土地，嘎扎村平均每人大约分得 0.5 亩土地，玛德村平均每人大约分得 1.3 亩土地。自包产到户以来，龙西村每户拥有的土地数量没有发生多大的变化。现把 2005 年龙西村三村关于户数、土地与粮食单位总产量项目表等项目的统计成表 5 – 12：

表 5 – 12　龙西三自然村户数、土地与粮食单位总产量项目表

村名	家庭编号	是否共妻	家庭人口数（人）	劳动力人口数（人）	土地数（亩）	人均土地数（亩）	粮食单位总产量（公斤）
莱德村	1		6	5	21	3.5	400
	2		5	3	9	1.8	350
	3		8	5	6	0.75	500
	4	√	13	7	30	2.3	300
嘎扎村	5	√	10	5	4	0.4	800
	6		4	2	1.5	0.375	650
	7	√	9	6	6.2	0.689	850
	8	√	10	7	5	0.5	700
	9	√	11	8	4	0.36	1 000
	10	√	8	5	6	0.75	700
	11	√	11	7	4	0.36	900
	12		8	6	4.6	0.575	800
	13		8	5	4	0.5	800
	14	√	8	5	4	0.5	850
	15		7	4	5	0.71	900
	16		4	2	3	0.75	800

①　以往这三个自然村归属甲郎乡（区）管辖；后来甲郎乡并入碧土乡。

（续上表）

村名	家庭编号	是否共妻	家庭人口数（人）	劳动力人口数（人）	土地数（亩）	人均土地数（亩）	粮食单位总产量（公斤）
玛德村	17		9	6	4	0.44	1 000
	18	√	10	7	4.5	0.45	1 000
	19		8	6	4	0.5	800
	20		10	6	4	0.4	800
	21		6	3	4	0.67	700
	22	√	5	4	4	0.8	850
	23	√	8	3	4	0.5	650
	24		2	2	4	2	500
	25		5	3	4	0.8	700

注：

①相关数字来自笔者 2005—2007 年的田野工作，这里与乡政府统计报表有一些出入。

②打"√"处表示该家庭行兄弟共妻。

③劳动力人口数取 16～60 岁能够正常参加生产劳动的家庭成员人口数。

④"粮食单位总产量"指当事人或报道人估算的所有的农作物在 2005 年的单位产量。

考察龙西三村土地资源拥有的情况可知，当地人地矛盾已经非常突出，许多家庭人均拥有的土地量远远低于 1 亩的水平。当然，三村内土地资源占有的情况呈现出不平衡的情况。莱德村之所以平均每人分得的田地要多出许多（全部在 2 亩以上），一是因为莱德村的农田地位于半山坡地，是引入溪水灌溉和开发而来的，二是莱德村户数少（1981 年"包产到户"时仅有 5 户），因此平均分得的土地最多。莱德村虽然户均土地数最多，但均为旱地，又位于半山干旱气候中，只能做到一年一熟。相比之下，嘎扎村与玛德村两村分得的田地明显要少许多，但这里的田地全部位于玉曲河河谷两岸，大多为水浇地，土壤比较肥沃，产量也相对较高，可以做到一年两熟，但需要投入更多的劳力来耕作和维护。三村中，嘎扎村能够分配的田地数最少，户数和人口数却最多，此消彼长下人均土地拥有量便愈少。玛德村处于中间水平，平均每户拥有的土地数量相差无几（每户约为 4 亩），但人均拥有的土地量同样低于 1 亩。

如果考察龙西村中行兄弟共妻家庭在三村的分布情况，还可发现一个明显特征：除了属于莱德村的 1 户以外，另外 10 户行兄弟共妻的家庭人均拥有的田地数都异常低，大体为 0.4～0.8 亩，表明人地之间的关系异常紧张。同时也说明，行兄弟共妻的家庭的土地已经进入不可再分割的临界点。

除了出嫁、上门或到外地工作并定居以外，任何导致家庭分家或分割田地的行为必将受到家庭与舆论的强烈反对。

以上的情形同样适用于采取其他婚姻形式的家庭。因此，一个家庭若要处理好紧张的人地关系，只能在家庭安排上采取适当的策略。以一个有两个兄弟成员的家庭为例，按照西藏的风俗传统，两兄弟是有权均分家产的，但由于当地的家产已经处于"不可再分割"的境界，这时只能采用两条出路①：一是让其中一个儿子上门到其他的家庭，二是让两兄弟不分家，实行兄弟共妻制婚姻。

由于土地稀少所带来的困境，龙西村人并非没有解决方法。一个可行的途径是：去离家更远的玉曲河两岸的坡地上开垦出新的田地。但这需要家庭能够投入更多的劳力；况且坡地上的土质大多不好，沙石较多，开垦起来不仅费力，而且需要修建灌溉水渠，外加施肥和拔草等费力的工作，都需要投入不菲的劳动力。由于劳动力成了稀缺资本，农区的劳动力成本在农忙时节更以天数来计算。仅凭由家中去新开垦的田地来回数趟的路程一项，就要耗费许多原本应用于从事其他工作的时间——已经是大多数家庭无法承受的事情了。此外，新开垦的荒地的粮食承载量也十分有限，因此大多只能做到一年一熟或两年一熟，一般以种植荞麦为主。② 由于周边其他村子（如花巴、甲郎等村）存在同样的问题——人多地少③，那里的一些家庭也不得不沿着玉曲河南下开垦荒地，因此适宜开垦的荒地日渐紧缺。如果再要寻求合适的荒地来开垦，只能走向更远的地方，这样反过来又增加了劳动力成本。2000—2005 年，国家大力在藏东三江源地区推行"天保工程"，鼓励当地退耕还林和退牧还林。由于龙西村人还能从政府那里能够领取到一定数额的补助，因此近些年来在周边地区开垦荒地的热情已在逐年递减。

还有一点值得指出的是，龙西村的嘎扎村和玛德村所分的土地虽然拥有的水浇地居多，但根据距离玉曲河岸的远近以及土地质量的高低，在民主改革时是按照好、中、坏、极坏四种来均分的，这就说明：这里原本就已经稀缺的土地，内部还存在着支离破碎的分割现象。例如，嘎扎村中的土地现在已经全部均分，但各户所分配的土地格局中形成了你中有我、我中有你等错

---

① 应该还有第三条出路——出家，但由于碧土乡内的寺庙遭到了严重的破坏，这条出路比较狭窄，只能到外乡或外县出家。

② 根据报道人的解释，荞麦在山地的适应力极强，种植荞麦花费的功夫比起青稞和小麦要少得多，成活率也要高出不少。

③ 甲郎等村由于实行一夫一妻制的家庭多，分家的情况比较普遍，人口增长更快，人口压力也更大。

综复杂的局面。这种块状分割性的特征，会给农业实行精耕细作时带来不便（如无法实现大面积连续播种和耕作等），由此减少了粮食产量。有报道人曾向笔者透露，村里的一些家庭正是出于这方面的不便原因，私底下与其他家庭交换了部分的土地，从而更好地进行田间管理和农业耕作。

诚然，这种块状分割性特征并非百害而无一利。当地的土地具有块状性和分割性特征，恰好又为龙西村人种植庄稼的多样性上提供了相当便利的条件。例如，村里人会选择在最好的土地上种植青稞、小麦和玉米，在较差的土地上则种植荞麦和马铃薯等农作物。这在相当程度上能够解释：为何龙西村种植的庄稼种类竟有如此之多，其中包括青稞、小麦、大麦、荞麦、玉米、马铃薯、豌豆、油菜籽和其他一些叶菜类蔬菜等。

以 2005 年为例，龙西村粮食总产量为 131 270 公斤，户均 5 250.8 公斤。其中：青稞 25 670 公斤，户均 1 026.8 公斤；小麦（包括春、冬小麦）51 900 公斤，户均 2 076 公斤；玉米 69 230 公斤，户均 2 769.2 公斤；马铃薯 6 600 公斤，户均 264 公斤；油菜籽 210 公斤，户均 8.4 公斤；各类蔬菜 5 210 公斤，户均 208.4 公斤。[①]

龙西村家庭中，粮食单位总产量呈现出某种不均衡性。虽然各户在不同的季节里所种植的庄稼大体相同，但每户收获的粮食总产量却各不相同。现把表 5 - 12 中家庭人口数和土地单位亩产量数之间的关系制作成下图（见图 5 - 6）：

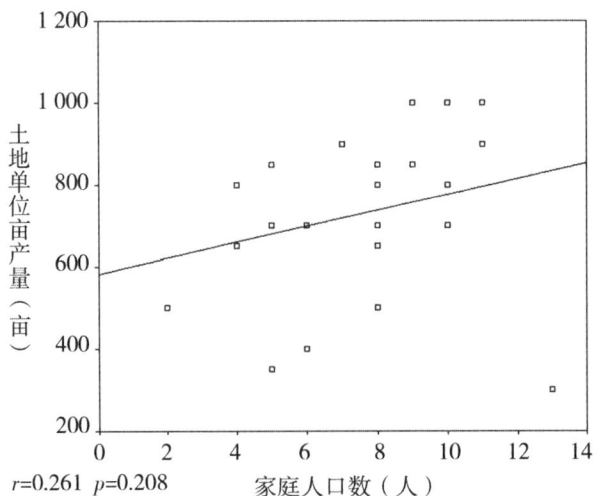

图5 - 6　龙西村家庭人口数和土地单位亩产量关系示意图

① 相关数字来自 2005 年碧土乡乡政府统计报表。

由图 5-6 可知,虽然家庭人口数与粮食的单位亩产量的相关性并没有达到显著性水平,但也达到了一个较大的比值,两者基本呈正比关系。这说明,一个家庭的人口数愈大,意味着该家庭拥有的劳力愈多,便愈有可能投入更多的劳力用于农业耕作和田间管理等工作,因此单位的亩产量愈有保障。当然,这点并非绝对。影响单位的亩产量还有其他的变量,如田地的多少、好坏,当年实行的是一年两熟还是一年一熟耕作,投入耕作的精细化程度如何,以及以种植何种庄稼为主等。① 以上都能解释图 5-6 所显示的一些差异:为何一些人口多的家庭,其单位亩产量并不一定最高,反而较低;反而一些人口数并不多的家庭,其单位亩产量也能取得一个较高的数值。

由表 5-12 还可获知,龙西村人每户的粮食总产量上下限在 1 000~9 000公斤范围内波动。以龙西村粮食总产量131 270 公斤计算,则平均每人可分配的粮食约为 680 公斤,假设全部用作食物,也远远低于当前国际认可的标准。② 以龙西村每户 8 人计算③,则每户平均消耗的粮食总量为 5 440 公斤。④ 由此可见,一个家庭在一年中生产出的粮食总量,可能无法做到自给自足,必须从其他诸如牧业、林业或商业等方面获得相应的补充。

三、一分为三的副业

由于山林资源丰富,龙西村的经济性质定位为半农半牧村,说明农业与牧业的比重各占一半。诚然,这里的"牧"中所指的牧业与高原牧区的有所不同,其内容要广泛许多,既包括了禽畜饲养与畜牧业,也包括了采集与林业资源、贸易与商品交换等副业。因此,与其将龙西村的经济类型称为"半农半牧",不如改为"半农半副"或许更恰当一些。以下就这些副业的情况具体说明:

1. 禽畜饲养与畜牧业

饲养禽类、家畜与发展畜牧业是对农业的首要补充,也是龙西村人充分利用自身有利的地理条件用来获取额外食物以补充自身不足的有效途径之一。

---

① 如果种植荞麦、马铃薯,其年产量要比种植青稞、小麦高出许多。
② 按照世界卫生组织的标准,一个人一年需要消耗9 597 公斤的食品(包括饮用水)。
③ 这里取户人均数。
④ 实际生活中还需要大量的粮食用于生产性消耗(如用种量,喂养家禽、牲畜和交换劳务等),用于人的粮食消耗数还应下调。

考察龙西村人一天的伙食，用青稞磨制而成的糌粑几乎是家家必备的主食。此外，用荞麦粉制作而成的荞麦饼也是多数家庭喜爱吃的食物之一。由于当地气候四季温和，龙西村人可在田地周边甚至楼房附近的空地上播种一些蔬菜，因此花椒、小南瓜、小白菜和马铃薯也进入了家庭的食谱。与牧区的饮食结构有所不同，在各类粮食中龙西村人最喜欢吃的还是米饭。由于耕地面积相当有限，且水浇地面积也不大，本村种植的小麦并不能满足家庭总体需求，许多家庭每年还需从外部购买一定量的大米。受外部文化的影响，面条（特别是方便面）也开始进入了龙西村的家庭。当然，食用粮食作物使得其碳水化合物的含量基本达标，但如果缺乏肉类食品，则每日摄取的卡路里略显不足。

如果条件许可，每户家庭都会在一层的楼房处饲养鸡、猪等家禽和家畜，好为家庭提供必要的禽蛋和肉类食品。2005年，龙西村25户家庭总共饲养鸡314只，一般很少用于宰杀，主要用来产蛋。当年龙西村总共生产出鸡蛋980公斤，平均每人可食用5.08公斤。

除了鸡以外，家里饲养的牲畜还有猪和狗。龙西村所圈养的猪属于藏猪系列，身材瘦小，小眼睛，长嘴巴，全身乌漆麻黑，鬃毛一根根地倒竖，成猪体重一般为30~40公斤每头。猪肉构成龙西村人获得肉类食物的主要来源，一般每户家庭都要圈养10~20头；为此一些家庭还专门在楼房门的外部修葺猪圈，以便更好地饲养与管理。2005年龙西村总共宰杀了366头猪，获得15 560公斤猪肉，全部自用，这样龙西村人人均每天可消耗的猪肉约为0.22公斤。至于狗，一般用来看守家门或者充当牧羊犬；当地人认为狗是人类忠实的朋友，因此存有严禁吃狗肉的习俗。

然而，龙西村人能够摄取的肉类食品并不局限于猪肉，也包括了牛肉和羊肉等。2005年龙西村总共宰杀了12头牦牛、24只绵羊和24头山羊，这样又为村里人提供了额外3 540公斤的肉类食品；使得龙西村每天供给人均消费的肉类食品超过了0.27公斤。总体看来，龙西村的食谱已经由食用糌粑和肉类过渡到食用糌粑、猪肉、大米、蔬菜、面条结合的方向发展。

就地理位置而言，龙西村地处梅里雪山北坡，周边山地环绕。这里多为荒山旷野、森林地带，因此林业资源丰富。春、夏季在海拔3 500~4 000米，垭口处生长着丰盛的草场，尤其适合放牧。龙西村的牧业规模很小，主要分为夏、冬两季。夏季在半山和高山放牧，冬季在山谷或家里放牧。龙西村时有草场总面积4 976亩，占碧土乡草场总面积的16.6%。2005年，龙西村年实际利用草场达5 405亩，首次赶超往年水平，表明村子放养牲畜总数呈上升的态势。

龙西村饲养的家畜品种繁多、功能迥异，有牦牛、犏牛、黄牛、马、骡子、毛驴、山羊、岩羊、绵羊等。犏牛、耕牛和黄牛主要用于农业耕作，马、骡子和毛驴等主要用于畜力运输，牦牛、岩羊和绵羊则用于提供肉类食品和奶制品。

以下是 2005 年龙西村饲养与放牧牲畜的总体情况：龙西村牲畜总头数为 787，其中大牲畜 347 头，能从事农事劳役的 103 头，当年成畜死亡 3 头，当年生仔畜 58 头。在这些牲畜中，依次有：耕牛 237 头，能繁殖的母畜 64 头，当年生仔畜 9 头；良种及改良乳牛 140 头，能繁殖的母畜 77 头，当年生仔畜 38 头；牦牛 14 头，能繁殖的母畜 7 头，当年生仔畜 6 头；犏牛 19 头，能繁殖的母畜 9 头，当年生仔畜 5 头；马 13 匹，能繁殖的母畜 4 匹；驴子 4 匹；骡子 93 匹，当年购入骡 4 匹，成畜死亡 2 匹；岩羊 91 头，能繁殖的母畜 16 头，当年生仔畜 9 头，当年购入 4 头；山羊 44 头，当年购入 4 头，年初存栏数 60 头；绵羊 27 头，能繁殖的母畜 16 头，当年生仔畜 9 头，成畜死亡 1 头。当年出售和自宰的牛 12 头。当年出售和自宰的羊 24 头。当年出售和自宰的绵羊 24 头。当年出售和自宰的山羊 24 头。[①]

值得指出的一点是，龙西村宰杀猪一般不分季节，但宰杀牛、羊多集中于秋、冬两季。这是因为有以下三个方面的原因：第一，秋冬季节气温下降很快，适宜肉类较长时间保存；第二，秋、冬季大雪封山，这时候交通不便，需要积蓄肉类食品以应付可能发生的食品短缺；第三，为过藏历新年做好准备。

饲养和放牧牲畜，除了能够提供肉类食品以外，还可提供奶制品，酥油茶就是其中不可或缺的一项。2005 年，龙西村的各类牲畜总共提供了奶类食品 8 992 公斤，其中牛奶 8 892 公斤，羊奶 100 公斤。此外，放养的牲畜还能定期提供一定重量的羊毛、牛皮和羊皮，主要用来制作牦牛绳、衣裳和一些日常用的皮革制品。值得指出的还有一点：牲畜的粪便是田地里最为理想的肥料，家里人大多乐于将其捡回家中。

除了利用草场资源，饲养牲畜必须食用役畜饲料、饲草等作为辅助食物（其中尤以马和骡子为重），由此耗费一个家庭为数不少的粮食储备。2005 年龙西村用于饲养牲畜方面的消耗如下：役畜饲料、饲草 346 282 斤；牧业中间消耗 12 896 斤；饲料用粮 2 180 斤；农作物秸秆饲草 314 580 斤；

---

① 相关数字来自 2005 年碧土乡乡政府统计报表。

青饲料作物 8 789 斤。一般而言，饲养牲畜数量是每个家庭必须权衡再三、量力而为的事情。

2005 年，龙西村放养的牲畜总头数为 787，平均每户放养约 31 头，平均每人放养约 4 头。由于所放养的牲畜品种繁多，每种不同的牲畜又都有自己的特性，需要有人精细护理与区别对待。冬季放牧时，大多数的牲畜需要领回家里圈养，这时候就要预先派人去山上割草存放家中，为牲畜过冬做好准备。这些均需消耗家里不菲的劳力。

龙西村有几个适合在春、夏季（藏历六至八月）放牧的固定场所，为此还专门在山上修建了供放牧人休息和临时居住的木棚房。放牧虽然需要专门的人员来管理，但放养形式其实是灵活多样的。山上放牧时如果牲畜较多，家里就要派出专人负责，但一般以小孩和老人为主。若家里的牲畜不多，则可将几个家庭的牲畜拼凑在一起，或是各个家庭轮流派人放牧，或者专门托管给某个人放牧，之后付给这个放牧者一定的报酬。夏季放牧时需小心谨慎，因为这时山上会有狗熊和狼群出没；如果牲畜没有得到悉心的照看，很容易遭受这些野兽的攻击。2005 年，有一头成年绵羊意外死亡，据悉就是遭到了一头狗熊的攻击。

总体看来，牲畜是对龙西村的农业最为重要的补充，表现在自身所带来的种种便利因素，其中有以下四种：第一，可为家庭提供必需的肉类食品和奶类食品，极大地满足家庭成员在摄取蛋白质与热量方面的需求；第二，可服务于农事劳役，极大地缓和了精细型耕作对劳力强度的需求；第三，可作为必要的畜力来运输货物，这也是龙西村人沟通外部并实现商品交换的必备工具；第四，可提供必要的施堆肥与副产品。有鉴于此，一个家庭只要条件许可，总会想方设法增加家里的牲畜数量。

在此方面，户型较大、家庭人口数较多的家庭，表现出了更为强烈的倾向，这有三个方面的原因：第一，家庭成员较多，足以应付牧业对劳动力的额外需求；第二，希望获得肉类食品以改善家庭的饮食结构；第三，希望获得足够多的牲畜粪便作为施堆肥，以提高田地的肥力进而增加粮食总产量。

现把龙西村家庭人口数与牲畜拥有量的关系做成图 5－7。[①] 由图 5－7 可知，家庭人口数与家庭的牲畜拥有量同样呈现出正比关系，但并不如图 5－6 表现得明显。

---

① 这里的牲畜数以笔者 2005 年田野调查获得的数字为准，与乡政府报表有一些出入。

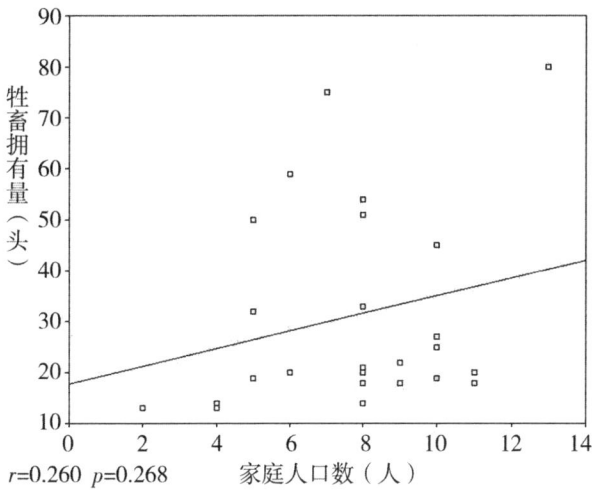

图 5 - 7　龙西村家庭人口数和家庭牲畜的拥有量关系示意图

实际生活中总会出现许多例外的情况，例如：有些家庭人口数并不多，却拥有大量的牲畜；相反，一些家庭的人口较多，但牲畜量很少。这是因为：一些家庭在当年突然富裕起来（如出售虫草后），因此能够购入更多的牲畜；另外一些家庭也许正陷入经济困境中，只能通过出售或宰杀牲畜以获得额外的资金或必要的食物，这样就减少了原来的牲畜拥有量。此外，地理位置因素也要考虑在内：三村中莱德村位于半山之中，这里放养牲畜拥有更为便利的地形条件，因此这里几户家庭所蓄养的牲畜数都比其他村子的家庭多出许多。此外，由于样本的容量有限，也在一定程度上影响了对两者相关性水平的判断。即便如此，图 5 - 7 总体而论也能大致反映出这样一个事实：一个家庭的人口数愈多，家庭拥有的牲畜量很有可能越多，其家庭的生活质量的提高也就愈加获得了保证。

2. 采集与林业资源

如果说农业是龙西村的根本，牲畜是对农业有效的补充，采集与林业则是龙西村人获得现金用于改善生活条件的主要途径。

由以上的分析可知，龙西村的农业和牧业基本实现了自给自足。但近年来受现代化的冲击和外部文化的影响，龙西村发生了一些新的变化。例如：电视早就进入了大多数龙西村人的家庭，人们的新思想、新观念已经暗潮汹涌；与较新的生产技术接轨，大量引进新型的生产工具（如水力发电机、电动脱粒机和电动收购机等）；传统的饮食结构开始发生了转向——以糌粑、酥油茶、猪肉为主开始转向以大米、面条和各类肉类食品混合为主；碉房朝实用、美观与修饰的方向发展，主张修建牢固、宽敞的房子，把房间内部装饰一新等。所有这些，都必须获得大量现金的支持。当前龙西村能够获得现金来源的，只有"靠山吃山，靠林吃林"的林业经济；采集山上的虫草和松茸两项，就占据了龙西村人年度经济收入的最大比重。

龙西村的林业收入主要来自出售虫草、松茸和贝母；果园经济作物出产苹果、梨子、野毛桃和核桃，但当前只有核桃具有交换价值。自1990年以来，虫草是龙西村人获得收入的最主要来源，这与虫草价格在1990—2020年期间的快速上涨有关。此外，松茸也能给龙西村人带来较大的收益。2005—2007年松茸的价格呈现出上涨的趋势，使得龙西村人增益不少。果园经济作物中只有核桃的经济利用价值最高，因此可以用于商品交换；其余的诸如苹果、梨子、野毛桃，只能内部消耗或者作为农田里施肥的原料。

2005年，龙西村总共采集虫草15.14公斤，户均0.60公斤；以2005年虫草价格计算，平均给龙西村每户家庭带来约2.4万元的收益。① 采集松茸9160公斤，户均366.4公斤，如以当年的收购价格计算，每公斤价值20元，则平均每户获得7328元的收入。采集贝母7.3公斤，户均0.29公斤，出售后平均每户仅获得150元收入。出产核桃2010公斤，户均80.4公斤，以每公斤10元的价格计算，则平均每户获得804元的收入。以上各项收益相加，则龙西村每户在林业上每年可获得约28618元的纯收入。

当然，由于每户家庭的情况不一，参与的人数和采集的强度各有不同，使得以上各项的收入并非绝对。除了核桃一项以外，② 采集虫草和松茸均需耗费大量的时间与劳力，其收获数量的多少与之呈正比关系。龙西村周边的虫草属于山草，一般生长在每年藏历的四至五月；虫草大多隐蔽于杂草之中，呈零散性分布，因此采集的难度颇大。松茸生长于六至八月，其间阳光充足，雨水充沛，因此十分适宜松茸的生长。相对于碧土乡另外七村而言，龙西村的产量还是颇大的。

由于虫草和松茸均位于半山或高山之上，因此许多家庭但逢采集虫草与松茸的季节，都要在山上搭建起帐篷，这项工作大多由男人来完成。因

---

① 2007年的虫草价格几乎翻了一倍，中等型号的虫草（即每公斤2500根左右）每市斤收购价格约为4.5万元。

② 种植核桃需一定的周期和空间。2005年龙西村出产的核桃树大多是十多年前种下的，每户种植数也存在差异，一些家庭出产的核桃会比其他家庭多出许多。

此，龙西村男人一年中可能有 5 个月时间待在山上。由于采集季节与农耕时间相左，龙西村人的解决办法是：让妇女和老人待在家里料理家务和照看牲口，男人则留在山上采集虫草和松茸，① 同时还承担起放牧的工作；农忙时男人可暂时回家帮忙，从事收割庄稼、通水渠和播种等工作。有的家庭忙于采集而人手不够，甚至还出现了从其他村子雇佣劳力的情况。

龙西村现金收入绝大部分依靠采集虫草和松茸所得，因此考察每户当年所获得的现金数，大体能推测出当年采集虫草和松茸的数量。因此，采集虫草和松茸的数量，又与一个家庭投入人数和参与强度呈现出正比的关系。用图 5 - 8 来说明家庭人口数与采集现金收入的关系：

与前面两图有所不同，图 5 - 8 反映出林业采集的现金收入与家庭人口数在 0.001 的水平上有显著性关联性。换言之，一个家庭投入的劳力（特别是家里男人）越多，便能在林业采集上占有愈加明显的优势。

进一步考察家庭人口数中男性成员数与采集现金收入的关系（见图 5 - 9），同样发现在 0.008 的水平展现出显著性关联性。由此可见，一个家庭中的男人越多，意味着该家庭在林业收入一项中占据更为明显的优势。

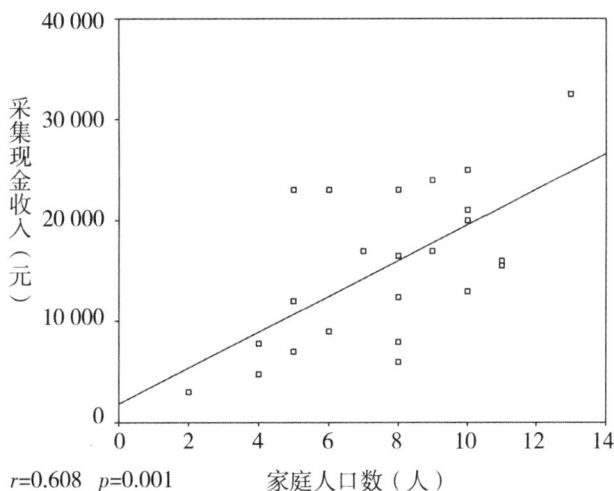

$r=0.608$ $p=0.001$ 家庭人口数（人）

图 5 - 8 龙西村家庭人口数和采集现金收入关系示意图

---

① 采集虫草季节学校要放"虫草假"，一般有 40 多天，这时可让家里的孩子过来帮忙。

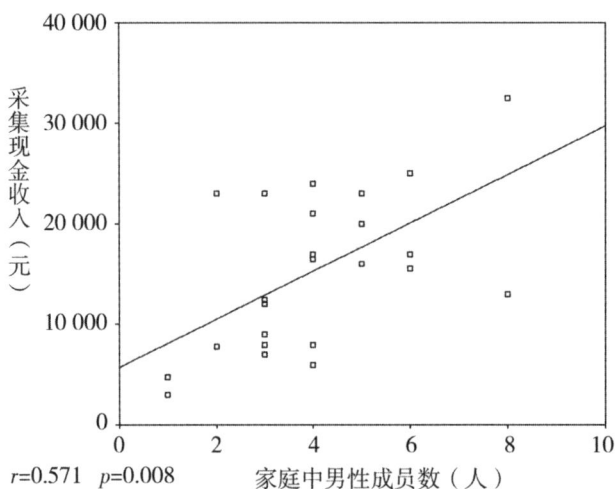

r=0.571 p=0.008

图 5-9 龙西村家庭中男性成员和采集现金收入关系示意图

由于虫草的价格最为昂贵，其数量也十分有限，龙西村人坚决反对其他村的人过来这边采集，① 为此还爆发过几次群体斗殴事件。至于松茸，龙西村人没有像虫草那样严令禁止外人过来采集，部分原因在于松茸的数量众多，采集分散，其价格也远远不如虫草来得高。

3. 贸易与商品交换

如果说采集与林业是龙西村人获得现金收入最为主要的来源，贸易与商品交换则是其中必要的补充。就商品贸易而言，龙西村地处古老的滇藏茶马古道之上，因此很早就衍生出"以物易物"的商品观念。每当秋收季节，来自盐井地区的村民就会组织马帮运来一包包井盐来到村里，用来交换村民刚刚收割脱粒的青稞和小麦。交换是以家庭对家庭为定点来进行的，这种传统至今仍在延续。当然，龙西村人也会利用茶马古道，不时组织起马队将家里多余的粮食运送到邻近牧场以交换品质更佳的酥油和肉类食品。

至于参加马帮而投入商贸行业的，龙西村中亦大有人在。访谈村里上了年纪的老人，都能回忆起茶马古道盛行时碧土乡繁荣的光景。早年曾亲自走过茶马古道并充当过"锅头"或"脚夫"的，现存的老人中还有 4 号家庭的江白（69 岁）、5 号家庭的鲁松（67 岁）和 3 号家庭的阿布（85 岁）等人。5 号家庭的鲁松年轻时曾在跑马帮时摔断了左腿，导致行动不便，因

———————————

① 虫草需要生长在一定的海拔高度，碧土乡其他村的地理优势没有龙西村明显，生长虫草的地方并不多见。

此大部分时间留在家中务农。

根据他们的集体回忆,当时龙西村人跑茶马古道没有"察瓦龙巴"有名。察瓦龙的马帮远近闻名,因此来自大理和丽江的商户大多愿意雇请来自察瓦龙的马队,察瓦龙人很早就有了经商的传统。"察瓦龙巴"马帮的盛行,一定程度上助长了当地对男人劳力的需求,[①] 由于察瓦龙乡与碧土乡龙西村很早就有通婚的关系,因此龙西村中不少人就是因为亲戚关系被"察瓦龙巴"聘请为马帮里赶马的伙计,并按照自身的贡献领取相应的薪酬。也有人私自带去自己的马匹,加入"察瓦龙巴"的马帮一起经营。甚至一些家户曾经组织过属于自己的马队(如 4 号家庭的祖父),但规模一般不大,最多只能组织 10 多匹的骡马进行驮运,此点与东坝军拥村的"百匹骡队"相比,自然不可同日而语。

在茶马古道的岁月中,龙西村的男人很早就学会了闯南走北,一年有大半时间奔波在外,用长年累月的劳务换取微薄报酬以帮补家用。据这些老人的回忆,当时龙西村人就流行兄弟共妻制家庭,惯常的做法是:两兄弟实行共妻制度婚姻,让一个兄弟在家务农,另外一个则在外跑马帮,这样的家庭经济分工比较合理。由此看来,龙西村行兄弟共妻制已经具有一段相当的历史,绝非近年来才发生的新鲜事。

光阴似箭,斗转星移,以往繁华的茶马古道已经废弃,碧土的名声早已被许多人遗忘殆尽。然而,龙西村人依然活跃在这条古老的茶马古道之上。龙西村人与外部联系最为紧密的,是位于邻省德钦县佛山乡的梅里水村;在这里,214 国道紧密地连接起云南省通往西藏的交通。大量的物资从云南德钦县城运到梅里水村,龙西村人就是从这里把生活所需用骡马再运回到家中。骡马因此成为龙西村联系外部必须具备的"交通工具",一般家庭维持的数量为 2~7 匹。

龙西村的畜力牲畜有马、骡、驴三种,其中骡子的比例最大,占总数的 70.8%。骡子之所以深受龙西村人的青睐,是因为它不仅脾气最好,而且负重能力也最强;驴的负重能力次之,但是速度过慢,只适合跑短距离的驮运,因此数量最少;马的负重能力最差,但马更多具有象征的意义。如过藏历年时村里要举办赛马节,这时每户都以拥有一匹好马而自豪,为此甚至甘愿花费不菲的资金来购买。

此外,马和驴都有繁殖的能力,而骡子则不行。马的平均寿命在 50

---

① 承担赶马的锅头和伙计须为成年男性。

年左右；毛驴在 38 年左右，骡子在 35 年左右；三者可使役的时间都仅有
20 年左右。如果骡、马或驴由于年迈、生病或发生了意外等，家里就需
要补充新鲜血液。新的骡、马和驴主要从外部购入，① 一匹成年的骡子，
价格为 2 000 ~ 3 000 元，马为 2 500 ~ 3 000 元，毛驴则为 1 000 ~ 1 500
元。三种牲畜中，以骡的饭量最大，马次之，驴又次之。畜力牲畜除了可
去山上放牧以外，尚需定时喂养青饲料或一定数量的其他粮食，特别是在
驮运货物的时候。对于粮食已经出现了紧缺的家庭而言，常年饲养骡、马
和驴成为一种沉重的负担，因此需要控制在一定的数量之内，一般以 3 ~
4 匹为宜。

　　饲养这些骡马的成本固然不低，但回报十分丰厚。原因在于：这些骡
马将外面的物资一包包地驮运回来，不仅满足了龙西村人自身的需求，还
可用于商品贸易。原因在于：这里的许多家庭在山上开设了"帐篷商店"，
一些家庭甚至在自己的家中开设了商店，所面对的顾客主要是前来梅里雪
山转经的朝圣者。② 当前龙西村中固定开设了货物商店的家庭有 4 户；在转
经旺盛的期间（如每年的夏季），村里的多数家庭都会派人在山上开设帐篷
商店，既可接待朝圣人留宿，同时也可提供食物，并从中赚取相关费用。③
据悉，开设帐篷商店，每年平均给龙西村每户增加四五千元的收入。近年
来由于旅游开发，进入碧土乡的游客也呈现出增长的趋势，龙西村人的帐
篷式商店也有了更为光明的前景。

　　关于贸易与商品交换的内容，实际上在龙西村的范围要广泛许多。例
如：交通运输业、饮食业、家庭手工业，多种经营（商业）和其他收入等；
其中又以多种经营为重。

　　以 2005 年为例子，龙西村第三产业的收入情况参见表 5 - 13。由表 5 -
13 可知，商业贸易和多种经营是龙西村人纯现金收入的另外一大来源，而
获得这一收入的基本保障，是家里既要维持一定数量的畜力牲畜，又要有
劳力参与马帮进行相关的驮运工作，而该工作无一例外均由家里的男性成
员来承担。

---

① 一般在德钦县城内购买骡马，也有少数人前往中甸（香格里拉）购买。
② 如前文所陈述的，龙西村恰巧位于梅里雪山转山的外转圈上（由此转往察隅县的察瓦龙乡），作为其中的一个中转站，每年前来朝圣梅里雪山的人络绎不绝。
③ 住宿费按每晚 10 元收取；伙食费另外加收。

表 5 – 13　龙西村第三产业收入情况项目表①

单位：元

项目	第三产业总收入	第三产业中间消费	第三产业纯收入
交通运输业	513	315	198
饮食业	646	541	105
家庭手工业	8 624	8 538	86
多种经营（商业）	182 932	31 442	151 690
其他	7 742	2 100	5 642
总计	200 457	42 936	157 721

时至今日，龙西村依然有不少马队频繁地来往于梅里水村与龙西村之间，把大量的食品和物资驮运回家中存放。最频繁的季节是夏季（恰好是采集松茸和农忙季节），一个家庭来回驮运货物最多的有七八趟，最少的也有两三趟。以一个来回需要三到四天计算，农忙时龙西村家庭必须保证家里能安排男人外出 6～15 天，一年内总计 1～2 个月的时间。② 在一个劳动力异常紧缺的家庭，农忙时安排一个男人外出 1～2 个月无疑是种奢侈的做法。不难预想，能够做到这点的，只能是家里男性成员较多的家庭，其中又以兄弟共妻的家庭为主流。

---

① 资料来自 2006 年碧土乡统计报表。此表为笔者 2007 年重访调查点时所获取的资料。
② 过藏历年期间除外，以农忙时期内计算。

第六章
澜沧江河谷的神山心脏——雨崩

第一节　剧变中的雨崩村

一、闭塞的雨崩村

卡瓦格博雪山群的主体部分，主要位于云南省迪庆藏族自治州德钦县境内（见图 6-1）。德钦县位于云南省西北部分横断山脉地段，青藏高原东南边缘滇、川、藏三省（自治区）的结合部，地理坐标为东经 98°35′6″ ~ 99°32′20″，北纬 27°33′4″ ~ 29°15′2″，北靠西藏芒康县，西连西藏左贡县、察隅县，东临四川巴塘、德荣县，总面积为 7 273 平方千米，2000 年全县总人口为 58 438 人，其中藏族 47 450 人，占总人口的 81%。[1]

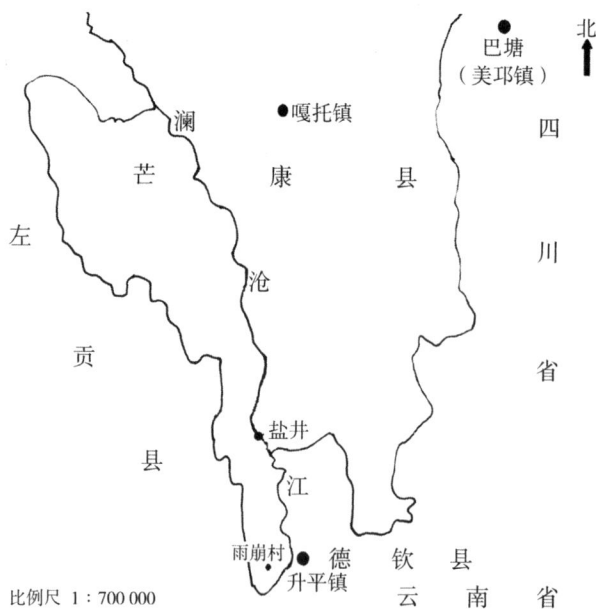

图 6-1　德钦县地理位置示意图

---

[1]　德钦县志办公室编：《德钦年鉴·2001》，昆明：云南美术出版社，2001 年，第 59-60 页。

德钦之地，远在春秋时代，就有土著先民在境内的金沙江、澜沧江两岸活动。唐时德钦属于吐蕃神川都督府；元为巴宗（巴塘）的辖区；明初为招讨司磨儿勘与万户府剌宗管辖；正德四年（1509）始，称阿得酋，被丽江纳西族木氏土司所占；清称阿墩子，先后受蒙古和硕特部和西藏达赖喇嘛、四川省巴塘土司和维西通判管辖。雍正七年（1729），维西建营制，分派千总在阿墩讯分防。光绪三十三年（1907）设阿墩子弹压委员会。民国二年（1912）改为行政委员，民国二十一年（1932）设德钦设治局直至1949年中华人民共和国成立。1950年，德钦由丽江地区管理。1952年设立德钦县藏族自治区，1952年12月改称德钦县。1957年，德钦隶属迪庆藏族自治州至今。[①]

雨崩村，地理坐标为东经98°47′31″，北纬28°23′47″，隶属云南省迪庆藏族自治州德钦县云岭乡，是离卡瓦格博神山最近的一个藏族村子（见图6-2），村里人世代与雪山相依为伴，繁衍生息。

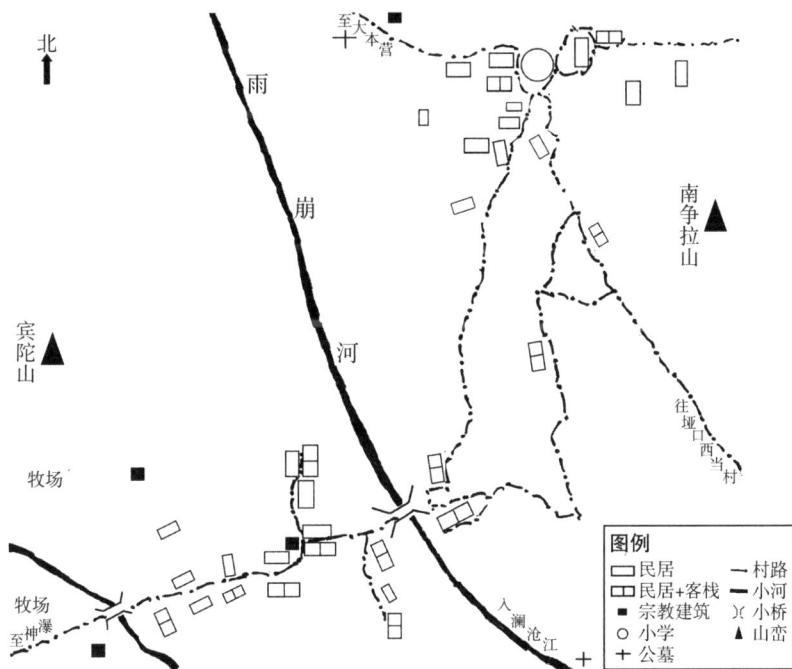

图6-2　雨崩村村户分布示意图

---

①　德钦县志编纂委员会：《德钦县志》，昆明：云南民族出版社，1997年，第1-2页。

2007 年 8 月前雨崩村有 35 户居民，总计 174 人；[①] 然而，1949 年中华人民共和国成立前村里仅有 16 户人家，其中 11 户为纳粮支差的贾布（差巴）户，领主就是当时临近地区的红坡寺；另外 5 户为玉布（农奴）户。[②]作为一个具有久远历史的藏族村子，雨崩村人世代居于深山之中，鲜为外界所知。在临近雨崩村的西当村，流传着这样一个关于雨崩村起源的传说：

> 雨崩在很久以前并不被外界所知。后来，梅里雪山后有一个老人常到澜沧江边的西当村借粮，西当村的人谁也不知道老人从哪来，便有人跟踪他，可总是走着走着就不见了。后来有人想出一个办法，当老人再来借粮时，西当村人说："这次不借给你青稞，也不借给你麦子，借给你小米。"他们在帮老人将口袋扛上肩时，乘机在口袋上扎了一个洞。小米一路流着，村民们紧跟着找到一块巨石下，小米没有了。他们奇怪极了，众人掀开巨石，却发现下面有个村子，雨崩这才被外界发现。

有趣的是，雨崩村内有关该传说的版本却有所不同：

> 很久以前，雨崩村并不为外界所知，雨崩村人也一直过着与世无争的生活。一天，一位来自西当村的猎人上山狩猎后迷了路，透过一片茂密的树林，却惊奇地发现山后面竟然存在一个如此美丽的村子——雨崩村。

两个版本的传说，如果说有什么共同点，则是均表明了雨崩村极其偏僻的地理位置和相对封闭的人文环境。据悉，噶举派二世活佛嘎玛·拔西于 13 世纪中叶的藏历火羊年游历康南，专门开辟出卡瓦格博神山的转经路线。当他发现雨崩这一风景如画的地方时，由衷地发出了感慨："雨崩！""雨崩"在藏语中为"绿松石上的宝树"之意，比喻此地像绿松石上的宝树那样美丽和神圣，雨崩村也因此而得名。

当嘎玛·拔西游历雨崩村地区时，当时应该未有人烟。随着转经圈的开辟，开始有家户陆续迁移到雨崩地区定居。根据雨崩村人的集体回忆，

[①] 根据笔者 2007 年获得的田野数据，与乡政府统计数字略有偏差（乡政府统计的数字为 33 户）。本章相关统计数据除了政府报表所提供的数字不加以更改外，均以 35 户 174 人来统一计算。

[②] 旧称巴塘格鲁派的主寺康宁寺，实为巴塘格鲁派的主寺康宁寺的分寺之一。

他们的祖先很早就在这里耕作、放牧，雨崩村至少拥有五百年的历史。

长期以来，雨崩村人沿袭传统的半农半牧型生产方式（见表6-1）。除了种植青稞、小麦、苞谷（玉米）、洋芋（土豆）和一些青菜以外，放牧一直是雨崩村人生活的一个极其重要的内容。几乎每户家庭都养牛，因此每个家庭都会有一个牧人，该职务无一例外均由家里的男性成员来承担。雨崩村人放养的牲畜主要以耕牛、黄牛和犏牛为主，规模相对较小，一般维持在10~50匹。

表6-1　雨崩村年度经济生产活动表（藏历月）

月份	重要经济生产活动
一	过藏历年，举办祈愿法会，跳锅庄，举办赛马、射击节
二	过藏历年、砍柴火
三	田间管理、犁地、施肥、拔草、播种、种小麦
四	田间管理，拔草，转经，种青菜、马铃薯
五	田间管理、种青稞、山上放牧、举办神箭节
六	田间管理、收马铃薯、山上放牧、种玉米
七	收青稞、收小麦、山上放牧、采集松茸
八	收玉米、山上放牧
九	田间管理、施肥、拔草、种冬小麦、种青稞
十	田间管理、施肥、山下放牧、杀牲畜、准备过冬
十一	砍柴、施肥、田间管理、割草、山下放牧、准备过冬
十二	砍柴、施肥、田间管理、割草、准备过藏历年

雨崩村共有4个牧场，分布在海拔2 400~4 000米：其中设在山上的牧场有3个，分别为呢诺（海拔3 400米）、布茸弩（海拔3 700米）和笑弩（海拔3 900米）；设在山谷处的牧场有1个，名为泥色（海拔约2 400米）。不同海拔的牧场有其不同的功能，牧人们随着季节和气温的变化而不断搬迁。天气暖和时，搬迁到海拔较高的牧场；天气寒冷时，则搬迁到海拔较低的河谷牧场。

关于牧场管理，雨崩村人有一套世代承袭的传统做法：一般情况下，牧场要实行轮流封闭，每个牧场连续放牧的时间均不得超过1个月；在此期间内，任何人家的牲畜都不可进入。显然，这样做是保护草场不致因过度放牧而遭受破坏，为此雨崩的牧人必须定时搬迁牧场，一般每个牧场所待的时间为1个月左右。每年牧人基本就在这4个牧场之间轮换放牧。每年藏历六月，雨崩村把牧场设在呢诺；七月搬迁到笑弩；八月搬迁到布茸弩；

九月回到笑弩；十月再回到呢诺；十一、十二月迁徙到海拔仅有 2 000 多米的泥色河谷处放牧。

在过去，畜牧产品一直是村民经济收入的主要来源之一。每位家庭成员都有严谨的分工：妇女在家主持家务，男人负责外出放牧。作为家里的牧人，其主要任务除负责放养牲畜以外，还需向家里提供每年所需的（特别在过冬期间）奶制品——酥油。因此，牧人的工作任务并不轻松，每天早晚都要挤一次奶，还需定时打酥油。由于放养奶牛数量的减少，现在两天挤出的牛奶攒起来才够一桶牛奶用来打酥油。打酥油是项繁重的活，一个人一般需要打一两千次才能把酥油从牛奶中分离出来，每天至少要花费 2 ~ 3 个小时，但一桶牛奶可打出的酥油却不到 2 公斤。

打酥油的工具其实很简单，仅需一个酥油桶、一个盛有适量水的大盆。酥油桶是木制的，由三部分组成：①木桶，高及人胸，有近五分之一坐入与桶外径相差无几的土坑里。桶身上下等粗，外围上、中、下各部分别用金属箍或竹箍、藤箍、牛皮箍等箍紧。②"甲洛"，一块比木桶内径略小的厚木板，上面掏有三角形或方形的五个孔，其中四孔均匀地分布在木板的各对称部位，中间的方孔上固定着一根一握粗、直、高出桶 1 尺左右的木棍。一般情况下，甲洛总是插在木桶里的。③一块与桶外径相等的木盖，甲洛柄从中央的圆孔中伸出。木桶盖反面固定着几根木条，使之更稳定地盖于桶上，以保持桶内洁净。酥油桶虽大小不一，但一般都能装60 ~ 80 斤奶。

二、雨崩村的逆袭

如果说以往的雨崩村经济模式传统封闭，以自给自足型为主，那么自从 2000 年以来，雨崩村正经历着现代化的巨大冲击，村内的经济发展也开始发生了翻天覆地般的变化。一个根本的原因是，旅游业的开发与介入。在此过程中，美国大自然保护协会发挥出举足轻重的引导作用。美国大自然保护协会根据雨崩村雪山冰川、冰湖、原始森林和原生态民居等得天独厚的旅游资源，引导村民发展旅游业，变资源优势为经济优势。该协会自 2002 年开始投入资金，给每户雨崩村民制作了木制的客栈房子，并给每户赠送了 10 套被褥，让雨崩村人逐步学会了用干净整洁的客栈来接待当时仍然为数不多的下乡工作人员和前来徒步旅行的游客，并在村里积极推行太阳能和微型小水电示范工程。在村民自主选择和资源参与的原则下，美国大自然保护协会还开展绿色乡村信贷项目，于 2005 年间给当时雨崩村 33 户村民发放了将近 30 万元的小额度贷款，并先后给村民举办了兽医、厨师和向导暨马队等各类性质的培训班。此外，美国大自然保护协会还与德钦县水电局合作投资，修建了雨崩上、下村人畜饮水的自来水管，把自来水接通到各家各户，使雨崩村人告别了虽有水源却饮水困难的历史。截至2006年12月，雨崩村已经拥有36套太阳能、4台多功能灶、18座微水电、4台洗衣机、18部电视机和33部卫星电话。2007年，在县政府和电信部门的积极配合下，还投资48万元在南宗垭口处安装了一座太阳能手机塔，首次实现雨崩村与外部通手机。

雨崩村地区位于梅里雪山的心腹地带，是卡瓦格博神山内转经圈的必经之地，拥有声名远扬的"雨崩神瀑"，随着旅游业的蓬勃发展和当地旅游条件的逐步改善，雨崩村逐渐为国内外的旅游者所知，前来徒步旅游、摄影探险的人与日俱增。参看表6-2：

表6-2　1997—2006年梅里雪山旅游景区游客数、收入与雨崩村旅游收入统计表

年度	梅里雪山旅游景区		雨崩村	
	游客数（人）	旅游总收入（万元）	旅游总收入（元）	人均旅游收入（元）*
1997	5 000	94	—	—
1998	7 500	141	—	—
1999	9 800	184	—	—
2000	11 000	207	—	—
2001	15 000	282	139 287.8	892.8
2002	16 000	301	285 500.5	1 807.0
2003	25 000	470	239 770.0	1 498.5
2004	30 000	720	604 630.0	3 599.0
2005	40 000	960	628 086.0	3 694.6
2006	55 000	1 080	860 087.0	5 342.1

资料来源：德钦县旅游局。

注：＊按照2007年雨崩村人口数统计。

由表6-2可知，自2001年以来，前来梅里雪山景区旅游的人数呈现爆发式增长的趋势。面对现代旅游业的剧烈冲击，雨崩村人又是如何应对挑战的呢？以下两个个案或许能生动地说明一些情况：

个案十三

访谈对象：顿珠江村

地点：德钦雨崩村

时间：2007 年 4 月

20 世纪，雨崩村还是德钦县最贫穷的村寨之一，顿珠江村是雨崩村普通的一名村民。当时的顿珠江村不仅穷得叮当响，不幸的灾难还在接连地发生。顿珠江村最先实行的是"嘎扎婚"，即当上门女婿，然而他的第一个妻子在 20 世纪 80 年代初丢下一个刚出生的儿子便离他而去（指去世）；同样，他的第二个妻子又在 90 年代初丢下年幼的一男一女后离开人世。面对命运如此的不公平，顿珠江村忍受着一般人难以想象的困苦，与三个孩子相依为命，以挖药材、收松茸为生计，好不容易才将三个孩子拉扯大。所谓"功夫不负有心人"，随着香格里拉和梅里雪山旅游业的兴起，顿珠江村觉察到了机遇，开始用行动来改变自己的命运。2002 年，他通过贷款修盖了雨崩村第一家客栈，提供 20 多个床位，很快就通过旅游接待获得了收益，不仅当年就偿还了贷款，而且还纯赚了 2 万多元。尝到了甜头以后，顿珠江村又扩建客栈，不仅把住宿扩大到 60 多个床位，还对原始的伙房进行了大胆的改造，并修建了一间适用太阳能热水器供水的澡房，甚至还专门购买了汽油发电机，使得客栈的食宿条件得到了极大的完善。根据顿珠江村自己的估计，2003 年全家的旅游收入有 5 万元；2004 年 7 万元；2005 年 10 万元；2006 年 13 万元；2007 年预计可达 15 万元。顿珠江村全家人都投入客栈的运作当中，顿珠江村不仅举行了个人的第三次婚礼，而且三个孩子和儿媳也都成为好帮手，大家各司其职，齐心协力把家里的客栈和旅游服务业搞得红红火火。"家和万事兴"，顿珠江村的个案，可以说是雨崩村人受旅游业巨大冲击下的一个缩影。

个案十四

访谈对象：阿那祖、吉安拉姆

地点：德钦雨崩村

时间：2007 年 4 月

阿那祖曾经是雨崩村远近闻名的猎手。一次在大雨天中打猎，他误将一个穿着大羊皮袄在丛林中采蘑菇的村民看作狗熊，扣动了扳机。他背着伤者求治不成，主动去自首，成为雨崩村历史上第一个进过监狱的人。后来，阿那祖觉得无颜回家见父老乡亲，便在外面漂泊了两年。然而，正是这段特殊的经历，使他成为村里第一个见过世面的人，同时也练就了一口流利的汉语。回到雨崩村以后，阿那祖不再安分于以往那种传统的耕种与放牧的生活，开始经营一些小本生意。2003年，阿那祖感觉到雨崩村的旅游业具有光明的前景，干脆把家从下村搬迁到临近上村一个最适合观赏风景的场所，同时东挪西借，开始修建一家新客栈；在一些来这里旅游的人的建议下，他甚至为客栈取上了一个甚有现代气息的名字——"徒步者之家"。现在，徒步者之家已经有了30多个床位，要是加上临时床位，已经可以接待50个客人。就这样，阿那祖成为村里第一个敢于打破传统的人，第一个见过世面的人，第一个用起了小水轮发电机并买入了第一台电视的人，第一个使用微波电话的人……如今，阿那祖一家的年收入已经高达15万元，成为雨崩村率先走上致富之路的家庭之一。

可以说，随着旅游业的开发，过去只会种田、放牧的村民纷纷加入了旅游服务行业，逐步走上了发家致富之路。雨崩村不通公路，村民便纷纷牵出自家的骡马给游客代步。许多家庭都开办了自家的客栈；如今的雨崩村在家家都有住宿的基础上，还开发出能接待40、50人以上的梅里客栈、徒步者之家、神瀑客栈、安珠客栈和阿茸老师客栈等。[①] 根据县旅游局的相关统计，2006年雨崩村每天接待的游客保持在200人左右，而一些接待能力较强的家庭其年收入已经高达15万元，就是接待能力最低的家庭也有3万多元的年收入。如表6-2所提供的数据，在2006年期间雨崩村人均旅游收入达5 342.1元，该数字已超过云南省农村人均年收入水平。

由此看来，随着近年来旅游业的发展，雨崩村各户的经济效益都已获得明显的改善。如果说过去的雨崩村是云岭乡乃至德钦县最穷的村子，现在的它则已经告别了以往"守着金山过穷日子"的历史，一跃成为云岭乡户均与人均收入水平最高的村子。表6-3是德钦县云岭乡社会经济基本情况统计表：

---

① 截至笔者2007年8月田野调查期间，雨崩村已经开设或正在建设的客栈共计14家。

表6-3　云岭乡社会经济基本情况统计表（2000—2005年）

年度	户数	人口（人）	劳动力（人）	耕地面积（亩）	粮食总产量（公斤）	经济总收入（元）	人均年收入（元）	人均粮食单产量（公斤）
2000	960	5 250	2 871	9 703	2 173 318	6 344 634	1 208.5	414.0
2001	967	5 301	3 015	8 093	2 224 408	4 766 817	899.2	419.6
2002	972	5 298	2 926	7 576	2 297 070	6 768 483	1 277.6	433.6
2003	985	5 330	2 817	5 887	1 462 035	7 362 005	1 381.2	274.3
2004	989	5 340	2 917	5 887	1 818 590	10 669 000	1 997.9	340.6
2005	1 005	5 330	2 721	5 887	2 129 867	121 290 137	22 756.1	399.6

资料来源：云岭乡乡政府相关统计报表。

由表6-3可知，雨崩村人的年均收入极大地高于该村所隶属的云岭乡的水平。就是与位于同一梅里雪山风景区内的西当行政村属下各村相比，雨崩村的经济发展水平同样高居榜首（见表6-4）。

表6-4　云岭乡西当行政村社会经济基本情况统计表（2007年）

村名	户数	人口（人）	粮食总产量（公斤）	年总收入（元）	人均粮食单产量（公斤）	人均年收入（元）	其中退耕还林面积（亩）
西当一村	30	154	67 600	488 170	439	3 169.9	5.2
西当二村	37	205	88 495	617 326	431.7	3 011.3	15.1
荣中一村	27	141	60 400	226 260	428.4	1 604.7	40.2
荣中二村	23	132	60 440	142 898	457.9	1 082.6	44.9
荣中三村	18	99	45 545	122 925	460.1	1 241.7	80
尼龙村	25	129	75 600	191 505	586	1 484.5	54.1
扎荣村	13	60	35 600	84 590	593.3	1 409.8	10.1
雨崩一村	17	76	29 450	429 105	387.5	5 646.1	—
雨崩二村	16	85	37 880	433 306	445.6	5 097.7	—
总计	206	1 081	501 010	2 736 085	463.5	2 531.1	249.6

资料来源：2007年4月云岭乡西当村德钦县社会主义新农村建设摸底调查表。

注：此表采用政府统计数字，故雨崩村户数保持不变，以33户来计算。

西当行政村时任村支部书记阿登曾向笔者透露旅游业给当地各村带来的巨大冲击，其中尤以雨崩村的变化最为显著：从 20 世纪 90 年代末期的最后一名，一跃成为当前西当村各村中各项指标排名靠前的"领头羊"（见表 6 - 5）。

表 6 - 5　1997、2007 年西当行政村各村经济排名表

村名	户数	1997 年人均年收入排名	2007 年人均年收入排名
西当村	67	1	2
尼龙村	25	2	3
扎荣村	12	3	5
荣中村	69	4	4
雨崩村	33	5	1

从村落形态和社会结构来看，旅游业的开发短期内对雨崩村造成的影响同样相当明显，主要表现在以下两个方面：

第一，从村落形态上，雨崩上、下村的房子均呈现明显沿着旅游者路线发生转移的迹象。由图 6 - 2 可知，雨崩上村地势较高，村子沿山而建立，实际上并不在旅游者主要目的地（雨崩神瀑）的路线之内；相比之下，下村是前往神瀑的必经之地，还有一个范围更大的坝子（平地），整体环境也更优于上村，这就吸引了大量旅游者直接前往下村住宿，使得上、下村户之间在收入上出现了差距。为了留住旅行者，上村家庭旅馆的分布也随着旅行者的路线发生转移，如早期的梅里雪山客栈、徒步者之家和新建的飘飘客栈等莫不如此。

第二，就社会结构而言，这种家庭旅馆的修建与迁徙，实际上还连带着原有家庭内部的分家行为。一个明显的证据是：1997—2007 年期间，雨崩上村户数从 11 户增加到 18 户，下村从 12 户增加到 17 户。① 雨崩上、下两村的总人口从 1997 年户均约 6 人下降到了 2007 年的户均 5 人，在自身并无太多人员外流与外来人口增加并不明显的情况下，只能以分家导致户均人口数减少来解释。

_____

① 此处数据以笔者田野工作所获得的家庭户数 35 户来计算。

三、旅游业的冲击

旅游业与伴生而来的外部文化，对原来的村子造成了巨大的冲击，使其无论在外观形态上还是在内部思想上均发生了翻天覆地般的转变。例如，以往认为必须精心耕作与护理的庄稼，现在在一些村民的眼里似乎都不再重要了；以往认为放牧是家里不可或缺的生产活动，现在牛养得最多的家庭也不过是 20 来头，有些家庭甚至彻底放弃了放牧这种传统的生产方式。

旅游业还对雨崩村家庭的经济生产活动产生了重大的影响，使得各户的人均收入水平出现了不均等的局面。表 6-6 反映的是 2005 年期间雨崩上、下两村人均收入的基本情况:①

表6-6　雨崩上、下村人均收入基本情况表（2005 年）

单位：元

一社（上村）情况		二社（下村）情况	
户主	人均年收入	户主	人均年收入
伍金	2 298	格宗	4 036
阿洛	1 799	斯郎登巴	2 885
卓玛	1 665	阿南玉生	1 772
索南拥珠	2 403	阿青	2 296
绕丁	2 843	绿珠	1 883
白玛仁真	2 985	丹堆拉姆	2 729
多杰帕措	2 627	安珠	4 805
顿珠江村	4 414	阿生	3 050
扎西次仁	3 688	阿左	1 612
次南拥宗	4 481	阿青布	6 126
阿那祖	5 062	安布	2 403
阿姆	3 450	阿里苏	2 599
丹巴江村	2 500	扎西伦布	3 301
		加格扎西	4 248
		阿劳	3 150

---

① 2005 年雨崩村上村有 13 户，下村有 15 户，计 28 户。

表 6-6 实际反映出雨崩村家庭收入存在着不均等性，家户之间的人均收入出现了差距：一方面，部分经营规模较大客栈的村民家庭的人均收入接近甚至超过 5 000 元；另一方面，少数几户家庭的人均收入却不足 2 000元。

尽管如此，雨崩村仍然尽量恪守着以往的文化传统。在这些世代相传的文化传统中，一个重要的"财富"是渗透于村子内部各方各面的"平等性"思想。

1995 年，雨崩村曾制定过一部《村民公约》，其内容如下：

村民公约

雨崩村无论大小人都要拥护此项决议，维护雨崩村的利益。

尊重师长，团结友爱，不打架，不骂人，搞好友邻关系，违者打架一次罚款10元。

不准酗酒闹事，故意破坏集体或私人的财物及其设施，违者罚款100元并赔偿损失。

要搞好上社与下社之间的关系，如发现故意挑拨社与社之间关系，挑起事端的人罚款50元。

雨崩的山林、牧场、水源都归集体所有，未经村民委员会同意，擅自领外地人狩猎、放狗一律击毙，并罚款100元。

无论是外地人和本地人都不得在村的森林封山区内打猎、放狗、下口子。违者没收其财产并罚款300元。

外村人不得自行在雨崩的山林、牧场里放牧，除（西当、荣中）翻山时山口积雪，定期不定期的制度。如化雪一次性翻山，既让翻山还有一部分山内耕牛，按每天草场费0.50元，由放牧人自付。

一山有林千家富，维护山林，防止失火，是雨崩村人应尽的职责。

在雨崩一、二社山属权内，每年出松茸季节时，除西当村外，其他外村人不得采松茸，若要采松茸需每人交纳一次性资源费100元。

每年牲畜上山牧场，反正外村人的牲畜一律不准寄养在本地的牧场，包括（大牲畜、马的牲畜）。

保护野生生物是每个人应尽的职责。在雨崩村山属权内一律不准打马鹿。（部分外地和本地人、国家干部）若打一头，违者罚款1 000元。

每年牲畜搬回时，定期为十月份才赶回，若有十月份前赶回罚款50元，返回的牲畜放在苞谷地里损失庄稼，牲畜损失多少赔偿多少，由两家自行解决。

此规定与上级政策、法律、条例、规定相冲突时，应以上级的规定、法律、条例、政策为办事依据。

此规定从公布起执行。

雨崩村一、二社

这份内容翔实的《村民公约》，至少反映出两个重要的事实：首先，村子的一切自然资源，均是祖辈留给大家的集体财富，必须充分体现出平均分配的权利；其次，任何有损集体利益的行为必须加以制止，这也是雨崩村每户、每人应尽的义务。实际上，这种"平等的权利与义务"的思想在村内的社会、文化与宗教生活中均有体现。例如，雨崩村世代保留有"神箭节"，当地称为"达觉"，即射箭比赛之意。"神箭节"一年举行两次，分别为藏历新年（初十至十五）与藏历五月五日，届时雨崩村所有成年男子都要参加并一决高下。举办"神箭节"前后，要举行庄严的煨桑仪式，这时要选派村里一位德高望重、身体健康的长者给神山敬献哈达，并且把所有参赛选手的箭集中起来祝福，祈求山神保佑众选手都能在比赛中获胜。

雨崩村分上、下两个自然村，2007年共计33户；其中上村17户，下村16户，[①] 神箭节在上下两村各自举行，但内容完全一致。比赛场地设在一个坝子上，两边各树一根高1.2米、长0.2~0.3米左右的木桩，两个木桩的间距为25~30米。参赛选手要按总人数分成均等的两组，每组成员各自择一个对手作为搭配，两人轮流射出一对箭，来回各射一次算作一轮，射三轮或五轮，以射中木桩上的箭数最多的一方为胜。

有趣的是，除了具有娱乐与仪式性质的信仰功能以外，神箭节还具有社会资源再整合的功能。神箭节在节日期间举行，这是全村村民一个集体性节日，除了举行各种体育娱乐活动外，[②] 喝砸酒、跳锅庄与聚会聊天是

---

① 此处采用乡政府统计数字。
② 在过藏历年期间，当地还另外举办赛跑、拔河与篮球比赛等体育活动。

节日中每天必不可少的内容。神箭节一年举行两次，每次需指定两户人家作为东道主，承担组织与接待等义务性工作；东道主依次轮换，周而复始。

每天的接待工作中，喝酒是一项耗资颇大的项目，[①] 若完全由两户人家来承担，显然难堪重负。因此，在神箭节中，每对选手除了分出胜负以外，还规定输方需按照输赢箭数从自家拿出相应的青稞份额（据悉有专门的测量工具，输一箭交纳"一斛"的青稞数），这样收集来的青稞总量，移交给下一次承办活动的两户人家，用以抵消届时他们需要耗费的青稞数量，如此循环。每次射箭比赛以后，要把输的一方的比赛结果刻画在一根木头上，让大家都心中有数，因此村里至今保留着"刻木记事"的风俗。

神箭节规定每户至少派出一位成年男子参加，也可派出多位选手，但需分成人数均等的两组；因此一户人家若出现两位以上的射手，他们甚至可能成为对手，这样就保证了每户人家都有可能承担起一定份额的青稞数量，从而实现社会资源的平均性再分配。

由此可见，射箭比赛不仅在社区内发挥仪式性的象征作用，而且在社会资源的整合上也发挥着功效。神箭节在社会资源的再分配上起到了重要的调节作用，既实现了整体整合，也照顾到个体需求。

敬酒会是村里实现平等性的另外一种表达。敬酒会，也叫作座谈会（讲笑话），由村里的成年男人集体参加，一般在节日期间举行，主要以诙谐幽默、意蕴深长的话语供大家取笑作乐。以下是某次敬酒会中摘取出来的片段：[②]

甲：现在你俩都着藏装，（旅游）开发后不会穿得像美国总统一样吧？……

乙（接着说）：现在你俩都着藏装，开发后不会穿上喇叭裤吧？……

丙（接着说）：现在你俩都着藏装，开发后不会穿上健美裤吧？……

丁（接着说）：我们的穿着还不错，这健美裤就让我妈穿吧！……

① 主要是自家酿制的青稞酒。
② 以下对话摘录自音像资料《在卡瓦格博脚下——走进香格里拉》，由中共德钦县委宣传部、德钦县民族宗教事务委员会和上海浩文文化传播公司联合制作，云南音像出版社出版。

戊（接着说）：这高跟鞋就让最老的两位奶奶穿吧！……

己（接着说）：老爷爷你以后会不会穿着高跟鞋，驾驶飞机飞
来飞去呢？……

庚（接着说）：说不准你会用外国话唱藏歌吧？……

辛（接着说）：你该不会在唱藏歌时，用迪斯科节奏吧？……

壬（接着说）：你该不会用藏调唱样板戏吧？……

…………

由此可见，敬酒会不仅给雨崩村人提供了一个表达个人思想的场所，
还是促进村里的男性成员（通常为家长）情感交流的一种机制。敬酒会
期间，村里人的谈话不仅无所顾忌，而且可以互相揭短来饮酒取乐，这样
平日里的一些小摩擦、小矛盾就在举办敬酒会的当天得到了有效化解。

此外，每年藏历八月十五，全村的成年男性还要义务去朝拜"圣僧"
神山一趟。对于雨崩村人而言，"圣僧"神山是一座相当重要的神山。朝拜
"圣僧"神山要在一天内徒步围绕"圣僧"神山走一圈，首先去到神瀑那里
煨桑，洗礼朝拜，然后用从神瀑泻下的水沐浴。雨崩神瀑的水来自神山卡
瓦格博，因此也被藏民称为"圣水"。相传雨崩神瀑曾经得到过十万八千佛
加持，经过"圣水"的洗礼，个人将获得最大的赐福。此后，他们还需结
伴而行，攀越数座悬崖，并且翻过海拔4 000多米的南争拉山垭口后才能回
到自己的村子。转经的路线是祖先留下来的，不能轻易更改。雨崩村人认
为，经过这样一次的转经，就可给村子和家里带来祝福，同时也祛除一切
邪气，让世间的生灵都能得到安康、吉祥。

某种程度上，朝拜"圣僧"神山可以说是雨崩村人实现整合的一次
集体性行为。它不仅体现出村里人对自然、神灵的敬畏之心，而且是老少
男性成员之间传授知识、恪守传统和巩固集体荣誉感的一种自发性行为。

从《村民公约》、神箭节到敬酒会和朝拜"圣僧"神山，如果说它们在
雨崩村体现出世代相传、渗透入微的平等性思想，则它正面临着披着旅游
业外衣的现代化和商品化的巨大冲击。

旅游业给雨崩村人带来了丰厚可观的经济利益，但是，为了争夺客源，
雨崩村各户之间的关系也开始发生了一些微妙的变化。一开始由于雨崩村
还没有实行《旅游收入平均分配制度》，村里人谁先看见了游客，谁就会抢
先把客人领回自己的家中。日积月累下，一些家户之间就滋生了矛盾。有
鉴于此，雨崩村于2002年因时适宜地召开了一次"家长会"，就今后游客

进入雨崩的管理、游客的食宿如何收费、村民的利益如何分配等问题展开了激烈的讨论。

"家长会"是雨崩村一种具有古老历史传统的议事会议制。在这样的会议上，村里大大小小的事情都可以摆到桌面上，大家协商解决。自古以来，村里一直用这样的方法来解决各种事务，每个人都有发言的机会。平等性是该会议的一个重要特征，谁都没有任何特权。最后，经过雨崩村各户家庭的一致协商，村民们对今后雨崩村的旅游管理制定出了一套新的村规民约，即《旅游收入平均分配制度》。

《旅游收入平均分配制度》主要包括以下两个方面：①朴素的"旅游收入平均分配制度"；②简单的"旅游环境卫生责任制"。

1. 旅游收入平均分配制度

旅游收入平均分配制度解决的是雨崩村内由于开发旅游后所面临的人际关系日趋紧张的危机。2002 年以前，雨崩村并未实行任何形式的旅游收入分配制度。随着旅游者的不断增加，一些开办了家庭旅馆的村民家庭商业竞争意识逐步增强，开始因争抢客源而滋生矛盾，甚至发生小范围的村民冲突。实际上，这种矛盾和冲突的根源自村民自发的、自觉的经济利益诉求。旅游者的涌入带来了经济利益，使得少数最先把握住商机的村民家庭很快走上了致富之路。村民普遍感受到现代化的冲击，并且自发地认为传统的生产似乎不合时宜，于是纷纷开始追求这种来得更为简易也更为有效的经济利益，这样自然就会与其他追求同一利益的村民形成竞争。如果没有一种协调竞争、化解矛盾的机制，那么原本纯朴的村落人际关系将会受到严重威胁，质朴的民风也将不复存在，而雨崩村赖以吸引旅游者的人文环境正面临解构的危险。

正是在这种背景下，村落精英人物积极号召和带领村里各户家庭参与讨论以谋求解决方法。经过了 2002 年初各户户主的几轮全体会议的讨论，雨崩村终于制定出一套朴素的《旅游收入平均分配制度》，并通过广告牌的形式挂在村口处的醒目位置，提醒经过的旅游者注意和配合：

> 尊敬的旅游者，您好！欢迎您来到雨崩村游玩。为了我们的安定、团结，同时也为了您的安全，经我村全体家长协议规定，凡是住店旅客，住处全部统一由我社村干部安排。为此，特别请您到达雨崩后，先联系社村干部给您安排住宿，切不可自找住处。若不服从而使得我村民发生冲突，后果由您负责。

特此通告，望能配合。联系电话：0887—8411081　0887—8411082

雨崩一、二社宣
2003 年 3 月 1 日

旅游收入平均分配制实行两种旅游收入在村民中的分配：①马队收入；②住宿接待（含餐饮、小卖部）收入。

马队收入的实施步骤如下：

第一，仅允许雨崩村村民向马队提供骡马，最多两匹，按户一一编号。

第二，马队分南争拉山马队和神瀑马队两支，分别由上村、下村村主任担任队长，其主要职责是分派马匹、监督收入。

第三，遇到需要骡马的旅游者，按照旅游者人数或行李包，由马队长按顺序编号叫出相应的骡马的马匹，抽签决定各自对应的旅游者或行李包。

第四，驮运收入由马主人获得，牵骡马人的报酬由马主人和牵骡马人自行商定。

住宿接待收入的平均分配如下：

第一，所有村民以家庭为单位编号，目前全雨崩村一共 35 户，即编作 1～35 号。

第二，每天将有一户家庭作为当日轮值接待户，按编号由雨崩上村和下村的村主任联合监督安排。

第三，如果当日决定留宿雨崩村的旅游者超过了轮值接待户的接待能力（或该户不具备接待能力），则按编号依次顺延到有接待能力的家庭，但是，所有住宿收入，负责接待户必须按照留宿的旅游者的人数分出 10 元/人退还给轮值接待户以作为补偿。至于来自餐饮接待方面的收入，则完全归负责接待户所有。

第四，在旅游旺季（如夏季和"黄金周"），由于旅游者往往大量涌入难以一一照顾并得到安排，这时需要两村村主任连夜赶往各家接待户，清点留宿人数并核算出收入分配。

由此看来，旅游收入平均分配制的制度和实施，可视作雨崩村人一种自生、自发、自觉的合作管理模式，不仅直接照顾到那些出于各种原因无法参与到住宿接待经营活动中的村民家庭，同时也考虑到原本就积极开展住宿接待经营获得收益的村民的利益，体现出一种原始朴素的平等、公平、合理性原则。

从该制度的设计的初衷与实施的成效来看，不仅在一定程度上弥补村户间进一步拉大的贫富差距，而且适当地避免村户之间的恶性竞争，从而有效地调节了村内的人际关系，维护了社区的和谐。

2. 旅游环境卫生责任制

积极推行旅游环境卫生责任制，旨在保护当地日益脆弱的生态环境，主要应对的是外来旅游者所带来与制造出的大量的生活垃圾。旅游环境卫生责任制的主要内容和措施如下：

第一，环境卫生责任制实施的空间范围包括：东起南宗垭口，西至雨崩神瀑，北以南争拉山北段西南麓为界，南至南争拉山南段前往尼农村的路口。

第二，委派责任区：将以上空间范围划分到户，每户负责一个责任区内包括道路、森林、草甸和临时建筑等卫生保洁工作。

第三，挂牌确认：采取挂牌形式，用藏汉双语写上所在责任区家长的名字，以便确认和监督。

从落实的情况来看，这种简易的环境卫生责任制得到了有力的推行，在保护环境卫生方面也收到了一定的成效，是雨崩村处理好人与自然的矛盾的一种甚为有效的机制，也是雨崩村人结合自身的特点与旅游业开发得出的宝贵经验，值得进一步提倡与推广。

概而言之，旅游收入平均分配制度的制定与实施，是雨崩村经受外来文化巨大冲击下的一种社会—文化结构的内部调节与整合，是一种变迁中的社会进程，动态地反映出雨崩村人如何应对现代化冲击并要求获得自我发展的一种自我调适的过程。

第二节　婚姻家庭

一、家庭概况

在现代化与旅游业的剧烈冲击下，雨崩村的婚姻形式与家庭结构是否也在发生着变迁？其自身又将呈现怎样的特色？

解答这些问题，不仅需要掌握雨崩村的婚姻与家庭状况，还需对它们做进一步的理论剖析。

　　首先，需要明确村落人口和男女比例等问题。根据2007年的田野资料，雨崩村现有35户，计174人，男94人，女80人，平均每户约为4.97人，男女比例约为119：100，① 制作雨崩村人口金字塔（见图6-3），分析雨崩村人口与年龄的组成情况。由图6-3可知：雨崩村约24%的人口处于前生育年龄（0~15岁），57.7%的人口处于生育年龄（16~45岁），18.3%的人口处于后生育年龄（46岁及以上）。

　　其次，需摸清当前雨崩村的家庭构成情况。现把雨崩村35户家庭的婚姻类型情况统计成表（见表6-7），再把这35户家庭的成员构成情况也制作成表（见表6-8），以利于进一步的结构性分析。

　　考察表6-7和表6-8，可以发现雨崩村的婚姻家庭构成存在三个典型性特征，分别是：①婚姻形态多样化；②核心家庭与主干家庭构成雨崩村家庭的两大集合；③流行出家和嘎扎婚。

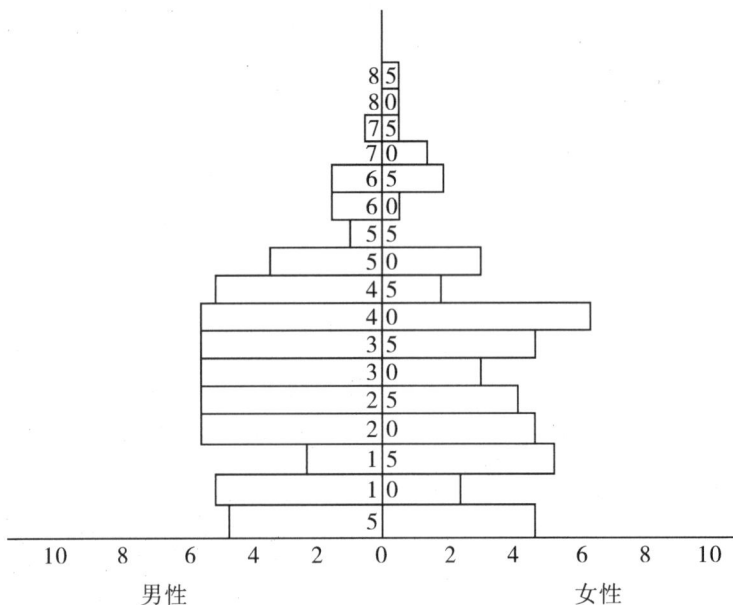

图6-3　雨崩村人口金字塔

注：纵线代表年龄组，横线代表百分比。

---

① 相关数字来自2007年4月和8月两次田野工作，这里以2007年8月所取得的最新数字为主。

表 6-7 雨崩村家庭婚姻分类统计表

家庭编号	婚姻类型	家庭编号	婚姻类型	家庭编号	婚姻类型
1A	一妻二夫	14	一妻一夫	24	一妻一夫
1B	一妻一夫	15A	一妻一夫	25	一妻一夫
2	一妻一夫	15B	一妻二夫	26	一妻二夫
3	一妻一夫	16	一妻一夫	27	一妻一夫
4	一妻一夫	17A	一妻一夫	28	一妻一夫
5	一妻一夫	17B	一妻二夫	29	一妻一夫
6	一妻一夫	18	一妻一夫	30A	一妻一夫
7	一妻二夫	19A	一妻一夫	30B	一妻一夫
8	一妻一夫	19B	一妻二夫	31	一妻一夫
9	残缺家庭	20	一妻一夫	32	残缺家庭
10	一妻一夫	21	一妻二夫	33	二妻一夫
11	一妻一夫	22A	一妻一夫	34	一妻一夫
12	一妻二夫	22B	一妻二夫	35	一妻二夫
13	残缺家庭	23	一妻一夫		

表 6-8 雨崩村家庭成员构成表

家庭结构类型	户主	户主之配偶	子女	父亲	母亲	赘婿	儿媳妇	孙子孙女	孙辈之配偶	外孙	岳父	岳母	同胞兄弟	同胞姊妹	曾孙	配偶之姊妹	配偶之兄弟	父母之姊妹	父母之兄弟	户数	家庭编号
核心家庭	√	√																		2	18、23
	√	√	√																	9	3、8、10、16、25、27、28、29、31
	√	√	√										√							1	*21*
	√	√	√											√						1	20
	√	√	√										√				√			1	33

（续上表）

家庭结构类型	户主	户主之配偶	子女	父亲	母亲	赘婿	儿媳妇	孙子孙女	孙辈之配偶	外孙	岳父	岳母	同胞兄弟	同胞姊妹	曾孙	配偶之姊妹	配偶之兄弟	父母之姊妹	父母之兄弟	户数	家庭编号
主干家庭	√	√	√				√	√												4	**15**、**17**、**22**、30
	√		√			√			√											1	4
	√	√	√			√			√											1	5
	√	√	√				√	√												3	**12**、14、**35**
	√	√	√				√	√				√								1	**26**
	√	√	√		√	√			√											1	**1**
	√	√	√			√														1	7
	√					√	√													1	11
	√						√	√												1	6
	√								√	√					√					1	10
	√	√	√				√	√					√							1	**19**
	√	√	√	√			√												√	1	24
	√	√	√			√		√					√							1	2
其他家庭	√																			1	13
	√	√																		1	9
	√		√										√							1	32

注：

①以 2007 年现存婚姻形态为依据制作而成。其他家庭包括单身和丧偶家庭。

②加黑斜体处表示该家庭中存有一妻多夫制婚姻。

二、多样化的婚姻

当地允许最大多样化的婚姻形态，出现了三种婚制并存的局面。

雨崩村内认可并存在最多样化的婚姻组织形式。当前世上存有三种婚姻形式——一夫一妻、一夫多妻和一妻多夫，均可在村中对号入座（见表6-9）。

表6-9　雨崩村婚姻户数统计表

类型	一妻一夫	一妻多夫	一夫多妻	其他	总计
数量（户）	21	10	1	3	35
占比（%）	60	28.57	2.86	8.57	100

由表6-9可知，当前雨崩村的35户家庭中，除了3户为单人户或丧偶家庭以外，行一夫一妻制的家庭有21户，行一妻多夫制的有10户，行一夫多妻制的有1户，比例依次为60%、28.57%和2.86%。与军拥村相似，雨崩村实际也发生了1户一夫多妻的案例，使得该村的婚姻形态呈现出最大的多样性，这有别于索日和龙西两村。

以下个案说明了这种情况：

个案十五

访谈对象：阿生

地点：德钦雨崩村

时间：2007年4月

33号家庭户主为阿生，与19号家庭户主绿珠是兄弟组成员。实际上绿珠共有兄弟4人，二弟顿珠江村早年上门到其他家庭，三弟（阿生）与四弟（安珠）是孪生兄弟。由于阿生的叔父（20号家庭）没有子嗣，阿生父母同意让四儿子（安珠）过继给20号家庭。过继在当地是一种甚为常见的社会现象，称为"布查"，家庭中若无子女，为了避免绝户可从其他家庭收继子女以继承家户的名字，一般又以具备血缘关系的成员为宜。后来安珠成为20号家庭的家长。与此同时，成年的阿生另外成家并提出了分家的要求，最后从19号家庭中分得4亩土地和一些牲畜。有趣的是：安珠与阿生分别迎娶了来自西藏察隅县察瓦龙乡的一对孪生姊妹——姐姐拉姆与妹妹拉追。根据一些报道人的反映，孪生兄弟若能与孪生姊妹搭配，是种最为理想的婚配。但是，最有趣之处还在于：阿生娶了拉追以后，开始感觉家里的劳动力不够，于是把拉追的妹妹拥觉娶了过来，组建成一个一夫二妻的家庭。在雨崩村乃至临近的一些村子，除了实行一妻多夫制以外，一夫多妻制也是一种客观存在的婚姻形式，但通常以姊妹共夫的情况居多。现在阿生一家一共养育了1子2女，家庭人口总数为6人。

现把雨崩村当前发生的事实婚姻数统计成表 6 – 10，以考察三种婚制以及它们之间的互动关系：

表 6 – 10　雨崩村婚姻形态比例统计表

类型	一妻一夫	一妻多夫	一夫多妻	总计
数量（起）	27	10	1	38
占比（%）	71.1	26.3	2.6	100

由表 6 – 10 可知，雨崩村三种基本的婚姻形态基本呈现出金字塔结构，位于底层的是一妻一夫制婚姻，占 71.1%；位于中层的是一妻多夫制婚姻，占 26.3%；位于顶层的是一夫多妻制婚姻，占 2.6%。

由于雨崩村当地流行兄弟型一妻多夫制度，且一妻多夫制婚姻占村婚姻总数的四分之一稍强，这样就容易让人产生一个联想：一个村子内部男女比例大体相当，若该村发生多例一妻多夫制婚姻，必将导致可婚妇女的多出。若真如此，这些余下来可婚的妇女有无可能通过一夫多妻制婚姻来吸收呢？换言之，如果村子出现了三种婚制并存的局面，一夫多妻制能否作为一妻多夫制的有效补充？例如，有人就曾提出这样一种观点：处于社会高层的人盛行一夫多妻制，由此导致可婚妇女数的减少，于是一些处于社会底层的人被迫共妻。①

若从雨崩村的实际情况来看，这种设想显然无法成立。一方面，一夫多妻制婚姻的比例非常稀少（仅发生 1 例，占婚姻总数的 2.6%），相比之下，行一妻多夫制婚姻却有 10 户之多，两者间出现了巨大的失衡，根本无法互相抵消。另一方面，即使发生 1 例行一夫多妻制的婚姻案例，妻子也是从外地（察瓦龙乡）嫁入，并非人们所想象的会从村子的内部消化掉多出来的可婚妇女。报道人指出行姊妹共夫主要是家里缺乏足够的劳动力去应付各种家庭分工的需要。根据报道人的解释：如果实现一夫多妻制婚姻，最好迎娶第一个妻子的姊妹，这样可以有效地降低两个妻子吵架的情况，家庭才能持续下去。

由表 6 – 10 还可获知，一夫一妻制婚姻依然是村中的主导型婚制。雨崩村一妻一夫制比例高达 71.1%，在笔者调查的五个社区中，这一比例也是

①　VAN DEN BERGHE P L, BARASH P D P. Inclusive fitness and human family structure. American anthropologist, 1977 (4): 811.

最高的。该比例的出现至少支持了这样的一种说法：一妻一夫婚制是全人类的偏好；就算是社会中存有其他的婚姻制度（如一妻多夫制），同样不能驳倒这样的事实。①

一个村子同时并存三种婚制，可以很好地检验前人提出的一种观点，即认为一个社区中同时并存多种婚姻形态，若把生命周期考虑在内，实质是有关婚姻、家庭与家庭组织的单一的一整套法则与信仰的体现。② 此观点表明，考察三种婚姻形态之间的相互转换，必须引入时间的变量，才能获得更为客观的理解。例如，一个原来行一夫二妻的家庭，当一个妻子去世后，便自然转化为一夫一妻制家庭；同样，一个一妻二夫的家庭中若一个丈夫去世，则该婚姻也自然转化为一夫一妻制。反过来的说法亦能成立，即原来行一夫一妻的家庭，随后加入一个妻子便组成了一夫二妻的家庭；同样，一个原来行一夫一妻的家庭，随后增加一个丈夫便组建成一个一妻二夫的家庭。这样，在生命周期的作用下，家庭组织所采用的三种婚制，实质可在内部之间动态地发生转化。

三、核心家庭与主干家庭

核心家庭与主干家庭构成雨崩村家庭的两大集合。核心家庭绝大多数以个体婚为主；一妻多夫制主要出现在主干家庭当中，其比例更占村中该婚制总数的十分之九。

笔者按照表6-7制作出雨崩村家庭分类统计表（表6-11），以进一步说明情况：

表6-11 雨崩村家庭分类统计表

家庭结构	户数	占比（%）
单身家庭	1	2.86
核心家庭	14	40.00
主干家庭	18	51.43
丧偶家庭	2	5.71
总计	35	100

---

① TREVITHICK A. On a panhuman preference for monandry: is polyandry an exception? . Journal of comparative family studies, 1997, 28（3）: 154-181.

② BERREMAN G D. Himalayan polyandry and the domestic cycle. American ethnologist, 1975, 2（1）: 127-138.

总体看来，主干家庭在表 6 - 11 中居首位，占总户数的 51.43%；核心家庭位居次席，占 40.00%；两户为丧偶家庭，占 5.71%；单身家庭 1 户，占 2.86%。由此可见，核心家庭与主干家庭构成了雨崩村家庭的两大集合。三个调查村子中，雨崩村主干家庭的比例也是最高的，甚至超出西藏昌都市主干家庭的平均水平。[①]

进一步考察表 6 - 7 和表 6 - 8，还可发现：雨崩村共计发生 10 例共妻制婚姻，但只有 1 例出现在核心家庭中，另外 9 例无一例外均出现在主干家庭中。在上述几个章节的分析中，索日、龙西、军拥三村的婚姻与家庭结构显示出一个重要的关联性：一夫一妻制与核心家庭之间有着更为密切的联系；一妻多夫制与主干家庭有着更为密切的联系。这种关联性，在雨崩村的个案中再次得到了加强性的说明。

然而，与其他村子有所不同的是，雨崩村一妻一夫制占核心家庭总数的 85.71%，比上述两村的比例高出不少。[②] 反之，一妻多夫制主要出现在主干家庭中，占村中主干家庭总户数的 50%，占村共妻家庭总数的 90%。

解释其中的差异，一个重要的原因是：近年来由于旅游业的迅猛发展与剧烈冲击，当地个体婚不仅数量逐渐增多，而且呈现出加速发展的态势；其家庭形式也由主干家庭向核心家庭发生转化。此消彼长下，便拉大了核心家庭的基数，促使该数字上扬。参看表 6 - 12：

表 6 - 12　1947—2006 年雨崩村家庭增长及共妻户数统计表

年份	1947—1956 年	1957—1966 年	1967—1976 年	1977—1986 年	1987—1996 年	1997—2006 年
家户	16	18	24	25	28	35
增长率（%）	—	12.50	33.33	4.00	12.00	25.00
共妻户	8	8	4	6	10	10
增长率（%）	—	0	-50.00	50.00	66.67	0

[①] 索日与龙西两村主干家庭的比例分别为 38.81% 和 36%；昌都市主干家庭的平均水平为 42% ~48%。参见李广文等：《西藏昌都——历史·传统·现代性》，重庆：重庆出版社，2000 年，第 357 页。
[②] 索日、龙西两村中该比值分别为 66.67% 和 73.08%。

由表 6 - 12 可知，在过去 60 年的时间里（1947—2006 年），雨崩村户数由 16 户增加到 35 户，总增长比例为 118.75%，平均每 10 年增长 19.79%。然而，如果仅以 1997 年为界，则在过去的 50 年（1947—1997 年）时间里，雨崩村由原来的 16 户增加到 28 户，总增长比例为 75%，平均每 10 年增长 15%。相比之下，1997—2006 年这 10 年间雨崩村由 28 户增加到 35 户，增长比例为 25%。该值高于上述提及的两个平均增长值，表明 1997 年近 10 年来雨崩村家户数不仅获得了较大的增长，而且其速度呈现出加速发展的迹象。

实际上，雨崩村家户的增加，主要是通过家庭内部分家和增加个体婚（即实行一夫一妻制）来实现的。这种剧烈的内部分家现象实际上在二十世纪五六十年代还发生过一回。当时社会正处于剧烈的政治运动（"文化大革命"）的影响之下，一方面，一些家庭响应政府推行一夫一妻制婚姻的号召，一些原来行共妻制婚姻的家庭出现了分家的情况；另一方面，村里原有的一些出家人被遣返回家并加入村内的婚配市场。两方面的原因造成了当时雨崩村个体婚数的增加。1997—2007 年，雨崩村同样出现了数量较多的分家现象，但这回的动因是受到现代化与旅游业的剧烈冲击，一些富裕起来的家庭开始有能力承受由分家可能带来的困难。相比之下，1947—2006 年这 60 年雨崩村行共妻制家庭数基本维持在一个稳定的水平之内。①

相对于核心家庭与主干家庭这两大集合而言，雨崩村还有其他家庭 3 户，其中 2 户丧偶家庭，1 户单人户。2 户丧偶家庭原来均为核心家庭，是因为妻子病逝才成为丧偶家庭的，否则村中核心家庭的总数还将上调。至于村里唯一的 1 户单身户，也存在着自身的特殊原因。以下的个案说明了它的特殊性：

个案十六

访谈对象：达娃

地点：德钦雨崩村

时间：2007 年 4 月

达娃的母亲提布卓玛原来是 4 号家庭左玛夫妇的大女儿，早年

---

① 1956—1966 年"文革"期间，由于政治运动的影响，内部分家现象相对频繁，共妻家庭甚至出现了负增长的现象。此外，村子的共妻家庭数基本维持在 8~10 户波动，这也许才是村内共妻家庭数的常态。

嫁给本村 13 户家庭白玛顿珠（户名为热巴），夫妇两人共同生育了两个儿子——哥哥达娃与弟弟多杰，兄弟俩相差 5 岁。后来白玛顿珠一心向佛并最后决定出家，留下妻子与儿子三人勉为其难地度日。白玛顿珠的离家客观上造成了离婚的事实。后来，提布卓玛与本村 17 号家庭户主顿珠江村实现了再婚，重新组建起一个新的家庭。顿珠江村之前曾经结过两次婚，但两任妻子均在婚后病故。两次婚姻给顿珠江村留下了 2 子 1 女，这回更增添由妻子带过来的两个儿子（达娃与多杰），使得家庭总人口骤然增添到 7 人。2006 年，达娃步入成年（当地认为男子到了 18 岁即为成年人），于是提出了分家的要求，同时宣称继承了原来父亲的房名——热巴；他的合理要求得到全村人的认可，达娃自此独立成为一户。近年来由于旅游业的冲击，雨崩村家庭依靠马队也能获得稳定的收入。① 根据村子 2003 年制定的《旅游收入平均分配制度》的规定，雨崩村的马队是以户数作为编号依据的，允许每户提供两匹进行轮号。达娃获得了独立的家户资格，意味着每年都能分享由提供骡马的租借服务而获得稳定的收入。

四、出家和"嘎扎婚"

兄弟组中出家或另外成家的情况经常发生，嘎扎婚成为当地一种制度化的婚姻安排。

德钦县的宗教氛围十分浓厚，在藏传佛教的萨迦、宁玛、噶举和格鲁四大派系中，后三者在德钦的影响最大。德钦县内有藏传佛教寺院 16 座，其中格鲁巴寺院 11 座，宁玛巴寺院 3 座，萨迦巴寺院 2 座。② 德钦县内拥有几个在康区乃至藏区都甚为知名的寺院，如飞来寺、噶丹德钦林寺、红坡噶丹羊八景林寺和噶丹东竹林寺等。

就是在雨崩村内，宗教的影响力也是显而易见的。除了修建了一定规模的白塔以外，在雨崩下村还修建了一座供奉释迦牟尼的些里崩小寺，下村北侧宾陀山腰处搭建有一座木楞房，当地称为"日吹"，意为修行之地，据悉是专门提供给从外边过来转经的活佛或请来念经的活佛居住的。

---

① 据报道人解释，2003 年雨崩村为游客提供骡马租借服务每年每户能获得 1.5 万元的稳定收入。
② 德钦县志编纂委员会：《德钦县志》，昆明：云南民族出版社，1997 年，第 322 页。

雨崩村人信奉藏传佛教具有久远的历史。根据老一辈人的回忆，以往家中有人出家修行的情况相当普遍。迄今村中的不少家户都还有亲戚在外地出家，最远的甚至跑到印度修行。然而，雨崩村人出家一般不会留在村里，多数选择在本乡的红坡寺出家，少数去燕门乡、德钦县城甚至印度出家。当前雨崩村共有9人出家，其中7男2女。现把这些出家人年龄与性别构成情况制作成表6-13：

表6-13 雨崩村出家人数、年龄及性别统计表

岁数		0~10	11~20	21~30	31~40	41~50	51~60	61~70	总人数
人数	男	0	1	3	2	2	0	0	7
	女	0	0	0	0	0	1	1	2

由表6-13可知，雨崩村中男性出家人数是女性出家人的3.5倍。若按男女出家人的年龄情况来分析，2名女性均已过了生育年龄（15~45岁）；相反，男性至少有6人仍然处于生育年龄之内。需要指出的还有重要的一点：7名男性出家成员中，有6人均有兄弟组成员，占总数的85.71%。其中有三兄弟的2人，有两兄弟的4人。此外，在这6名男性出家成员当中，有三兄弟的2人家中剩余的两个兄弟均行兄弟共妻制婚姻；有两兄弟的4人家中剩余的兄弟则行个体婚。

以下两个个案分别说明了这种情况：

个案十七

访谈对象：绿珠

地点：德钦雨崩村

时间：2007年4月

19号家庭为一代成员行一妻一夫制、二代成员行一妻二夫制的主干家庭，一代成员绿珠为户主，原来有四兄弟，二弟早年上门本村（17号），老四过继给了叔父（20号），老三后来要求分家并另外组建一户一夫二妻制家庭（33号）。事实上，绿珠一家一直有出家的传统。例如，绿珠有一个叔叔就在印度修行；绿珠的妹妹左姆也是一名出家尼姑，平时主要负责管理位于下村的些里崩小寺。绿珠的二代生育了3子1女，女儿出嫁到本村30号家庭，三个儿子现在的年龄依次为39岁、36岁、29岁。老三名为次仁，

从小就被家人送到红坡寺出家，老大和老二则在父母的要求下行两兄共妻婚姻。二代婚姻现在又生育出1子1女。

个案十八

访谈对象：阿姆

地点：德钦雨崩村

时间：2007年4月

30号家庭为一夫一妻制主干家庭，户主阿南玉生，56岁，早年从本村上门，与妻子阿布玛（50岁）组建一夫一妻制家庭。夫妇一共生育了2子2女。大女出嫁到本村21号家庭的两兄弟，组成一个一妻二夫制家庭；二女出嫁到本村33号家庭，与该家庭二代成员的两兄弟组成另外一个一妻二夫制家庭。两个儿子则珠和江村年龄分别为33岁和27岁。大儿则珠迎娶了本村姑娘拉姆组建一夫一妻制家庭，现在又生育了1子1女。二儿江村于10年前自愿去红坡寺出家。

由此可见，雨崩村出现了男性成员出家，客观上对村子的家庭与社会结构形成两方面的影响：一是减少了原本应行兄弟共妻制的丈夫数；二是促使村中行个体婚家庭数的增加。这些都能从侧面体现雨崩村中行一妻一夫制的比例最高的原因。

兄弟组成员中除了选择出家以外，还可提出分家的要求。事实上，尽管当地流行兄弟共妻制婚姻，但如果兄弟另有想法或者自觉无法与自己的兄弟合娶一妻，则可提出分家的请求。当地允许家庭出现分家的情况，当地允许兄弟分家，可从当地亲属称谓中一见端倪：例如，如果称呼我的父亲之哥哥为"阿乌加乌"，则表明该父辈行兄弟共妻制婚姻；反之，如果称呼其为"阿克加乌"，则表明其父辈不行该婚制。由此可以初步做出判断：兄弟分家的情况曾相当普遍，或者说至少不被严厉禁止。

以往只有男性成员才能提出分家的要求，同时可分得自己应得的财产。计算方法是按照家庭人口数均分。以一个生有两个儿子的核心家庭（家庭总人口4人）为例，若其中一个儿子要求分家，则他可获得四分之一的家产，其中除了田地以外，还应包括部分的牲畜和生活用品。雨崩村当前存在兄弟分家仅发生了2例。除了个案十七中所提及的33号家庭外，还有32号家庭。需要指出的是，这两个案例均发生在距当时15年以前；当前很少再出现同样的情况，说明这种现象现在并不普遍，或者说未能获得社会舆论的鼓励和纵容。

由于当地流行兄弟共妻制婚姻，客观上造成了村内出现了可婚妇女的多出。正因为如此，与兄弟组成员中甚少出现分家的情况相比，村里反倒出现不少男子去别户上门的情况。当地称上门女婿称为"嘎扎"，嘎扎婚无一例外均采取一夫一妻制婚姻，是种受到社会认可甚至鼓励的家庭安排。如果说分家时一名男子可要求索取自己应得的家产，那么选择上门的人其待遇可就迥然不同了。如果他选择上门，则通常的情形下女方应有稳定的家产，这时他就无权再要求获得原来家庭的家产了。也许正因为能够保留甚至增加原来家产，雨崩村内允许甚至纵容嘎扎婚的发生。

以现存婚姻数为基准，把雨崩村发生嘎扎婚的人数与通婚半径统计成下表（见表6-14）：

表6-14　雨崩村嘎扎婚人数和通婚半径表

嘎扎婚	本村	本乡邻村	本县邻镇	本省邻县	外省	总人数
人数	7	4	1	4	0	16
占比（％）	43.75	25.00	6.25	25.00	0	100

由表6-14可知，雨崩村行嘎扎婚的比例相当惊人，约占村现存婚姻总数的42.11％，占一夫一妻婚姻总数的76.19％。其中属于本村上门的有7人，占嘎扎婚总数的43.75％；本乡（云岭乡）邻村的有4人，占25.00％；本县邻镇的有1人，占6.25％；本省邻县的有4人，占25.00％。综合比较可知，近二三十年来雨崩村行兄弟共妻制的家庭数保持在8~10户，由此导致村子有多余的可婚妇女，粗略估算其数值也应在8~12。[1] 这些多出来的妇女，通过嘎扎婚首先在内部得到了解决。考察这些行嘎扎婚的人当中，又以本村人占绝大多数。由此可见，大部分因实行兄弟共妻制而导致无法出嫁的妇女，首先是在村子内部被消化掉的。更为有趣之处在于：行嘎扎婚的人数不仅成功消化由于流行兄弟共妻制带来的"恶果"（即社会上的无法出嫁妇女），甚至还在相当程度上助长个体婚的流行。

1997—2007年，由于旅游业的冲击，一些家庭的内部不仅呈现出分家的情况，而且大有加速发展的迹象。这些实现了内部分家的家庭，无一例

---

[1]　实行兄弟共妻的家庭绝大多数以一妻二夫为主，少数为一妻三夫。

外为实行嘎扎婚，即通过招婿上门的形式来实现。由于独立成户，该户便具有了独立资格参与村里马队的经营，或者通过提供食宿和经营小店铺等旅游服务，使得一些家庭能够承受住分家可能带来的困难，同时也让一些新近成立的个体家庭获得了赖以生存的环境与条件。一个客观事实是：1997—2006年近10年间，雨崩村35户家庭中，总计有6户通过嘎扎婚达到了分家的目的。以阿南主和顿珠江村两家为例：阿南主原来兄妹三人，分家后兄弟俩共同经营客栈，妹妹另外招婿入村另建客栈；顿珠江村原来有两儿一女，两个儿子留在家中，共同迎娶了一个媳妇，组建了一个一妻二夫的家庭，女儿招婿入门并另外分家。

这些实行了"分家"的家庭，通常无须再从原来的家庭处获得土地和牲畜。它们或是独立成户，或是以某种联合家庭的形式留在原来的家庭中，形成一种"形式分家但实际未分家"的特殊情况。以下两个个案分别说明了这种情况。

个案十九

访谈对象：江村

地点：德钦雨崩村

时间：2007年4月

15号家庭为典型主干家庭，户主江村（50岁）是本村人，早年与妻子安宗（50岁）实行一夫一妻制婚姻，一共生育有2子1女；两个儿子次仁和那娃现年分别为25岁和19岁。2006年，父母刻意安排两子合娶本村姑娘次仁卓玛（10号家庭），实行一妻二夫制婚姻，二代成员又生育了一个女儿（访问时仅一个月大，尚未取名）。女儿阿其东（25岁）则实行嘎扎婚，丈夫原来是从维西来到雨崩村打工的阿坚（28岁）；夫妇两人另外成家（16号家庭）并生育出一子一女，同时从原来的家庭获得了部分的土地与牲畜。

个案二十

访谈对象：绕丁

地点：德钦雨崩村

时间：2007年4月

2号家庭为主干家庭，户主绕丁原来与长兄江初行兄弟共妻，妻子于2006年去世。一代婚姻共生育三个女儿。二女提布卓玛

(31 岁) 最早结婚，丈夫为本村人，十余年前采取嘎扎婚，夫妇两人共同生育 2 个儿子。三女巴桑拉姆（27 岁）原来在成都读书，毕业后留在那里工作并成家。大女次仁康珠（34 岁）原来一直未嫁，结识了从燕门乡过来家中打工的尼玛（22 岁），两人决定结婚并提出了分家的要求。尽管次仁康珠获得独立家户的资格（3 号家庭），但并没有从原来的家庭中分得土地；相反，他们仅在原来家户的旁边开设了一间小卖部，平时仍然与 2 号家庭一同吃饭、参加劳动生产，成为一户"形式上分家然而实际仍未分家"的依附型家庭。

综上所述，嘎扎婚在雨崩村表现出一个极具鲜明的特色：它是一种制度化（甚至可以说是刻意安排的）的婚姻形式，是对村里行兄弟共妻造成可婚妇女多出的一种重要调节机制。嘎扎婚的流行，不仅让本村男性能最大限度地在内部消化掉村里可婚配的妇女，而且使得那些原本因村内流行兄弟共妻制婚姻而导致无法出嫁的妇女由于外部男性的大量涌入而嫁出。由此可见：当前旅游业与外来文化带来的冲击，不仅对村子的意识形态和政治经济生活的变迁产生着积极的影响，而且也在一个较深的层面上对家庭组织与结构的重组发挥着作用。

第三节　共享的"财富"

一、共妻制与房名

总体而言，雨崩村人地资源关系相对宽松，全村拥有土地总数约 303 亩，人均拥有土地量约 1.74 亩，比军拥、龙西两村都多出不少。① 然而，与雨崩村不同的是，龙西村家庭成员有必要参与最多样化的经济生产活动。由于两性分工的要求，龙西村家庭偏好拥有最多数的男性成员，同时尽量地减少女性成员以维持家庭的团结与稳定，因此家庭人口数偏大。相比之下，雨崩村的家庭人口数明显偏小，见表 6 - 15：

① 军拥村人均土地为 0.60 亩，龙西村人均土地为 0.99 亩。

表 6 - 15   雨崩村家庭人口数统计表

家庭人口数	户数	占比（%）
1	1	2.86
2	2	5.71
3	7	20.00
4	5	14.29
5	4	11.43
6	9	25.71
7	4	11.43
8	2	5.71
9	0	0
10	1	2.86
总计	35	100

由表 6 - 15 可知，雨崩村家户的人口以 3~7 人居多，户均人口为 5 人。该数极大地低于索日、龙西两村；后两者户均人口依次约为 7.45 人和 7.72 人。若以行共妻制家庭的人口计算，索日、龙西两村分别约为 10.52 人和 9.36 人；相比之下，雨崩村仅为 6.7 人。更为显著的差异还在于：索日、龙西两村行共妻的丈夫数为 2~6 人，但雨崩村中行共妻的丈夫数无一例外均为 2 人。

有研究显示，实行共妻的丈夫数以两兄弟最为普遍，其次为三兄弟，四兄弟是极个别现象。藏族婚姻中"最普遍的安排是'萨松'，它是一个由三位配偶组成的单元，而不论其中是两位女性一位男性，还是更普遍的两位男性一位女性"。[①] 关于丈夫数量有两种最为常见的解释，一种是刘龙初认为的主要原因有三：一是有两兄弟的人家较多，有三、四兄弟的家庭较少；二是两兄弟共妻，由于人数少，兄弟年龄相近，关系较融洽，同妻子的夫妻关系较牢靠，分离的甚少；三是多兄弟共妻时，老三或老四等由于年龄差距另外单独或共同娶妻。[②] 另外一种解释是民主改革前原西藏地方政府有一项喇嘛差，规定凡是有两个儿子以上的家庭必须抽出一人去终身当

---

① 米勒著，吕才译：《西藏的妇女地位》，《国外藏学研究译文集》（第三辑），拉萨：西藏人民出版社，1987 年，第 338 页。

② 刘龙初：《四川省木里县俄亚纳西族一妻多夫制婚姻家庭试析》，《民族研究》1986 年第 4 期，第 27 页。

喇嘛，致使藏族中男性成员普遍减少。[1] 还有的解释则认为国家自1982年起对藏族实行每对夫妻可以生三个孩子的政策，在客观上限制了一妻三夫（或以上）的可能性，很多一妻三夫逐渐成为一妻二夫。[2]

以上解释均存在某种程度的合理性。然而，雨崩村中行共妻的丈夫数无一例外为兄弟两人，一个更为主要的原因是与当地特定的生产方式相关。正如上文所陈述的，雨崩村人沿袭传统的半农半牧型生产方式。在他们看来，农业是村里人获得生活资料的根本，牧业则是提高家里生活质量的一个重要补充。牧业除了可提供奶制品以外，还可提供稳定的肉类食品。[3] 长期以来，放牧一直是雨崩村人生活中一项极其重要的内容。几乎每户家庭都养牛，因此每个家庭都有牧人，该职务均由家里的男性成员来承担。因此，一个家庭理想的分工是：家里既有男人在家务农，又有男人在外放牧。一个行两兄共妻的家庭，就能满足这种劳动力分工的需求。

在雨崩村人看来，实行兄弟共妻不仅是种风俗传统，使得家户持续下去的有效手段，而且还是一种无形的"财富"。根据村里几位老人的集体回忆：1951年西藏和平解放前，村里还仅有16户家庭，全部在领主（红坡寺）处登记在册，其中11户为纳粮支差的"贾布"（差巴）户；另外5户为"玉布"（农奴）户。另外还有一则重要的信息：16户家庭中，最多时曾有8户为兄弟共妻的家庭。如果这种说法成立，则它表明兄弟共妻制曾是雨崩村中惯常采用的一种家庭组织形式。

与军拥村一样，雨崩村同样存有"房名"。田野访谈中获知，和平解放前雨崩村存有16个房名，分别为：①娘哇；②羽兰；③巴哈；④习德；⑤让瓜；⑥立弱；⑦永光；⑧王顶；⑨米巴；⑩东古；⑪门宗；⑫习那；⑬仁那；⑭其那；⑮米扎；⑯书刮。在这16户当中，除有2户房名曾发生变动以外，其余14户的房名依然保留至今。[4]

当前雨崩村35户，户数比和平解放前增长了118.75%。由此可见，雨崩村的户数出现增长，一方面是通过分家，另一方面是通过另立新家来实现的。值得指出的是：无论是分家还是另立新家，都可继承原来的户名。

---

① 吴从众：《民主改革前西藏藏族的婚姻与家庭——兼论农奴制度下存在群婚残余的原因》，《民族研究》1981年第4期，第31页。

② 尹仑：《从空间角度论一妻多夫婚姻家庭——以佳碧村为案例》，《中南民族大学学报》（人文社会科学版）2006年第3期，第37页。

③ 雨崩村还有上山打猎的习俗，这样可为家庭补充一定数量的肉类食品。

④ 2户房名发生变动的家庭是：1户由"门宗"改为"热巴"；1户由"其那"改为"那丁"，之后再改为"布顶"。

此外，雨崩村还发生了好几户另外取名的情况。现把当前雨崩村 35 户家庭的房名情况制作成表 6-16：

表 6-16　雨崩村房名与收入情况表

编号*	房名	户主	社名**	2005 年户人均年收入（元）***	客栈名
1	书刮	伍金	一社	2 298	阿茸
2	王顶	绕丁	一社	2 843	绕丁
3	王顶	次仁康珠	一社	—	
4	娘哇	卓玛	一社	1 665	
5	达力	索南拥珠	一社	2 403	未取名
6	立弱	阿姆	一社	3 450	
7	羽兰	阿那祖	一社	5 062	徒步者之家
8	羽兰	康珠拉姆	一社	—	
9	习德	次南拥宗	一社	4 481	
10	热巴	多杰帕措	一社	2 627	
11	立弱	阿洛	一社	1 799	
12	永光	次仁拉姆	一社	2 985	未取名
13	热巴	达娃	一社	—	
14	南学	扎西次仁	一社	3 688	漂漂
15	巴哈	丹巴江村	一社	2 500	
16	巴哈	阿其东	一社	—	
17	孔色	顿珠江村	一社	4 414	梅里雪山
18	孔色	此里卓玛	一社	—	
19	东古	绿珠	二社	1 883	
20	米巴	安珠	二社	4 805	安珠
21	布顶	阿青布	二社	6 126	神瀑
22	义色	阿布	二社	3 045	
23	义色	斯郎里青	二社	—	
24	让刮	阿里苏	二社	2 599	
25	米扎	加格扎西	二社	4 248	
26	米扎	阿青	二社	2 296	地平线
27	布顶	阿左	二社	1 612	三江

（续上表）

编号*	房名	户主	社名**	2005 年户人均年收入（元）***	客栈名
28	布顶	提布卓玛	二社	—	
29	米巴	丹堆拉姆	二社	2 729	雪色浪漫
30	习那	阿南玉生	二社	1 772	
31	仁那	阿老	二社	2 885	大自然
32	仁那	格宗	二社	4 036	未取名
33	东古	多杰次仁	二社	3 050	
34	崩得	扎西伦布	二社	3 301	
35	立弱	阿劳	二社	3 150	

注：

* 编号斜体加粗处表示该户存有一妻多夫制婚姻。

** 一社指雨崩上村，二社指雨崩下村。

*** "2005 年户人均年收入（元）"列"—"处为当时仍未分家，故未统计当年的人均年收入数。

考察表6-16，可以发现一个有趣的事实：当前10户行兄弟共妻制家庭中，有7个房名来自和平解放前的16户；另外3户则属于新增添的房名。由此可见，共妻制与家户的延续有着某种密切的关联性。换言之，兄弟共妻制婚姻或许正是雨崩村中使房名得以持续下去的一种必要手段。

在雨崩村，两兄弟合娶一妻，如果后代出现兄弟组成员，则仍然让他们合娶一妻，这样房名便可世代延续下去。若兄弟组成员众多，则可让他们中的一位或数位出家，或者让另外一位或数位兄弟上门到别户。若家中无子嗣，则可招婿上门。当然，分家的情形也是允许的，但以往只允许男性成员提出分家的要求，分家后兄弟可继承原来的房名。理解到这点，就能很好地解释雨崩村中存在多户房名重叠的情况。反过来，如果存在房名重叠的现象，则表明该房名以往曾发生过分家的情形（通常以兄弟组成员分家为主）。此外，替换房名的情况也发生过两回，主要是原来的家庭出现了迁移或绝户的情况，由外地搬迁过来的人继承原来的房子和土地后更改了房名。这两户房子更改的情况分别是：1 户由原来的"门宗"改为"热巴"；1 户由原来的"其那"改为"那丁"，之后再改为当前的"布顶"。

二、同房与分家

2007 年，在旅游业的冲击下，雨崩村出现了一些新情况：一些家庭中的女性成员也发生了分家的情况。女性成员另立新居，一般存在两种情况：一是继承原来的房名；二是另起新的房名。

在雨崩村，亲人可分为两种：一种称为"荣尼龙"，指住在同一房子里面的人；一种称为"宗书"，指（房子）外面的亲戚。"荣尼龙"还有同吃一锅饭的意思，该词一般用来指称家人。

从"荣尼龙"与"宗书"的区分，可以看出房子在雨崩村中的重要地位。在当地的观念中，房子具有重要的意义，它既是家庭成员一同生产劳作、共同栖息的场所，也是房名得以承继的载体。长期以来，修建一栋宽敞美观的房子，一直是雨崩村每户家庭的心愿。

一栋典型的房子，其一层空间布局参见图 6-4。由该图可知，雨崩村的房子其实修建得甚为宽敞，一层占地面积大多超过 100 平方米，里面甚至还出现了多间耳房。在一个家庭中，父母一般选择在火塘旁边就寝，年轻的妻子与丈夫是分开就寝的，妻子独占一间耳房[①]，丈夫与孩子则选择在厅房里卧榻。从报道人的访谈获知，当前雨崩村的房子大多都是在 1997—2006 年近 10 年间修建的，以往的房子的建筑规模要小很多。把房子修建得美观大方，一方面是旅游带来了可观的收入，村里人有能力开始修建新居；另一方面也是希望为游客提供更好的住宿条件，从而赚取更多的收入。

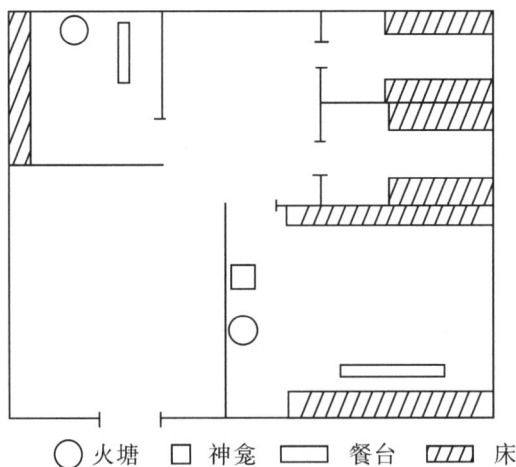

○ 火塘　□ 神龛　▭ 餐台　▨ 床

图 6-4　雨崩村楼房一层平面图

---

① 在有多间耳房的情况下，妻子一般独占一间耳房。

以往雨崩村仅仅修建一层的房子，现在也开始扩建成为二层楼房，除了仓房以外，楼上也开始修建房间，主要用来接待游客。近十几年来，雨崩村许多家庭开始注重房子内部的装修。例如，神龛是一个家庭最为神圣与看重的场所，如果没能定做一个专门的木柜，上面雕刻各种美丽的图案，然后再染上五彩的颜色，则将是一件让他们终身遗憾的事情。然而，要做到这点，就需聘请专门的工匠师傅上门做工，一般从云南大理聘请，通常需要花费半年甚至一两年的时间完工，为此每户家庭必须支付给工匠师傅不菲的工钱。由于游客数日益增长，一些有条件的家庭开始在自己房子旁边修建一幢专门用于接待游客住宿的客栈，或者干脆另选合适的地址来修建客栈。以往的客栈最多能提供十余个床位，现在的客栈则越建越大，当前最大规模的客栈已经能提供七八十个床位了。一些客栈甚至还能配备一间独立的餐厅，专门为游客提供食膳服务。

截至 2007 年 8 月，雨崩上、下村已修建或正在修建的客栈有 14 家，其中有 6 家为行共妻婚姻的家庭。由此引发另外一个问题：雨崩村中，一个家庭的劳动力能否足以支撑起农业、牧业、旅游业服务和接待方面的工作呢？

答案显然是否定的。一方面，雨崩村平均家庭人口数偏小，就是平时的农业生产活动，一些家庭都已自顾不暇。在农忙季节，如在拔草和收割庄稼的时候，一些家庭必须从外村聘请人员（一般为亲戚）过来帮工，或者几户的家庭共同把家庭劳动力组织起来，轮番轮户地进行带有合作性质的劳动生产。

另一方面，旅游业对家庭的劳动力提出了新的要求。例如，雨崩村通过提供骡马驮运服务，每年就能给每户家庭带来平均 1.5 万元的收入。然而，提供骡马必须配备专门的马夫来看管。从西当村到雨崩村，骡马来回一趟约需 4 个小时。在旅游旺季时，一匹骡马往往一天就要来回 2~3 趟。由此可见，租借骡马是件费时费工的活计。鉴于雨崩村家庭人口数偏低，又要分配人手从事满足自身生活所需的农、牧业生产，因此雨崩村的各户家庭纷纷从外村、外乡甚至外县（维西县）聘请农民充任马夫。马夫与户主同吃同睡，户主只需每月支付给马夫一定的工钱，一般按照每月 500~600元计算。在旅游旺季，马主人每日仅靠一匹骡子就可赚取 260~440 元的收入，其中仅仅拿出 15~30 元支付给马夫。这样显著的差距，可以初步用工位紧缺加以解释。对于那些外来打工者而言，在工位紧缺的情况下，通过牵骡马可以获得一定的收入，只好接受马主人的"剥削"，因为即使这样也比自己赋闲在家或从事传统的农业生产更有经济效益。

此外，在旅游旺季时，一些家庭会因地制宜地在一些旅游景点上开设小卖部。然而，小卖部需有专人经营，对于那些劳动力严重不足的家庭，只好聘请外人过来帮忙。如果家里开设了客栈，则需要投入更多劳动力，分别承担起诸如备餐、打理客房、洗衣、清洁等工作。因此，这些客栈无一例外从外部聘请廉价劳动力。以某客栈为例，普通小工每日可得 10～15 元，厨师每日工资 20 元，即便是掌勺的大师傅也只有每日 25 元的酬劳，但这家客栈在旺季客满时，每日仅客房收入就有 2 000 元①。

由此可见，旅游业的冲击，不仅给雨崩村带来巨变，而且对周边的村子也间接地产生影响。雨崩村所提供面向旅游者服务的工作岗位已经成为周边社区就业转移的热点。一些与雨崩村村民具有亲戚关系的人，甚至主动跑来雨崩村充当起了导游，每日也能赚取一些收入。

大量外来劳力（通常以男性居多）的涌入，对雨崩村还造成了一个直接的影响：村内一些因流行兄弟共妻制婚姻而居于不利婚配市场地位的妇女开始处于一个较为有利的地位，甚至还能组建起一个属于自己的家庭。例如，在 2000—2007 年期间，当地至少发生了 6 起家庭妇女与外来劳力登记结婚，然后另建新居的情况，足以说明这种情况的普遍性。

这些外来劳力的涌入，还说明一个重要的问题：家庭劳动力的多寡，并非主导该家庭是否采取一妻多夫制的必要条件。诚然，共妻制家庭确实能为家庭提供更多的劳动力。如果从经济的角度考虑，一妻多夫制与住房、劳动力和土地资源的紧缺有关；② 如果从生产方式考虑，一妻多夫家庭是应付劳动力缺乏的一种组织形式；一妻多夫制与半农半牧联系最强。③ 然而，雨崩村的个案却说明，对劳动力的需求，也许还仅仅是一个充分条件而非必要条件。当周边存在大量的廉价劳动力的时候，一个雨崩村家庭即使缺乏劳动力，也并非一定要实行一妻多夫制婚姻才能应对困难。

三、更深层次的原因

由此可见，雨崩村实行一妻多夫制婚姻，不能简单地解释为它能为这个家庭提供更为充裕的劳动力；正相反，这是因为它有更为深层的社会文化价值方面的原因。通过以下三个个案，足已说明这种内在的社会文化的

---

① 按照入住 80 人、每晚床位价格 25 元计算。
② 张建世、土呷：《军拥村藏族农民家庭调查·下》，《中国藏学》2005 年第 4 期，第 115 页。
③ 坚赞才旦：《论兄弟型限制性一妻多夫家庭组织与生态动因——以真曲河谷为案例的实证研究》，《西藏研究》2000 年第 3 期。

价值取向：

（1）1号家庭一代成员行两兄共妻制婚姻，家里原有四位兄弟组成员，老二、老四早年行嘎扎婚上门到本村别户，剩下老大与老三留在家中。老三曾在外就读师范学校，回来后在雨崩村小学任教。在父母的强烈要求下，老三与老大行两兄共妻婚姻。尽管接受过正规的文化教育，但老三之所以选择行共妻制婚姻，是因为他觉得这是藏族的一种传统，有必要加以维系。

（2）与1号家庭相比，17号家庭的情况则有所不同，户主早年行嘎扎婚（一夫一妻婚姻），却要求自己两个同父异母的儿子实行兄弟共妻，并认为兄弟不分家、家庭团结是一种美德。由于17号家庭较早地开设了客栈，很快就走上了致富之路。2006年12月，该户家庭的户主亲自送二儿子去县城参军，由此改写了雨崩村自和平解放后无人参军的历史。无论对于雨崩村集体还是17号家庭，这均是一种莫大的（社会）荣誉。此外，由于家里还有一个丈夫，另一个丈夫的暂时离开也不会给这个家庭带来太多的困难。

（3）21号家庭为两兄共妻家庭，该家庭也开设了一家规模颇大的客栈，经济效益甚为可观。但2007年笔者从事田野调查期间，其家中仅留下老大在家中打理业务，老二则被送往印度学习英语。与户主访谈后获悉，近年来前来雨崩村游玩的外国游客在数量上具有大增长的趋势，为了更好地在日后发展家庭生意，家里人经过协商后觉得送老二去印度学习英语，以便回来后更好地在客栈中发挥作用。另外，送出一个丈夫在外学习，还有一个丈夫在家打理一切，也不会给这个家庭带来太多的不便。

综上所述，雨崩村实行兄弟共妻制婚姻，不能简单地从单一方面的原因来解释。雨崩村的个案，除了能说明这种约定具有经济价值以外，还有社会文化价值方面等更为深层次的原因。

一言以蔽之，雨崩村地处藏区著名的卡瓦格博转山信仰圈的核心地带，长期以来，"与世隔绝"的地理位置、无所不在的"平等性"思想、传统的半农半牧生产方式和以一妻多夫制为基本原则的家庭组织形式，构成了一个有机的生态系统。

首先，平等性思想可以说是雨崩村社会中一种共享的"财富"。从世代相传的神箭节、敬酒会、朝拜"圣僧"神山的习俗到近年来《村民公约》和《旅游收入平均分配制度》的实施，无不体现了它的生命力。此外，这种平等性思想，通常是以男性成员作为核心对象来加以表达的。例如，神箭节、敬酒会和朝拜"圣僧"神山，只能由村里的成年男子参加；《村民公约》和《旅游收入平均分配制度》的实施，则是以家户为单位来通盘考虑的。两者都把女性的利益与地位置于次席。

其次，半农半牧的生产方式对雨崩村的家庭结构产生了影响。长期以来，雨崩村除了发展出精细型农业耕作技术，放牧一直是该村人生活中一个重要内容。几乎每户家庭都养牛，因此每个家庭都有一个牧人，该职务无一例外均由家里的男性成员来承担。因此，一个家庭理想的分工是：家里既有男人在家务农，又有男人在外放牧。一个行两兄共妻的家庭，就能满足这种劳动力分工的需求。

此外，当地在维持兄弟型一妻多夫制的同时，一方面允许甚至鼓励兄弟组成员出家或分家，另一方面极力推行嘎扎婚，甚至使其形成一种制度化的家庭组织形式。这样做，与其说是为了解决村子多余出来的妇女，毋宁说是维持社会稳定的需要。当前雨崩村存在最大多样化的婚姻形式——世界现存的三种婚姻形式均可在村中对号入座。此外，核心家庭与主干家庭构成村内家庭的两大集合：核心家庭绝大多数以个体婚为主；一妻多夫制主要出现在主干家庭当中。

如果说过去雨崩村一直处于相对封闭、独立的生态体系之内，则它正面临着现代化和商业化的巨大的冲击，使其无论是外观形态还是内部思想均发生了翻天覆地的转变。一方面，就村子的外观而言，房子的规模不仅愈建愈大，新房的分布也与旅游者迁移的路线基本一致。就内部思想而言，由于每户家庭的实际情况不同，导致村中出现了甚为明显的贫富差异，进而促使村户与村民之间的思想也发生了微妙的变化。

另一方面，个体婚数增长很快，家户分家的频率也在加大，这些都极大地拉低村子的户均人口数，使得劳动力本来就不足的家庭捉襟见肘。这里的解决方法是：从外部大量引入劳动力，以应对旅游业对雨崩村家庭所提出的新要求。雨崩村实际已经成为周边社区就业转移的热点。

最后，必须指出的是：在现代化的剧烈冲击下，雨崩村的一妻多夫制并没有消亡，反而得以维系，这是一种动态的调适过程。一妻多夫制作为一种独特的文化要素，有效地串联起其他各种社会—文化要素协调地运作。换言之，关注与研究一妻多夫制，必须基于这样一种认识：一妻多夫制是种正在进程中的婚姻制度，不仅在当地具有很大的可塑性与变异能力，而且仍具有一定的生命力。

结　语

　　但凡去过任何一所藏传佛教寺庙的人都知道，寺庙里一定会有壁画，并且这些壁画大多以一种杂乱无章的形式来出现。然而，鲜为人知的是，这种大杂烩的排列法其实是有意而为之的，这是因为：各个带着不同生活问题的人走入寺庙，当他们看到这些图案鲜活、形式多样、风格迥异的壁画时，或许就能从中找到适合自己的顿悟之道。同理，笔者风尘仆仆，横跨川、滇、藏三地青藏高原东部的横断山区，穿越澜沧江、怒江、金沙江三条大江，这覆盖三江流域的广阔地区，涉及高原、半山、河谷等不同的地形地貌，带领读者走遍五个藏族社区，在展现出各具地方特色的生活图景的同时，更衷心希望各个带着不同文化见解的人，都能找到符合自己心境的香格里拉。

　　一定程度而言，五个社区是笔者特意选点的结果，这里主要是出于集中研究和文化比较的需要，因此不能认为：与这些社区的比邻地区，一定会出现与其完全一致的景象，或者认为那里的地方文化特色也必定如此。必须指出的一点是，五个社区的生态条件虽然迥然不同、宗教信仰各有侧重、婚姻家庭互有差异，生计方式多种多样，但是均有三种文化特质将其紧密地串联起来。

　　站在世界佛教史的视野，有关"三"的主题一再地重现，显示出某种规律性。例如，目前世界有三大宗教：[①] 基督教里有"三位一体"（trinity）的说法；[②] 伊斯兰教有三大圣地；[③] 在佛教寺庙的大雄宝殿里，尽管排列的方法略有不同，但无一例外均陈列着三尊主佛。[④] 此外，中国道教中也有"道生一，一生二，二生三，三生万物的说法"；大理有著名的崇圣寺三塔；西藏的本土宗教——苯教将世界分为三界；[⑤] 根据与苯教起源有关的文献记载，天神九姊妹中的大姐南期贡杰分别娶来苯教护法神"堡塞五尊"的前三位——瓦尔塞安巴、拉管托巴和早乔咯巴作为自己的丈夫；就连在西藏地区众多的神山崇拜体系中，也有"身口意"三大神山的说法，分别为冈仁波齐神山、扎日神山、卡瓦格博神山。

---

① 基督教、伊斯兰教、佛教。

② 圣父、圣子、圣灵三位一体。

③ 麦加、麦地那、耶路撒冷。

④ 按照时间顺序为竖三世佛，从左到右分别为过去迦叶佛（燃灯佛）、现在释迦牟尼佛、未来弥勒佛；按照空间顺序为横三世佛，从左到右分别为西方阿弥陀佛、中土释迦牟尼佛、东方药师佛；另外还有三身佛的排法，即法身佛毗卢遮那佛、报身佛卢舍那佛、应声佛释迦牟尼佛，法身无相，报身在圆满佛国净土，只有佛菩萨可见，应身随缘应化示现。

⑤ 天、地、地下。

　　在从事田野工作期间，笔者曾走访了当地的许多所寺庙。它们虽然分属不同的教派，但一幅醒目的壁画——《五（六）道生死轮回图》，却频繁地映入笔者的眼帘，至少笔者还能喊出名字的寺庙就有来自三岩的日朗寺、军拥村的萨拉寺、江达的瓦拉寺、德钦的噶丹·东竹林寺以及昌都的强巴林寺等。

　　在这幅饱含睿智的生死轮回图中，一头庞大的神兽以造物主的形象出现，① 它用牙齿咬住一个巨大的转轮，并用四掌徐徐转动，象征把整个世界都控制在掌中的无明，用以揭示生死与世界的真义。大法轮以同心圆的形式展现出三种轮辐，即内、中、外圈，各圈又被分割为三、五（六）、十二份，分别代表"三毒""五（六）界"和"十二缘起"。

　　处于中心圈内有三种动物——一只青鸟、一条灰蛇、一头黑猪，这三种动物分别代表欲望、邪恶、无知三种知觉，即贪、瞋、痴。欲望、邪恶和无知在佛教中被称为"三毒"。佛教认为，人生有诸多恶业因，其中尤以"三毒"为最，成为产生诸恶业的根本，故又称为"三不善根"，是世上一切苦痛的根源。三种动物居于内圈，表示外部另外两种同心圆所代表的有情世界均围绕着它们不断地循环轮转。从生动的图像来看，三种动物之间似乎还存在着某种互动的联系：青鸟栖息在愿望树上，树上硕果累累，让人垂涎欲滴；灰蛇盘绕在树干上，仿佛在猎捕那只青鸟；黑猪则朝灰蛇冲去，渴望它能成为自己的腹中之物。

　　从类比的角度出发，笔者所看重的三种文化特质——信仰、家庭、生计，未尝不是如此。正如三大神山所代表的"身口意"和五道轮回图中居于核心的"贪瞋痴"，信仰、家庭、生计三者共同构成了当地社会的文化内核。采用一种更为通俗的说法，它们是构成当地文化的三种原色——红、黄、青。这三种原色不能透过其他颜色的混合调配而得出；相反，它们之间的颜色调配却能展现出一个色彩斑斓的生活世界。从人类学的视野出发，宗教、家庭、经济分别代表了三种独自运作的社会体系——宗教、亲属制度和经济，三种制度之间的相互作用又构成了一个规模更为庞大的社会系统，更为重要的是，它们中的一个或多个还会与其他的社会制度同时发生着动态的联系，由此展现一个丰富多彩的文化世界。在这个婀娜多姿、多元一体的文化世界里，五个藏族社区给我们带来了三种有益的文化观

---

　　① 一般称其为转轮圣王或阎魔鬼王。另一种说法是佛教密宗三枯主之一的金刚手。金刚手造像常为单尊愤怒威猛形、狮子头、一面二臂三眼。密宗认为，金刚手之法有无量无边不可思议之功能，能具足大威权，制服诸魔，消灭一切地火水风空所生之灾难，统辖一切金刚护法。

念——共享、多元与和谐。

1. 共享

共享不仅是一种传统思想，更是一种行为准则。共享是当前的一个热点词汇，不仅在国内外制造出一个个伟大的经济奇迹，[①] 其所蕴藏的含义也逐渐深入人心。然而，一个鲜为人知的事实是，共享的理念其实一直就存在于传统之中。藏族人把自己生活周边的山山水水看作一种共享的资源，就连神山崇拜都是一种共享的精神财富。例如，处于卡瓦格博心脏地带的雨崩村人对于任何一位外国游客都会不分彼此、无任欢迎，更何况是来自祖国内地的同志或其他社区的藏族同胞。有趣的是，卡瓦格博更多时候是以一种战神的形象出现的，让人心平气和的时候居少，让人望而生畏的时候居多。这种怖神形象，还可体现在一整套与神圣和禁忌有关的宗教信仰上，具体的表达是：虽然所有人都可享用神山的资源，沐浴神山的圣恩，但同时每个人亦应承当起相应的义务，否则定会遭到卡瓦格博的严厉惩罚。通过这种怖神的形象，共享的权利与义务之间实现了一种微妙的平衡。诚然，共享不仅体现在宗教信仰上，更体现在藏民的日常生活中。例如，五个社区的文化特色虽然有所差别，但一个共同点是当地均流行多偶制婚姻，其中以兄弟共妻制婚姻最为常见。五个社区中行一妻多夫的比例都比较高，达到或者超过了流行型的程度。另一方面，军拥村、三岩村和雨崩村都出现了姊妹共夫（一夫多妻制）的案例，尽管数量比较稀少。这些多偶制婚姻形态，无论是两个、三个或多个兄弟作为共同的丈夫共享一位妻子，或者两姊妹共享一位丈夫，都与一妻一夫制紧密地捆绑在一起，不仅现在仍在实行，在过去亦有发生，具有文化传承和历史连贯性。如果从家庭生命周期的角度来考虑，在几千年的历史长河中，某位藏人的家庭内部，即使现在没有采纳一妻多夫婚姻，也很有可能在上几代中就曾有人实行过共妻制婚姻。由此可见，藏族人不仅是将共享作为一种宗教思想理念加以尊崇，更是作为一种日常社会的行为准则来贯彻执行。

2. 多元

谈到三江并流地区，多样性不仅存在于生态环境之中，更是地区文化表达的一大特色。文化多元似乎成为一个老生常谈的词汇，从索日村的接梭游戏、三岩的丧葬习俗、军拥村的房子装饰到龙西村的生计方式和雨崩村的婚姻形态，无处不见多元性的身影。转换视角，多元性与单一性相互

---

① 当前共享单车、共享汽车、共享产权等理念似乎正成为一种经济热潮。

对立，而单一性又是针对稀缺性而言的。若从生态人类学的视角出发，五个藏族社区共同面对着几乎相似的生态条件：自然条件大多属于高山峡谷，原野荒芜，耕地陡峻，地块零碎，土地珍贵，缺乏水源，土壤贫瘠，气候差异大，人口压力大，在这样的自然条件下，任何旨在增加生活资料的企图似乎都难以实现。可以说，正是这种来自生态条件的稀缺性，反而赋予了当地人对为数不多的文化主题进行最为丰富的表达。宗教信仰就是其中的一个例子。当地除了普遍流行卡瓦格博神山信仰之外，还存在苯教、基督教、天主教、东巴教、藏传佛教、道教等多样化的宗教；即使在藏传佛教的内部，也存在着诸如萨迦派、宁玛派、格鲁派、苯教等多样化的区分。多样化的婚姻形态是另一力证。如果说家庭是构建社会的基石，婚姻则是组建家庭的黏合剂。当地存在多样化的婚姻形式，不仅有一夫一妻制，还有多偶制，后则又可细分为一妻多夫制和一夫多妻制婚姻。在笔者研究的五个社区中，除了高原牧区的索日村和半农半牧的龙西村以外，其他三个社区均发生了一夫一妻制、一妻多夫制和一夫多妻制这三种婚姻形态并存的状况。或许从生计方式的角度出发，才能最为清晰地说明多样化之重要性。即使位于高原牧场的索日村，也存在着主业与副业的二元性区分，这里的主业是牧业，副业是园艺和采集等行业，形成了鲜明的反差。在河谷或是山区、半山区中，农业才是一贯的主业，采集、畜牧、林业和旅游业成为副业，但现在主副业几乎平分秋色。当然也有例外。譬如原本传统闭塞的雨崩村，近些年来自旅游业的收入远远超越了农业，成为远近闻名的致富村。更为奇特的是，除了以上所罗列的这些"常态型"的生计方式以外，这里还孕育出一些"非常态型"的生计方式，如出家、务工、偷盗、夹坝等，成为常态型的生计方式之下的一种变异。

3. 和谐

和谐的理念最早体现在我国儒学的中庸思想之中。所谓"中"者，天下之正道。"庸"者，天下之定理。中庸之道成为儒学的中心思想，理论基础是天人合一，真实含义是合一于至诚、至善，最后达到"致中和，天地位焉，万物育焉"的境界。在藏族人的眼里，和谐无须达到一种文过饰非的理想状态。对于他们而言，和谐只需简单地处理好自然、人、神三者的关系。人与自然和，表现在人对自然生态环境可以各取所需但又不能过度地索取，"欲先取之，必先予之"，有所敬畏才能有所限制，有所限制才能有所放纵；人与神和，表现在皈依佛法僧"三宝"，遵循传统的道德标准，吃苦耐劳，逆来顺受，勤修苦练，努力在新一轮的生命轮回中获得新生；

人与人和，表现在家庭内部成员之间（特别是兄弟之间和夫妻之间），邻里邻乡社会成员之间、国内外游客友人之间，不仅真心诚意地做到和睦相处、团结一致，还要实现经济互助、共同富裕。

概而言之，所谓"各美其美，美人之美，美美与共，天下大同"，共享、多元、和谐三种理念三位一体，成为五个藏族社区共同传承给我们的文化遗产，同时也是一笔珍贵的精神财富。在现代化的进程已不可逆转，人们的物质追求正穷奢极欲，世界纷繁复杂而人心躁动不安的现代社会里，我们究竟何去何从？或许真该静下心来，聆听来自青藏高原之上、卡瓦格博社区的家庭与生计给我们带来的深思。

参 考 文 献

一、学术专著

(一) 外文

1. BARNARD A. History and theory in anthropology. Cambridge：Cambridge University Press，2000.

2. BECKER G S. A treatise on the family. Cambridge：Harvard University Press，1981.

3. BLOCH M. Marxist analyses and social anthropology. London：Malaby Press，1975.

4. BOHANNAN P. Social anthropology. New York：Holt，Rinehart and Winston，1963.

5. COHEN M. House united，house divided：the Chinese family in Taiwan. New York：Columbia University Press，1976.

6. DOUGLAS M. Natural symbols. New York：Vintage，1970.

7. DURHAM W H. Coevolution：genes，culture，and human diversity. Stanford：Stanford University Press，1991.

8. ERICKSON P A，MURPHY L D. A history of anthropological theory. Peterborough：Broadview Press，1998.

9. FOSTER G M. Tzintzuntzan：Mexican peasants in a changing world. Boston：Little Brown，1967.

10. FRANZ M. Archetypal patterns in fairy tales. Toronto：Inner City Books，1997.

11. JOHNSON R，MORAN K. Kailas：on pilgrimage to the sacred mountain of Tibet. London：Thames and Hudson，1989.

12. LABADI S. UNESCO，cultural heritage，and outstanding universal value：value-based analyses of the world heritage and intangible culture heritage conventions. Lanham：AltaMira Press，2013.

13. LEACH E R. Political systems of highland Burma: a study of Kachin social structure. London: The Athlone Press, 1954.

14. LÉVI-STRAUSS C. The elementary structures of kinship. Boston: Beacon Press, 1969.

15. LEVINE N E. The dynamics of polyandry: kinship, domesticity, and population on the Tibetan border. Chicago and London: The University of Chicago Press, 1988.

16. MARRET R R. The threshold of religion. London: Methuen and Co. Ltd, 1914.

17. MCLENNAN J F. Primitive marriage: an inquiry into the origin of the form of capture in marriage ceremonies. Chicago and London: The University of Chicago Press, 1970.

18. MURDOCK G P. Social structure. New York: The Free Press, 1957.

19. MURDOCK G P. Ethnographic atlas. Pittsburgh: University of Pittsburgh Press, 1967.

20. NETTING R M. Cultural ecology. Heights: Waveland Press Inc, 1986.

21. PANDIAN J. Caste, nationalism and ethnicity. London: Sangam Books Ltd. , 1987.

22. PRINCE PETER of GREECE and DENMARK. A study of polyandry. The Hague: Mouton, 1963.

23. RIESMAN D, GLAZER N, DENNEY R. The lonely crowd: a study of changing American character. New Haven: Yale University Press, 1969.

24. RUDOFSKY B. Architecture without architects: a short introduction to non – pedigreed architecture. New York: The Museum of Modern Art, 1964.

25. SCHULER S R. The other side of polyandry: property, stratification, and nonmarriage in the Nepal Himalayas. Boulder: Westview Press, 1987.

26. BANTON M. Anthropological approaches to the study of religion. London: Tavistock Publications, 1966.

27. STEWART E W. Evolving life styles: an introduction to cultural anthropology. New York: McGraw Hill Inc. , 1973.

28. SWANSON G E. The birth of the gods: the origin of primitive beliefs. Ann Arbor: University of Michigan Press, 1960.

29. QUEEN S A, HABENSTEIN R W, QUADAGNO J S. The family in

various cultures. New York：Harper & Row，1985.

（二）中文

1. ［德］马克思、恩格斯著，中共中央马克思恩格斯列宁斯大林著作编译局编译：《马克思恩格斯选集》（第 4 卷），北京：人民出版社，1995 年。

2. ［德］马克思、恩格斯著，中共中央马克思恩格斯列宁斯大林著作编译局编译：《马克思恩格斯全集》（第 3 卷），北京：人民出版社，2002 年。

3. ［奥地利］勒内·德·内贝斯基·沃杰科维茨著，谢继胜译：《西藏的神灵和鬼怪》，拉萨：西藏人民出版社，1993 年。

4. ［德］利普斯著，李敏译：《事物的起源》，西安：陕西师范大学出版社，2008 年。

5. ［德］马克斯·韦伯著，于晓、陈维纲等译：《新教伦理与资本主义精神》，北京：生活·读书·新知三联书店，1987 年。

6. ［德］马克斯·韦伯著，康乐、简惠美译：《中国的宗教：儒教与道教》，桂林：广西师范大学出版社，2010 年。

7. ［法］爱弥尔·涂尔干著，渠东、汲喆译：《宗教生活的基本形式》，北京：商务印书馆，2011 年。

8. ［法］马赛尔·莫斯著，卢汇译：《论馈赠——传统社会的交换形式及其功能》，北京：中央民族大学出版社，2002 年。

9. ［法］石泰安著，耿昇译：《西藏的文明》（第二版），北京：中国藏学出版社，2005 年。

10. ［美］巴伯若·尼姆里·阿吉兹著，翟胜德译：《藏边人家：关于三代定日人的真实记述》，拉萨：西藏人民出版社，1987 年。

11. ［美］丹尼尔·哈里森·葛学溥著，周大鸣译：《华南的乡村生活——广东凤凰村的家族主义社会学研究》，北京：知识产权出版社，2012 年。

12. ［美］格尔茨著，韩莉译：《文化的解释》，南京：译林出版社，1999 年。

13. ［美］康拉德·菲利普·科塔克著，周云水译：《文化人类学：欣赏文化差异》，北京：中国人民大学出版社，2012 年。

14. ［美］卢克·拉斯特著，王媛、徐默译：《人类学的邀请》，北京：

北京大学出版社，2008 年。

15. ［英］马凌诺斯基著，费孝通译：《文化论》，北京：华夏出版社，2001 年。

16. ［美］路易斯·亨利·摩尔根著，杨东莼、马雍、马巨译：《古代社会》，北京：商务印书馆，1997 年。

17. ［美］皮德罗·卡拉斯科著，陈永国译：《西藏的土地与政体》（内部资料），拉萨：西藏社会科学院西藏学汉文文献编辑室，1985 年。

18. ［英］维克多·特纳著，黄剑波、柳傅赟译：《仪式过程：结构与反结构》，北京：中国人民大学出版社，2006 年。

19. ［瑞士］米歇尔·泰勒著，耿昇译：《发现西藏》（第二版），北京：中国藏学出版社，2005 年。

20. ［英］达尔文著，舒德干等译：《物种起源》，北京：北京大学出版社，2005 年。

21. ［英］东尼·博赞、巴利·博赞著，叶刚译：《思维导图》，北京：中信出版社，2009 年。

22. ［美］克拉克·威斯勒著，钱岗南、傅志强译：《人与文化》，北京：商务印书馆，2004 年。

23. ［英］孔贝著，邓小咏译：《藏人言藏：孔贝康藏闻见录》，成都：四川民族出版社，2002 年。

24. ［英］罗伯特·比尔著，向红笳译：《藏传佛教象征符号与器物图解》，北京：中国藏学出版社，2007 年。

25. ［英］爱德华·泰勒著，连树声译：《原始文化》，上海：上海文艺出版社，1992 年。

26. ［芬兰］韦斯特马克著，刘小幸、李彬译：《人类婚姻简史》，北京：商务印书馆，1992 年。

27. ［日］丰增秀俊著，叶渭渠、唐月梅译：《原始社会》，北京：中国文联出版公司，1991 年。

28. ［日］河口慧海著，孙沈清译：《西藏秘行》，乌鲁木齐：新疆人民出版社，1998 年。

29. ［意］图齐著，耿昇译：《西藏宗教之旅》（第二版），北京：中国藏学出版社，2005 年。

30. 波音：《透过钱眼看中国历史》，北京：北京航空航天大学出版社，2011 年。

31. 陈长平、陈胜利主编：《中国少数民族生育文化·上》，北京：中国人口出版社，2004年。

32. 陈国强主编：《简明文化人类学词典》，杭州：浙江人民出版社，1990年。

33. 陈顾远：《中国婚姻史》，上海：上海文艺出版社，1987年。

34. 达仓宗巴·班觉桑布著，陈庆英译：《汉藏史集：贤者喜乐赡部洲明鉴》，拉萨：西藏人民出版社，1986年。

35. 德钦县志办公室编：《德钦年鉴·2001》，昆明：云南美术出版社，2001年。

36. 德钦县志编纂委员会编：《德钦县志》，昆明：云南民族出版社，1997年。

37. 第五世达赖喇嘛著，郭和卿译：《西藏王臣记》，北京：民族出版社，1983年。

38. 傅嵩炑：《西康建省记》，台北：成文出版社，1912年。

39. 范河川编著：《父系原始文化的活化石：山岩戈巴》，成都：四川大学出版社，2000年。

40. （南朝宋）范晔：《后汉书·卷八十七·西羌传第七十七》（第10册），北京：中华书局，1965年。

41. 龚佩华：《景颇族山官制社会研究》，广州：中山大学出版社，1988年。

42. 顾颉刚、章巽编：《中国历史地图集·古代史部分》，北京：地图出版社，1995年。

43. 何泉：《西藏乡土民居建筑文化研究》，北京：中国建筑工业出版社，2017年。

44. 语自在妙善著，刘立千译：《续藏史鉴》，成都：华西大学华西边疆研究所，1946年。

45. 黄光成：《澜沧江怒江传》，保定：河北大学出版社，2004年。

46. 徐丽华主编：《中国少数民族古籍集成（汉文版）》（第95册），成都：四川民族出版社，2002年。

47. 坚赞才旦、许韶明：《青藏高原的婚姻和土地——引入兄弟共妻制的分析》，广州：中山大学出版社，2013年。

48. 许韶明、何国强：《整体稀缺与文化适应：三岩的帕措、红教与民俗》，广州：中山大学出版社，2013年。

49. 李安宅：《李安宅藏学文论选》，北京：中国藏学出版社，1992 年。

50. 李恩江、贾玉民主编：《文白对照〈说文解字〉译述》，郑州：中原农民出版社，2000 年。

51. 李东山、沈崇麟主编：《中国城市家庭：五城市家庭调查双变量和三变量资料汇编》，北京：社会科学文献出版社，1991 年。

52. 李光文、杨松、格勒主编：《西藏昌都：历史·传统·现代化》，重庆：重庆出版社，2000 年。

53. 李旭：《藏客：茶马古道马帮生涯》，昆明：云南大学出版社，2000 年。

54. 李亦园：《人类的视野》，上海：上海文艺出版社，1996 年。

55. 李亦园：《宗教与神话》，桂林：广西师范大学出版社，2004 年。

56. 李志农主编：《中国养羊学》，北京：农业出版社，1993 年。

57. 莲华生著，徐进夫译：《西藏度亡经》，北京：宗教文化出版社，1995 年。

58. 廖东凡等收集、整理：《西藏民间故事》（第 1 集），拉萨：西藏人民出版社，1983 年。

59. 柳陞祺：《西藏的寺与僧（1940 年代）》，北京：中国藏学出版社，2010 年。

60. 麻国庆：《走进他者的世界：文化人类学》，北京：学苑出版社，2001 年。

61. 马军、黄莉编著：《西藏民居装饰艺术》，拉萨：西藏人民出版社，2015 年。

62. 蒙藏委员会调查室：《青海玉树囊谦称多三县调查报告书》，1941 年。

63. 木霁弘、陈保亚等：《滇川藏"大三角"文化探秘》，昆明：云南大学出版社，1992 年。

64. 木雅·曲吉建才：《西藏民居》，北京：中国建筑工业出版社，2009 年。

65. 刘曼卿：《康藏轺征》，北京：民族出版社，1998 年。

66. 钱钧华：《男人国：川藏边境原始部落漫记》，上海：上海人民出版社，2006 年。

67. 青海省编辑组：《青海省藏族蒙古族社会历史调查》，西宁：青海人民出版社，1985 年。

68. 青海省地方志编纂委员会编：《青海省志·六十九·文物志》，西宁：青海人民出版社，2001年。

69. （清）庆桂、董诰等修：《清实录·卷1103》（影印版），北京：中华书局，1985年。

70. 任乃强著，西藏社会科学院整理：《西康图经》，拉萨：西藏藏文古籍出版社，2000年。

71. 第悉·桑结嘉措著，许德存译：《格鲁派教法史：黄琉璃宝鉴》，拉萨：西藏人民出版社，2009年。

72. 税晓洁、范河川、杨雅兰：《发现山岩父系部落》，北京：中国青年出版社，2007年。

73. 石硕：《青藏高原的历史与文明》，北京：中国藏学出版社，2007年。

74. 四川省编辑组编写：《四川省阿坝州藏族社会历史调查》，成都：四川省社会科学院出版社，1985年。

75. 四川省编辑组编写：《四川省甘孜州藏族社会历史调查》，成都：四川社会科学院出版社，1985年。

76. 四川省甘孜藏族自治州白玉县志编纂委员会编：《白玉县志》，成都：四川大学出版社，1996年。

77. 松巴堪布·益西班觉著，蒲文成、才让译：《如意宝树史》，兰州：甘肃民族出版社，1994年。

78. 宋兆麟：《伙婚与走婚：金沙江奇俗》，昆明：云南人民出版社，2003年。

79. ［法］石泰安等著，耿昇等译：《国外藏学研究译文集》（第三辑），拉萨：西藏人民出版社，1987年。

80. ［法］布隆多等著，耿昇等译：《国外藏学研究译文集》（第九辑），拉萨：西藏人民出版社，1992年。

81. 陈庆英等编：《国外藏学研究译文集》（第十三辑），拉萨：西藏人民出版社，1997年。

82. 王尧：《藏学概论》，太原：山西教育出版社，2004年。

83. 季羡林总主编，冯天瑜等副总主编，王尧、黄维忠著：《藏族与长江文化》，武汉：湖北教育出版社，2005年。

84. 吴丰培辑：《川藏游踪汇编》，成都：四川民族出版社，1985年。

85. 西藏昌都地区地方志编纂委员会编：《昌都地区志》，北京：方志出版社，2005 年。

86. 西藏自治区贡觉县地方志编纂委员会编：《贡觉县志》，成都：巴蜀书社，2010 年。

87. 西藏自治区科学技术委员会，西藏自治区档案馆编译：《西藏地震史料汇编》（第一卷），拉萨：西藏人民出版社，1982 年。

88. 西藏自治区文物管理委员会，四川大学历史系编：《昌都卡若》，北京：文物出版社，1985 年。

89. ［美］许烺光著，许木柱译：《彻底个人主义的省思：心理人类学论文集》，台北：南天书局有限公司，2002 年。

90. 魏徵等：《隋书·卷八十三·列传第四十八·西域·党项》（第 6册），北京：中华书局，1973 年。

91. 苑利主编：《二十世纪中国民俗学经典·神话卷》，北京：社会科学文献出版社，2002 年。

92. 岳庆平：《家国结构与中国人》，香港：中华书局有限公司，1989 年。

93. 赵心愚、秦和平编：《康区藏族社会历史调查资料辑要》，成都：四川民族出版社，2004 年。

94. 中华人民共和国住房和城乡建设部编：《中国传统民居类型全集》，北京：中国建筑工业出版社，2014 年。

95.《中国地方志集成·西藏府县志辑》编委会编：《中国地方志集成·西藏府县志辑》，成都：巴蜀书社，1995 年。

96. 中国科学院民族研究所西藏少数民族社会历史调查组：《黑河县桑雄地区阿巴部落调查报告》，1964 年。

97. 格勒、刘一民、张建世、安才旦编著：《藏北牧民——西藏那曲地区社会历史调查》，北京：中国藏学出版社，1993 年。

98. 子文：《苍茫西藏》，北京：中国工人出版社，2009 年。

99. 朱明忠、尚会鹏：《印度教：宗教与社会》，北京：世界知识出版社，2003 年。

二、期刊论文

（一）外文

1. BENEDICT P K. Tibetan and Chinese kinship terms. Harvard journal of

Asiatic studies, 1942, 6 (3–4).

2. BERREMAN G D. Pahari polyandry: a comparison. American anthropologist, 1962, 64 (1).

3. BERREMAN G D. Himalayan polyandry and the domestic cycle. American ethnologist, 1975, 2 (1).

4. BERGSTROM T C. On the evolution of altruistic ethical rules for siblings. American economic review, 1995, 85 (1).

5. BERGSTROM T C. Economics in a family way. Journal of economic literature, 1996, 34 (4).

6. CARNEIRO R L. A theory of the origin of the state. Science, 1970, 169 (3947).

7. CHILDS G. Polyandry and population growth in a historical Tibetan society. History of the family, 2003, 8 (3).

8. GARBER C M. Eskimo infanticide. The Scientific monthly, 1947, 64 (2).

9. GOLDSTEIN M C. Stratification, polyandry, and family structure in Central Tibet. Southwestern journal of anthropology, 1971, 27 (1).

10. GOLDSTEIN M C. Pahari and Tibetan polyandry revisited. Ethnology, 1978, 17 (3).

11. GOLDSTEIN M C. When brothers share a wife. Natural History, 1987, 96 (3).

12. GOLDSTEIN M C, JIAO B, BEALL C M, et al. Fertility and family planning in rural Tibet. The China journal, 2002 (1).

13. GOUGH E K. The Nayars and the definition of marriage. The journal of the Royal Anthropological Institute of Great Britain and Ireland, 1959, 89 (1).

14. GRAICUNAS V A. Relationship in organization. Bulletin of the International Management Institute, 1933 (3).

15. GRAY J P. Ethnographic atlas codebook. World cultures, 1998, 10 (1).

16. LEACH E R. Polyandry, inheritance and the definition of marriage. Man, 1955 (4).

17. LEVINE N E. Fathers and sons: kinship value and validation in Tibetan polyandry. Man, 1987, 22 (2).

18. NAGANO S. A note on the Tibetan kinship terms khu and zhang. Linguistic of the Tibeto-Burman area, 1994, 17 (2).

19. PREINCE PETER of GREECE and DENMARK. The polyandry of Tibet. Actes du IV congrèss international des sciences anthropolgiques et ethnologiques, Vienne, 1952（2）.

20. RADCLIFFE-BROWN A R. The study of kinship systems. Journal of Royal Anthropoloical Institute of Great Britain and Ireland, 1941（1－2）.

21. RUSSELL J C. Late ancient and medieval population. The American Philosophical society, 1958, 48.

22. STARKWEATHER K E, HAMES R. A survey of non-classical polyandry. Human nature, 2012, 23（2）.

23. STEPHENS M E. Half of a wife is better than none：a practical approach to nonadelphic polyandry. Current anthropology, 1988, 29（2）.

24. TREVITHICK A. On a panhuman preference for monandry：is polyandry an exception? . Journal of comparative family studies, 1997, 28（3）.

25. VAN DEN BERGHE P L, BARASH P D P. Inclusive fitness and human family structure. American anthropologist, 1977, 79（4）.

（二）中文

1. ［美］唐纳德·L. 哈德斯蒂著，郭凡译：《生态人类学的理论源流——〈生态人类学〉导论》，《世界民族》1991 年第 5 期。

2. 陈保亚：《陆路佛教传播路线西南转向与茶马古道的兴起》，《云南民族大学学报》（哲学社会科学版）2007 年第 24 卷第 1 期。

3. 陈陵康、陈海霞、穆元皋：《西藏左贡县东坝乡斜坡地质灾害成因分析》，《资源环境与工程》2007 年第 3 期。

4. 陈永森：《云南第一峰——梅里雪山简介》，《昆明师范学院学报》（哲学社会科学版）1980 年第 12 卷第 2 期。

5. 陈汛舟、陈一石：《滇藏贸易历史初探》，《西藏研究》1988 年第 4 期。

6. 高琳：《17 世纪中叶—19 世纪格鲁派史籍中的康地》，《西藏大学学报》（社会科学版）2013 年第 1 期。

7. 何国强等：《三岩藏族体质特征研究》，《人类学学报》2009 年第 4 期。

8. 坚赞才旦、许韶明：《论青藏高原和南亚一妻多夫制的起源》，《中山大学学报》（社会科学版）2006 年第 46 卷第 1 期。

9. 坚赞才旦：《论兄弟型限制性一妻多夫家庭组织与生态动因——以真曲河谷为案例的实证分析》，《西藏研究》2000 年第 3 期。

10. 刘龙初：《四川省木里县俄亚纳西族一妻多夫制婚姻家庭试析》，《民族研究》1986 年第 4 期。

11. 刘扬武：《梵天净土——梅里雪山》，《中国宗教》2005 年第 10 期。

12. 吕昌林：《浅论昌都地区一夫多妻、一妻多夫婚姻陋习的现状、成因及对策》，《西藏研究》1999 年第 4 期。

13. 马丽华：《金沙江畔有三岩》，《作家》2003 年第 2 期。

14. 马戎：《试论藏族的"一妻多夫"婚姻》，《民族研究》2000 年第 6 期。

15. 欧潮泉：《论藏族的一妻多夫》，《西藏研究》1985 年第 2 期。

16. 潘发生、潘建生：《中甸经济贸易发展史》，《迪庆方志》1992 年第 1 期。

17. 石硕：《茶马古道及其历史文化价值》，《西藏研究》2002 年第 4 期。

18. 土呷：《昌都地区建筑发展小史》，《中国藏学》2003 年第 1 期。

19. 王川：《清代昌都三岩地区政事拾遗》，《西藏研究》2000 年第 4 期。

20. 汪永平等：《昌都民居的地域特色与装饰艺术风格——以贡觉县三岩民居和左贡东坝民居为例》，《中国藏学》2010 年第 3 期。

21. 吴从众：《民主改革前西藏藏族的婚姻与家庭——兼论农奴制度下存在群婚残余的原因》，《民族研究》1981 年第 4 期。

22. 夏格旺堆、白伦·占堆：《"雍仲"符号文化现象散论》，《西藏研究》2002 年第 1 期。

23. 许韶明：《论传统社会的仪式性功能———以藏族三种民族传统体育运动为例》，《西南民族大学学报》（人文社科版）2010 年第 4 期。

24. 徐扬、尚会鹏：《藏族一妻多夫婚俗：一项文化人类学分析》，《青海民族研究》2009 年第 1 期。

25. 阳清：《〈五藏山经〉山神祭法摭论》，《宗教学研究》2014 年第 2 期。

26. 俞伟超：《关于"卡约文化"的新认识》，《青海考古学会会刊》1981 年第 3 期。

27. 尹仑：《从空间角度论一妻多夫婚姻家庭——以佳碧村为案例》，

《中南民族大学学报》（人文社会科学版）2006年第26卷第3期。

28. 张建世、土呷：《军拥村藏族农民家庭调查·上》，《中国藏学》2005年第3期。

29. 张建世、土呷：《军拥村藏族农民家庭调查·下》，《中国藏学》2005年第4期。

30. 张权武：《近代西藏特殊家庭婚姻种种试析》，《西藏研究》1988年第1期。

三、析出论文

1. JIAO B. Socio-economic and cultural factors underlying the contemporary revival of fraternal polyandry in Tibet. Cleveland：Case Western Reserve University，2001.

2. 张建世：《军拥村藏族农民的家庭经济与子女教育初探》，四川大学中国藏学研究所编：《西藏及其他藏区经济发展与社会变迁论文集》，成都：四川大学出版社，2006年。

后　记

　　文化人类学或民族学致力于展现丰富多彩的社会文化，我们自身耳熟能详、引以为豪的民族文化，不外乎其中的一份子。人类学家或者民族学工作者的光荣使命，是积极探讨和比较各种文化的共性与差异，通过这些文化的影像之镜获取对其他文化更深理解的同时，也洞察出自身的文化。

　　人类学家和民族学工作者得以开展自己的"文化之旅"，有赖于学科自身所拥有的一件利器——民族志。民族志是对社会的描述，是人类学家或民族学工作者从事田野调查的产物。标准的民族志包括对周边环境、经济模式、社会组织、政治制度以及宗教仪式和信仰的研究。这些研究积累起来，形成了人类学所谓的"民族志素材"。

　　在浩如烟海的民族志素材中，有关社会的宗教信仰、婚姻家庭和生计方式等内容，一直是其中长盛不衰的话题。首先，信仰给个人的行动提供了强大的精神支柱。难以想象：一个没有信仰的个体如何能坚持走完自己的人生之旅？一个没有信仰的民族又如何向他者展现自己的文化自信？其次，婚姻家庭不仅是文化的产物，而且是一切社会关系的根基，经常处于文化的聚交点。最后，生计方式解决在人与环境的互动过程中自身的基本生存问题，不仅属于经济学范畴，同时也是生态人类学的研究对象。

　　有鉴于此，来自宗教、家庭和经济等三方面的内容不仅自成体系，彼此之间的互动更是构建出一个更大的生态系统。在笔者看来，这三大体系还蕴藏着藏族的三种文化特质，同时也是三种文化原色——红、黄、青：此三原色不能透过其他颜色的混合调配而得出；相反，它们彼此之间的颜色调配却能展现出一个色彩斑斓的文化世界。

　　本书可视作一本典型的民族志研究个案，通过考察卡瓦格博转山信仰圈内外暨青藏高原东部三江（澜沧江、怒江、金沙江）并流地区的五个藏族社区，总结其中所展现出的多元性特征——藏传佛教派系林立、婚姻形式种类丰富、生计方式多种多样，由此开展热烈的讨论。综合三种文化特质，深入了解藏族社会的宗教信仰、婚姻家庭、亲属关系、行为选择及其社会变迁，从而获取更为丰富的知识。

　　相当程度而言，本书所涉及的五个藏族社区的田野工作均是笔者完成自己博士学位论文的一个组成部分，为此笔者五次入藏，从事田野工作的时间总计超过一年半。借此机会，首先感谢导师何国强先生。笔者自受业以来，从求学到治学，从田野到理论，恩师无不言传身教，谆谆诱导，本书封面照片也是由何老师提供的。"谁言寸草心，报得三春晖。"

其次感谢中国田野调查基金会，其慷慨资助使得笔者从事田野工作的调查费用由开始阶段的捉襟见肘逐步变得绰绰有余。在田野工作的后半阶段，笔者还有幸获得国家社会科学基金课题"三江并流峡谷的民族文化和社会结构变迁研究"和教育部文科纵向重大课题"青藏高原东部民族文化的历史人类学研究"的大力资助，使得完成五个社区的研究愿望最终得以实现。2018年，由暨南大学出版社牵头申报的"青藏高原东部边缘民族多样性研究丛书"入选2019年度国家出版基金资助项目，笔者的手稿也得以付梓。更令人深感锦上添花的是，本人于2021年还获得了广东省哲学社会科学"十四五"规划后期资助项目（项目批准号：GD21HSH01）的大力支持，令后期研究和出版工作变得更加游刃有余。

还要衷心感谢来自五个藏族调查社区的乡村干部、小学老师和热心的村民。他们中不少人是相当出色的报道人，笔者不仅与他们建立了深厚的友谊，而且同他们朝夕相处的日子成为笔者人生当中最为珍贵的回忆。

最后感谢中山大学历史学系的江滢河教授，慷慨接纳笔者参与2019—2020年度的国内学者访学计划，不仅对本书的行文提出了一些有益的指导意见，还对书中的一些历史问题提出了疑问。尤为重要的是，此次访学良机使得笔者不仅有机会从繁重的教学工作中抽身进行写作，还得以充分利用中山大学图书馆的丰富馆藏资源。此外，广州体育学院研究生张美娜主动承担书稿的校对工作，赖志杰为本书的数张图片制作提供了技术支持，在此一并致谢。

为了让本书以一种更完美的状态奉献给读者，笔者一直在整理笔记、阅读资料、提炼思想，为此又耗费好几年的时光。如果将书稿视作自己怀胎十月的孩子，笔者无时无刻不在希望它能够呱呱坠地。冥冥中自有天意，女儿斐然在此期间来到了人间，给笔者和家人平静的生活增添了许多乐趣。

人类学家范·格内普把人生仪式分为三个阶段——分离、过渡和整合，笔者更愿把此书所完成的田野工作、理论提炼和最终的书稿出版看作其中的过渡阶段而已。即使经历了这样一个过渡阶段，也还仅仅是自己人生仪式的一个新的开始。"百尺竿头须进步，十方世界是全身"，笔者愿在今后的日子里继续努力。

2020 年 3 月，在本书即将完稿之际，正值新冠肺炎病毒肆虐横行。在这场对抗新冠肺炎疫情的特殊战役中，笔者欣慰地看到，本书所提炼出的三种传统理念——共享、多样与和谐——依然在现代社会中发挥出重要的功用。例如，面对这次突如其来的疫情，全国进行了紧急动员，真正实现"一方有难，八方援助"下的资源共享；在最前线治病救人的过程中，根据病人的病情发展采取了最多样化的治疗手段，取得了喜人的治疗效果，实现治愈和出院人数连续呈现直线增加的趋势；至于和谐与相互理解，更是我们国家能够众志成城、统一行动的有力武器，最终实现了从国家层面贯彻到社区、家庭乃至个人的有效隔离。"春天已经到来，阴霾终将散去"，相信本书的出版必将见证这一段历史。赋诗一首，以作凭证：

咏 春

腊月寒冬散阴霾，

重整旗鼓风欲来。

铜墙铁壁山还在，

姹紫嫣红花又开。

许韶明

2022 年 2 月于广州芳村花园